互联网金融系列丛书

大数据金融与征信
(第 2 版)

何平平　马倚虹　范思媛　编　著

清华大学出版社
北京

内 容 简 介

本书系统地阐述了大数据金融与征信及其在现实生活中的应用,具有全面性、实用性和前瞻性等特点。全书共 9 章,第 1 章和第 2 章阐述大数据金融及大数据分析方法相关的基础知识,是后面内容的基础。第 3 章阐述与大数据技术相关的物联网技术、云计算技术、人工智能技术相关的基础知识。第 4 章至第 6 章详细介绍大数据在银行业、证券业及保险业中的应用,是本书的主要内容。第 7 章和第 8 章重点阐述大数据在征信中的实际应用和信用评分方法,是本书的另一重点内容,也是当代大数据研究的热点问题。第 9 章介绍了大数据和中国金融信息安全,这是大数据金融与征信的发展进程中不可避免的问题。本书力争把大数据与其实际应用糅合一起介绍,力求让读者活学活用。

本书既可作为高等学校互联网金融院系课程教材,也可供互联网金融研究者、从业者、管理人员参考。

图书在版编目(CIP)数据

大数据金融与征信/何平平,马倚虹,范思媛编著. —2 版. —北京:清华大学出版社,2022.9
(2024.7重印)

(互联网金融系列丛书)

ISBN 978-7-302-61829-4

①大… Ⅱ. ①何… ②马… ③范… Ⅲ. ①数据处理—应用—金融业—研究 ②数据处理—应用—信用制度—研究 Ⅳ. ①F83-39

中国版本图书馆 CIP 数据核字(2022)第 169287 号

责任编辑:张 瑜
装帧设计:李 坤
责任校对:周剑云
责任印制:杨 艳
出版发行:清华大学出版社
    网 址:https://www.tup.com.cn,https://www.wqxuetang.com
    地 址:北京清华大学学研大厦 A 座   邮 编:100084
    社 总 机:010-83470000   邮 购:010-62786544
    投稿与读者服务:010-62776969,c-service@tup.tsinghua.edu.cn
    质量反馈:010-62772015,zhiliang@tup.tsinghua.edu.cn
印 装 者:三河市东方印刷有限公司
经 销:全国新华书店
开 本:185mm×260mm   印 张:21.5   字 数:520 千字
版 次:2017 年 10 月第 1 版 2022 年 11 月第 2 版 印 次:2024 年 7 月第 3 次印刷
定 价:79.00 元

产品编号:095074-01

前　言

本书为"互联网金融"系列丛书中 2017 年版《大数据金融与征信》的第 2 版。时隔 5 年，大数据技术的基础理念、核心技术、应用场景等都在探索与实践中取得了飞速发展。随着大数据技术与物联网、云计算、人工智能等相关技术在金融领域应用的不断深化，金融创新不断深入和扩大，在银行业、证券业、保险业和征信业都释放出了巨大的市场潜力，并创造出网络小贷、大数据智能投顾、私人征信机构等一系列新模式。鉴于此，本书将在第 1 版的基础上，对内容进行系统性的更新，具体改动如下。

(1) 对第 1 版中的第 2 章"大数据技术方法"进行了扩充与完善，并对大数据挖掘方法进行了详细介绍。

(2) 新增第 3 章"大数据相关技术"，新增内容详细介绍了大数据相关技术——物联网、云计算、人工智能技术的基础理念与关键技术，以及与大数据技术之间的关联性。

(3) 大数据金融的应用方面，结合了新时期理论与实践成果，对第 4 章至第 6 章大数据在商业银行、证券行业、保险行业中的应用内容进行了深化与扩充。

(4) 鉴于当前政策和行业发展趋势，互联网金融渐渐退出舞台，本书删除了原来的第 6 章"互联网金融中的大数据应用"。

(5) 为了更全面地呈现大数据在征信体系中的作用，在原书第 7 章"大数据征信"的基础上，新增第 8 章"大数据信用评分方法"，详细介绍了利用大数据工具进行信用评分的流程、方法与应用场景。

本书共 9 章，包括大数据金融概述、大数据分析方法、大数据相关技术、大数据在商业银行中的应用、大数据在证券行业中的应用、大数据在保险行业中的应用、大数据征信、大数据信用评分方法、大数据与中国金融信息安全。为适应高等学校互联网金融专业人才培养的需要，本书遵循第 1 版的理念，以大数据的实际运用为导向，对大数据金融和征信的前沿理念与内容进行了较为详尽的阐述。

本书由何平平拟定大纲并进行统稿，湖南大学数字网金融研究中心、湖南师范大学宏观经济大数据挖掘与应用湖南省重点实验室组织撰写。本书由何平平、马倚虹、范思媛负责再版修订工作。罗若阑、邓雅芳、李皓、李馨蕊、素颜等研究生也参与了本书的再版修订工作。

本书的编写参考了大量大数据金融、金融科技、互联网+金融等相关书籍、论文、政策文件和网络信息，无法详细列举，在此深表谢意。如有疏漏和不妥之处，敬请读者批评指正。

何平平　马倚虹　范思媛

《互联网金融系列丛书》编审委员会

目录

目录

目录

第 1 章

大数据金融概述

本章目标

- 掌握大数据的内涵与特征
- 了解大数据产生的背景
- 掌握大数据的类别
- 了解大数据的价值和应用领域
- 掌握大数据金融的内涵特点
- 掌握大数据金融相对于传统金融的优势
- 了解大数据给金融业带来的大变革
- 了解大数据给征信业带来的大变革
- 了解互联网大数据的应用
- 掌握大数据金融的两种模式
- 了解大数据金融信息安全

本章简介

随着计算机技术和互联网的发展，大量的音频、图片、视频等结构化数据和半结构化数据不断涌现，传统的数据处理技术已经难以胜任海量数据挖掘的任务，因此大数据的概念应运而生。随着大数据技术的成熟，大数据广泛应用于商业、通信、医疗、金融等领域，给各行各业带来了巨大的价值。

近几年，大数据浪潮迅速席卷全球，数据成为企业重要的生产要素和战略资产，拥有大数据资产的企业将在竞争中占有优势。金融业本身就是数据与信息的产业，作为现代经济的核心，金融行业正在积极"拥抱"大数据技术。大数据金融相对于传统金融有着无可比拟的优势，其引起了金融行业广泛而深远的变革，包括银行业、保险业、证券业和征信业。

本章重点讲解大数据的内涵与特征、大数据的分类、大数据的处理流程以及大数据的价值和应用领域、大数据金融的内涵特点、大数据金融相对于传统金融的优势、大数据给金融业和征信业带来大变革、互联网大数据的应用和大数据金融的两种模式。

@ 1.1 大数据概述

在互联网中,数据无处不在。无论是漫无目的地浏览网页、观看视频,还是发微博、聊微信,以及有目的性地搜索,每个过程每个用户都会产生数据,这些分散的数据汇集到网络形成数据流,并最终聚集到网络服务提供商,形成大数据。

1.1.1 大数据的内涵与特征

1. 大数据与小数据

大数据(big data)是指在一定时间范围内无法用传统数据库软件进行采集、存储、管理和分析的数据集或数据群,只有通过新的处理模式才能体现出的具有高效率、高价值、海量、多样化特点的信息资产。利用数据挖掘分析技术可以使这些结构化、半结构化、非结构化的海量数据产生巨大的商业价值。小数据(small data),或称个体资料,是以个体为中心,需要新的应用方式才能体现出的具有高价值、个体、高效率、个性化特点的信息资产。大数据和小数据有着本质的区别,虽然两者都可以创造数据价值,但是在收集目的、数据结构、生命周期、分析方法及分析重点5个方面均有着不同的定位。

1) 收集目的

小数据收集的目的性很强,往往是为了一个目标,制定规划进行收集、整理和分析,不会收集与其研究目的无关的数据。而大数据收集则没有明确的目标,收集的数据范围更广,在数据采集阶段并不明确知道将会产生什么结果。

2) 数据结构

小数据的数据基本来自相同的行业和领域,数据种类单一,结构单一,并采取一种有序排列的结构化方式。而大数据的数据来自不同的行业和领域,数据种类多样,数据标准和格式都有所不同,非结构化的数据居多,无法进行统一排序。

3) 生命周期

小数据的生命周期比较短,大约只有几年的时间,相关问题解决或相关项目结束,小数据一般会被删除。而大数据的工作主要是进行预测。只有基于完整的历史数据才能对未来进行相对准确的预测。因此,大数据的生命周期相对较长,大部分会被永久保留。

4) 分析方法

小数据采用一般的统计方法对收集的所有数据进行分析。而大数据因其复杂性一般通过分布式的方式进行分析,采用训练、学习、聚合、归一化、转化、可视化等多种不同的方法分析。

5) 分析重点

小数据是以个体行为数据为对象,主要是对个体数据信息进行全方位的、精确的挖掘分析,重点在于深度。而大数据是以某个群体行为数据为对象,主要是对大范围、大规模的数据处理分析,重点在于广度。

小数据既不涉及大量的、急速的数据,或是繁多的信息种类,也没有隐含与大数据有关的复杂化信息，并常以微观角度解释小型对象。而大数据则基于宏观角度，致力于表述宏观现象。换言之，用大数据得到规律，用小数据匹配个人。

2. 大数据的内涵

大数据的概念较为抽象。大数据中的"数据"是指广义的数据，不仅包括传统的结构化数据(可以用二维表格表述的数据)，还包括非传统的非结构化数据(如视频、音频等)。大数据中的"大"既形容数据量多，也形容数据产生和变化的速度非常快。大数据的内涵主要体现在数据类型、技术方法和分析应用三个方面。

1) 数据类型

大数据不仅包括传统的结构化和半结构化的交易数据，还包括大量的非结构化数据和交互数据。它是包括交易和交互数据集在内的所有数据集，如社交网站上的数据、在线金融交易数据、公司记录、气象监测数据、卫星数据和其他监控、研究和开发数据。

2) 技术方法

大数据处理技术的核心是从各种各样类型的数据中快速获取有价值信息的技术，依据大数据的生命周期的不同阶段可以将大数据处理技术分为大数据存储、大数据挖掘和大数据分析三个方面。大数据存储包括直接外挂存储(DAS)、网络附加存储(NAS)、存储域网络(SAN)等存储方式，大数据挖掘主要采用分布式挖掘和云计算技术。

3) 分析应用

分析应用重点采用大数据技术对特定的数据集合进行分析，及时获得有价值的信息。常用数理统计方法进行数据分析，如可视化的数据分析工具等。在数据分析过程中不仅需要计算机进行自动化的分析，还需要人工进行数据的选择和参数的设定。

3. 大数据的特征

大数据具有五个特征，分别为大体量(Volume)、多样性(Variety)、时效性(Velocity)、准确性(Veracity)、价值性(Value)，如图 1.1 所示。

图 1.1　大数据的特征

1) 大体量

大体量，即数据量大，是大数据的基本属性。大数据一般是指 10 TB(1 TB=1024 GB)规模以上的数据量，甚至是数百 TB、数十数百 PB、EB 的规模。资料显示，百度首页导航每天需要提供的数据超过 1.5PB(1PB=1024TB)。导致数据规模剧增的原因有：①传感器等各种仪器获取数据的能力大幅提高，越来越多的事物特征可以被感知，这些特征将会以数据的形式被存储下来。②互联网的普及，使数据的分享和获取越来越容易，无论是用户有意还是无意的分享或浏览网页都会产生大量数据。③集成电路价格的降低，使很多数据被保存下来。国际数据资讯(IDC)公司 2020 年 12 月监测，全球数据量大约每两年就翻一番，预计到 2035 年，全球将拥有约 2142ZB 的数据量(见图 1.2)，并且 85%以上的数据以非结构化或半结构化的形式存在。

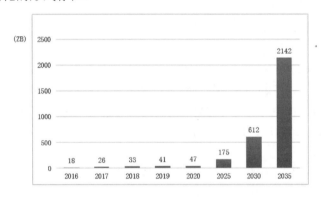

图 1.2　IDC 全球数据量使用情况及预测

2) 多样性

数据多样化是大数据的第二大特点。大数据包括各种格式和形态的数据。传统的数据大多是以二维表格的形式存储在数据库的文本类结构化数据。随着互联网的发展和传感器种类的增多，诸如网页、图片、音频、视频、微博类的未加工的半结构化和非结构化数据越来越多，以数量激增、类型繁多的非结构化数据为主。非结构化数据相对于结构化数据更加复杂，数据存储和处理的难度更大。目前，我国商业银行业务发展相关数据类型已从结构化数据扩展到非结构化数据。

3) 时效性

大数据的时效性是指在数据量特别大的情况下，能够在一定的时间和范围内得到及时处理，这是大数据区别于传统数据处理最显著的特征。大数据的流动速度快，当处理的数据从 TB 增加至 PB 时，超大规模的数据快速变化，使用传统的软件工具则难以处理。只有对大数据做到实时创建、实时存储、实时处理和实时分析，才能及时、有效地获得高价值的信息。

4) 准确性

大数据的准确性是指保障处理的结果具有一定的准确性。结果的准确性涉及数据的可信度、偏差、噪声、异常等质量问题，原始数据的输入错误、缺失以及数据预处理系统的失效等均会导致数据的不准确，进而通过分析会得出一些错误的结论。因此，保障正确的数据格式对大数据分析十分重要。

5) 价值性

大数据的价值性是指大数据包含大量有深度的信息，对大数据的分析挖掘和利用将产生巨大的商业价值。但是，数据量呈指数增长的同时，隐藏在海量数据中的有用信息却没有按照相应比例增长；相反，价值密度的高低常常与数据总量的大小成反比。这样反而使我们获取有用信息的难度加大。以商业银行监控视频为例，连续数小时的监控过程中可能有用的数据仅在几秒钟内产生。

大数据的以上特征表明大数据不仅数据量巨大，种类繁多，而且对大数据的分析将更加复杂，更加追求速度，更注重时效性、准确性以及价值性。大数据不仅意味着数据总量的快速增长，其更大的意义在于：通过对大容量数据的交换、整合和分析，及时识别与发现新的知识，创造新的价值，带来"大知识"和"大发展"。作为一种重要的战略资产，大数据开启了一次全新的、重大的时代转型。

4. 大数据与传统数据的区别

大数据是以数量巨大、类型众多、结构复杂的数据集合以及基于云计算的数据处理和应用模式，通过数据的集成共享、交叉复用形成的智力资源和知识服务。大数据与传统数据在产生方式、存储方式、使用方式等方面都有所不同。

1) 产生方式

传统的数据是根据研究目的进行采集的，采集的数据具有重要性。由于监管要求、业务逻辑或者技术便利等具有优势，大数据具有"自产生"的特点，不需要特别的采集过程，比如搜索数据、交易数据等，尽管有些数据可能并没有价值。

2) 存储方式

大数据的规模远远大于传统数据的规模。相对于传统数据库，量变引起质变，需要新的数据库技术来支持存储和访问。新型的大数据存储系统除了要具备高性能、高安全、高冗余等要求之外，还需具备虚拟化、模块化、弹性化、自动化等要求，以满足具备大数据的应用需求。

3) 使用方式

传统数据是基于样本思维进行采集的，其分析方法主要基于概率论理论和抽样理论。通常是通过这些样本数据推断总体，很难从这些数据中提炼出超出研究设计的知识。而大数据则是基于全体思维，所采集的数据基本能够代表整体，通过人工智能、神经网络等讲求高维和高效率的分析技术可以从这些详尽的数据中得出有价值的规律和知识。

5. 大数据的产生背景：计算机技术与互联网的发展

随着计算机的快速发展和互联网应用的成熟，数据量急剧增加，人类进入大数据时代。数据的采集、传输、存储、整合、管理、挖掘、分析等各项技术快速发展。以计算机技术与互联网技术为支柱的信息技术为大数据的产生提供了必要的硬件基础和软件支撑。

1) 计算机技术的发展

1946 年，第一台电子计算机的诞生开启了人类社会信息技术革命的序幕。在经历了电子管数字计算机、晶体管数字计算机、集成电路数字计算机和大规模集成电路数字计算机等发展历程后，计算机技术逐渐走向成熟。1971 年世界上第一台微处理器在美国硅谷诞生,开创了微型计算机的新时代。1977年美国苹果公司推出了 Apple 二代计算机,大获成功,1981年 IBM 推出了 IBM – PC 并逐渐占领了个人计算机市场,此后个人计算机开始普及。现如今,个人计算机在晶体管数量上已经可以达到上亿个,运算速度也能达到亿万次/秒,诸如并行、流水线、高速缓存和虚拟存储器等概念也成为了现实。个人计算机走入企业和千家万户,大大提高了社会生产力,也使人类迎来了第一次信息化浪潮,为大数据的诞生提供了硬件基础。

2) 互联网技术的发展

1969 年,美国国防部研究计划署制定的协定将美国加利福尼亚大学洛杉矶分校、斯坦福大学研究学院、加利福尼亚大学和犹他州大学的 4 台主要的计算机连接起来,标志着现代计算机网络诞生。此后,互联网经历了文本、图片、语音、视频阶段,带宽不断变快,功能越来越强大,这是人类迈向地球村坚实的一步。

互联网的普及带来了第二次信息化浪潮,它不仅改变了传统的信息传播方式,也改变了人们的生活习惯。获取信息变得更加容易,足不出户便可了解世界新闻;沟通更加便捷,QQ、微信等网络工具将人们时刻联系在一起;购物消费更加容易,利用手机或电脑上网就可以快速实现商品交易。因此,互联网的发展不仅是一场信息革命,也是社会变革。根据第 50 次《中国互联网络发展状况统计报告》,截至 2022 年 6 月,中国网民规模达 10.51 亿人,其中手机网民规模占比高达 99.6%,互联网普及率达 74.4%。网民行为因为互联网的发展更加多元化,文本、图片、音频、视频、地理位置等信息已经成为大数据增长最快的来源。

2008 年,"云计算"这个技术名词开始流行起来,它是一种基于互联网的计算方式,共享的软硬件资源和信息可以按照需求提供给计算机和其他设备。云计算阶段,计算机能力可以作为一种商品通过互联网进行流通。企业和个人不再需要购买昂贵的硬件,只需通过互联网来购买或者租赁计算能力,为所使用的计算功能付款。云计算可以通过网络将庞大的计算处理程序自动分拆成无数个较小的子程序,再由多部服务器所组成的庞大系统搜索、计算分析之后将处理结果回传给用户。通过这项技术,远程的服务供应商可以在数秒之内,达成处理数以千万计甚至亿计的信息,为大数据分析与处理提供技术支撑。

大数据与计算机技术和互联网的发展相辅相成。大体量的数据采集、存储、管理和挖掘因计算机和互联网技术的快速发展得以实现,数据的来源越来越丰富,形成信息流;大数据的信息流又通过社会生活和商业模式带动着资金流和物流的发展,进一步推动计算机与互联网技术的改进。大数据与计算机和互联网技术相互作用,相互促进,共同发展。

1.1.2 大数据的分类

大数据的种类很多,可以依照不同标准进行分类。

1. 按照大数据结构特征分类

按照大数据结构特征,可以将大数据分为结构化数据、非结构化数据和半结构化数据。

(1) 结构化数据,是指有结构的数据,即行数据,在得到数据之前,其结构就是确定的。比如，传统的关系数据模型，可用二维结构表示。二维表中的数据就是典型的结构化数据，其结构事先通过数据模型的定义确定下来，在处理过程中不会改变。

(2) 非结构化数据，是指没有结构的数据，无法用数据库的二维逻辑结构来表现。包括所有格式的文档、文本、图片、视频、音频、各类报表。它们通常没有数据模型，无法进行结构化处理。

(3) 半结构化数据，是指介于结构化数据和非结构化数据之间的数据。半结构化数据也是有结构的数据，与结构化数据不同的是，半结构化数据是先有数据，再有结构。半结构化数据一般是自描述的，数据的结构和内容混合在一起，没有明显的区分，其数据模型是数和图。常见的半结构化数据有 XML 文档、HTML 文档、JSON 文档、日志文件等。

2. 按照大数据获取处理方式分类

按照大数据获取处理方式，可以将大数据分为批处理数据和流式计算数据。数据的批处理是指对数据进行批量的处理，如对数据进行成批的增加、修改、删除等操作。因此，批处理数据通常是在一段时间内已采集并存储好的静态数据集，具备数据有界、持久存储和大容量的特征。流式计算是指可以在实时处理的应用环境中，对大规模流动数据在不断变化的前提下进行持续计算、分析并能捕捉到有价值信息的分布式计算模式。流式计算数据具有实时性、易失性、突发性、无序性和无限性的特点。大数据的批处理和流式计算的区别如表 1.1 所示。

表 1.1　大数据批处理与流式计算的比较

性能指标	大数据流式计算	大数据批处理
计算方式	实时	批量
常驻空间	内存	硬盘
时效性	短	长
有序性	无	有
数据量	无限	有限
数据速率	突发	稳定
是否可重现	难	易
数据精确度	较低	较高

3. 按照其他方式分类

按照大数据处理响应性能，可以将大数据分为实时数据、非实时数据和准实时数据；按照大数据关系，可以将大数据分为简单关系数据和复杂关系数据，如 Web 日志是简单关系数据，社会网络等具有复杂关系的图计算则属于复杂关系数据。

1.1.3　大数据的价值

大数据最大的价值，是能够通过数据之间的相关性把模糊的、隐含的、时滞性的问题，以可视化的、明确的、预演的方式展现出来，以便于决策和管理单元采取措施，解决所暴露的问题。这和传统的数据分析有着明显的不同,以往的数据分析或商业智能,更多的是面向过去已经发生的,而大数据是面向未来即将发生的。对金融行业来说,大数据主要有以下 7 点价值(见图 1.3)。

图 1.3　大数据在金融行业中的价值

1. 销售机会增多

金融企业掌握了海量的资金往来数据,再结合用户搜索行为、浏览行为、交易行为、评论历史、个人资料等数据,可以洞察消费者的整体需求,进而有针对性地进行产品生产、改进和营销。《纸牌屋》选择演员和剧情、百度基于用户喜好进行精准广告营销、阿里根据天猫用户特征包下生产线定制产品、亚马逊预测用户点击行为提前发货等均是受益于互联网用户行为预测。

2. 客户服务改善

大数据的应用可以有效地改善客户服务。大数据不仅可以分析量化数据,还可以进行文本、语音分析。在客户体验方面,通过对交易数据、多渠道交互数据、社交媒体数据等进行全面分析,帮助企业真正了解客户需求,并预测客户未来行为,从而为客户提供更好的服务。在客户情感分析方面,通过对客服中心、社交媒体等数据的文本分析、语音分析,洞察客户情绪变化,分析客户的兴趣点、异常行为、意见、态度等,指导相关部门制定销售策略、市场策略等,并优化改进客户服务。

3. 客户流失预警

开发新客户往往比留住老客户要付出更高的成本。大数据技术的应用可以预警客户流失,降低客户流失率。利用大数据技术分析用户在整个相关产品的使用行为的数据,识别可能流失的客户以及可能导致客户放弃的原因,如客户对产品不满意、对服务不满意、因为其他竞争对手等,以便企业及时采取策略,进行积极有效的改进。研究表明,客户在最终离开之前,很可能会持续关注或已购买了竞争对手的产品,这些可以利用大数据进行探查。

4. 金融产品创新

大数据应用对金融行业突破传统金融产品具有现实意义。高端数据分析系统和综合化数据分享平台能够有效地对接银行、保险、信托、基金等各类金融产品，使金融企业能够从其他领域借鉴并创造出新的金融产品。国内的数据挖掘最早也是基于授信所需要的分类挖掘算法而发展的。比如，金融贷款产品正在从抵押贷款向无抵押贷款演变，通过大数据应用建立信用评估机制，极大地提高了信用风险评级的及时性和准确性，抵押贷款模式正在逐步被信用贷款模式取代。

5. 运营效率提升

在销售运营方面，金融机构能够通过现有客户的人际网络或业务网络，发现更多有价值的潜在客户，利用大数据的分析和预测模型，实现对客户消费模式和购买需求的分析，针对其个性需要展开精准营销，大大提升销售运营效率。在业务流程方面，通过大数据存储和处理方面的优势，各种数据可被直接推送到需要这些信息的岗位，信息传递的中间环节被压缩，业务流程得到简化，带来巨大的效率提升。在资金需求预测方面，可以借助大数据构建资金需求预测模型，实现对资金需求的有效预算，帮助金融企业提高周转效率。

6. 商业模式创新

互联网技术和大数据技术对传统金融产生巨大冲击，大数据打破了信息不对称的局面，使金融商业模式发生了重大变化。一个很重要的表现形式就是大数据的征信和网络贷款，可以根据企业行为数据计算出企业可能违约的概率，在这个基础上进行贷款，比如当前典型的阿里小贷。未来基于大数据的保险也是这样的，根据行为的数据进行保险差别的定价。比如，对人体的心率、体重、血脂、血糖、运动量、睡眠量等数据进行分析，预测客户的健康指数，帮助人身保险公司提高客户识别率，以此制定个性化的费率和承保方案。

7. 风险管控加强

由于金融的本质是对风险的控制和管理，这一特点决定了金融企业对风险管控方面的重视程度远远高于其他行业。风险管控是金融企业运营的一个重要组成部分。风险发现得越早，挽回损失的概率越大。大数据的运用有助于金融企业提升风险管控能力，对最底层交易数据进行全面甄别和分析，使企业能提高风险透明度，实现事前预警、事中控制。比如，大数据可以帮助银行建立动态的、可靠的信用系统，识别高风险客户以及各种交易风险，进而有效地进行防范和控制。

金融行业的业务范围是由客户、交易、资金、场所共同组成的联合体，任何一个要素的变化，都会带来意想不到的价值。

@ 1.2 大数据应用领域

2015 年 8 月，国务院发布了我国大数据发展的国家顶层设计和总体部署《促进大数据发展行动纲要》，大数据时代悄然开启。随着我国大力发展数字经济，以及大数据行业应用相关政策的出台，大数据产业发展已迎来高速发展期。目前，大数据已被广泛应用于各个行业，本书将主要为大家介绍大数据在商业、通信、医疗和金融领域中的应用。

1.2.1　商业

商业是大数据应用最广泛的领域。商业大数据的来源有两个方面：一方面是大交易数据，即商业交易产生的数据，包括商品数据、市场竞争数据、运营数据、销售数据、顾客关系数据和财务数据；另一方面是大交互数据，商业企业与顾客之间通过 POS、互联网、物联网、移动终端、智能终端、传感器和观测设备等产生的交互信息，主要包括社交网络数据、射频识别数据、时间和位置数据、文本数据和观测数据。大数据在商业中的应用可以归纳为以下 4 个方面(见图 1.4)。

图 1.4　大数据在商业中的应用

1. 客户

在客户方面，大数据的应用主要包括客户洞察、客户细分和动态定位。①客户洞察。互联网、物联网等的顾客数据痕迹能真实而直接地反映消费者的性格、偏好和意愿。②客户细分。传统的以地理位置、人口统计特征为标准的划分被以爱好兴趣、生活方式、价值观、沟通方式为标准的数据化细分替代。从本质上讲，每个人的兴趣、爱好与需求都不同，每个人都是一个细分市场，因此大数据正在使零售企业向"微市场"过渡，构建基于大数据的顾客购买行为模型，主动推荐个性化的产品和服务。③动态定位。零售业多来源、多格式数据的集成、分析与解释能力使数据的反馈与响应可在瞬间完成，快速识别消费者的购买决策和行为模式的变化趋势，及时准确地更新他们的消费偏好。

2. 市场

在市场方面，大数据的应用主要包括需求预测和个性化服务。①需求预测。对建构的大数据进行统计与分析，采取科学的预测方法，建立数学模型，使企业管理者掌握和了解零售行业潜在的市场需求、未来一段时间每个细分市场的产品销售量和产品价格走势等，从而使企业通过价格的杠杆来调节市场的供需平衡，并针对不同的细分市场来实行动态定价和差别定价。②个性化服务。根据客户的购买频次、兴趣点、忠诚度和流失的可能性预测客户的消费意愿，主动为其提供个性化的销售和关怀指导服务，以增加销售额和利润率。

3. 商品

在商品方面，大数据的应用主要包括商品分组和商品结构调整。①商品分组。对代销记录信息进行分析，可以发现购买某一种商品的顾客也可能购买其他商品。这类信息可用于一定的购买推荐，或者保持一定的最佳商品分组布局，以帮助客户选择商品，刺激顾客的购买欲望从而达到增加销售额、节省顾客购买时间的目的。②商品结构调整。对销售数据和商品基础数据进行分析，来指导企业商品结构的调整，加强所售商品的竞争能力合理配置。

4. 供应链

在供应链方面，大数据的应用主要包括仓储管理和供应链提效。①仓储管理。对销售数据和库存数据的分析，决定各种商品的增减数量，确保库存合理。②供应链提效。具体包括选择供应商，优化物流、现金流，配置人力资源等。利用大数据技术，优化整合供应链的各个环节，构建一个统一的供应链平台，各部门共享供应链平台的数据和服务，快速灵活地应对顾客消费变化，降低供应链成本，提高商品采购、仓储管理、物流配送和最终销售之间的运行效率。

大数据在零售商业中已有很多成功的应用案例。沃尔玛对消费者购物行为等这种非结构化数据进行分析，了解顾客购物习惯，通过销售数据分析适合搭配在一起购买的商品，创造了啤酒与尿布的经典商业案例；淘宝数据魔方通过对消费者行为的分析帮助商家了解淘宝平台上的行业宏观情况、自己品牌的市场状况，据此进行生产、库存决策；美国折扣零售商 target 使用大数据分析，对女性顾客妊娠情况进行评分，比较准确地预测了预产期，以此在每个孕期阶段为女性客户寄送相应的优惠券。在未来几十年，数据分析技术不断地进步，商业领域将对组织、营销与管理进行突破性的创新。

1.2.2 通信

通信行业数据来源广泛，不仅涉及移动语音、固定电话、固网接入、无线上网等业务，还涉及公众客户、政企客户和家庭客户，同时也会收集到实体渠道、电子渠道、直销渠道等接触信息。通信行业发展至今积累了非常丰富的数据，既有财务收入、业务发展等结构化数据，也涉及图片、文本、音频、视频等非结构化数据。目前，大数据在通信行业的应用还处于探索阶段，主要包括网络管理和优化、市场与精准营销、客户关系管理、企业运营管理和数据商业化 5 个方面，如图 1.5 所示。

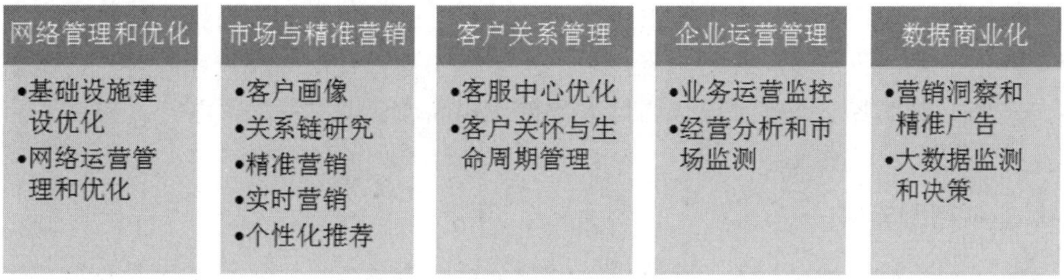

网络管理和优化	市场与精准营销	客户关系管理	企业运营管理	数据商业化
●基础设施建设优化 ●网络运营管理和优化	●客户画像 ●关系链研究 ●精准营销 ●实时营销 ●个性化推荐	●客服中心优化 ●客户关怀与生命周期管理	●业务运营监控 ●经营分析和市场监测	●营销洞察和精准广告 ●大数据监测和决策

图 1.5 通信行业大数据应用

1. 网络管理和优化

网络管理和优化包括基础设施建设优化和网络运营管理和优化。①在基础设施建设方面，运营商运用大数据选择基站和热点的位置并有效地分配资源。例如，对话单和信令中用户的流量在时间周期和位置特点方面的分布进行分析,将 4G 基站和 WLAN 热点建立在 2G、3G 的高流量区域;与此同时,对已有基站的效率和成本建立评价模型,发现基站建设的资源浪费问题。②在网络运营管理方面,运营商可以利用大数据分析网络的流量和变化趋势及时调整资源配置,通过对网络日志进行分析优化网络,提升网络质量和利用率。③在网络优化方面,运营商可以运用大数据技术实时监控网络状况,对各个小区的网络数据进行综合分析,识别业务热点小区,依次设定网络优化的优先级,实现网络资源和用户的智能匹配,提高投资效率。

2. 市场与精准营销

市场与精准营销包括客户画像、关系链研究、精准营销、实时营销和个性化推荐。①客户画像。运营商根据客户终端信息、地理位置、通话行为的数据挖掘对客户群体进行分类,根据客户的行为和爱好为其贴上标签,完善客户画像,有助于运营商深入了解客户的行为偏好和需求。②关系链研究。运营商可以运用客户资料和通话行为等数据分析客户交往圈,发现高流量用户,寻找营销机会,从而节约成本,提高营销效率。③精准营销。运营商可以通过大数据技术对用户终端的消费能力、消费偏好和近期特征事件进行分析,预测用户需求,精准匹配用户和通信相关业务,寻找合适的推送渠道、推送时间,实现精准营销。④个性化推荐。运营商可以通过对客户画像信息、终端信息、行为偏好等的分析,向客户提供定制化服务,优化产品设计和定价机制,实现个性化推荐和服务,提升客户体验。

3. 客户关系管理

客户关系管理包括客服中心优化、客户关怀与客户生命周期管理。①客服中心优化。首先,运营商可以通过对客服中心积累的客户的呼叫行为和需求数据进行大数据分析,运用呼入客户行为数据和客户历史情况建立客服热线智能路径模型,预测客户的投诉风险,从而提升客服满意度。其次,根据语义分析,识别热点问题和客户情绪,通知相关部门进行优化。②客户关怀与客户生命周期管理。一是获取客户阶段,可以运用大数据技术挖掘潜在客户。二是客户发展阶段,运用关联规则等数据挖掘方法进行交叉销售,促进客户消费。三是客户成熟阶段,利用大数据对客户群进行分类,实施精准营销,同时对不同客户进行个性化推荐。四是客户衰退阶段,采用预警模型预先发现高流失风险客户,做出相应的客户关怀。五是客户离开阶段,通过大数据挖掘高净值的潜在回流客户,推出客户感兴趣的业务,防止客户流失。

4. 企业运营管理

企业运营管理,包括业务运营监控、经营分析和市场监测。①业务运营监控。运营商运用大数据技术从网络、业务、用户等多个方面为运营商监控管道和客户运营情况。此外,还可以建立 KQI、KPI 等指标体系和异动智能监控体系,全面、及时、准确地监控业务运用情况。②经营分析和市场监测。运营商通过分析企业内部的业务和用户数据以及通过大数据技术采集的外部社交网络数据和市场数据,对业务和市场经营状况进行总结,主要包括经营日报、周报、月报、季报和年报。

5. 数据商业化

数据商业化是指企业通过自身拥有的大数据资产进行对外商业化，获得盈利。相比于国外，国内的数据商业化还处于探索阶段。数据商业化包括营销洞察、大数据监测和决策支撑服务。①营销洞察。美国电信运营商 Verizon 成立了专门的精准营销部门，主要用于提供精准营销洞察和商业数据分析服务。例如，在美国商家最为看重营销场合，Verizon 对观众的来源进行了精确的数据分析，因此球队能够了解到观众对赞助商的喜好等。②大数据监测和决策。在客流和选址方面，西班牙电信成立了动态洞察部门开展大数据业务，主要为客户提供数据分析打包服务。该公司与市场研究机构 GFK 进行合作推出的产品"智慧足迹"通过完全匿名和聚合的移动网络数据，帮助零售商分析顾客来源和各商铺、展位的人流情况以及消费者特征和消费能力，并将洞察结果面向政企客户提供客流分析和零售店选址服务。在公共事业服务方面，法国电信运营商的通信解决方案部门承担了法国很多公共服务项目的 IT 系统建设工作，如法国高速公路数据监测项目，对其每天产生的记录进行分析就可以为行驶的车辆提供准确及时的路况信息，从而有效提高道路通畅率。

由于我国运营商的区域化运营，各地区分公司会分别存储通信企业的数据，没有进行统一和整合，导致"数据孤岛"效应严重。因此，我国通信大数据仍然处于初级探索阶段。通信行业数据的整合和统一是大数据运用的重要一步。目前我国通信行业正着手准备这方面的工作，相信中国的通信行业大数据在互联网的竞争压力下会发展得更快。

1.2.3 医疗

医疗行业拥有大量病例、病理报告、医疗方案、药物报告等。对这些数据进行整理和分析，将会极大地帮助医生和病人。医疗行业大数据目前尚未统一收集起来，无法进行大规模应用。在未来，借助于大数据平台我们可以收集疾病的基本特征、病理和治疗方案以及病人的基本特征，建立针对疾病特点的数据库，帮助医生进行疾病诊断。医疗行业大数据来源如图 1.6 所示。

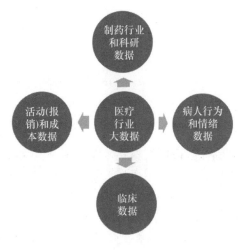

图 1.6　医疗行业大数据来源

大数据在医疗行业中的应用主要包括临床操作、付款/定价、研发、新的商业模式、公共健康5个方面，如图1.7所示。

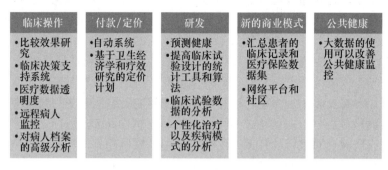

图 1.7　大数据在医疗行业中的应用

1. 临床操作

临床操作包括比较效果研究、临床决策支持系统、医疗数据透明度、远程病人监控和对病人档案的高级分析。例如，通过对病人的体征数据、费用数据和疗效数据等大型数据集进行精准分析，比较多种干预措施的有效性，从而可以针对特定病人找到最有效和最具有成本效益的治疗方法；通过使用图像分析和识别技术，识别医疗影像(X 光、CT、MRI)数据，或者收集医疗文献数据建立医疗专家数据库，从而给医生提出诊疗建议；根据医疗服务提供方设置的操作和绩效数据集，可以进行数据分析并创建可视化的流程图和仪表盘，促进信息透明，帮助病人做出更明智的健康护理决定，间接提高医疗服务的质量；从对慢性病人的远程监控系统收集数据，并将结果反馈给监控设备(查看病人是否遵从医嘱)，从而确定今后的用药和治疗方案；通过对病人档案的高级分析，确定各类疾病的易感人群，识别患病风险，使他们尽早接受预防性保健方案。

2. 付款/定价

付款/定价包括自动化系统、基于卫生经济学和疗效研究的定价计划。例如，利用自动化系统(机器学习技术)对索赔数据进行挖掘和分析，可以检测出索赔准确性，在支付发生前识别欺诈行为，避免重大的损失；利用数据分析横向医疗服务提供方的服务，并依据服务水平进行定价。

3. 研发

研发包括预测健康、优化临床试验设计的统计工具和算法、临床试验数据的分析、个性化治疗以及疾病模式的分析。例如，医药公司在新药物的研发阶段可以基于药物临床试验阶段之前的数据集及早期临床阶段的数据集，及时地预测临床结果；在临床试验阶段通过统计工具和算法挖掘病人数据，评估招募患者是否符合试验条件，加快临床试验进程；根据临床试验数据和病人记录确定药品更多的适应证以及发现副作用；通过对大型数据集(如基因组数据)的分析发展个性化治疗；对疾病的模式和趋势分析，帮助医疗产品企业制定战略性的研发投资方案，优化研发重点和配备资源。

4. 新的商业模式

新的商业模式包括汇总患者的临床记录和医疗保险数据集、网络平台和社区。例如，汇总患者的临床记录和医疗保险数据集，并进行高级分析，提高医生和医药企业的决策能力。在医生诊断病人时可以参考病人的疾病特征、化验报告和检测报告，参考疾病数据库来快速帮助病人确诊，明确定位病灶。在制定治疗方案时，医生可以依据病人的基因特点，调取相似基因、年龄、人种、身体情况相同的有效治疗方案，制定出适合病人的治疗方案，帮助更多人及时进行治疗。同时这些数据也有利于医药行业开发出更加有效的药物和医疗器械。另一个潜在的大数据启动的商业模型是网络平台和大数据，这些平台已经产生了大量有价值的数据，包括病人的问诊数据、医生的学习习惯等。

5. 公共健康

大数据的使用可以改善公众健康监控。公共卫生部门可以通过覆盖全国的患者电子病历数据库，快速检测传染病，进行全面的疫情监测，并通过集成疾病监测和响应程序，快速进行响应。这将带来很多好处，包括医疗索赔支出减少、传染病感染率降低、卫生部门可以更快地检测出新的传染病和疫情等。通过提供准确和及时的公众健康咨询，大幅提高公众健康风险意识，同时也将降低传染病感染风险。所有的这些都将帮助人们创造更好的生活。

大数据将会对医疗行业产生巨大的影响和推动，它可以揭露健康的影响因素，将最合适的治疗方式推荐给患者；能够促进新的发现，优化治疗结果和削减开支。但目前大数据医疗也面临着患者隐私安全、海量数据收集难题、区域医疗共享以及技术方面的挑战。随着信息化技术的发展，这些问题将逐步得到解决。可以预见，在不久的未来，大数据的应用将渗透到医疗应用的更多领域。

1.2.4　金融

在国外，大数据在金融行业中的应用开展较早。例如，美国银行运用客户点击数据集为客户提供特色服务，包括有竞争性的信用额度等；花旗银行运用 IBM 沃森电脑为财富管理客户推荐产品。中国金融行业大数据应用主要在近几年运用较为广泛，很多金融机构建立了大数据平台，采集和处理金融行业的交易数据，主要应用于金融行业的营销、服务、运营和风控 4 个方面，如图 1.8 所示。

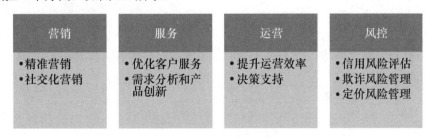

图 1.8　大数据在金融行业的应用

1. 营销

1) 精准营销

精准营销是指根据客户的消费偏好和消费能力确定目标客户，推荐个性化产品。例如，银行对客户刷卡、存款取款、银行转账、微信评论等行为数据进行整理和分析，定期向客户推送广告，包括客户可能感兴趣的产品和优惠信息；信用卡中心可以利用大数据追踪热点消息，针对特定人群提供产品，如热映电影、娱乐活动、美食饮品等；证券公司可以通过大数据分析为特定企业提供融资融券产品；保险公司可以根据大数据定制有针对性的保险产品。精准营销流程如图1.9所示。

基础平台	数据建模	数据更新	精准营销
·根据用户标签需求建立各个标签数据来源的数据基础平台	·通过数据挖掘、多维分析、统计技术建立各种模型进行标签计算输出	·数据来源更新，周期性地进行模型学习更新，同步更新用户画像数据	·用户画像结果数据应用到精准营销，定向推荐金融产品

图 1.9 精准营销流程

2) 社交化营销

社交化营销是指利用社交平台的数据资源，结合大数据分析进行营销。金融行业可以开展成本较低的社交化营销，通过开放的互联网平台对大量的客户需求数据进行分析，进行产品和渠道推广。然后依据互联网社交平台反馈的用户数据评价营销方案的可行性，利用口碑营销和病毒式传播来帮助金融行业快速进行产品宣传、品牌宣传、渠道宣传等。

2. 服务

1) 优化客户服务

银行可以根据大数据分析，在节假日问候客户，为客户提供定制服务，预知网点客户的未来资金需求，提前进行预约，提高客户体验；私人银行还可以通过大数据分析，代理客户参与金融市场投资，获取超额利润，优化客户服务。证券公司可以通过大数据分析，快速推出相应的行业报告和市场趋势报告，以利于投资者及时了解热点，优化客户服务；保险公司可以根据大数据预测提前为客户提供有效服务，改善客户体验，同时增加商业机会。

2) 需求分析和产品创新

银行可以从职业、年龄、收入、居住地、习惯爱好、资产、信用等各个方面对客户进行分类，依据其他的数据输入维度来确定客户的需求并定制产品。银行还可以依据企业的交易数据来预测行业发展特点，为企业客户提供金融产品服务。保险行业可以依据外部数据导入，根据热点词汇来判断市场对保险产品的需要。证券公司也可以依据外部数据判读投资者喜好，定制投资产品，进行产品创新。

3. 运营

1) 提升运营效率

大数据可以展现不同产品线的实际收入和成本，帮助银行进行产品管理。同时，大数据为管理层提供全方面的报表，揭示内部运营管理情况，有利于内部效率提升；可以帮助市场部门有效监测营销方案和市场推广情况，提高营销精度，降低营销费用；可以通过展现风险视图来控制信用风险，同时加快信用审批速度；可以帮助保险行业快速为客户提供保险方案，提高效率，降低成本。证券行业也可以利用大数据提供行业报告，快速帮助投资人。

2) 决策支持

大数据可以帮助金融企业，为即将实施的决策提供数据支撑，同时也可以依据大数据分析归纳出规律，进一步演绎出新的决策。大数据和人工智能技术的决策树模型将会有效帮助金融行业分析信用风险，为业务决策提供有力支持。金融行业新产品或新服务推向市场前，可以在局部地区进行试验，大数据技术可以对采集的数据进行分析，通过统计分析报告为新产品的市场推广提供决策支持。

4. 风控(风险控制)

1) 信用风险评估

银行可以利用大数据增加信用风险输入维度，提高信用风险管理水平，动态管理企业和个人客户的信用风险。建立基于大数据的信用风险评估模型和方法，将会提高银行对中小企业和个人的资金支持。个人信用评分标准的建立，将会帮助银行在即将到来的信用消费时代取得领先地位。创建基于大数据的动态的信用风险管理机制，将会帮助银行提前预测高风险信用违约时间，及时介入，降低违约概率，同时预防信用欺诈。

2) 欺诈风险管理

信用卡公司可以利用大数据及时预测和发现恶意欺诈事件，从而采取措施，降低信用欺诈风险。保险公司可以利用大数据及时发现恶意投保和索赔事件，降低欺诈带来的经济损失。银行可以基于大数据建立防欺诈监控系统，动态管理网上银行、POS、ATM 等渠道的欺诈事件。大数据提供了多维度的监控指标和联动方式，可以弥补和完善目前反欺诈监控方式的不足。特别是在识别客户行为趋势方面，大数据具有较大的优势。

金融行业的数据丰富，通过对客户信息、交易信息、资产信息、信用信息等数据的采集和整理，结合外部数据分析，可以有效帮助金融行业进行精准营销，提高运营效率，优化客户服务，进行产品创新，提高信用风险和欺诈风险管理水平，为决策提供有效支持。但在大数据时代，金融行业也面临着诸如自身技术、信息安全、金融监管等方面的挑战，相信随着大数据技术的发展，这些问题会逐步得到解决。

3) 定价风险管理

定价风险是指金融机构由于对市场信息掌握不足，导致对金融资产的定价出现偏差的风险。应用大数据技术，金融机构在未来可以结合多维度的企业行为数据及海量的金融资产市场数据，对企业股权资产、信贷资产、保险资产形成更准确的评估及定价。例如，基金经理可以基于历史行情数据、社交媒体数据、宏观经济数据等海量的多维数据建立模型，预测金融资产未来的价格，从而获得超额收益。保险公司可以基于环境、金融、征信、行为习惯等多方面的非结构化数据，建立风险定价模型，预测赔付风险，提供差异化定价方案，从而提高风险定价能力，降低赔付成本，增加业务利润。然而，大数据的大量性、低价值密度性的特点以及虚假数据也为资产定价带来了挑战。

@ 1.3 大数据金融的内涵、特点与优势

1.3.1 大数据金融的内涵

大数据金融是指运用大数据技术和大数据平台开展金融活动和金融服务，对金融行业积累的大数据以及外部数据进行云计算等信息化处理，结合传统金融，开展资金融通、创新金融服务。具体来说，大数据金融通过收集和整合海量的非结构化数据，运用大数据、互联网、云计算等信息化方式，对客户消费数据进行实时分析，可以为金融企业提供客户全方位信息，通过分析和挖掘客户的交易和消费信息掌握客户的消费习惯，准确预测客户行为，提高金融服务平台的效率以及降低信贷风险。

金融行业的大数据大致分为以下3类。

(1) 传统的结构化数据，如各种数据库和文件信息等。

(2) 以社交媒体为代表的过程数据，涵盖了用户偏好、习惯、特点、发表的评论、朋友圈之间的关系等。

(3) 日益增长的机器设备以及传感器所产生的数据，如柜面监控视频、呼叫中心语音、手机、ATM等记录的位置信息等。

根据金融行业的分类，可以将大数据金融细分为大数据银行、大数据保险和大数据证券。信用卡自动授信是典型的大数据银行的应用之一，银行根据用卡客户数据确定是否授信以及计算信用额度；差异化车险定价是典型的大数据保险形式之一，是指保险行业利用驾驶信息来确定车险价格，良好驾驶习惯的车主，其车险价格就较低，反之车险价格就较高；机器人投资是大数据证券的创新模式之一，证券公司根据股价的影响因素建立模型，自动选择股票或寻找交易时机，在适当的风控模型下建立机器人投资云交易模式。

1.3.2 大数据金融的特点

大数据金融与传统金融相比，存在以下7个方面的特点。

1. 呈现方式网络化

在大数据金融时代，大量的金融产品和服务通过网络呈现，如支付结算、网络借贷、众筹融资、资产管理、现金管理、产品销售、金融咨询等都主要通过网络实现。网络也包括固定网络和移动网络，其中移动网络逐步成为大数据金融服务的主要途径。

2. 风险管理有所调整

在风险管理理念上，财务分析(第一还款来源)和可抵押财产或其他保证(第二还款来源)的重要性将有所降低。交易行为的真实性、信用的可信度通过数据的方式呈现将会更加重要，风险定价方式将会发生革命性变化。对客户的评价将是全方位的、立体的、活生生的，而不再是一个抽象的、模糊的客户构图。基于数据挖掘的客户识别和分类将成为风险管理的主要手段，动态、实时的监测而非事后的回顾式评价将成为风险管理的常态。

3. 信息不对称性降低

在大数据金融时代，金融产品和服务的消费者和提供者之间的信息不对称性会大大降低。比如，对某项金融产品(服务)的支持和评价，消费者也可实时获知。

4. 金融业务效率提高

大数据金融的许多流程和动作都是在线上发起和完成的，有些动作是自动实现的。在合适的时间、合适的地点，把合适的产品以合适的方式提供给合适的消费者。同时，强大的数据分析功能可以将金融业务有极高的效率，交易成本也会大幅降低。

5. 金融企业服务边界扩大

首先，单个金融企业最适合扩大经营规模，由于效率提升，其经营成本必然随之下降。金融企业的成本曲线形态也会发生变化，长期平均成本曲线的底部会更快来临，也会更平坦、更宽。其次，基于大数据技术，金融从业人员个体服务对象会更多，即单个金融企业从业人员会有减少的趋势，或至少其市场人员有减少的趋势。

6. 产品是可控的、可接受的

通过网络化呈现的金融产品，对消费者而言，是可控、可接受的。产品可控是指在消费者看来，其风险是可控的。产品可接受是指在消费者看来，首先，其收益或成本是可以接受的；其次，其产品的流动性是可以接受的；最后，基于金融市场的数据信息，消费者认为其产品也是可以接受的。

7. 普惠金融

大数据金融的高效率性及扩展的服务边界，使金融服务的对象和范围也大大扩展，金融服务也更接地气。例如，极小金额的理财服务、存款服务、支付结算服务等普通老百姓都可以享受到，甚至极小金额的融资服务也会普遍发展起来，金融深化在大数据金融时代可以完全实现。

1.3.3　大数据金融相对于传统金融的优势

传统金融对数据的重视程度不高，数据分析技术落后，大数据技术的应用相对缺乏。相比传统金融，大数据金融具有如下优势。

1. 放贷快捷，精准营销个性化服务

大数据金融建立在长期的大量的信用及资金流的大数据基础之上，在任何时点都可以通过计算得出信用评分，并采用网上支付的方式，实时根据贷款需要及信用评分等数据进行放贷。大数据金融根据企业不同的生产流程和信用评分进行放贷，不受时空限制，较好地匹配了企业的期限管理，解决了企业的流动性问题。此外，大数据金融还可以对不同企业的个性化融资需求做出不同的金融服务，且服务快速、准确、高效。

2. 客户群体大，运营成本低

传统金融主要是以人工为主体参与审批，大数据金融是以大数据云计算为基础，以大数据自动计算为主，不需要大量人工，成本较低，不仅可以对小微企业提供金融服务，还可以根据企业生产周期灵活调整贷款期限。大数据金融整合了碎片化的需求和供给，将服务拓展至更多的中小企业和中小客户，很大程度上降低了大数据金融的运营成本和交易成本。

3. 科学决策，有效风控

网络借贷平台或供应链聚集了信息流、物流和资金流，其借贷信息都累积在大数据金融库持久闭环的产业上下游，贷款方对产业运作和风险点比较熟悉且容易掌控，有利于风险的防范和预警。大数据金融可以根据这些交易借贷行为的违约率等相关指标估计信用评分，运用分布式计算做出风险评估模型，解决信用分配、风险评估、授权实施以及欺诈识别等问题。通过以大数据金融为基础的风控科学决策，有效地降低了不良贷款率。

大数据金融相比于传统金融有无可比拟的优势。企业可以通过大数据金融对商业模式和盈利模式加以创新，获得产业链的核心地位。大数据金融带来的技术革新和金融创新不仅能支持中小企业的发展，还能促进我国经济结构调整和转型升级。因此，大数据金融战略是企业和国家的战略选择。

@ 1.4 大数据使金融业大变革

随着计算机技术和互联网的发展，金融行业的数据采集能力逐步提高，存储了大量时间内连续、动态变化的金融数据。相比其他行业，大数据对金融业更具有潜在价值。麦肯锡的研究表明，金融业在大数据价值潜力指数中排名第一。伴随着大数据的应用、技术革新以及商业模式的创新，金融交易形式日趋电子化和数字化，具体表现为支付电子化、渠道网络化、信用数字化，运营效率得到了极大的提升。银行、保险、证券等传统金融行业迎来了巨大的变革。

1.4.1 大数据使银行业大变革

近几年，大数据快速发展，银行业的客户数据、交易数据、管理数据等均呈现爆炸式增长。中国银联公开数据显示，全国仅"银联"银行卡的发行量目前就接近 40 亿张，每天有近 600 亿元的交易通过银联的银行卡进行。如果再加上开户信息数据、银行网点和在线交易的各种数据，以及金融系统自身运营的数据，目前国内银行每年增加的数据能达到数十 PB。数据海量的增长为银行业带来了机遇和挑战，其服务与管理模式逐步发生改变。

1. 电子商务平台和电子银行

从 2012 年开始，多家商业银行开设了自己的电子商务平台，其中以中国建设银行、中国银行、交通银行的规模最大。这些购物网站与其他电商并没有太大的差别，包括衣、食、住、行等方面。另外，还有一些商业银行通过其他途径参与电商。商业银行挑战电商市场，其目的并不在于网上商城的营业收入，而在于扩展客户数据，使客户数据立体化，以了解客户消费习惯、消费能力、兴趣数据、风险偏好等进行客户画像的构建，预测客户行为，进行个性化服务。

银行大力投资改革网上银行业务。相比阿里巴巴、腾讯等跨界者，银行在资金、风险管理能力、人才储备等方面具备优势。国内多家银行大力投资于网上平台、推出网上服务，进行多元化创新，为发展自有网络小额贷款业务奠定基础。目前，商业银行的网上服务包括传统银行业务、电子商务与移动支付等新兴业务等。

2. 客户个性营销

随着利率市场化和民营银行设立预期的加剧以及互联网金融的兴起，银行业竞争日益激烈，利差进一步缩窄，银行纷纷进行发展模式的战略转型。实现战略转型的目标要求银行必须可靠、实时掌握客户的真实需求，全面完整描述客户的真实面貌。大数据的发展为上述需求提供了技术支撑，通过广泛收集各渠道、各类型的数据，使用大数据技术整合各类信息、还原客户真实面貌，可以帮助银行切实掌握客户的真实需求，并根据客户需求做出快速应对，实现精准营销和个性化服务。例如，新加坡花旗银行根据客户的刷卡时间和地点，结合客户的购物、餐饮习惯等个人虚拟性，可以精确地向客户推荐商场及餐厅优惠信息。

3. 银行风险管理

风险管理是银行的"生命线"。以往银行在进行信用风险管理时，主要依据客户的会计信息、客户经理的调查、客户的信用记录以及客户抵押担保情况等，通过专家判断进行决策。大数据技术的应用使银行的风险管理能力大幅提高。一方面，通过多种传感器、多个渠道采集数据，使银行更全面、更真实、更准确、更实时地掌握借款人的信息，有效降低因信息不对称导致的风险。另一方面，利用大数据技术可以找到不同变量之间的关联，形成新的决策模型，使决策更加准确、统一和合理。银行利用大数据创新风险决策模式，赢得新客户，形成利润增长点。大数据风险管理的基本步骤如图 1.10 所示。

图 1.10 大数据风险管理的基本步骤

1.4.2 大数据使保险业大变革

大数据与保险业具有天然的关联性。保险经营的核心基础是大数法则，如保险生命表就是以十万人为组来进行测算。无论是财产保险的概率事件，还是寿险的概率生命期，都是由大量数据分析获得的规律。长期以来，保险业通过上门、柜面、信函、电话、短信、微信等多种方式，已积累了大量的客户交互数据。近年来，兴起的互联网保险也成为保险业收集数据的新平台。据统计，国内大型保险公司每年新增的数据量达到 PB 级。在全球保险大数据应用市场中，主要领域包括客户行为分析、承保定价、互联网数据分析、市场渠道分析、风险建模、预测分析、商业决策、欺诈侦测等。

1. 承保定价

在大数法则下，保险产品的定价主要是基于样本数据的分析。大数据时代，保险定价是基于社会和全体数据，不仅包括保险公司存储的客户数据，还包括整个互联网的数据，如来自社交网络上的文字、图片或者视频信息等。这将颠覆传统保险精算的理论和技术，推动保险商业模式的革命性和突破性创新。车险将采用差别定价模式，生命表也将发生更新换代式的变革，所有的投保人将获得一个公平的保险价格。例如，保险公司可以通过数据分析，掌握客户车辆主要用途、基本行车路线、路途的风险程度、驾驶习惯等风险状况，以此评估客户车辆的风险指数，进而制定差别费率：对于风险低的客户降低费率，对于风险高的客户提高费率甚至拒绝承保。

2. 精准营销

传统的广告宣传手段是传统媒体，如电视、广告牌等，每个用户看到的广告是一样的，若该用户没有相关需求，广告也就没有效果。大数据时代的保险营销不是针对所有群体的一个广告及营销手段，而是实施精准营销。精准营销是通过分析客户行为，制定相应的销售与服务策略，把合适的产品或服务，以合适的价格，在合适的时间，通过合适的渠道，提供给合适的客户。大数据技术的应用，可以帮助保险公司完成寻找目标客户、挖掘客户潜在保险需求等任务。大数据营销使保险公司的客户营销策略更为精确直接，既避免以往常见的逐户、陌生拜访、陪同拜访现象，也避免了和同业竞争对手直接碰撞。相比开拓新客户，大数据营销对原有客户购买力的深度挖掘和忠诚度培养具有重要意义。

国内友邦保险开通了网上服务自助平台及微信服务平台，开发了客户地图等系统工具，帮助销售人员科学管理和分析客户不同人生阶段的保障、理财需求。试验的 O2O 模式，已初见成效。线上的精准定位和前期需求的挖掘与线下高效的销售流程相结合，有效提升了客户转化率，也为企业创造了价值。

3. 欺诈识别

保险欺诈，尤其是健康保险领域的欺诈，具有专业性、隐蔽性等特点。保险公司主要是依靠一些固定标准和列配人员的经验，来判断是否存在保险欺诈。由于缺乏行业内协作机制和共享的信息平台，调查的质量主要依赖于理赔人员的个人素质以及公安机关的合作情况。从本质上看，欺诈是由双方信息不对称所导致的，大数据能够弱化部分不对称的信息，建立高效的反欺诈鉴别机制。

为了防范健康保险交易诈骗的发生，美国各州在建立全民医疗保险的网络销售平台时，一同建立专业软件平台，用于自动识别和侦破可疑的健康保险索赔数据。在国内，全国各地保险公司正在积极建设客户理赔信息即时共享机制，完善统一的欺诈风险信息库，以及广泛的异地协查网络，积极实现商业保险与社会保险的实时对接，扩大共享范围，提高支撑识别保险欺诈的数据质量。

1.4.3 大数据使证券业大变革

随着 A 股市场全面放开一人一户限制，证券经营牌照将会向互联网公司放开，面对居民财富迅速增长和对理财产品多样化的需求，证券公司感受到行业内外部的双重压力，当前它们正在进行业务转型。传统 IT 基础设施环境已无法满足证券公司对转型和创新战略的要求。随着大数据时代的到来，证券公司数据驱动的创新平台的建设为未来的业务差异化竞争提供了强有力的技术支持。相比银行业和保险业，证券行业的大数据应用相对较晚，正处于起步阶段，目前大数据主要应用于个性化服务、量化投资和股价预测。

1. 智能投顾

券商的金融中介职能在信息技术的冲击下将有所改变。在大数据背景下，券商将有能力快速收集、传导大量的高质量信息，以设计出符合客户需求的产品组合，并根据客户偏好的而调整。同时，通道中介服务深陷同质竞争，争夺的焦点必然落到价格上。但是如果标准化同质服务不再能够给券商带来正常利润，最优选择么是从竞争中彻底退出，要么是转变经营思路，将通道业务转变成包含增值服务的金融服务。

大数据在加强风险管控、精细化管理、服务创新等转型中别具现实意义，是实现向信息化券商转型的重要推动力。首先，大数据能够加强风险的可审性和加大管理力度。其次，大数据能够支持精细化管理。当前，中国证券业以客户为中心的管理改革已经起步，必然会对券商提出精细化管理的新要求。最后，大数据支持服务创新，能够更好地实现"以客户为中心"的理念，通过对客户消费行为模式进行分析，提高客户转化率，开发出不同的产品以满足不同客户的市场需求，实现差异化竞争。

过去的十年里，越来越多的证券公司采用数据驱动的方法进行有针对性的服务来降低风险和提高业绩。执行特殊的数据分析程序来收集一系列大数据集、存储、管理和分析，识别关键业务，以便给客户提供更好的决策。可利用的金融数据源包括股票价格、外汇和衍生品交易、交易记录、高频交易、无结构化新闻和文本以及隐含在社会媒体和网络中的消费者信心和商业情绪。

2. 量化交易

随着互联网的发展，证券行业也进入一个"大数据海洋"的云时代。"光大黑天鹅事件"彻底表明了在一般投资者面对操盘的是冰冷的电脑程序，证券的数据模型更加复杂，数据的总量和种类都有着非常大的突破。"光大黑天鹅事件"或许只是 A 股市场此类事件的开始，因而针对此类事件的预警就格外重要。大数据技术是预防"黑天鹅事件"的重要手段。大数据在处理证券数据时能加深对数据本身，主力资金和散户资金，以及散户和主力的行为、轨迹，主力和散户之间、主力和市场之间、散户和市场之间等多重关系的理解。如果能把这些数据使用好,包括数据、数据挖掘能力、算法、平台等,就能够很好地增加投资胜算。量化交易策略在欧美等发达国家的金融市场已经相对成熟,行业竞争越来越激烈。

量化交易由于其收益巨大,是大数据最早应用的领域,而其也符合大数据最重要的三大思维变革。随着互联网和移动互联网导致的信息化革命,个人投资者将能够轻松使用大数据获得实证支持,降低交易策略风险,投资能力将大幅提升。大数据让科技公司第一次有机会能够挑战传统的金融分析师和交易员,利用对各种全体数据的量化、重组和整合,低成本地建立针对各个市场、面向不同用户的交易策略,让投资者能够科学、稳定地在全球市场投资。因此,大数据时代对金融投资的革命不仅仅是未来的趋势,也是正在实现的现实,谁能做到这一点,谁就能引领证券投资的未来。

3. 股价预测

传统的股票价格预测是利用股票形态分析理论对股票未来走势的方向和可能性做出预测,这种方法是从海量的历史数据中寻找和某只股票当前趋势相同或相似的趋势,并根据历史趋势判断未来股票价格。股市是个复杂的系统,仅仅根据历史数据进行预测比较片面,且不一定准确。在大数据时代,通过网络产生的搜索数据、互动数据等也可以用来预测股市活跃度和股价走势变化。互动数据反映了投资者对某只特定股票的喜好与厌恶,可以简单描述为对股票的操作是持有还是卖出;搜索数据则代表投资者对某只股票的兴趣和关注点,关注度高意味着消息的影响力大。市场本身带有主观判断因素,投资者的情绪会影响投资行为,而投资行为直接影响资产价格。例如,英国对冲基金(Derwent Capital Markets)是基于社交网络建立的对冲基金,该基金通过分析 Twitter 上的数据内容感知市场情绪,依据对市场情绪数据的分析进行股价预测,进而指导投资者投资。此外,IBM 使用大数据信息技术成功开发了经济指标预测系统。借助该预测系统,可通过统计分析新闻中出现的单词等信息来预测股价等走势。这种经济指标预测系统首先从互联网上的新闻中搜索与"新订单"等与经济指标有关的单词,然后结合其他相关经济数据的历史数据分析与股价的关系,从而得出预测结果。

1.4.4 大数据使征信行业大变革

传统征信包括线下的金融征信体系、社会征信体系、商业征信体系以及线上某一层级数据的单一分析的 IT 征信。而大数据征信数据来源更广泛,不仅包括上述征信体系,还包括利用互联网挖掘的电子商务、社交、网络行为等特征信息。随着社会经济的飞速发展,征信业所收集、存储、处理的信息数据量呈爆炸式增长,其必然也会进入大数据时代。在大数据时代,大数据思想和技术以其自身的优势必将为征信业提供新的发展机会,为征信数据、征信服务、数据采集、征信产品等带来一系列变革。

1. 征信数据

大数据时代的到来使征信数据来源更为广泛,征信数据类型更为多样。在数据来源上,传统的征信数据主要来源于个人或者机构的借贷、赊购、担保、租赁、保险、信用卡等活动，这些活动中产生的行政处罚信息、缴纳各类社保和公共事业费用的信息等都是征信数据。在大数据时代，征信数据更多地来源于线上，互联网公司(如淘宝、京东等)通过客户网上的交易记录、评价等信息，还有社交网络信息更加真实完整地了解客户的信用状况。在数据类型上，大数据技术使征信数据不再限于数字、字符这些结构化数据，还包括图片、音频、视频等非结构化数据。例如，交通银行信用卡中心通过智能语音分析技术，提炼出隐藏在音频数据中的客户信息进行分析应用，每天的平均数据处理量达到 20GB，高峰日超过 100GB。

2. 征信服务

在大数据时代，征信机构的服务更加及时、高效、全面。例如，在营销服务方面，征信机构运用大数据技术对客户相关数据信息进行收集，精准客户画像，从多个方面对客户群体进行细分，从而提供差异化服务，使营销服务更具有针对性和有效性。在客户维护方面，大数据技术可以帮助征信机构更加便捷、及时、有效地收集和分析客户对征信产品和服务效果的需求，及时反馈客户提出的问题和建议，从而提升客户忠诚度。与此同时，还可以运用大数据技术对客户使用服务的相关数据和征信机构所流失客户的相关数据进行挖掘分析，有助于预测发现可能流失的客户，从而及时对客户维护策略加以改进，保障客户群体的稳定。

3. 数据采集

征信机构传统的数据采集手段因机构性质不同而有差异。一种是公共征信机构，一般是由中央银行经营管理，金融机构(如商业银行、信用卡公司等)被强制要求定期向中央银行报送借款人的相关数据和信息。另一种是私人征信机构，独立于政府和大型金融机构之外，通常通过协议或者合同的方式规范数据采集，其数据的主要来源有提供信息服务的金融机构信贷信息、政府平台公布的公共记录等。而在大数据时代，通常是采用人们生活中含有内置芯片、传感器、RFID(无线射频芯片)等具有电子神经的感知设备产品收集数据信息。这些设备与计算机连接以后，可以随时随地对人们生活产生的各种数据进行收集，所收集的数据内容更加丰富，数据类型更加多样。

4. 征信产品

传统的征信产品主要包括信用报告、信用评分、信用评级、信用风险管理类产品等。在大数据时代，大数据技术有助于提升征信产品的质量，推动征信产品的创新，扩展产品服务范围，促进征信业的发展。例如，在征信产品推销方面，可以运用大数据技术对客户的生活习惯等数据进行挖掘和分析，预测客户的潜在需求，有针对性地为客户推销相应的征信产品。在征信产品的改进方面，大数据时代的信用报告可以结合客户的生活习惯、性格特点、财务状况、兴趣爱好等信息数据综合评判个人信用状况。与此同时，征信产品的形式也将更加多样化，不仅可以是上报的报表、可视化的图表、详细的可视化分析，还可以是简单的微博或视频信息等。此外，大数据技术的应用能够使信用评分和信用评级更加准确、合理。

@ 1.5 大数据金融模式

按照大数据服务所处的环节，可以把大数据金融划分为平台金融模式和供应链金融模式。建立在 B2B、B2C 或 C2C 基础上的现代产业通过在平台上凝聚的资金流、物流、信息流组成了以大数据为基础的平台金融，例如，阿里金融、百度金融、融 360 等；建立在传统产业链上下游的企业通过资金流、物流、信息流组成了以大数据为基础的供应链金融，譬如京东金融平台、苏宁易购的供应链金融模式。

1.5.1 平台金融模式

平台金融模式是依托于电子商务生态圈形成的新型金融模式。电子商务平台积累了大量的历史交易与支付数据，利用大数据挖掘技术，可以将这些历史数据变为"可评价的信用"和"可流通的资产"，为金融机构提供信息资源和信用保障。因此，在平台金融模式中，平台为资金需求方与金融机构搭建了一座信用的桥梁，降低了融资公司和金融机构之间的信息不对称程度。与传统金融依靠抵押或担保的金融模式不同的是：阿里小贷等平台金融模式主要基于对电商平台的交易数据、社交网络的用户交易与交互信息和购物行为习惯等的大数据进行云计算来实时计算得分和分析处理，形成网络商户在电商平台中的累积信用数据，通过电商所构建的网络信用评级体系和金融风险计算模型及风险控制体系，实时向网络商户发放订单贷款或者信用贷款，批量、快速、高效，例如，阿里小贷可实现数分钟之内发放贷款。

【案例 1.1】阿里小贷模式

阿里小贷以"封闭流程+大数据"的方式开展金融服务，凭借电子化系统对贷款人的信用状况进行核定，发放无抵押的信用贷款及应收账款抵押贷款，单笔金额在 5 万元以内，与银行的信贷形成了非常好的互补。阿里金融目前只统计、使用自己的数据，并且会对数据进行真伪性识别、虚假信息判断。阿里金融通过其庞大的云计算能力及数十位优秀建模团队建立的多种模型，为阿里集团的商户、店主时时计算其信用额度及其应收账款数量，依托电商平台、支付宝和阿里云，实现客户、资金和信息的封闭运行，有效减少了风险因素，同时真正做到了一分钟放贷。京东、苏宁的供应链金融模式则是以电商作为核心企业，以未来收益的现金流作为担保，获得银行授信，为供货商提供贷款。

在阿里小贷业务决策中，数据分析发挥了核心作用。阿里小贷有超过上百个数据模型，覆盖贷前、贷中、贷后管理，反欺诈，市场分析，信用体系，创新研究等板块。其决策系统每天处理的数据量达到 10TB。数据分析用于向公司的管理决策层提供科学、客观的分析结果和建议，并对业务流程制定优化改进方案。水文模型就是阿里小贷 2013 年着重搭建的重要数据模型之一。

在信贷风险防范上，阿里小贷微贷技术有完整的风险控制体系。阿里小贷建立了多层次的微贷风险预警和管理体系。具体来看，贷前、贷中以及贷后 3 个环节环环相扣，利用数据采集和模型分析等手段，根据小微企业在阿里巴巴平台上积累的信用及行为数据，可以对企业的还款能力和还款意愿进行较为准确的评估。同时结合贷后监控和网络店铺的账号关停机制,可以提高客户违约成本,有效地控制贷款风险。阿里小贷业务流程如图 1.11 所示。

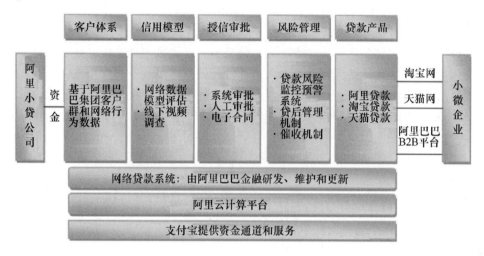

图 1.11 阿里小贷业务流程

1.5.2 供应链金融模式

供应链金融模式是企业利用自身所处的产业链上下游(原料商、制造商、分销商、零售商),充分整合供应链资源和客户资源,提供金融服务而形成的金融模式。京东商城、苏宁易购是供应链金融的典型代表。其以电商作为核心企业,以未来收益的现金流作为担保,获得银行授信,为供货商提供贷款。京东商城作为电商企业并不直接开展贷款的发放工作,而是与其他金融机构合作,通过京东商城所累积和掌握的供应链上下游的大数据金融库,来为其他金融机构提供融资信息与技术服务,将京东商城的供应链业务模式与其他金融机构无缝连接,共同服务于京东商城的电商平台客户。在供应链金融模式中,电商平台只是作为信息中介提供大数据金融,并不承担融资风险及防范风险等。

【案例 1.2】 京东金融

京东金融于 2012 年开始涉足金融服务,同年,京东金融自主研发产品获得银监会审批,2013 年 12 月推出"京保贝"。金融业务成为京东不可或缺的一部分,而在 2014 年 3 月 7 日,京东低调上线理财产品"小金库",更表明了京东在金融领域的野心。

一般企业在与核心企业合作时,既要保障供货,还要承受应收账款周期过长的风险,资金往往成为最大的压力。而这些企业往往因为规模小,资金薄弱,难以得到银行的贷款,资金链断裂成为悬在这些企业头上的"达摩克利斯之剑"。京东正是利用用户数据和现有的金融体系,根据每个环链上的业务需求,满足中小微企业的金融需求。

京东做金融有其天然优势,京东有非常优质的上游供应商,还有下游的个人消费者,积累了非常多潜在的金融业务客户。有大数据现成的资源,京东选择金融水到渠成。

在传统的贸易融资中,金融机构只针对单一企业进行信用风险评估并据此做出是否授信的决策,而在供应链金融模式下,银行更加关注的是申贷企业的真实贸易背景、历史信誉状况,而不仅是财务指标。这样,一些因财务指标不达标而难以融资的中小企业,就可以凭借真实交易的单笔业务来获得贷款,满足其资金需求。银行通过资金的封闭式运作,确保每笔真实业务发生后的资金回笼,以达到控制贷款风险的目的。

如今,大数据的应用更让京东在这方面如虎添翼。例如,2013 年 12 月推出的"京保贝",针对京东上下游合作商提供快速融资的服务,供应商可凭采购、销售、财务等数据快速获得融资。通过大数据,以往需要人工进行的判断、审核等流程可实现自动化审批和风险控制,从供应商申请融资开始,全部由系统实现对放款审核的判断,放款过程全程自动化,因此可以做到 3 分钟融资到账,且无须任何担保和抵押,就能有效地提高企业营运资金周转效率。

未来京东金融会覆盖更多的融资服务,而对于产生的数据,包括消费数据、物流数据、供应商财务信息以及金融状况信息,将通过大数据技术进行有效的分析,风险状况也能够实时监控。同时,在了解客户需求的前提下,提供简单融资、快乐融资的融资服务。

@ 1.6 大数据金融信息安全

进入 21 世纪以来,随着信息技术产业的迅速发展,大数据产业成为新时代背景下继云计算、物联网的发明与广泛应用之后又一大技术产业创新点。金融业通过大数据的应用,催生出基于大数据的客户管理、营销管理、风险管理等应用,商业模式、运营方式、业务模式等不断创新。但在大数据产业呈爆炸式增长的同时,大数据信息安全管理水平却呈现非对称发展,所以对现有的信息安全手段提出了更高的要求。特别是大数据技术在金融行业的应用,现在的金融信息化已全面进入信息安全管理阶段,对计算机信息系统有着高度的依赖性,使金融信息安全面临多方面的威胁,包括大数据集群数据库的数据安全威胁、智能终端的数据安全威胁以及数据虚拟化构成的泄密威胁。大数据时代背景下,高度信息化的金融系统所面临的危险系数更高,必须建立起全方位、多层次、可动态发展的金融安全信息保障体系,以确保金融信息的安全。金融信息安全防范体系可以从以下几个方面完善:建立核心信息区安全防护系统、建立信息交流区安全防护系统、建立内部系统安全防护系统、建立分支节点区安全防护系统、建立管理区安全防护系统。

@ 1.7 大数据应用案例

1.7.1 案例之一:北京市政交通一卡通

北京市政交通一卡通有限公司成立于 2000 年,是一家以智能卡为交易载体、全面应用于城市市政公共交通及小额支付领域的高新技术企业。该公司经营"北京市政交通一卡通"智能卡的制作、发售、应用、结算并负责系统投资和管理,拥有北京市城市建设事业 IC 卡密钥的管理和使用权,并于 2011 年获得中国人民银行颁发的"支付业务许可证",在京津冀区域内开展预付卡的发行与受理业务,如今业务范围已涵盖公共交通、市政服务、小额消费、移动支付等多个领域。截至 2018 年，累计发卡超过 1 亿张，市场保有量超8000 万张，累计城市市政行为及交通轨迹数据 460 亿笔，日均数据增量高达 3000 万笔。

1. 市政一卡通的大数据治理体系

1) 标签画像

通过 24 小时不间断监测市政交通 IC 卡的使用数据，以及监测这些数据本身所产生的二度数据，包括发卡标签、路径规划、实际路线、出行偏好、小额消费频次、票价敏感度等，可以构建持卡人的标签画像。例如，市政交通 IC 卡设置了中小学生学籍卡、大学生学生卡、养老助残卡、灰色人群卡等多个标签类别，通过跟踪不同类别群体的出行偏好、消费频次、充值次数等，可以归纳出不同群体的行为特征。目前，北京市政一卡通的标签数据可以分为三类：一是公共交通类；二是市政服务类；三是外源融合类，包括天气数据、商业化数据等。

2) GIS 可视化应用

利用地理信息系统(Geography Information System，GIS)分析处理市政一卡通产生的空间数据，可以跟踪整个公共交通路网在特定时段内的动态变化，监控不同线路的客流变化。例如，不同地铁站点的实时流量变化、换乘状况、乘客来源地和目的地等。这些数据可以预测路况和不同人群的出行需求，从而实现优化城市交通规划、评估城市治理政策效果的目的。

2. 一卡通大数据与特定人群分析系统

按照政府部门的要求，市政交通 IC 卡设置了中小学生学籍卡、大学生学生卡、养老助残卡、灰色人群卡等多个类别，通过识别不同特定人群的行为特征，协助相关部门管理或服务。首先定义特定人群，然后在对应特定人群的标签画像中抓取人群时空的出行特征，将目标个体的行为与特定类别人群的行为特征进行对比，从而判断是否出现了异常情况。

3. 一卡通大数据与城市规划支撑

通过实时监测不同线路客流量信息，可以分析乘客的换乘信息、通勤轨迹和职住平衡情况，继而为城市规划提供支撑数据。例如，基于市政一卡通数据分析表明，在金融街上班的人群中，以金融街为中心十公里为半径的居住人群占 69%。而大型居住区天通苑半径十公里范围内的工作人群只占 39%。这一职住失衡的状态说明早期关于功能区和居住区的城市规划考虑并不充分。

4. 一卡通大数据与政策效果评估

大量累积的交通数据，还可以有效评估交通政策的实施效果。例如，2014 年北京市政府推出了一项票改政策，减少非刚需的地铁客流，引导人们合理出行。市政一卡通选取了票改前后各一个月的 10 亿条数据，分析发现票改后第一个月地铁刷卡次数减少了 10%，从结果上看，基本达到了市政府票改的目的。此外，基于细分的乘客出行数据，还可以找出因地铁涨价而将公共交通出行方式改为公交的人群，定义为票价敏感人群，在后期票改工作中充分考虑对此类人群的影响。

1.7.2　案例之二：大数据与美团外卖的精细化运营

美团最初是一个互联网公司，美团的团队之前做校内网(人人网的前身)，后来做饭否网，再后来转做美团网。2013 年 11 月上线的美团外卖，在两年半的时间里成为中国最大的外卖平台，最近日订单已经突破 400 万份，这个数字放在所有电商交易平台里也能轻松排到前列。而这种高速发展的背后，与大数据技术的支撑和精细化运营是分不开的。美团外卖首先是一个线下商户与线下消费者的线上交易平台，对商户来说，一方面，美团可以帮商户解决知名度的问题，商户可以通过这个平台接触到更多的用户。另一方面，由于很多的消费不是发生在线下，商户不需要租用一个大面积、好地段的商铺，可以减少店铺的租金。对消费者来说，可以有更多的选择，并且对现在很多追求生活享受的"宅男""宅女"或一些生活节奏较快的人来说也非常方便。

外卖 O2O 和传统的电商存在一些差异。可以简单总结为以下四点。

一是新事物的快速发展。这意味着很多用户对外卖的认知较少，对平台上的新品类缺乏了解，对自身的需求也没有充分意识。平台需要去发现用户的消费意愿，以便对用户的消费进行引导。

二是高频。外卖是个典型的高频 O2O 应用。一方面，消费频次高，用户生命周期相对好判定；另一方面，消费单价较低，用户决策时间短、随意性大。

三是场景驱动。场景是特定的时间、地点和人物的组合下的特定的消费意图。不同的时间、地点，不同类型的用户的消费意图会有差异。例如，写字楼里白领中午的订单一般是工作餐，通常在营养、品质上有一定的要求，且单价不能太高；而周末晚上的订单大多是宵夜，追求口味且价格弹性较大。场景辨识越细致，越能了解用户的消费意图，运营效果就越好。

四是用户消费的地理位置相对固定。结合地理位置判断用户的消费意图是外卖的一个特点。

1. 大数据在美团外卖画像技术中的应用

美团外卖经过 3 年的飞速发展，品类已从单一的外卖扩展到了美食、宵夜、鲜花、商超等多个品类。用户群体也从早期的以学生为主扩展到白领、社区以及商旅，甚至包括 KTV 等娱乐场所消费的人群。随着供给和消费人群的多样化，如何在供给和用户做一个对接，成为用户画像的一个基础工作。所谓千人千面，画像需要刻画不同人群的消费习惯和消费偏好。

1)　外卖产品运营对画像技术的要求

我们大致可以把一个产品的运营分为用户获取和用户拓展两个阶段。在用户获取阶段，用户因为自然原因或一些营销事件(如广告、社交媒体传播)产生对外卖的注意，进而产生了兴趣，并在合适的时机完成首购，从而成为外卖新客。在这一阶段，运营的重点是提高效率，通过一些个性化的营销和广告手段，吸引到真正有潜在需求的用户，并刺激其转化。用户完成转化后，接下来的运营重点是拓展用户价值。这里有两个问题。第一个问题是提升用户价值，具体而言，就是提升用户的单均价和增加消费频次，从而提升用户的客户终生价值(Life-Time Value，LTV)。基本手段包括交叉销售(新品类的推荐)、向上销售(优质高价供给的推荐)以及重复购买(优惠、红包刺激重复下单以及优质供给的推荐带来下单频次的增加)。第二个问题是用户的留存，通过提升用户总体体验以及在用户有流失倾向时通过促销和优惠将用户留在外卖平台。所以用户所处的体验阶段不同，运营的侧重点也有所不同。而用户画像作为运营的支撑技术，需要提供相应的用户刻画以满足运营需求。图 1.12 为美团用户体验过程。

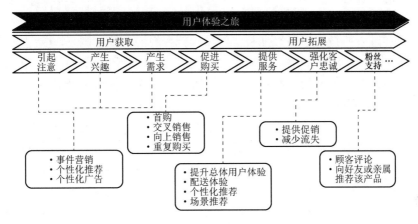

图 1.12　用户体验过程

2)　外卖画像系统架构

画像服务的数据源包括基础日志、商家数据和订单数据。数据完成处理后存放在一系列主题表中，再导入数据库存储，给下游业务端提供在线服务。同时会对整个业务流程实施监控。监控内容主要分为两部分，第一部分是对数据处理流程的监控，利用内部自研的数据治理平台，监控每天各主题表产生的时间、数据量以及数据分布是否有异常。第二部分是对服务的监控。目前，画像系统支持的下游服务包括广告、排序、运营等系统。图 1.13 为美团画像系统架构。

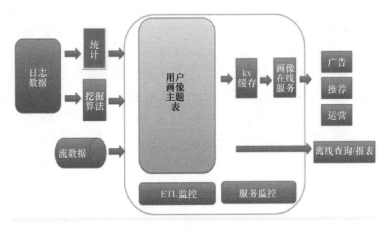

图 1.13　美团画像系统架构

2. 大数据在美团外卖客户挖掘和预测中的应用

1) 新客运营

新客运营主要需要回答下列 3 个问题。

(1) 新客在哪里？

(2) 新客的偏好是什么？

(3) 新客的消费力如何？

回答这 3 个问题是比较困难的，因为相对于老客，新客的行为记录非常少或者几乎没有。这就需要通过一些技术手段来推断。例如，新客的潜在转化概率，受到新客的人口属性(职业、年龄等)、所处地域(需求的因素)、周围人群(同样反映需求)以及是否有充足供给等因素的影响；而对于新客的偏好和消费力，可以从新客在到店场景下的消费行为做出推测。另外，用户的工作和居住地点也能反映他的消费能力。

对新客的预测大量依赖于他在到店场景下的行为，而用户的到店行为对于外卖来说是比较稀疏的，大多数用户是在少数几个类别上有过一些消费行为。这就意味着需要考虑选择什么样的统计量描述，如消费单价、总消费价格、消费品类，等等。然后通过大量的试验来验证特征的显著性。另外，由于数据比较稀疏，需要考虑合适的平滑处理。

美团在做高潜新客挖掘时，融入了多个因素，通过因素的组合最终做出一个效果比较好的预测模型。美团能够找到一些高转化率的用户，其转化率比普通用户高若干倍。通过对高潜用户有针对性地营销，可以极大提高营销效率。

2) 流失预测

新客来了之后，就需要把他留在这个平台上，尽量延长生命周期。营销领域关于用户留存的两个基本观点是、获取一个新顾客的成本是维系现有顾客成本的 5 倍；如果将顾客流失率降低 5 个百分点，公司利润将增长 25%～85%。

用户流失的原因通常是竞争对手的吸引、体验问题和需求变化等。美团借助机器学习的方法，构建用户的描述特征，并借助这些特征来预测用户未来流失的概率。这里有两种做法：第一种是预测用户未来若干天是否会下单这一事件发生的概率。这是典型的概率回归问题，可以选择逻辑回归、决策树等算法拟合给定观测下事件发生的概率。第二种是借助生存模型，例如 COX-PH 模型，做流失的风险预测。图 1.14 左边是概率回归的模型，用户未来 T 天内是否有下单作为类别标记 y，然后估计在观察到特征 X 的情况下 y 的后验概率 $P(y|X)$。右边是 COX 模型，我们会根据用户在未来 T 天是否下单给样本一个类别，即观测时长记为 T。假设用户的下单的距今时长 $t<T$，将 t 作为生存时长 t'；否则将生存时长 t' 记为 T。这样一个样本由三部分构成：样本的类别(flag)、生存时长(t')以及特征列表。通过生存模型虽然无法显示得到 $P(t'|X)$ 的概率，但其协变量部分实际反映了用户流失的风险大小。

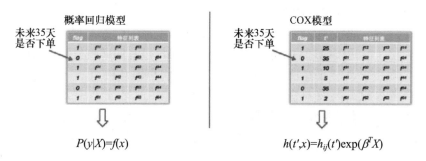

图 1.14 流失预测模型

在生存模型(见图 1.15)中，$\beta^T x$ 反映了用户流失的风险，同时也和用户下次订单的时间间隔呈正相关。在箱线图中，横轴为 $\beta^T x$，纵轴为用户下单时间的间隔。

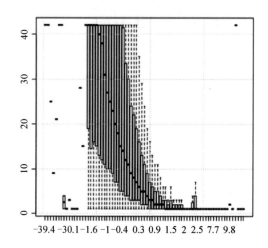

图 1.15 生存模型

美团做了 COX 模型和概率回归模型的对比。在预测用户指定天数内是否会下单时，两者有相近的性能。美团外卖通过使用用户流失预警模型，显著降低了用户留存的运营成本。

3. 大数据在美团外卖用户补贴中的应用

美团外卖吸引顾客的一个方式是用户补贴。用户补贴对于平台而言是一笔巨大的运营成本。但是在很多情况下，用户补贴是很有必要的。平台都希望吸引更多的新用户以及留住老客户，这是业务发展的重中之重。那么，怎样进行用户补贴才有助于平台吸引客户，并且使客户连续不断地在平台上消费，这就需要大数据分析作为支撑。

首先，以客户留存率和自动转化意愿将用户群体划分为四个象限(见图 1.16)。第一个维度是客户留存率。在互联网行业，用户在某段时间内开始使用应用，经过一段时间后，仍然继续使用应用的被认作留存客户，这部分用户占当时新增用户的比例即是客户留存率。需要注意的是，对于刚开始使用美团外卖的新用户，有多大可能性会一直留在平台；在平台不给补贴的情况下，新用户还会不会继续留在平台。有的用户在只有给红包的情况下才会留下,这就是留存率低的情况。另一个维度是用户的自动转化意愿。平台上每天都会有很多新客户,有的新客户没使用红包就开始使用平台的服务,有的客户只有给他发红包才能完成转化,但是转化之后会成为平台的忠实用户,有的客户一旦没有红包就会自动流失。那么,对于自动转化意愿高的用户,不给红包也愿意使用,如果能识别出这类客户,就可以不给补贴。还有一些只有收到红包才使用,之后又会流失,如图中的第三象限,这部分用户最好不发补贴。平台需要识别给了红包就可以一直留在平台,即使以后没有红包也会一直保持消费忠诚的客户。想要知道客户是属于哪个象限的,就需要用大量数据挖掘。

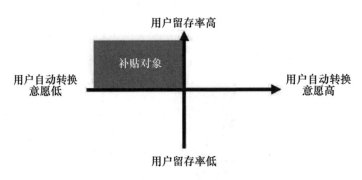

图 1.16　用户群体划分

为了识别不同类型的用户,需要做用户画像(见图 1.17),首先通过各种渠道了解用户的年龄、婚姻状况、收入水平、消费习惯、常住地等,了解这些信息后,需要做一次用户模型的训练,即把各种参数跟四个象限做一次训练,就知道给什么样的用户发红包。以下分析如何使用用户画像来寻找补贴对象。

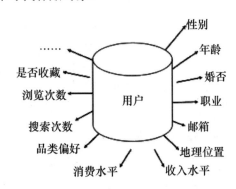

图 1.17　用户画像要素

图 1.18 是用户画像的流程示意图。美团外卖也是一个大数据公司,每天有大量用户浏览网页、在网站上购买,用户的位置属性和手机型号这些数据也都可以获得,另外,还有用户自己填写的性别、年龄等,这些都可以用来做用户数据的挖掘。有了这些数据,通过数据挖掘的算法,对用户进行深入的挖掘,再去完善用户的各种画像,就可以得到一个模型。然后对于任何一个特定的用户,将其浏览购买历史的信息输入模型,就可以知道这个用户很多具体的特征。例如,用户的年龄为 25～30 岁,可能是一个刚毕业没多久的白

领。例如，用户是一个"夜猫子"，那么平台就在晚上向其推荐一些夜宵。这就是平台通过大数据挖掘得到的很多用户画像的信息，之后将这些信息用于平台用户营销、用户补贴等上面，可以快速提高平台识别和分析用户的精准度。理想情况下，把原来随便撒红包的形式，限制在一个象限，平台资金的使用效率就会更高，这就是大数据在用户补贴方面的使用。

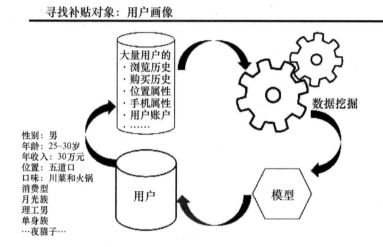

图 1.18 用户画像流程

4．大数据在美团外卖供应链中的应用

"外卖 O2O"是一种特殊的 O2O 形态，多了配送和调度的部分。其他如信息发布、用户信息的搜索以及支付和以往都一样，只是履约部分由消费者到商家店里消费改成了配送上门。配送团队首先报告给平台，每一个配送员的位置在什么地方，平台根据这个定位和订单的信息发起调度，告诉配送员去取哪个订单，然后配送员就可以去商户那边把订单取回来，送给消费者，这是外卖 O2O 的模式。

1） O2O 闭环

外卖 O2O 模式的真正价值在于通过线上工具与云服务器、CRM、餐饮管理系统的信息化无缝闭合回路，依靠云计算功能处理、转化、应用大数据。所以，只有无缝整合线上线下资源，形成 O2O 闭环才是企业踏入大数据时代的关键。外卖 O2O 闭环的难点和"痛点"在于，如何收集线下消费者体验的反馈信息，并将线下用户引到线上交流，进行线上体验。有的商家以为自己促使消费者完成线上的支付就是 O2O 闭环，这是浅浅的想法。把消费者从线下送到线上，这个线上不仅仅是支付，还是要形成线上的消费者与消费者、消费者与商家之间的互动。

互动需要一个能够容纳消费者和商家的平台，而微信平台是一个不错的选择。可以在微信上建立一个公众平台，与消费者进行互动交流。互动的内容可以是让消费者来设计自己喜欢的菜单，让消费者来设计自己喜欢的菜品。一旦得到采纳，消费者可以获得奖品，或者是此菜品永远对该设计者免费。这样，除了在平台上完成订餐、点菜、支付等功能外，还能根据消费者的消费行为有针对性地进行推广和促销。更重要的是，能充分发挥

"粉丝"经济的作用,让"粉丝"参与服务改进、菜品改进,提高顾客的满意度并提升商家的销量和形象。

自此,把消费者从线下引到线上的目的就达成了,这样才是一个真正的 O2O 闭环(见图 1.19)。从线上到线下,再从线下到线上,消费者被引导,数据和信息才会流入商家的数据库中。

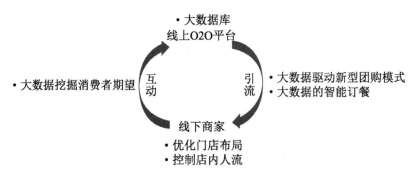

图 1.19 大数据库 O2O 闭环

2) 配送的智能调度系统

图 1.20 为美团外卖配送调度的示意图。一般而言,平台无法预测用户下单的位置。每个用户下单的频率不一样,下单的餐馆也不一样。这些骑手要怎么站位,这么多订单要让哪个骑手取哪个订单,用什么顺序送这个订单,这些都在极大程度上影响了骑手的能效。图 1.21 为外卖配送要考虑的因素。

如果考虑数学模型(见图 1.22),目标函数就会优化很多的变量,比如每一单平均的行驶距离,因为平台根据这个给配送员付工资;配送时间决定了用户的体验;运单的准时率;如果订单很多,骑手有限,实在送不过来,希望最坏的体验也不要太坏;还有骑手的满意度,在平台技术团队看来,骑手也是平台的客户,所以在分派订单的时候希望骑手也是满意的。

图 1.20 美团外卖配送调度示意

外卖配送问题

配送要解决的核心问题

将订单分配至骑手

提供任务执行路线

要考虑的因素：
1. 运单类型、下单时间、期望送达时间、商户地址、用户地址、预计出餐时间、调度轮次
2. 骑手数量、正在执行的运单状况、当前经纬度、最近一次上报坐标的时间、当天已完成的订单量、骑手个性化因素(速度、评分、接单偏好等)
3. 环境：骑手/商户/用户之间的距离、天气/节假日、当前总体负载、未来负载预测值、调度类型(众包/自建/加盟)

图 1.21　外卖配送问题

类别	内容
目标函数	最小化单均行驶距离
	最小化单均配送时间
	最大化运单准时率
	最小化最坏配送时长
	最大化骑手派单满意度
决策变量	各运单分配的骑手
	骑手建议行驶路线
约束条件	行驶速度约束
	最大单量约束
	出餐时间约束
	交付时间约束
	骑手可用约束等

➢ 组合优化难题
➢ 非线性、不确定
➢ 实时性要求高
➢ 强NP-Hard难题

研究现状：
➢ 学术界没有高效的求解方法
➢ 工业界在进行不同的方法探索

图 1.22　配送调度问题的数学模型

图 1.23 为美团外卖现在使用的一套系统。平台同样会用很多的特征数据来挖掘，包括给骑手画像，即骑手的骑程速度、送多少，他的箱子能送什么，骑什么车送外卖，等等。给商家画像，即这个商家一天最多出多少单，可以做多少份外卖，商家从接到订单到准备好订单平均需要几分钟，等等。还有各种配送指标，包括统计指标、骑手上报的各种路径等，都会放在平台进行挖掘。挖掘之后会结合所做的一个数学模型在一个仿真平台上运行，运行之后发现这个算法可以，就放到一个实时的海量计算平台给实时的这些订单做实时调度。调度算法是基于一个多目标的运筹优化的数学模型。在做调度的过程中，会同时监控每一个订单，监控实际配送时间跟预期的配送时间是否相同，骑手实际走什么样的路径，跟系统预期的最佳路径是否相同，还包括一些骑手给平台反馈的一些不好的调度方案等。平台把这些信息都收集回来，再输入回放平台，找到那个时间点再回放一下，这样可以指导这个算法有什么地方可以优化，或者需要添加哪些新的数据参数。

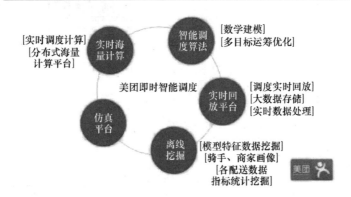

图 1.23　美团外卖配送的智能调度系统

　　这个系统数据量特别大，同时包括骑手的数据，十几万骑手，每十秒上报一个位置，所以有特别多的点。再加上给全国很多城市做配送，美团跟气象部门合作，购买了每个城市的实时气象数据，系统会根据气象数据知道城市的雨雪情况，根据这个天气情况做调度，在这里需要输入的数据特别多。在这种情况下，平台使用大数据技术对配送的调度方案进行不断的探索和优化。

5. 大数据在抑制恶意刷单套现中的应用

　　用户补贴往往会带来刷单作弊，一般有利益的地方就容易出现这种情况。刷单就是一种行业"毒瘤"，简单来说，就是一些作弊的订单和作弊的交易。刷单者有很多不同的目的，比如用大量虚假的订单套取补贴的利率、套现，以及制造一些虚假的订单量。例如，一个店铺入驻美团外卖之后，本来一个月卖三五单，通过大量的虚假订单，一个月能有1000 单的销量。因为美团外卖网站按照销量对商家进行排名，通过刷单把月销量刷上去，店铺排名就在前面，就会带来更多的流量，这就是制造虚假订单。还有一部分是利用虚假订单写一些虚假的评论来误导用户。跟补贴相关的，主要是补贴套现。

　　与刷单行为做斗争对O2O行业的发展来说是一件非常重要的事情。美团最初的做法，是在网页上面放了一个链接，让大家举报刷单，运用群众的力量抑制刷单。然而这种方法没有什么用，因为真正刷单的人，如在家里用"猫池"刷单的人，别人是无法知道的。事实证明，通过这种方式接到的举报很少，而接到的举报经查后发现，往往是商家的一些竞争对手为了打击对方的虚假举报。在这种情况下，只有靠大数据的技术手段才能抑制刷单，如图 1.24 所示。

　　图 1.24 只是一个简单的防刷单示意图，美团外卖平台会收集大量的数据，包括每个月用户所有的下单历史、浏览历史。商家的销售历史，例如一个商家销售 1000 单，这 1000单到底是卖给了一个用户还是卖给很多个用户，这里可以找到很多规律。美团现在每个订单都是由配送员配送的，每个配送员的 App 要每隔 10 秒汇报一次他的地理位置，所以平台有所有配送员的路径记录。同时有一支运营团队进行人工分析，哪些订单是刷单的，有

哪些特征。利用这些人工的样本作为种子，加上上面的一些数据，同样的把它们输入整个系统的大数据库里面。最后有一个防刷单模型，利于这个刷单模型就可以判断某个用户刷单的可能性和商家刷单的可能性。对可能性比较高的，平台运营人员会介入并分析，如果是真的就予以比较严厉的惩罚，情节较轻就追回刷单的所得，对于情节较重的行为将以欺诈的罪名，上报相关法律机构。

图 1.24　美团外卖防刷单模型

案例小结：互联网企业具有高速的发展潜力，互联网企业的竞争正在从资本驱动，慢慢走向技术驱动、数据驱动。对这些企业而言，整体上由原来的补贴导向的竞争，慢慢变成靠公司整体的运营治理、技术和数据导向的竞争。

本章总结

- 大数据是指在一定时间内无法用传统数据库软件进行采集、存储、管理和分析的数据集或数据群，只有通过新的处理模式才能体现出的具有高效率的、高价值的、海量的、多样化的信息资产。大数据具有大体量、多样性、时效性、准确性、价值性 5 个特征。

- 小数据是以个体为中心，需要新的应用方式体现出的具有高价值的、个体的、高效率的、个性化的信息资产。大数据和小数据有着本质的区别，虽然两者都是以创造数据价值为目的，但是收集目的、数据结构、生命周期、分析方法及分析重点方面都存在着不同的定位。

- 大数据的分类形式众多。按照大数据的结构特征，可以将大数据分为结构化数据、非结构化数据和半结构化数据。按照大数据的获取处理方式，可以将大数据分为批处理数据和流式计算数据。按照大数据的处理响应性能，可以将大数据分为实时数据、非实时数据和准实时数据。按照大数据的关系，可以将大数据分为简单关系数据和复杂关系数据。

- 大数据的处理流程归纳为：首先利用多种轻型数据库收集海量数据，对不同来源的数据进行预处理，并整合存储到大型数据库中，然后根据企业或个人的目的和需求,运用合适的数据挖掘技术提取有益的知识,最后利用恰当的方式将结果展现给终端用户。具体包括数据采集、数据预处理、数据存储、数据挖掘及数据解释5个步骤。

- 大数据金融是指运用大数据技术和大数据平台开展金融活动和金融服务,对金融行业积累的大数据以及外部数据进行云计算等信息化处理,结合传统金融,开展资金融通、创新金融服务。

- 大数据金融与传统金融相比,存在以下几个方面的特点:呈现方式网络化,风险有所调整,信用不对称性大大降低,金融业务效率提高,金融企业服务边界扩大,产品是可控的、可接受的,惠普金融。相对于传统金融,大数据有着无可比拟的优势:放贷快捷,精准营销,个性化服务;客户群体大,运营成本低;科学决策,有效风控。

- 大数据给传统的金融业、征信业带来了较大的变革。与此同时,大数据还带来了较大的金融信息安全问题和监管挑战。因此,我们在享受大数据带来的价值的同时,还应该建立起完善的安全防范体系,以保障金融数据信息的安全。

- 按照大数据服务所处的环节,可以把大数据金融划分为平台金融模式和供应链金融模式。平台金融模式是在电商平台基础上形成的网上交易信息与网上支付形成的大数据金融,通过云计算和模型数据处理能力形成信用或订单融资模式。供应链金融模式是企业利用自身所处的产业链上下游,充分整合供应链资源和客户资源,提供金融服务所形成的金融模式。

- 在大数据背景下,金融信息安全面临多方面的威胁,包括大数据集群数据库的数据安全威胁、智能终端的数据安全威胁以及数据虚拟化带来的泄密威胁。

本章作业

1. 大数据的内涵是什么?与小数据有什么区别?大数据有哪些特征?
2. 大数据与传统数据有哪些区别?
3. 大数据的价值体现在哪些方面?
4. 大数据在金融业中有哪些应用?
5. 大数据金融的内涵和特点是什么?
6. 与传统金融相比,大数据金融有哪些优势?
7. 大数据使银行业、保险业、证券业、征信业分别产生了哪些大变革?
8. 大数据金融信息存在哪些安全问题?如何解决?

第2章

大数据分析方法

- 掌握大数据的处理流程：数据采集、预处理、存储、挖掘和解释

- 掌握大数据的3种来源：核心数据、外围数据、常规渠道数据
- 掌握大数据的主要架构
- 掌握数据挖掘常用方法

　　本章将从大数据处理流程、数据来源、大数据生态圈及主要架构、数据挖掘的主要方法这几个方面来介绍大数据技术的分析方法。

@ 2.1 大数据处理流程

大数据的处理流程为：首先，利用多种轻型数据库收集海量数据，对不同来源的数据进行预处理，并整合存储到大型数据库中；其次，根据企业或个人目的和需求，运用合适的数据挖掘技术提取有益的知识；最后，利用恰当的方式将结果展现给终端用户。具体流程包括数据采集、数据预处理、数据存储、数据挖掘及数据解释 5 个步骤，如图 2.1 所示。

图 2.1 大数据的处理流程

2.1.1 数据采集

大数据的采集是大数据处理的第一步，它是数据分析和挖掘的基础。大数据的采集是指在确定用户目标的基础上，对该范围内的所有结构化、半结构化、非结构化数据进行采集的过程。采集的数据大部分是瞬时值，也包括某时段内的特征值。大数据的主要来源有商业数据、互联网数据和传感器数据。针对不同来源的数据，运用不同的采集方法。主要的大数据采集方法有系统日志采集方法、网络数据采集方法和其他数据采集方法。

1. 系统日志采集方法

大多数互联网企业都有自己的海量数据采集工具，常用于系统日志采集，如 Scribe、Flume、Chukwa、Kafka 等。Scribe 是 Facebook 的开源日志收集系统，能够从各种日志源收集日志，存储到一个中央存储系统中，以便进行集中统计分析和处理；Chukwa 属于 Hadoop 系列产品，是一个大型的分布式系统监测数据的收集系统，提供了很多模块以支持 Hadoop 集群分析；Flume 是 cloudera 的开源日志系统，能够有效地收集汇总和移动大量的实时日志数据。这些工具均采用分布式架构，能满足每秒数百 MB 的日志数据采集和传输需求。

2. 网络数据采集方法

网络数据采集是指利用互联网搜索引擎技术从网站抓取数据信息。目前，网络数据的采集基本上是利用垂直搜索引擎技术的网络爬虫或数据采集机器人、分词系统、任务与索引系统等技术综合运用而完成。该方法可以将非结构化数据从网页中抽取出来，将其存储为统一的本地数据文件，并以结构化的方式存储。它支持图片、音频、视频等文件或附件的采集，附件与正文可以自动关联。除了网络包含的内容之外，对于网络流量的采集可以使用 DPI 或 DFI 等带宽管理技术进行处理。

3. 其他数据采集方法

对于企业生产经营数据或学科研究数据等保密性要求较高的数据，可以通过与企业或研究机构合作，使用特定系统接口等相关方式采集数据。

在大数据的采集过程中，同一网站同一时间可能会有很多用户访问和操作。例如，火车票售票网站和淘宝，它们并发的访问量在峰值时超过了上百万，并发数极高。因此，需要在采集端部署大量数据库支撑。

2.1.2　数据预处理

第一步收集到的数据是原始数据，存在不完整、不一致的问题，无法直接存储到数据库进行数据挖掘。因此，在将来自前端的数据导入一个集中的大型数据库或者分布式存储集群前，需要对大数据进行预处理，这样不但能够节省大量的空间和时间，还能得到更好的数据挖掘结果。大数据预处理包括对数据进行清理、集成、变换和归约 4 个过程。

1. 数据清理

数据清理是数据准备过程中最乏味，也是最关键的一步。其目的是补充缺失的数据、平滑噪声数据、删除冗余数据、纠正错误数据、清除异常数据，将原始的数据格式进行标准化。

2. 数据集成

数据集成是将多个数据源中的数据结合起来并统一存储，建立数据仓库，以更好地解决数据的分布性和异构性问题。数据集成技术的关键设备是数据高速缓存器。拥有一个包含目标计划、源—目标映射、数据获取、分级抽取、错误恢复和安全性转换的数据高速缓存器，可以大大降低直接访问后端系统和进行复杂实时集成的需求。

3. 数据变换

数据变换是采用线性或非线性的数学变换方法将多维数据压缩成较少维数的数据，消除它们在时间、空间、属性、精度等特征表现方面的差异。数据变换可用相当少的变量捕获原始数据的最大变化，具体变换方法的选择可根据实际数据的属性特点而定，常见的数据变换方法有数据平滑、数据聚焦、数据规范化等。

4. 数据归约

数据归约是指在对数据挖掘任务和数据本身内容理解的基础上寻找依赖于发现目标的数据的有用特征，以缩减数据规模，从而在尽可能保持数据原貌的前提下，最大限度地精减数据量。数据归约主要有两个途径：属性选择和数据采样，分别针对原始数据集中的属性和记录。数据归约技术可以用来得到数据集的归约表示，它虽然小，但仍然大致保持原始数据的完整性。这样，在归约后的数据集基础上挖掘将更有效，并能产生相同(或几乎相同)的分析结果。数据归约的类型主要有特征归约、样本归约和特征值归约。

2.1.3 数据存储

大数据种类繁多，数据结构化程度不同，传统的结构化数据库无法满足大数据的存储要求。下面介绍3种典型的大数据存储方案，分布式文件系统、分布式数据库和云存储。

1. 分布式文件系统

分布式文件系统是指文件系统管理的物理存储资源不一定直接连接在本地节点上，而是通过计算机网络与节点相连，众多的节点组成一个文件系统网络；每个节点可以分布在不同的地点，通过网络进行节点的通信和数据传输。常见的分布式文件系统有 GFS、HDFS、Lustre、Ceph 等，它们各自适用于不同的领域，其中 GFS 和 HDFS 最具有代表性。GFS 是 Google 公司设计的专用文件系统，主要用于存储海量搜索数据，处理大文件。HDFS 是 Hadoop 分布式文件系统，它是一种被设计成适合运行在通用硬件上的分布式文件系统，具有高容错性。

2. 分布式数据库

分布式数据库是利用网络将物理上分布的多个数据存储单元连接起来组成的逻辑数据库，其目的是将集中式数据库中的数据分散存储到多个数据存储节点上，并通过网络节点连接起来，以获取更大的存储容量和更高的并发访问量。与传统的集中式数据库相比，分布式数据库具有高扩展性、高并发性、高可用性以及更高的数据访问速度。近年来，随着数据量的高速增长，传统的关系型数据库开始从集中式模型向分布式架构发展，从集中式存储走向分布式存储，从集中式计算走向分布式计算。

3. 云存储

云存储是一种以数据存储和管理为核心的云计算系统，它是指利用集群应用、分布式文件和网络技术系统等功能，通过应用软件协同网络中大量的各种不同类型的存储设备，共同建设一个具有数据存储和业务访问功能的系统，以保障数据的安全性，节约存储空间。互联网技术的发展是实现云存储的基本条件。通过互联网技术，云存储实现数据、文档、图片、音频、视频等内容的存储和共享。云存储系统结构主要由存储层、基础管理层、应用接口层、访问层4个部分组成。

2.1.4 数据挖掘

数据挖掘是指根据业务的需求和目的，运用合适的工具软件和数据挖掘方法对数据仓库中的数据信息进行处理，寻找特定的数据规律或数据模式，得出有价值的信息和知识。根据信息存储格式，可以把数据挖掘的对象分为关系数据库、面向对象数据库、数据仓库、文本数据源、多媒体数据库、空间数据库、时态数据库、异质数据库以及 Internet 等。数据挖掘常用的工具软件有 Intelligent Miner、SPSS、SAS、WEKA、Matlab、R 语言、Python 等。数据挖掘的任务是从数据中发现模式，按照数据挖掘的实际作用数据挖掘任务可分为关联分析、聚类分析、分类、回归、预测、序列和偏差分析。

2.1.5　数据解释

数据解释是一个面向用户的过程，它是指将大数据挖掘及分析结果在显示终端以友好、形象、易于理解的形式呈现给用户。传统的数据解释方法是以文本形式输出结果或者直接在电脑终端上显示结果。大数据分析的结果一般数据量巨大且关系复杂，传统的分析结果展示方法已基本不适用。现阶段，主要是利用可视化技术、人机交互、数据起源等新的方法将结果展示给用户，帮助用户更加清晰地了解数据处理后的结果，为用户提供决策信息的支持。目前，大部分企业已引进数据可视化技术和人机交互技术。

1. 数据可视化技术

数据可视化技术主要是通过图形化方法进行清晰、有效的数据传递。其基本思想是使用单个图元元素表示数据库的每一个数据项，大量的数据集组成数据图像，并以多维数据的形式表示数据的各个属性值。运用可视化技术就可以将数据结果转化为静态或者动态的图形展示给用户，通过交互手段抽取或者集成数据能在画面中动态地显示改变的结果。这样，用户可以从不同的维度观察数据，对数据进行更深入的观察和分析。可视化技术可以分为 5 类：几何技术、图标技术、图形技术、分层技术和混合技术。基于不同的需求既可以采取不同的可视化技术，也可以通过多种技术手段来展示数据处理结果。例如，电力网络中电力的传输，为直观地反映各个城市的电力需求状况，可以利用基于图标技术，用不同的颜色标明图中各个城市的电力负载情况。

2. 人机交互技术

人机交互技术是指通过系统输入、输出设备，以有效的方式实现人与系统之间信息交换的技术。其中，系统可以是各类机器、计算机和软件。用户界面或人机界面是人机交互所依托的介质和对话接口，通常包括硬件和软件系统。人机交互技术是一种双向的信息传递过程，既可以由用户向系统输入信息，也可以由系统向用户反馈信息。通过人机交互技术，用户只需要通过输入设备给系统输入有关信息、提示、请示等，系统就会输出或通过显示设备提供相关信息、回答问题等。人机交互技术能够使大数据分析的数据结果被更好地解释给用户。这种交互式的数据分析过程可以引导用户逐步地进行分析，使用户在得到结果的同时能够更好地理解分析结果的由来。有同种作用的还有数据起源技术，通过该技术可以帮助用户追溯整个数据分析的过程，从而有助于用户理解结果。

@ 2.2　数据来源

要做大数据，首先，要了解自己的企业，或者自己所在行业的核心是什么。也就是说，最关键的企业需要找到自己的核心数据(价值)。只有在这个前提下，建立自己的大数据才能做一些延伸。其次，要找到内部的一些外围相关数据，慢慢地成长它。第一层是核心；第二层是外围相关的数据；第三层是外部机构的一些结构化数据；第四层是社会化的以及各种现在所谓的非结构化的数据。要做好找外围相关数据工作，需要做好以下四步。

第一步，找到核心数据，核心数据现在对很多企业来说就是CRM——自己的用户系统，这是最重要的。第二步，找到外围数据，通过营销活动等获取大量数据。第三步，找到常规渠道的数据，这就需要企业去找常规渠道打下的数据，跟自己的 CRM 结合起来，为下一步做市场营销、做推广、产品创新等打下基础。第四步，找到外部的社会化或者非结构化的数据，即现在所谓的社会化媒体数据。这方面信息的主要特征是非结构化，而且数量非常庞大。

下面以金融企业为例，重点讨论金融企业的数据来源、数据现状，企业存在哪些问题以及应该怎么应对。

2.2.1　核心数据

1. 现状

金融企业的核心数据主要有以下 5 个来源，如图 2.2 所示。

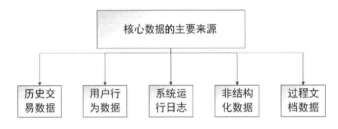

图 2.2　数据来源

1)　历史交易数据

按照主数据的普遍规划来划分，金融企业一般拥有客户数据、交易数据、账户数据等，这些数据有一些已沉淀了多年，伴随着当年的一些金融产品进入数据库，正处于生命周期的某一阶段。这些数据极具潜力价值，通常可以用来促进精确营销、优化产品设计等分析项目。

2)　用户行为数据

企业每天处理海量的交易，有相当一部分交易是网络上的终端客户直接发起的，特别是在一些业务促销活动过程中。因此，柜员服务系统、网上服务系统产生了大量的业务行为轨迹，这些数据通常用来分析如何提高运营效率，促进精准营销。

3)　系统运行日志

金融企业的应用系统数量较多，分别负责完成各个子领域的业务处理与管理决策。这些应用系统会产生大量的数据库日志和应用程序日志。在日常维护中，这些日志的数量很大、价值密度低，并不受重视。实际上，通过日志分析应用系统效率，是提高应用系统服务水平和客户满意度的重要方法。

4)　非结构化数据

金融企业普遍经济实力雄厚，在众多基础设施建设中投入了巨资。因此，通过大规模的语音呼叫中心、邮件中心、短信中心等客户接触渠道，金融企业拥有发布和采集数据的主动权。另外，不少金融单位有着遍布全国的客户服务大厅，安装了先进的视频监控系统，视频数据既能起到安全防范作用，也能用于分析客户时长等服务类指标。

5) 过程文档数据

金融企业通常成立了大规模的研发中心和数据中心，按照标准的流程开发和部署应用系统。在这个过程中，产生大量的需求分析、设计文档、测试报告、上线部署、问题记录等过程和技术文档。这些文档是分析和提升服务水平的重要支撑。

2. 问题

核心数据最大的问题在于来源多样、流动性差、共享性差。

1) 数据质量问题

某些应用系统开发历史较久，随着架构规划和科学技术的不断进步，出现接口数量多、数据不一致、数据质量差等问题，难以进行大数据分析。

2) 内部管理"壁垒"

金融行业在开展大数据项目获取数据时，最严重的问题是内部管理"壁垒"。对许多企业来说，信息流被各部门彼此分割，数据难以互通，在这种情况下，大数据的共享和汇集就变得非常困难，更难以实现大数据的深度应用。

3. 解决方法

数据作为一项资产，部门之间存在数据"壁垒"的问题，不是各部门造成的，而是公司在数据职责、权利的定位方面出现了偏差。

因此，解决此问题需要通过以下3个途径。

(1) 明确数据相关的职责与归属。金融企业要明确各个渠道和部门拥有的是数据采集职责，为公司增加数据资产；数据资产的所有权与使用权，只能归公司所有。

(2) 提升对数据资产质量的认识。数据资产至关重要，不少金融企业依靠销售渠道或者第三方平台开展销售，若客户资料质量很差或者根本无法获取，就相当于向公司提供了伪劣的数据资产。

(3) 打通数据流转。金融行业有独立的研发中心和数据中心。其中，研发中心负责程序的开发，不得接触生产数据以及未脱敏的测试数据；数据中心负责程序的部署，不得接触程序源码。应用系统研发与生产的剥离可能会加大大数据实施的难度。在大数据这项需要创新与试错的任务面前，数据中心作为数据的实际保有者，往往不愿意向具有创新能力的研发中心提供数据。因此，对大数据应用来说，要确定真正具有创新实践能力的组织架构，并从决策管理层明确所需的各类支持必须到位，确立一定的考核与激励措施，做到利益均衡、成果共享。

2.2.2 外围数据

1. 外围数据的基本准则

(1) 符合法律规定，遵循道德规范。这是一项基本要求。

(2) 在使用外围数据前，要清楚提供者的商业模式，如果提供者的商业模式会给本企业的未来带来竞争关系，那么合作时就需要仔细商榷。

(3) 要在购买与交换之间权衡利弊。在数据所有权不清晰的情况下，交换数据是一种合作举措，可以看作两家单位在以客户为中心的目标下开展的联合行为。

(4) 外部数据的目的是补充内部数据，转化为企业数据资产。如果企业已存在类似的内部数据，但因部门利益割裂的原因无法作为数据资产共享，而采用外购形式弥补，那么这些外部数据往往会变成一个新的分割独占的数据，同样不能变成企业级资产。

2. 外围数据来源

随着数据资产地位的确立，外围数据和固定资产、知识产权一样，会形成新的产业链条。不过数据资产极为特殊，它的价值会随着交换与使用而扩大，这与固定资产、货币资产存在着显著不同。另外，所有权和使用权难以界定，也大大增加了数据交易的难度与风险。

金融企业外围数据的来源如下。

1) 数据共享联盟

对大数据来说，整合和共享的价值更大。例如在医疗行业中，每家医院对于自己的数据进行分析，需要共享跨医院、跨地域的医疗信息。未来数据将呈现共享的趋势，数据联盟成为数据集散地之一。

2) 互联网数据

网络爬虫仍然是外部数据的有效获取途径，因为互联网有着最大的数据库。在进行舆情监控时，这类数据是必不可少的。另外，也可以直接和大型互联网平台进行数据交易。

3) 运营商数据

例如，在统计房屋空置率时，利用大数据根据电力局的智能电表数据、水利局的水表走数、邮局和快递公司的针对该地址的投递率、通信公司的固定电话使用率，基本能清楚哪些房屋无人居住。因此，金融企业在寻找优质企业时可以反其道而行之，挖掘客户。未来各行业更好发展的一条捷径就是客户资源共享。

3. 常见问题

1) 数据获得成本

金融企业数据是非常有价值的一类数据。数据提供商最清楚数据的价值，因此选择通过"购买加交换"的形式提供数据。金融企业需要评估可能付出的成本与代价。

2) 数据价值发挥

很多购买数据的金融企业，是由于内部数据的所有权和使用权不清晰而被迫的行为。在这种情况下，虽然购买数据可以解决某个部门的一时之需，但是这些购入的数据在使用上往往不兼容，无法最大限度地发挥数据的价值。

2.2.3　常规渠道数据

在大数据时代下，数据将发挥生产资料的作用，数据储备和数据分析能力将成为未来新兴国家最重要的核心战略能力之一。各地政府正在尝试由信息公开转向数据公开。政府开放数据侧重开放大量的、实时的、结构化的数据和信息，将其在相关业务上所收集、整理、产生或者保有的数据与信息，主动开放给其他对象(包括社会组织与公众)进行数据创新增值应用。

尽管受格局、意识、管理水平的限制，各地各级政府的数据公开呈现发展迅速却明显不均的态势，但是金融企业应该做好准备，将公开数据资产转化为企业内部的核心竞争力。

1. 政府数据开放存在内驱动力

在所有数据来源中，政府通常掌握着最大量的、关键性的数据和公共信息资源，加大开发力度，极大地推动政府办事效率的提升和国家信息服务业的发展。

从政府对内有效管理和对外民生服务两个层面而言，降低行政成本、提高决策的科学化水平需要高效、实时的信息系统，而大数据的支持是此类信息系统有效发挥作用的支柱之一。政府提供公共服务及促进经济社会发展的职能发挥同样需要大数据支持。政府掌握了大量关于人口、法人和城市空间地理等数据，如果要提供满足群众需求、有针对性的公共服务，则需要对所掌握的数据进行精细化分析。

2. 政府公开数据的步骤

公开数据需要各级政府出台更多具有可操作性的细则和措施。首先，相应部门应制定由政府或者行业协会牵头的整合数据标准。定义政府开放数据的最小数据集，从最小数据集来控制收集、扩大开放。其次，要制定开放数据的相关法规，界定哪些数据可以开放，因为开放数据有成本，要开放那些最有用、需求量最大的数据。最后，还要加大数据开放所带来的价值分析和评估力度，研究持续开放的政策。

3. 金融行业积极参与政府数据开放的过程

首先，政府数据公开需要一整套的完整规划、顶层设计和系统建设，贯穿信息收集、整理、存储、发布、服务等全过程，内容包括信息网络、应用系统、信息的采集和发布及相关的管理体制、程序、实施模式和项目管理等。其次，政府公开数据在不同部门、不同层级、不同领域、不同行业之间的分享、交换、整合还存在很多问题，想要建成统一的数据平台，还需要做很多工作。最后，对大数据产业而言，政府公开数据的管理、整合及挖掘，也是具有广阔前景的业务发展方向。

金融行业应秉承社会和政治责任，发挥资金、网点、技术优势，积极参与到政府的数据开放的过程中，以政府为导向，帮助建立起公共数据服务平台，为自身和行业的健康有序发展发挥重要的基础作用。

@ 2.3 大数据架构

基于上述大数据的特征，通过传统IT技术存储和处理大数据成本高昂。一个企业要大力发展大数据应用需要解决两个问题：一是低成本、快速地对海量、多类别的数据进行抽取和存储；二是使用新的技术对数据进行分析和挖掘，为企业创造价值。因此，大数据的存储和处理与云计算技术密不可分，在当前的技术条件下，基于分布式系统的Hadoop，被认为是最适合处理大数据的技术平台。Hadoop 的功能是利用服务器集群，根据用户的自定义业务逻辑，对海量数据进行分布式处理。从广义上说，Hadoop 通常是指一个更广泛的概念——Hadoop 生态圈，如图 2.3 所示。

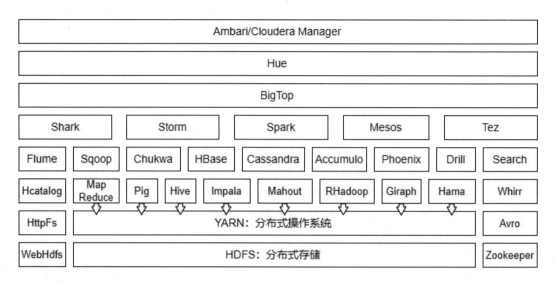

图 2.3　Hadoop 生态圈

Hadoop 生态圈各组件简介如下。

1. 主要模块

(1) HDFS：分布式文件系统。

(2) MAPREDUCE：分布式运算程序开发框架，用于大规模数据集的并行计算。

(3) HBASE：基于 Hadoop 的分布式海量数据库，可以将结构化数据文件映射为数据库表，并提供常用的 SQL 支持。Hive 查询引擎将 SQL 语句转化为 Hadoop 平台的 MapReduce 任务运行。

2. 数据管道

(1) Sqoop：主要用于跟关系数据库进行数据交互，通过 JDBC 方式实现数据迁移。

(2) Flume：Cloudera 提供的日志收集框架，用于将海量日志数据并行导入 HDFS 或者 Hive 中。

(3) DistCp：一般用于在两个 HDFS 集群中传输数据，但目前此命令只支持同版本下的集群数据迁移，主要用于冷热数据迁移、测试等场景。

(4) Scribe：Facebook 开源的日志收集系统，它能够从各种日志源上收集日志，然后存储到一个中央存储系统(可以是 NFS、分布式文件系统等)上，以便于进行集中统计分析处理。它为日志的"分布式收集，统一处理"提供了一个可扩展的、高容错的方案。

3. 数据分析

(1) Hive：提供了一套类数据库的数据存储和处理机制，并采用 HQL (类 SQL)语言对这些数据进行自动化管理和处理。Hive 中的海量结构化数据被看成一个个的表，而实际上，这些数据是分布式存储在 HDFS 中的。注意，Hive 是离线查询工具，由于其内部机制需要把 SQL 转换成 MapReduce 后进行分布式查询，所以查询时间最少也需要十几秒，仅适用于海量数据场景，不适合即时查询需求。

(2) Impala：Impala 是 Google Dremel 的 Java 实现版本之一。Dermel 由 Google 设计开发，最显著的特性就是支持 SQL 方式在秒级别分析 TB 级别数据(1TB 数据 3 秒完成分析计算)。Impala1.0 版本完全兼容 SQL92 规范，不同于 Hive 将 SQL 转换为 MapReduce 方式，Impala 通过与商用并行关系数据库类似的分布式查询引擎框架(由 Query Planner、Query Coordinator 和 Query Exec Engine 三部分组成，与 MR 相似的技术架构，但即时性更好)，可以直接从 HDFS 或者 HBase 中用 SELECT、JOIN 和统计函数查询数据，性能是 Hive(0.81)的 3～90 倍。虽然，目前刚发布的 Hive1.0 在原有性能上有很大提升，且都属于数据仓库工具，但 Impala 架构更先进。

(3) Pig：Apache Pig 是一个分析大规模数据集的平台，其使用场景和 Hive 相似，但 Hive 更简单，使用类 SQL 进行数据分析，Pig 使用脚本语言，编程性更强，具体选择主要由程序员的熟悉程度及场景复杂度决定。

(4) Mahout：主要用于并行数据挖掘，该框架对主流数据挖掘算法已经基于 MapReduce 进行了实现，节省了很多开发时间。如推荐引擎、用户关系引擎、GiS 热点聚类等都可以基于此框架算法来实现。

(5) Scalding：使用 Scala 编程语言封装 MapReduce 编程模型，支持 DSL(domain-specific language)语法编程，易用性大大提升。主要用于高并发简单 ETL 处理场景。

4. 任务调度

(1) Oozie：其作用就是将多个 MapReduce 作业连接到一起，作为一个工作流程执行。一般情况下，一个大型任务由多个 MapReduce 组成。如果不用 Oozie，需要手动编写大量连接和转换代码，以此串联起多个 MR 任务流程，比较耗时，出错率和维护率也比较高。Oozie 通过 xml 方式配置连接起整个任务流程。与传统工作流引擎作用相似。

(2) Azkaban：美国知名互联公司 Linkedin 发布的开源产品，属于 Oozie 的同类产品，在细节上有区别。

5. 管理

Hue 是运营和开发 Hadoop 应用的图形化用户界面。对单独的用户来说，不需要额外的安装。另外，Hue 具备简单的权限和用户管理功能，这是其他开源 UI 不具备的。

Hadoop 是一个分布式的基础架构，能够让用户高效地利用运算资源和处理海量数据，目前已在很多大型互联网企业得到了广泛应用，如亚马逊、Facebook、Yahoo 等。它是一个开放式的架构，架构成员也在不断扩充、完善。

Hadoop 是一个开发和运行处理大规模数据的软件平台，属于 Apache 开源组织，用 Java 语言开发，用于在大量计算机组成的集群中对海量数据进行分布式存储和计算。Hadoop 最核心的设计包含两个模块：HDFS 和 MapReduce。其中 HDFS 提供海量数据的存储，MapReduce 提供海量数据的分布式计算能力。

2.3.1 HDFS 系统

1. HDFS 系统的概念和特性

首先，HDFS 系统是一个文件系统，用于存储文件，通过统一的命名空间——目录树来定位文件。其次，HDFS 系统是分布式的，通过很多服务器共同作用实现其功能，集群中的服务器均有各自的角色。

HDFS 系统在大数据中的应用是为各类分布式运算框架提供数据存储服务，将大文件、大批量文件，分布式存放在大量的服务器上，以便于对海量数据分别进行运算分析。

HDFS 系统的特性如下。

(1) 具有高容错性。

(2) 整个系统部署在低廉的硬件上。

(3) 提供高传输率来访问应用程序的数据。

(4) 适合超大数据集的应用程序。

(5) 流式数据访问。

HDFS 本身是软件系统，不同于传统硬盘和共享存储介质，在文件操作上有其不同之处。

(1) 不支持文件随机写入。支持随机读，但没有随机写入机制，这与 HDFS 文件写入机制有关，所以也不支持断点续传等功能。

(2) 需要客户端与 HDFS 交互。目前已有开源支持 HDFS mount 到 Linux 服务器上，但性能非常不好。

(3) 适合大文件读取场景。因为其分块冗余存储机制，其存储架构在处理小于其分块文件大小的文件时，会浪费管理节点资源，导致效率低。

(4) 吞吐和并发具备横向扩展能力。单节点系统比传统硬盘效率低很多，但在大量机器集群环境下，其吞吐和并发能力可以线性提升，远远高于单一硬件设备。

(5) 不适合高响应系统。由于 HDFS 是为高数据吞吐量应用而设计的，而这以高延迟为代价。

2. HDFS 系统的结构

HDFS 中有 3 个重要角色：NameNode、DataNode 和 Client，如图 2.4 所示。

对外部客户机而言，HDFS 就像一个传统的分级文件系统，可以删除、移动或重命名文件等。HDFS 架构是基于一组特定的节点构建的，这是由它自身的特点所决定的。这些节点包括 NameNode(仅 1 个)，它在 HDFS 内部提供元数据服务；DataNode 为 HDFS 提供存储块。

存储在 HDFS 系统中的文件被分成块，然后将这些块复制到多台计算机(DataNode)。这与传统的 RAID 架构大不相同。块的大小(通常为 64MB)和复制的块数量在创建文件时由客户机决定。NameNode 可以控制所有文件操作。HDFS 内部的所有通信都基于标准的 TCP/IP 协议。

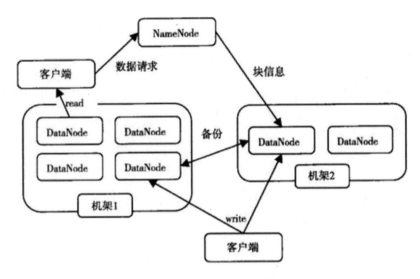

图 2.4 HDFS 系统的结构

1) NameNode

NameNode 是一款通常在 HDFS 实例中的单独机器上运行的软件。它负责管理文件系统名称空间和控制外部客户机的访问。NameNode 决定是否将文件映射到 DataNode 上的复制块上。对于最常见的 3 个复制块，第一个复制块存储在同一机架的不同节点上，最后一个复制块存储在不同机架的某个节点上。Metadata 所有的相关服务都由 NameNode 提供，包括 filename->block (namespace)，以及 block->DataNode 的对应表。其中，前者通过 FsImage 写入本地文件系统，而后者是通过每次 HDFS 启动时，DataNode 进行 blockreport 后在内存中重构的数据结构。

实际的 I/O 实务并没有经过 NameNode，只有表示 DataNode 和块的文件映射的元数据经过 NameNode。当外部客户机发送请求要求创建文件时，NameNode 会以块标识和该块的第一个副本的 DataNode 的 IP 地址作为响应。NameNode 还会通知其他将要接收该块的副本的 DataNode。

NameNode 在名为 FsImage 的文件中存储所有关于文件系统名称空间的信息。这个文件和一个包含所有事务的记录文件(EditLog)将存储在 NameNode 的本地文件系统上。FsImage 和 EditLog 文件也需要复制副本，以防文件损坏或 NameNode 系统丢失。

2) DataNode

DataNode 也是一款通常在 HDFS 实例中的单独机器上运行的软件。Hadoop 集群中包含一个 NameNode 和大量 DataNode。DataNode 通常以机架的形式组织，机架通过一个交换机将所有系统连接起来。

DataNode 响应来自 HDFS 客户机的读写请求，并且还响应来自 NameNode 的创建、删除和复制块的命令。NameNode 依赖来自每个 DataNode 的定期心跳(Heartbeat)消息。每条消息都包含一个块报告，NameNode 可以根据这个报告验证块映射和其他文件系统元数据。

分布式文件存储的数据节点，存储着文件块(Block)，而文件是由文件块组成的，每个块存储在多个(可配，默认为 3)不同的 DataNode，可以提高数据的可靠性。

如果客户机想将文件写到 HDFS 上，首先，需要将文件缓存到本地的临时存储区。如果缓存的数据大于所需的 HDFS 块大小，创建文件的请求将发送给 NameNode。NameNode 将以 DataNode 标识和目标块响应客户机，同时也通知将要保存文件块副本的 DataNode。其次，当客户机开始将临时文件发送给第一个 DataNode 时，将立即通过管道方式将块方式内容转发副本 DataNode。客户机也负责创建保存在相同 HDFS 名称空间中的校验文件。在最后的文件块发送后，NameNode 将文件创建提交到它的持久化数据存储(EditLog 和 FsImage 文件)中。

3) Client

用于实现客户端文件存储的所有操作，包括文件的增删及查询等。

3. HDFS 文件写入与读取

HDFS 文件的写入流程如图 2.5 所示。

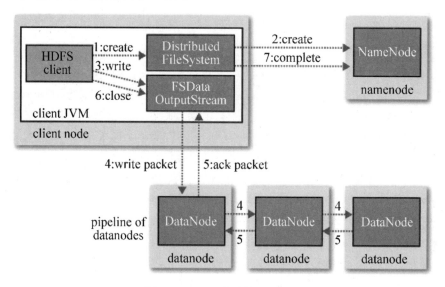

图 2.5 HDFS 文件的写入流程

(1) 客户端通过 Distributed FileSystem 上的 create()方法指明一个欲创建文件的文件名，然后 client 通过 RPC 方式与 NameNode 通信创建一个新文件映射关系。

(2) 客户端写数据：FSData OutputStream 把写入的数据分成包(packet)，放入一个中间队列——数据队列(data queue)。OutputStream 从数据队列中取数据，同时向 NameNode 申请一个新的 block 来存放它已经取得的数据。NameNode 选择一系列合适的 DataNode(个数由文件的 replication 数决定，默认为 3)，构成一个管道线(pipeline)，所以管道线中就有 3 个 DataNode。OutputStream 把数据流式地写入管道线的第一个 DataNode 中，第一个 DataNode 再把接收到的数据转到第二个 DataNode 中，以此类推。

(3) FSData OutputStream 同时也维护着另一个中间队列——确认队列(ack queue)，确认队列中的包只有在得到管道线所有的 DataNode 的确认后才会被移出确认队列。

(4) 所有文件写入完成后，关闭文件写入流。

从以上文件写入流程，可以总结出 HDFS 文件写入具备如下特性。

● 响应时间比较长。

● 文件写入效率与 block 块数和集群数量相关。

HDFS 文件的读取流程如图 2.6 所示。

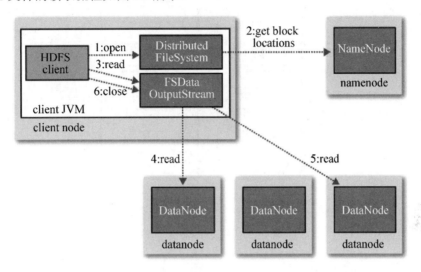

图 2.6　HDFS 文件的读取流程

(1) 打开文件流[open()]。

(2) 从 NameNode 读取文件块位置列表。

(3) FSDataInputSteam 打开 read() 方法。

(4) 根据文件块与 DataNode 的映射关系。

(5) 从不同的 DataNode 中并发读取文件块。

(6) 文件读取完毕，关闭 input 流。

因为冗余机制，当 HDFS 文件读取压力比较大时，可以通过提高冗余数的方式，NameNode 可以通过轮询方式，分配不同 client 访问不同 DataNode 上的相同文件块，提升整体吞吐率。

Hadoop 在创建新文件时是如何选择 block 的位置的？综合来说，要考虑带宽(包括写带宽和读带宽)和数据安全性，如图 2.7 所示。

如果把 3 个备份全部放在一个 DataNode 上，虽然可以避免写带宽的消耗，但几乎没有数据冗余带来的安全性，如果 DataNode 宕机，那么这个文件的所有数据就全部丢失了。另一个极端情况是，如果把 3 个冗余备份全部放在不同的机架上，甚至数据中心里面，虽然这样做数据很安全，但写数据会消耗很多的带宽。HDFS 提供了一个默认备份分配策略：把第一个备份放在与客户端相同的 DataNode 上，第二个放在与第一个不同机架的一个随机 DataNode 上，第三个放在与第二个相同机架的随机 DataNode 上。如果备份数多于 3，则随后的备份在集群中随机存放，Hadoop 会尽量避免将过多的备份存放在同一个机架上。

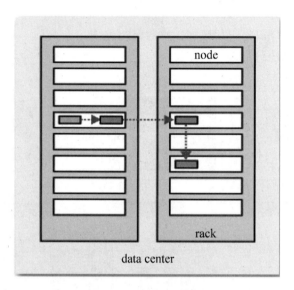

图 2.7　选择 block 的位置

2.3.2　MapReduce

MapReduce 是 Google 提出的并行计算架构，用于大规模数据集(TB 级以上)的并行运算。 此算法的计算能力，随着计算节点的数量增加而呈线性上升。

图 2.8 表示一个 MapReduce 计算处理思路，可以简要分解为两部分，数据分块映射处理(Map)和数据结果聚合(Reduce)两个步骤，源数据可以存储在 HDFS 或者第三方数据源上，计算过程临时数据存储在 HDFS 和内存中，最终获得我们需要的计算结果，其具体处理流程如图 2.9 所示。

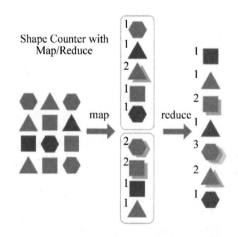

图 2.8　MapReduce 计算处理思路

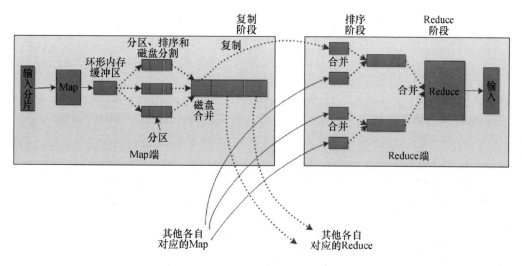

图 2.9 MapReduce 计算处理流程

1. Map 端

(1) 每个输入分片会让一个 Map 任务来处理,默认情况下,以 HDFS 的一个块的大小(默认为 64MB)为一个分片,当然,我们也可以自行设置块的大小。Map 输出的结果会暂时放在一个环形内存缓冲区中(该缓冲区的大小默认为 100MB),当该缓冲区快要溢出时(默认为缓冲区大小的 80%),会在本地文件系统中创建一个溢出文件,将该缓冲区中的数据写入这个文件。

(2) 在写入磁盘之前,线程首先根据 Reduce 任务的数量将数据划分为相同数量的分区,也就是一个 Reduce 任务对应一个分区的数据。这样做是为了避免有些 Reduce 任务分到大量数据,而有些 Reduce 任务却分到很少数据,甚至没有分到数据。其实分区就是对数据进行 Hash 的过程。然后对每个分区中的数据进行排序,如果此时设置了 Combiner,将排序后的结果进行 Map 合并操作,这样做的目的是让尽可能少的数据写入磁盘。

(3) 当 Map 任务输出最后一个记录时,可能会有很多溢出文件,这时需要将这些文件合并。合并的过程中会不断地进行排序和合并操作,目的有两个:一是尽量减少每次写入磁盘的数据量;二是尽量减少下一复制阶段网络传输的数据量。最后合并成一个已分区且已排序的文件。为了减少网络传输的数据量,可以将数据压缩。

(4) 将分区中的数据复制给相对应的 Reduce 任务。Map 任务一直和其父 TaskTracker 保持联系,而 TaskTracker 又一直和 JobTracker 保持心跳。所以 JobTracker 中保存了整个集群中的宏观信息。Reduce 任务只需向 JobTracker 获取对应的 Map 输出位置。

2. Reduce 端

(1) Reduce 会接收到不同的 Map 任务传来的数据,并且每个 Map 传来的数据都是有序的。如果 Reduce 端接收的数据量相当小,则直接存储在内存中,如果数据量超过了该缓冲区大小的一定比例,则对数据合并后溢写到磁盘中。

(2) 随着溢写文件的增多,后台线程会将它们合并成一个更大的有序的文件,这样做是为了给后面的合并节省时间。其实不管在 Map 端还是 Reduce 端,MapReduce 都是反复地执行排序、合并操作,这就是为什么有些人会说"排序是 Hadoop 的灵魂"。

(3) 合并的过程中会产生许多中间文件(写入磁盘了),但 MapReduce 会让写入磁盘的数据尽可能地少,并且最后一次合并的结果并没有写入磁盘,而是直接输入 Reduce 函数。

3. Shuffle

在 Hadoop 的集群环境中,大部分 Map 任务和 Reduce 任务是在不同的 Node 上执行,主要的开销是网络开销和磁盘 I/O 开销,因此 Shuffle 的主要作用如下。

(1) 完整地从 Map 端传输到 Reduce 端。

(2) 跨节点传输数据时,尽可能减少对带宽的消耗(注意是 Reduce 执行时去拉取 Map端的结果)。

(3) 减少磁盘 I/O 开销对任务的影响。

2.3.3 HBase

HBase 是 Google Bigtable 的开源实现版本。数据存储在 HDFS 中,继承了 HDFS 的高可靠性、可伸缩架构,同时自己实现了高性能、列存储、实时读写的特性。

不同于 HDFS 的高吞吐低响应,HBase 设计用于高并发读写场景。

(1) HBase 基于 Hadoop HDFS append 方式进行数据追加操作,非常适合列族文件存储架构。

(2) HBase 写请求,都会先写 redo log,然后更新内存中的缓存。缓存会定期刷入HDFS。文件基于列创建,因此任何一个文件(MapFile)都只包含一个特定列的数据。

(3) 当某一列的 MapFile 数量超过配置的阈值时,一个后台线程就开始将现有的MapFile 合并为一个文件,这一操作叫 Compaction。在合并的过程中,读写不会被阻塞。

(4) 读操作会先检查缓存,若未命中,则从最新的 MapFile 开始,依次往最早的MapFile 找数据。可以想象,一次随机读操作可能需要扫描多个文件。

HBase 的文件和日志确实都存储在 HDFS 中,但通过精致设计的算法实现了对高并发数据随机读写的完美支持,这依赖于 HBase 数据排序后存储的特性。与其他的基于 Hash寻址的 NoSQL 数据库有很大不同。

在使用特性上,原生 HBase 既不支持 JDBC 驱动,也不支持 SQL 方式进行数据查询,只有简单的 PUT 和 GET 操作。数据查询通过主键(row key)索引和 Scan 查询方式实现,在事务上,HBase 支持单行事务(可通过上层应用和模块如 hive 或者 coprocessor 来实现多表join 等复杂操作)。HBase 主要用来存储非结构化和半结构化的松散数据,如图 2.10 所示。

HBase 中的表一般有以下特点。

(1) 大:一个表可以有上亿行,上百万列。

(2) 面向列:面向列(族)的存储和权限控制,列(族)独立检索。

(3) 稀疏:对于为空(null)的列,并不占用存储空间(每个列族是一个文件,没内容的情况下不会占用空间),因此,表可以设计得非常稀疏。

(4) HBase 适用于海量高并发文本数据写入、存储、查询需求场景,这些数据量是传统数据库难以满足的。

(5) 详单管理、查询。

(6) GiS 数据存储、统计。

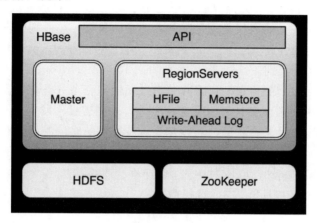

图 2.10 HBase 的架构

@ 2.4 数据挖掘方法

大数据时代，数据挖掘是最关键的工作。大数据的挖掘是从海量的、不完全的、有噪声的、模糊的、随机的大型数据库中发现隐含其中有价值的、潜在有用的信息和知识的过程，也是一种决策支持过程。其主要基于人工智能、机器学习、模式学习、统计学等，通过对大数据高度自动化的分析，做出归纳性的推理，从中挖掘出潜在的模式，可以帮助企业、商家、用户调整市场政策，减少风险，理性面对市场，并做出正确的决策。目前，在很多领域尤其是在商业领域(如银行、电信、电商等)，数据挖掘可以解决很多问题，包括市场营销策略制定、背景分析、企业管理危机等。大数据的挖掘常用的方法有分类分析法、回归分析法、基于树的方法、聚类分析法、关联规则法、因子分析法、主成分分析法、Web 数据挖掘等。这些方法从不同的角度对数据进行挖掘。

2.4.1 分类分析方法

分类是数据挖掘技术中运用最为广泛且比较重要的分析手段，它是指运用训练数据集，通过分析数据的特征和运用一定的算法求得分类规则，该分类规则就是数据分类的模型，然后运用该模型对任何位置的数据对象进行分类。分类分为两个阶段：第一阶段为构建分类模型，通过一定的算法对已知类标记的数据集建立分类模型；第二阶段为用第一阶段构造的模型来预测给定的数据对象的类别。比较典型的分类方法有 Logistic 回归、判别分析法、K-近邻分类法、神经网络分类法、决策树方法以及随机森林方法。判别分析法又可进一步分为贝叶斯判别分析法、线性分析法以及二次判别分析法。分类分析可以被用于分析客户的属性和特征，进行精准营销。

1. Logistic 回归

Logistic 回归是一种经典分类算法，适合用于病例对照研究、经济预测随访研究和横断面研究等，且结果变量的取值必须是二分的或多项分类。可以利用影响结果变量的因素作为自变量，将数据拟合到一个 logistic 函数中，建立回归方程，从而预测某一结果发生的概率，将数据分成不同类别。

根据定性因变量取值的特点，可将其分为二元变量和多分类变量。二元变量的取值一般为 1 和 0，取值为 1 表示某件事情发生，取值为 0 则表示不发生。例如，银行可以基于贷款客户的收入情况、受教育程度、还款记录等特征预测客户的违约概率，判断客户违约这件事是否会发生，从而评估自己的坏账水平。此时，可将客户是否违约看作一个二元变量，取值为 1 表示客户违约，取值为 0 表示客户不会违约。

考虑多元自变量下的因变量二元选择模型：

$$Y = X\beta + \varepsilon$$

也可以表示为：

$$Y_i = X_i\beta + \varepsilon_i, \quad i = 1, 2, \cdots, n$$

其中，$\beta = (\beta_0, \beta_1, \cdots, \beta_{k+1})'$，$X_i$ 是包含常数项的 k 元设计矩阵，Y_i 是二元取值的因变量：

$$Y_i = \begin{cases} 1, & \text{某一件事发生} \\ 0, & \text{某一件事不发生} \end{cases}$$

若假定 $E(\varepsilon_i \mid X_i) = 0$，则总体回归方程为：

$$E(Y_i \mid X_i) = X_i\beta$$

进一步地假设在给定 X_i 时，某一事件发生的概率为 $p(X_i)$，不发生的概率为 $(1 - p(X_i))$，即 $\text{Prob}(Y_i = 1 \mid X_i) = p(X_i)$，$\text{Prob}(Y_i = 0 \mid X_i) = 1 - p(X_i)$。由于 Y_i 只取两个值，所以其条件概率为：

$$E(Y_i \mid X_i) = 1 \times \text{Prob}(Y_i = 1 \mid X_i) + 0 \times \text{Prob}(Y_i = 0 \mid X_i) = p(X_i)$$

综合上述两式可得到：

$$E(Y_i \mid X_i) = X_i\beta = \text{Prob}(Y_i = 1 \mid X_i) = p(X_i)$$

因此，方程拟合的是当给定自变量 X_i 的值时，某事件发生的平均概率。这一概率体现为线性的形式 $X_i\beta$，也称此为线性概率模型(Linear Probability Model，LPM)。实际上是用普通线性回归方法对二元取值的因变量进行建模。由于用最小二乘法对待估参数进行估计时，无法保证 $X_i\beta$ 的值在 0～1，完全有可能出现大于 1 或小于 0 的情形。

由于 LPM 不能保证概率的取值在 0～1，一般不直接使用 LPM。为避免这类问题，必须找到一个函数建立针对 $p(X)$ 的模型，使对任意 X 值该函数的输出结果都在 0 和 1 之间。在 Logistic 回归中，使用 Logistic 函数进行处理：

$$p(X) = \frac{e^{X\beta}}{1 - e^{X\beta}}$$

通过整理，可得：

$$\frac{p(X)}{1-p(X)} = e^{X\beta}$$

其中，$\dfrac{p(X)}{1-p(X)}$ 的值称为发生比，取值范围为 0 到 ∞，其值接近于 0 表示事件发生概率非常低，接近于 ∞ 则表示事件发生概率非常高。

对于模型中的待估参数 $\beta = (\beta_0, \beta_1, \cdots, \beta_{k+1})'$，在 Logistic 回归中常采用极大似然估计方法来估计。极大似然法拟合 Logistic 回归模型的基本思想是寻找 $\beta_0, \beta_1, \cdots, \beta_{k+1}$ 的一个估计，使由 Logistic 函数得到的事件发生预测概率最大可能地与观测情况接近。这个思想可以表达为数学方程的似然函数，形式如下：

$$L(\beta_0, \beta_1, \cdots, \beta_{k+1}) = \prod_{i: y_i=1} p(x_i) \prod_{i': y_{i'}=0} (1 - p(x_{i'}))$$

所估计的系数 $\hat{\beta}_0, \hat{\beta}_1, \cdots, \hat{\beta}_{k+1}$ 应使似然函数值最大。将得到的参数估计值代入 Logistic 回归函数中，得到模型表达式，并可由新的 X 得到事件发生的概率，从而判定 X 的从属类别。一般来说，概率大于 0.5 时，属于 1 类；概率小于 0.5 时，属于 0 类。

2. 判别分析法

对于二元因变量，Logistic 模型采取的方法是在给定自变量 X 情况下，建立因变量 Y 的条件分布模型。还有一种间接估计这些概率的方法——判别分析。判别分析采取的方法是先对每一个给定的 Y 建立自变量 X 的分布，然后使用贝叶斯定理反过来再去估计 $\text{Prob}(Y = k \mid X = x)$，即估计在给定 x 的条件下，判断 Y 属于某一类的概率。

为什么有了 Logistic 回归模型，还要考虑判别分析呢？一方面，当类别的区分度较高，或当样本量 n 较小且自变量 X 近似服从正态分布时，Logistic 模型的参数估计相对不稳定。另一方面，响应分类多于两类时，判别分析应用更普遍。

1) 贝叶斯分类法

贝叶斯(Bayes)分类算法是利用统计学贝叶斯定理，来预测类成员的概率，即给定一个样本，计算该样本属于一个特定的类的属性。这些算法主要利用 Bayes 定理来预测一个未知类别的样本属于各个类别的可能性，选择其中可能性最大的一个类别作为该样本的最终类别。由于贝叶斯定理的成立本身需要一个很强的条件独立性假设前提，而此假设在实际情况中经常是不成立的，因而其分类准确性就会下降。为此就出现了许多降低独立性假设的贝叶斯分类算法，如 TAN 算法，它是在贝叶斯网络结构的基础上增加了属性对之间的关联来实现的。

贝叶斯分类的主要算法包括朴素贝叶斯分类算法、贝叶斯网络分类算法等。

朴素贝叶斯分类(Naïve Bayes Analysis，NBC)，假设每个属性之间都是相互独立的，并且每个属性对非类问题产生的影响都是一样的，即一个属性值对给定类的影响独立于其他属性的值。

贝叶斯定理是概率论中的一个结果，它与随机变量的条件概率以及边缘概率分布有关。通常来讲，事件 A 在事件 B 发生的条件下的概率，与事件 B 在事件 A 发生的条件下的概率是不一样的，这两者有确定的关系，贝叶斯定理就是这种关系的陈述。

贝叶斯分类方法可简述如下：

假设观测分成 K 类，$K \geqslant 2$，即定性的响应变量 Y 可以取 K 个不同的无序值。

设 π_k 为一个随机选择的观测来自第 k 类的先验概率，即给定观测属于响应变量 Y 的第 k 类的概率。

设 $f_k(X) \equiv \Pr(X = x | Y = k)$ 表示第 k 类观测的 X 的密度函数，如果第 k 类的观测在 $X \approx x$ 附近有很大的可能性，那么 $f_k(X)$ 值很大；反之，则很小。贝叶斯定理可以表述为：

$$\Pr(Y = k | X = x) = \frac{\pi_k f_k(x)}{\sum_{i=1}^{K} \pi_k f_k(x)}$$

记 $p_k(X) = \text{Prob}(Y = k | X)$，只需要估计 π_k 和 $f_k(x)$ 就可以计算出 $p_k(x)$。

通常对 π_k 的估计可以通过取一些变量 Y 的随机样本，分别计算属于第 k 类的样本占总样本的比例，即 $\hat{\pi}_k = \dfrac{n_k}{n}$。$f_k(x)$ 的估计相对复杂，除非假设它们的密度函数形式简单。称 $p_k(x)$ 为 $X = x$ 的观测属于第 k 类的后验概率，即给定观测的预测变量值时，观测属于第 k 类的概率。贝叶斯分类将一个观测分到 $p_k(x)$ 最大的一类中，它在所有分类中的错误率最小。

2) 线性判别分析法(Linear Discriminant Analysis，LDA)

线性判别分析在进行分类时，若找到合适的方法估计 $f_k(x)$，便可构造一个与贝叶斯分类类似的分类方法，进而估计出 $p_k(x)$，然后根据 $p_k(x)$ 的值，将观测分入值最大的一类中。为获取 $f_k(x)$ 的估计，首先需要对其做一些假设。

通常，假设 $f_k(x)$ 的分布是正态的，当 $p = 1$ 时，密度函数为一维正态密度函数：

$$f_k(x) = \frac{1}{\sqrt{2\pi} \sigma_k} \exp\left[-\frac{1}{2\sigma_k^2} (x - \mu_k)^2 \right]$$

其中，μ_k 和 σ_k^2 分别为第 k 类的均值和方差。再假设 $\sigma_1^2 = \cdots = \sigma_K^2 = \sigma^2$，即所有 K 个类别方差相同，均为 σ^2。

结合前式，有：

$$p_k(x) = \frac{\pi_k \dfrac{1}{\sqrt{2\pi}\sigma} \exp\left[-\dfrac{1}{2\sigma^2} (x - \mu_k)^2 \right]}{\sum_{i=1}^{K} \pi_i \dfrac{1}{\sqrt{2\pi}\sigma} \exp\left[-\dfrac{1}{2\sigma^2} (x - \mu_i)^2 \right]}$$

对其取对数，并将对 $p_k(x)$ 大小无影响的项删除，整理等式，得到将观测分入

$$\delta_k(x) = x \frac{\mu_k}{\sigma^2} - \frac{\mu_k^2}{2\sigma^2} + \ln \pi_k$$

最大的一类中。

线性判别分析方法常用的参数估计如下：

$$\hat{\mu}_k = \frac{1}{n_k} \sum_{i:y_i = k} x_i$$

$$\hat{\sigma}^2 = \frac{1}{n - K} \sum_{k=1}^{K} \sum_{i:y_i = k} (x_i - \mu_k)^2 = \sum_{k=1}^{K} \frac{n_k - 1}{n - K} \hat{\sigma}_k^2$$

其中，n 为随机抽取的样本数，n_k 为第 k 类的样本数，μ_k 的估计值为第 k 类观测的均值；$\hat{\sigma}_k^2 = \dfrac{1}{n_k - 1} \sum\limits_{i:y_i=k} (x_i - \mu_k)^2$ 为第 k 类观测的样本方差，σ^2 的估计值可以看作 k 类样本方差的加权平均。

结合上式可得线性判别分析的判别函数：

$$\hat{\delta}_k = x \frac{\hat{\mu}_k}{\hat{\sigma}^2} - \frac{\hat{\mu}_k^2}{2\hat{\sigma}^2} + \ln \hat{\pi}_k$$

LDA 分类将观测 $X = x$ 分入 $\hat{\delta}_k$ 值最大的一类中。由于判别函数中 $\hat{\delta}_k$ 是关于 x 的线性函数，所以该方法称为线性判别分析。

与贝叶斯分类比较，LDA 分类是建立在观测都来自均值不同、方差相同的正态分布假设上的，将均值、方差和先验概率的参数代入贝叶斯分类便可得到 LDA 分类。

若自变量维度 $p > 1$，假设 $X = (X_1, \cdots, X_p)$ 服从一个均值不同、协方差矩阵相同的多元正态分布，即假设第 k 类观测服从一个多元正态分布 $N(\mu_k, \Sigma)$，其中，μ_k 是一个均值向量，Σ 为所有 k 类共同的协方差矩阵，其密度函数形式为：

$$f_k(x) = \frac{1}{(2\pi)^{\frac{p}{2}} |\Sigma|^{\frac{1}{2}}} \exp\left[-\frac{1}{2}(x - \mu_k)^T \Sigma^{-1} (x - \mu_k) \right]$$

通过类似一维自变量的方法，可以知道将 $X = x$ 分入

$$\delta_k(x) = x^T \Sigma^{-1} \mu_k - \frac{1}{2} \mu_k^T \Sigma^{-1} \mu_k + \ln \pi_k$$

最大的一类中。

同样地，需要估计未知参数 $\mu_1, \cdots, \mu_k$，$\pi_1, \cdots, \pi_K$ 和 Σ，估计方法与一维类似。同样地，LDA 分类将各个参数估计值代入判别函数中，并将观测值 $X = x$ 分入 $\hat{\delta}_k(x)$ 值最大的一类。

3) 二次判别分析法(Quadratic Discriminant Analysis，QDA)

如前所讨论的，LDA 假设每一类观测服从协方差矩阵相同的多元正态分布，但现实中可能很难满足这样的假设。二次判别分析放松了这一假设，虽然 QDA 分类也假设每类观测都服从一个正态分布，并把参数估计代入贝叶斯定理进行预测，但 QDA 假设每类观测都有自己的协方差矩阵，即假设第 k 类观测服从的分布为 $X \sim N(\mu_k, \Sigma_k)$，其中，$\Sigma_k$ 是第 k 类观测的协方差矩阵。此时，二次判别函数：

$$\delta_k(x) = -\frac{1}{2}(x - \mu_k)^T \Sigma_k^{-1} (x - \mu_k) + \ln \pi_k$$

QDA 分类把 μ_k、Σ_k、π_k 的估计值代入函数，然后将观测分入使 $\hat{\delta}_k(x)$ 值最大的一类。

通常情况下，如果训练数据相对较少，那么降低模型的方差就有必要，这时 LDA 是一个比 QDA 更好的选择。反之，如果训练集非常大，则会更倾向于使用 QDA，因为此时 K 类的协方差矩阵往往不相同。

3. k-近邻分类法

k-近邻分类法不是事先通过数据来选好分类模型，再对未知样本分类，而是存储带有

标记的样本集，给一个没有标记的样本，用样本集中 k 个与之相近的样本对其进行即时分类。k-近邻就是找出 k 个相似的样本来建立目标函数逼近。

k-近邻分类法的基本思路是首先，存储一些标记好的样本集；其次，要有一个未知类的样本用来对其分类；再次，逐一取出样本集中的样本，与未知类样本相比较，找到 k 个与之相近的样本，用这 k 个样本的多数的类为未知样本定类；最后，在样本集为连续值时，用 k 个样本的平均值为未知样本定值。

4. 神经网络分类法

神经网络作为一种先进的人工智能技术，因其自身自行处理、分布存储和高度容错等特性，非常适合处理非线性的以及那些以模糊、不完整、不严密的知识或数据为特征的问题，它的这一特点十分适合解决数据挖掘的问题。

神经网络由大量的人工神经元联结进行计算。大多数情况下人工神经网络能在外界信息的基础上改变内部结构，是一种自适应系统。现代神经网络是一种非线性统计性数据建模工具，常用来对输入和输出间复杂的关系进行建模，或用来探索数据的模式。

图 2.11 是大脑神经元的学习训练模型：

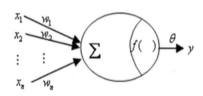

图 2.11 大脑神经元学习训练模型

在图 2.11 中，$x_1, x_2, \cdots, x_n$ 可以理解为 n 个输入信号(信息)，$w_1, w_2, \cdots, w_n$ 可以理解为对 n 个信号的加权，从而得到一个综合信号 $\Sigma = \sum_{i=1}^{n} w_i x_i$ (对输入信号进行加权求和)。神经元需要对这个综合信号做出反应，即引入一个阈值 θ 并与综合信号比较，根据比较的不同做出不同的反应，即输出。这里用激发函数 $f(\Sigma - \theta)$ 来模拟其反应，从而获得反应值，进而进行判别。

借鉴人脑的工作机制和活动规律，简化其网络结构，并用数学模型来模拟，从而提出了神经网络模型。典型的神经网络模型主要分为三大类：第一类是用于分类预测和模式识别的前馈式神经网络模型，其主要代表为函数型网络、感知机、BP 神经网络。第二类是用于联想记忆和优化算法的反馈式神经网络模型，以 Hopfield 的离散模型和连续模型为代表。第三类是用于聚类的自组织映射方法，以 ART 模型为代表。神经网络的主要任务是根据生物神经网络的原理和实际应用的需要建造实用的人工神经网络模型，设计相应的学习算法，模拟人脑的某种智能活动，然后在技术上实现出来用以解决实际问题，在控制与优化、预测与管理、模式识别与图像处理、通信等方面得到了十分广泛的应用。

下面以常用的 BP 神经网络模型为例介绍神经网络方法的分析过程。BP 神经网络是 1986 年以 Rumelhart 和 McClelland 为首的科学家提出的概念，是一种按照误差逆向传播算法训练的多层前馈神经网络，是应用最广泛的神经网络模型之一。BP 神经网络模型的网络结构及数学模型如图 2.12 所示。

x 为 m 维向量，y 为 n 维向量，隐含层有 q 个神经元。假设有 N 个样本数据，$\{y(t), x(t), t = 1, 2, \cdots, N\}$。从输入层到隐含层的权重记为：$W_{ki}(k = 1, 2, \cdots, q, i = 1, 2, \cdots, n)$，从隐含层到输出层的权重记为：$W_{ki}(k = 1, 2, \cdots, q, i = 1, 2, \cdots, n)'$。

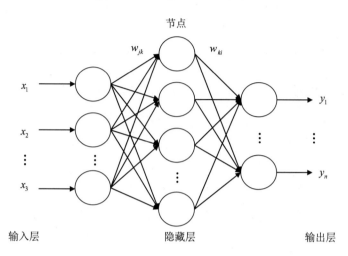

图 2.12　BP 神经网络模型结构

记第 t 个样本 $x(t) = \{x_1(t), x_2(t), \cdots, x_m(t)\}$ 输入网络时，隐含层单元的输出为 $H_k(t)(k = 1, 2, \cdots, q)$，输出层单元的输出为 $\hat{f}(t) = \{\hat{f}_1(t), \hat{f}_2(t), \cdots, \hat{f}_m(t)\}$，即

$$H_k(t) = g[\sum_{j=0}^{m} V_{jk} x_j(t)], k = 1, 2, \cdots, q$$

$$\hat{f}_i(t) = f[\sum_{k=0}^{q} V_{ki} H_k(t)], i = 1, 2, \cdots, n$$

这里 V_{ok} 为对应输入神经元的阈值，而 $x_0(t)$ 通常为 1，W_{oi} 为对应隐含层神经元的阈值，而 $H_0(t)$ 通常为 1，$g(x)$、$f(x)$ 分别为隐含层、输出层神经元的激发函数。常用的激发函数有：$f(x) = \dfrac{1}{1 + e^{-\alpha x}}$ 或 $f(x) = \tanh(x)$。

由网络图可以看出，我们选定隐含层及输出层神经元的个数和激发函数后，这个网络就只有输入层至隐含层、隐含层至输出层的参数未知了。一旦确定了这些参数，神经网络就可以工作了。如何确定这些参数呢？其基本思路如下：通过输入的 N 个样本数据，使得真实的 y 值与网络的预测值的误差最小即可，它变成了一个优化问题如下：

$$\min E(w) = \frac{1}{2} \sum_{it}[y_t(t) - \hat{y}_i(t)]^2 = \frac{1}{2} \sum_{it}[y_i(t) - f(\sum_{k=0}^{q} W_{ki} H_k(t))]^2$$

如何求解这个优化问题获得最优的 w^*？常用的有 BP 算法，这里不再介绍该算法的具体细节。

5. 决策树方法

决策树是用于分类和预测的主要技术之一，决策树学习是以实例为基础的归纳学习算法，它着眼于从一组无次序、无规则的实例中推理出以决策树表示的分类规则。构造决策树的目的是找出属性和类别间的关系，用它来预测将来未知类别记录的类别。它采用自顶向下的递归方式，在决策树的内部节点进行属性的比较，并根据不同的属性值判断从该节点向下的分支，在决策树的叶节点得到结论。决策树的表现形式类似于流程图的树结构，在决策树的内部节点进行属性值测试，并根据属性值判断由该节点引出的分支，在决策树的叶节点得到结论。内部节点是属性或者属性组合，而叶节点代表样本所属的类或类分布。经由训练样本集产生一棵决策树后，为了对未知样本集进行分类，需要在决策树上测试未知样本的属性值。测试路径是由根节点到某个叶节点，叶节点代表的类就是该样本所属的类。

决策树将决策过程各个阶段的结构绘制成一张箭线图，如图 2.13 所示。

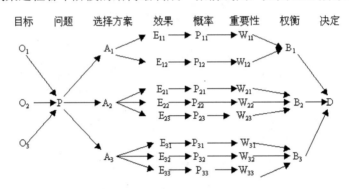

图 2.13　决策树决策过程箭线图

决策树的构成有四个要素：(1)决策节点；(2)方案枝；(3)状态节点；(4)概率枝，如图 2.14 所示。

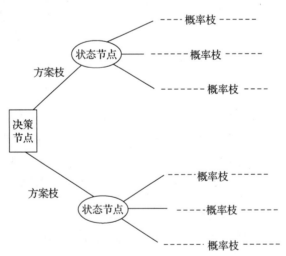

图 2.14　决策树的构成要素

决策树一般由方块节点、圆形节点、方案枝、概率枝等组成，方块节点称为决策节点，由节点引出若干细支，每条细支代表一个方案，称为方案枝；圆形节点称为状态节点，由状态节点引出若干条细支，表示不同的自然状态，称为概率枝。每条概率枝代表一种自然状态，在每条细枝上标明客观状态的内容和其出现概率。在概率枝的最末梢标明该方案在该自然状态下所达到的结果(收益值或损失值)。这样树形图由左向右，由简到繁展开，组成一个树状网络图。

科学的决策是现代管理者的一项重要职责。在企业管理实践中，常遇到的情境是，若干个可行性方案制订出来了，分析一下企业内、外部环境，大部分条件是已知的，但还存在一定的不确定因素。每个方案的执行都可能出现几种结果，各种结果的出现有一定的概率，企业决策既存在着一定的胜算，也存在着一定的风险。这时，决策的标准只能是期望值，即各种状态下的加权平均值。针对上述问题，用决策树法来解决不失为一种好的选择。

决策树法作为一种决策技术，已被广泛地应用于企业的投资决策之中，它是随机决策模型中最常见、最普及的一种规策模式和方法。此方法有效地控制了决策带来的风险。所谓决策树法，就是运用树状图表示各决策的期望值，通过计算，最终优选出效益最大、成本最小的决策方法。决策树法属于风险型决策方法，不同于确定型决策方法，二者适用的条件也不同。

应用决策树决策方法必须具备以下条件。

(1) 具有决策者期望达到的明确目标；

(2) 存在决策者可以选择的两个以上的可行备选方案；

(3) 存在着决策者无法控制的两种以上的自然状态(如气候变化、市场行情、经济发展动向等)；

(4) 不同行动方案在不同自然状态下的收益值或损失值(简称损益值)可以计算出来；

(5) 决策者能估计出不同的自然状态发生概率。

决策树法的决策程序如下：

(1) 绘制树状图，根据已知条件排列出各个方案和每一方案的各种自然状态；

(2) 将各状态概率及损益值标于概率枝上；

(3) 计算各个方案期望值并将其标于该方案对应的状态节点上；

(4) 进行剪枝，比较各个方案的期望值，并标于方案枝上，期望值小的(即劣等方案剪掉)所剩的最后方案为最佳方案。

决策树法在企业决策中有着广泛的应用。

6. 随机森林方法

随机森林，指利用多棵树对样本进行训练并预测的一种分类器。该分类器最早由 Leo Breiman 和 Adele Cutler 提出，并被注册成了商标。简单来说，随机森林就是由多棵 CART(Classification And Regression Tree)构成的。对于每棵树，它们使用的训练集是从总的训练集中有放回采样出来的，这意味着，总的训练集中的有些样本可能多次出现在一棵树的训练集中，也可能从未出现在一棵树的训练集中。在训练每棵树的节点时，使用的特征是从所有特征中按照一定比例随机地无放回地抽取的，根据 Leo Breiman 的建议，假设总的特征数量为 M，这个比例可以是 $\sqrt{M}$、$\frac{1}{2}\sqrt{M}$ 或 $2\sqrt{M}$。

因此，随机森林的训练过程可以总结如下。

(1) 给定训练集 S，测试集 T，特征维数 F。确定参数：使用到的 CART 的数量 t，每棵树的深度 d，每个节点使用到的特征数量 f。终止条件：节点上最少样本数 s，节点上最少的信息增益 m。

对于第 i 棵树，$i=1,\cdots,t$：

(2) 从 S 中有放回的抽取大小和 S 一样的训练集 $S(i)$，作为根节点的样本，从根节点开始训练。

(3) 如果当前节点上达到终止条件，则设置当前节点为叶子节点，如果是分类问题，该叶子节点的预测输出为当前节点样本集合中数量最多的那一类 $c(j)$，概率 p 为 $c(j)$ 占当前样本集的比例；如果是回归问题，预测输出为当前节点样本集各个样本值的平均值。然后继续训练其他节点。如果当前节点没有达到终止条件，则从 F 维特征中无放回地随机选取 f 维特征。利用这 f 维特征，寻找分类效果最好的一维特征 k 及其阈值 th，当前节点上样本第 k 维特征小于 th 的样本被划分到左节点，其余的被划分到右节点。继续训练其他节点。有关分类效果的评判标准在后面会讲。

(4) 重复(2)、(3)直到所有节点都训练过了或者被标记为叶子节点。

(5) 重复(2)、(3)、(4)直到所有 CART 都被训练过。

利用随机森林的预测过程如下：

对于第 i 棵树，$i=1,\cdots,t$：

(1) 从当前树的根节点开始，根据当前节点的阈值 th，判断是进入左节点($<th$)还是进入右节点($\geqslant th$)，直到到达，某个叶子节点，并输出预测值。

(2) 重复执行(1)直到所有 t 棵树都输出了预测值。如果是分类问题，则输出为所有树中预测概率总和最大的那一个类，即对每个 $c(j)$ 的 p 进行累计；如果是回归问题，则输出为所有树的输出的平均值。

2.4.2 回归分析方法

回归分析是指对具有相关关系的两个变量或多个变量建立合适的数学模型，以近似地表示变量之间平均变化关系的一种统计方法。回归分析与分类分析类似，但回归分析的目的不是寻找描述类的模式，而是寻找变量间的关系模式以确定数值。例如，简单的线性回归技术，它的结果是一个函数，可以根据输入变量的值来计算输出变量的值。此外，还有非线性回归模型，有的可以转化为线性模型。回归分析方法被广泛地用于解释市场占有率、销售额、品牌偏好及市场营销效果。在此重点介绍线性回归中的简单线性回归与多元线性回归模型的主要思路以及最常用于拟合模型的最小二乘法。

1. 简单线性回归

简单线性回归是一种非常简单的根据单一预测变量 X 预测定量响应变量 Y 的方法。它假定 X 和 Y 存在线性关系，模型的一般形式是：

$$Y = \beta_0 + \beta_1 X + \mu$$

其中，Y 为被解释变量，X 为解释变量，β_0 与 β_1 为待估参数，μ 为随机扰动项。在有 n 个样本观测点 $\{(X_i, Y_i) : i = 1, 2, \cdots, n\}$ 的情况下，模型也可以表示为：

$$Y_i = \beta_0 + \beta_1 X_i + \mu_i, i = 1, 2, \cdots, n$$

样本回归模型可表示为：

$$\hat{Y} = \hat{\beta}_0 + \hat{\beta}_1 X$$

其随机表达式为：

$$Y = \hat{\beta}_0 + \hat{\beta}_1 X + e$$

其中 e 称残差或剩余项，可看成总体回归模型中随机干扰项 μ 的近似替代。

回归分析的主要目的是要通过样本回归模型尽可能准确地估计总体回归模型。给定解释变量 X 与被解释变量 Y，在对模型设定、解释变量与随机干扰项进行一系列假定后，利用普通最小二乘法对待估参数 β_0 与 β_1 进行估计。普通最小二乘法要求样本回归函数尽可能好地拟合这组值，即样本回归线上的点 $\hat{Y}_i$ 与真实观测点 Y_i 的"总体误差"尽可能小。普通最小二乘法给出的判断标准是，被解释变量的估计值与实际值之差的平方和最小，

$$Q = \sum_{i=1}^n e_i^2 = \sum_{i=1}^n \left(Y_i - \hat{Y}_i \right)^2 = \sum_{i=1}^n [Y_i - (\hat{\beta}_0 + \hat{\beta}_1 X_i)]^2$$

即在给定样本观测值下，选择 $\hat{\beta}_0$，$\hat{\beta}_1$ 使 Y_i 与 $\hat{Y}_i$ 之差的平方和最小。对得到的表达式进行微积分学的运算，可得参数估计量：

$$\begin{cases} \hat{\beta}_1 = \dfrac{\sum x_i y_i}{\sum x_i^2} \\ \hat{\beta}_0 = \bar{Y} - \hat{\beta}_1 \bar{X} \end{cases}$$

即可进一步得到模型的估计表达式，利用该模型可以对新增的 X 进行 Y 值的预测。

2. 多元线性回归

多元线性回归模型的一般形式为：

$$Y = \beta_0 + \beta_1 X_1 + \beta_2 X_2 + \cdots + \beta_k X_k + \mu$$

其中，k 为解释变量的数目，$\beta_j (j = 1, 2, \cdots, k)$ 被称为回归系数。人们习惯上把常数项 β_0 看作一个虚变量的参数，在参数估计过程中该虚变量的样本观测值始终取 1，则模型中解释变量的数目为 $k+1$。

如果给出一组观测值 $\{(X_{i1}, X_{i2}, \cdots, X_{ik}, Y_i) : i = 1, 2, \cdots, n\}$，则总体回归模型还可以写成：

$$Y_i = \beta_0 + \beta_1 X_{i1} + \beta_2 X_{i2} + \cdots + \beta_k X_{ik} + \mu_i \quad i = 1, 2, \cdots, n$$

或

$$Y_i = X_i \beta + \mu_i \quad i = 1, 2, \cdots, n$$

其中，$X_i = (1, X_{i1}, X_{i2}, \cdots, X_{ik})$，$\beta = (\beta_0, \beta_1, \cdots, \beta_k)'$。

由前式表示的 n 个随机方程的矩阵表达式为：

$$Y = X\beta + \mu$$

其中

$$Y = (Y_1, Y_2, \cdots, Y_n)'$$

$$X = \begin{pmatrix} 1 & X_{11} & X_{12} & \cdots & X_{1k} \\ 1 & X_{21} & X_{22} & & X_{2k} \\ \vdots & \vdots & \vdots & & \vdots \\ 1 & X_{n1} & X_{n2} & \cdots & X_{nk} \end{pmatrix}$$

$$\beta = (\beta_0, \beta_1, \beta_2, \cdots, \beta_k)'$$

$$\mu = (\mu_1, \mu_2, \cdots, \mu_n)'$$

与一元回归分析相仿,在给出总体的一个样本时,估计样本回归模型,并让它近似代表未知的总体回归模型。

样本回归模型可表示为:

$$\hat{Y} = \hat{\beta}_0 + \hat{\beta}_1 X_1 + \hat{\beta}_2 X_2 + \cdots + \hat{\beta}_k X_k$$

其随机表达式为:

$$Y = \hat{\beta}_0 + \hat{\beta}_1 X_1 + \hat{\beta}_2 X_2 + \cdots + \hat{\beta}_k X_k + e$$

其矩阵表达式为:

$$\hat{Y} = X\hat{\beta}$$

$$Y = X\hat{\beta} + e$$

其中

$$\hat{\beta} = (\hat{\beta}_0, \hat{\beta}_1, \hat{\beta}_2, \cdots, \hat{\beta}_k)'$$

$$e = (e_1, e_2, \cdots, e_n)'$$

与一元线性回归类似,多元线性回归分析同样是要通过样本回归模型尽可能准确地估计总体回归模型。给定解释变量 X 与被解释变量 Y,在对模型设定、解释变量与随机干扰项进行一系列假定后,利用普通最小二乘法对待估参数 $\{\beta_j, j = 0, 1, 2, \cdots, k\}$ 进行估计。根据最小二乘原理,参数估计值应使达到最小。

$$Q = \sum_{i=1}^{n} e_i^2 = \sum_{i=1}^{n} (Y_i - \hat{Y}_i)^2 = \sum_{i=1}^{n} [Y_i - (\hat{\beta}_0 + \hat{\beta}_1 X_{i1} + \hat{\beta}_2 X_{i2} + \cdots + \hat{\beta}_k X_{ik})]^2$$

由微积分知识,只需求 Q 关于待估参数的偏导数,并令其值为 0,就可得到 $(k+1)$ 个待估参数估计值的正规方程,解线性代数方程组,即可得到 $(k+1)$ 个待估参数的估计值 $\{\hat{\beta}_j, j = 0, 1, 2, \cdots, k\}$。

对上述过程用矩阵表示如下:

根据最小二乘原理,需寻找一组参数估计值 $\hat{\beta}$,使残差平方和最小,

$$Q = \sum_{i=1}^{n} e_i^2 = e'e = (Y - X\hat{\beta})'(Y - X\hat{\beta})$$

即参数估计值应该是方程组的解。

$$\frac{\partial}{\partial \hat{\beta}} (Y - X\hat{\beta})'(Y - X\hat{\beta}) = 0$$

求解可得到参数的最小二乘估计值为:

$$\hat{\beta} = (X'X)^{-1}X'Y$$

即可进一步得到模型的估计表达式，利用该模型可以对新增的 X 进行 Y 值的预测。

2.4.3 其他方法

1. 聚类分析

聚类分析源于许多研究领域，包括数据挖掘、统计学、机器学习、模式识别等。聚类分析是指将物理或抽象对象的集合分组为由类似的对象组成的多个类的分析过程。聚类是将数据分类到不同的类或者簇这样的一个过程，所以同一个簇中的对象有很大的相似性，而不同簇间的对象有很大的相异性。聚类分析是一种探索性的分析，在分类的过程中，人们不必事先给出一个分类的标准，聚类分析能够从样本数据出发，自动进行分类。聚类分析所使用的方法不同，也会得到不同的结论。不同研究者对于同一组数据进行聚类分析，所得到的聚类数未必一致。作为数据挖掘中的一个功能，聚类分析能作为一个独立的工具来获得数据分布的情况，并且概括出每个簇的特点，或者集中注意力对特定的某些簇做进一步分析。数据挖掘技术的一个突出特点是能处理巨大的、复杂的数据集，这对聚类分析技术提出了较高的要求，要求算法具有可伸缩性，可处理不同类型的属性，可发现任意形状的类及处理高维数据等。根据潜在的各项应用，数据挖掘对聚类分析方法提出了不同要求。

聚类类似于分类，但与分类的目的不同，是针对数据的相似性和差异性将一组数据分为几个类别。属于同一类别的数据间的相似性很大，但不同类别之间数据的相似性很小，跨类的数据关联性很低。

聚类在数据挖掘中的典型应用有以下 3 个方面。①聚类分析可以作为其他算法的预处理步骤：利用聚类进行数据预处理，可以获得数据的基本情况，在此基础上进行特征抽取或分类可以提高精确度和挖掘效率，也可将聚类结果用于进一步关联分析，以获得有用信息。②可以作为一个独立的工具来获得数据的分布情况：聚类分析是获得数据分布情况的有效方法。通过观察聚类得到每个簇的特点，可以集中对特定的某些簇做进一步的分析。③聚类分析可以完成孤立点挖掘。许多数据挖掘算法试图使孤立点影响最小化，或者排除它们。然而孤立点本身可能是非常有用的，如在金融欺诈探测中，孤立点可能预示着金融欺诈行为的存在。

聚类分析法有快速聚类和系统聚类。

1) 快速聚类

要求事先确定分类。它不仅要求确定分类的类数，而且还需要事先确定点，也就是聚类种子然后，将其他点根据离这些种子的远近进行分类。之后就是将这几类的中心(均值)作为新的基石，再分类，如此迭代。

2) 系统聚类

系统聚类是将样品分成若干类的方法，其基本思想是，先将每个样品各看成一类，然后规定类与类之间的距离，选择距离最小的一对合并成新的一类，计算新类与其他类之间的距离，再将距离最近的两类合并，这样每次减少一类，直至所有的样品合为一类为止。

2. 关联规则

关联规则挖掘是数据挖掘中研究较早而且至今仍活跃的研究方法之一。关联规则是隐藏在数据项之间的关联或相互关系，即可以根据一个数据项的出现推导出其他数据项的出现。关联规则的挖掘过程主要包括两个阶段：第一阶段为从海量原始数据中找出所有的高频项目组；第二阶段为从这些高频项目组产生关联规则。关联规则挖掘技术已被广泛应用于金融行业企业中预测客户的需求，通过捆绑客户可能感兴趣的信息供用户了解并获取相应信息来改善自身的营销。

关联规则是描述数据库中数据项关系的规则，即根据一个事务中某些项的出现可导出另一些项在同一事务中也出现，即隐藏在数据间的关联或相互关系。

在客户关系管理中，通过对企业的客户数据库里的大量数据进行挖掘，可以从大量的记录中发现有趣的关联关系，找出影响市场营销效果的关键因素，为产品定位、定价与定制客户群，客户寻求、细分与保持，市场营销与推销，营销风险评估和诈骗预测等决策支持提供参考依据。

1) Apriori 算法

Apriori 算法是一种最有影响的挖掘布尔关联规则频繁项集的算法。其核心是基于两阶段频集思想的递推算法。该关联规则在分类上属于单维、单层、布尔关联规则。在这里，所有支持度大于最小支持度的项集称为频繁项集，简称频集。

该算法的基本思想是，首先找出所有的频集，这些项集出现的频繁性至少和预定义的最小支持度一样。由频集产生强关联规则，这些规则必须满足最小支持度和最小可信度。然后使用第一步找到的频集产生期望的规则，产生只包含集合的项的所有规则，其中每一条规则的右部只有一项，这里采用的是中规则的定义。一旦这些规则被生成，那么只有那些大于用户给定的最小可信度的规则才能被留下来。为了生成所有频集，使用了递推的方法。

可能产生大量的候选集，以及可能需要重复扫描数据库，是 Apriori 算法的两大缺点。

2) 基于划分的算法

Savasere 等设计了一个基于划分的算法。这个算法先把数据库从逻辑上分成几个互不相交的块，每次单独考虑一个分块并对它生成所有的频集，然后把产生的频集合并，用来生成所有可能的频集，最后计算这些项集的支持度。这里分块的大小选择要使每个分块都可以被放入主存，每个阶段只需被扫描一次。而算法的正确性是由每一个可能的频集至少在某一个分块中是频集保证的。该算法是可以高度并行的，可以把每一分块分别分配给某一个处理器生成频集。产生频集的每一个循环结束后，处理器之间进行通信来产生全局的候选 k-项集。一方面，这里的通信过程是算法执行时间的主要"瓶颈"；另一方面，每个独立的处理器生成频集的时间也是一个"瓶颈"。

3) FP-树频集算法

针对 Apriori 算法的固有缺陷，J. Han 等提出了不产生候选挖掘频繁项集的方法——FP-树频集算法。采用分而治之的策略，在第一遍扫描之后，把数据库中的频集压缩进一棵频繁模式树(FP-tree)，同时依然保留其中的关联信息，随后再将 FP-tree 分化成一些条件库，每个库和一个长度为 1 的频集相关，然后再对这些条件库分别进行挖掘。当原始数据量很大的时候，也可以结合划分的方法，使一个 FP-tree 可以放入主存中。

3. 因子分析法

因子分析的基本目的就是用少数几个因子描述许多指标或因素之间的联系，即将相关比较密切的几个变量归在同一类中，每一类变量就成为一个因子，以较少的几个因子反映原资料的大部分信息。

运用这种研究技术，我们可以方便地找出影响消费者购买、消费和满意度的主要因素，以及这些因素的影响力如何。运用这种研究技术，我们还可以为市场细分做前期分析。

4. 主成分分析法

设法将原来的变量重新组合成一组新的互相无关的几个综合变量，同时根据实际需要从中可以取出几个较少的综合变量尽可能多地反映原变量的信息的统计方法叫作主成分分析或主分量分析，这也是数学上用来降维的一种方法。

主成分分析是设法将原来众多的具有一定相关性(比如 P 个指标)，重新组合成一组新的互相无关的综合指标来代替原来的指标。

最经典的做法就是用 F1(选取的第一个线性组合，即第一个综合指标)的方差来表达，即 Var(F1)越大，表示 F1 包含的信息越多。因此，在所有的线性组合中选取的 F1 应该是方差最大的，故称 F1 为第一主成分。如果第一主成分不足以代表原来 P 个指标的信息，再考虑选取 F2，即选第二个线性组合，为了有效地反映原来的信息，F1 已有的信息就不需要再出现在 F2 中，用数学语言表达就是要求 Cov(F1, F2)=0，则称 F2 为第二主成分，以此类推可以构造出第三、第四……第 P 个主成分。

主成分分析作为基础的数学分析方法，其实际应用十分广泛，比如人口统计学、数量地理学、分子动力学模拟、数学建模、数理分析等学科中均有应用，是一种常用的多变量分析方法。

5. Web 数据挖掘

Web 数据挖掘是一项综合性技术，指 Web 从文档结构和使用的集合 C 中发现隐含的模式 P，如果将 C 看作输入，将 P 看作输出，那么 Web 挖掘过程就可以看作从输入到输出的一个映射过程。

当前越来越多的 Web 数据都是以数据流的形式出现的，因此对 Web 数据流挖掘就具有很重要的意义。目前常用的 Web 数据挖掘算法有：PageRank 算法、HITS 算法以及 LOGSOM 算法。这三种算法提到的用户都是笼统的用户，并没有区分用户的个体。目前 Web 数据挖掘面临着一些问题，主要包括：用户的分类问题、网站内容时效性问题、用户在页面停留时间问题、页面的链入与链出数问题等。在 Web 技术快速发展的今天，这些问题仍旧值得研究并加以解决。

6. 序列分析

序列分析是对序列数据进行分析以发现蕴藏其中的模式和规律。序列数据和时间序列数据都是连续的观测值,观测值之间相互依赖。它们之间的差别在于序列数据包含离散的状态,而时间序列是连续的数值。序列数据和关联数据比较相似,它们都是一个项集或一组状态,区别在于序列分析是状态的转移,将数据间的关联性和时间联系起来,而关联分析不需要考虑时间问题。Markov 链是进行序列分析的主要技术之一。

7. 偏差分析

数据库中一般存在很多异常数据,找出这些异常数据非常重要,偏差分析可以解决此类问题。偏差分析用于检测数据现状、历史记录与标准之间的显著变化和偏离,例如,观测结果与期望的偏离、分类中的反常实例、模式的例外等。偏差分析的基本方法就是寻找观察结果与参照之间的差别。例如,信用卡欺诈案行为检测、网络入侵检测、劣质产品分析等。

8. 预测

预测是大数据最核心的功能。大数据预测是指运用历史数据和预测模型预测未来某件事情的概率。精度和不确定性是预测的关注点,通常用预测方差进行衡量。预测技术是以表示一系列时间值的数列作为输入,再运用计算机学习和统计技术对数据进行周期性分析、趋势分析和噪声分析,进而估算这些序列未来的值。例如,可以挖掘企业的历史销售数据预测该企业未来一年的销售额。

本章总结

- 大数据的处理流程归纳为:首先,利用多种轻型数据库收集海量数据,对不同来源的数据进行预处理,并整合存储到大型数据库中;其次,根据企业或个人目的和需求,运用合适的数据挖掘技术提取有益的知识;最后,利用恰当的方式将结果展现给终端用户。具体包括数据采集、数据预处理、数据存储、数据挖掘以及数据解释五个步骤。

- 要做大数据,首先要了解自己的企业。第一步,找到核心数据。第二步,获取外围数据,通过营销活动等获取大量数据。第三步,常规渠道的数据,这就需要企业去找常规渠道里面的数据,跟自己的 CRM 结合起来。第四步,获取外部的社会化的或者非结构化的数据,即现在所谓的社会化媒体数据。这方面信息的主要特征是非结构化,而且数量庞大。

- 金融企业的核心数据主要来源于历史交易数据、用户行为数据、系统运行日志、非结构化数据、过程文档数据。核心数据最大的问题在于来源多样、流动性差、共享性差。要解决这些问题,必须明确数据相关的职责与归属,提升对数据资产质量的认识和打通数据流转。

- 金融企业外围数据主要来源于数据共享联盟、互联网数据、运营商数据。外围数据存在的问题主要是,存在数据获得成本以及无法最大限度地发挥数据的价值。

- 分类是数据挖掘技术中运用最为广泛,也是比较重要的分析手段,它是指运用训练数据集,通过分析数据的特征和运用一定的算法求得分类规则,该分类规则就是数据分类的模型,然后运用该模型对任何位置的数据对象进行分类。分类分为两个阶段:第一阶段为构建分类模型,通过一定的算法对已知类标记的数据集建立分类模型;第二阶段用第一阶段构造的模型来预测给定的数据对象的类别。比较典型的分类方法有 Logistic 回归、判别分析法、K-近邻分类法、神经网络分类法、贝叶斯分类方法以及决策树分类方法。

本章作业

1. 列举大数据处理流程包括的步骤。
2. 简要介绍数据预处理的 3 种主要方法。
3. 简要说明 HDFS 的结构及 3 种主要角色。
4. 列举说明数据挖掘中分类分析的主要方法。

第 3 章

大数据相关技术

本章目标

- 掌握物联网的定义、系统架构以及关键技术
- 掌握云计算的定义、系统架构以及服务模式
- 掌握人工智能的定义、发展历程以及主要技术
- 掌握物联网、云计算、人工智能与大数据之间的关系

本章简介

　　物联网、云计算、人工智能等技术与大数据技术紧密相关。这些相关技术的高速发展，也给大数据技术的应用带来了巨大的机遇。本章将从定义内涵、发展历程、系统架构以及关键技术几个方面介绍物联网、云计算、人工智能这三种大数据相关技术。

@ 3.1 物联网技术

3.1.1 物联网技术概述

"物联网"是一个宽泛的大概念,从以前的工控网升级到如今的物联网概念,不再局限于工业自动化,还包含了人类社会的方方面面,如生活、学习、工作、休闲等方面,都加入了自动化的概念,大到工厂自动化、城市智能智慧化,小到自动取货柜、智能家居,这些都属于物联网的一部分。

物联网一般是指,通过射频识别(RFID)(RFID+互联网)、红外感应器、全球定位系统、激光扫描器、气体感应器等信息传感设备,按约定的协议,把任何物品与互联网连接起来,进行信息交换和通信,以实现智能化识别、定位、跟踪、监控和管理的一种网络。简言之,物联网就是"物物相连的互联网"。

物联网的发展可以追溯至 1990 年施乐公司的网络可乐贩售机——Networked Coke Machine。1995 年比尔·盖茨在出版的《未来之路》一书中也曾提及物互联,但未引起广泛重视。1998 年麻省理工学院提出了当时被称作 EPC 系统的物联网构想;1999 年在物品编码(RFID)技术上 Auto-ID 公司提出了物联网的概念;2005 年世界峰会上,国际电信联盟发布了《ITU 互联网报告 2005:物联网》。根据 Gartner 的预测,从 2013 年到 2020 年,物联网的终端将以 32.5%的符合年增长率增长,达到 250 亿的安装基数。推动物联网的飞速发展背后的原因是其基础技术日趋成熟。

3.1.2 物联网技术的系统架构

物联网作为一个系统网络,与其他网络一样,也有其内部特有的架构。物联网的基础框架主要包含三层:感知层、网络层、应用层,如图 3.1 所示。

1. 感知层

感知层是实现物联网全面感知的核心能力,其中传感器是感知层中获得信息的主要设备。传感器是最底层的应用,属于数据感知的器械。它利用各种机制把被测量信息转化为电信号,然后由相应信号处理装置进行处理,并产生响应动作。常见的传感器包括水质、温度、湿度、压力、光电、气象传感器等。通过各种类型的传感器获取物理世界智能光发生的物理时间和数据信息。短距离通信技术和协同信息处理子层将采集到的数据在局部范围内进行协同处理,以提高信息的精度,降低信息冗余度,并通过自组织能力的短距离传感网介入广域承载网络。它旨在解决感知层数据与多种应用平台间的兼容性问题。

2. 网络层

网络层主要将来自感知层的各类信息通过基础承载网络传输到应用层。解决的是感知层在一定范围内所获得的数据,通常是长距离的传输问题。这些数据可以通过移动通信网、国际互联网、企业内部网、各类专网、小型局域网等网络传输。网络层所需要的关键技术有长距离有线和无线通信技术、网络技术等。目前的长距离无线传输方式有 NB-IoT、LoRa、eMTC、2G/3G/4G/5G；短距离无线传输主要有 ZigBee、Wi-Fi、蓝牙。不同的应用场景对应不同的传输方式，选择适用的方式，是网络层最终实现客户需求的关键因素。

网络层中除了适用的通信方式，采集设备也是必不可少的。传感器的数据以电流或电压的方式通过串口、模拟量、数字量等接口传输到采集器中，依据特定的协议进行数据交互。

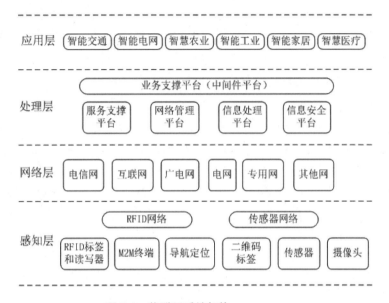

图 3.1 物联网系统架构

3. 应用层

应用层位于物联网三层结构中的最顶层，其功能为"处理"，即通过云计算平台进行信息处理。应用层主要将物联网技术与行业专业系统相结合，实现广泛的物物互联的应用解决方案，主要包括业务中间件和行业应用领域。用于支撑跨行业，跨医用，跨系统之间的信息协同、共享、互通，从而实现对物理世界的实时控制、精确管理和科学决策。

物联网应用层的核心功能围绕两个方面：一是"数据"，应用层需要完成数据的管理和数据的处理；二是"应用"，仅仅管理和处理数据还不够，必须将这些数据与各行业应用相结合。例如，在智能电网中的远程电力抄表应用：安置于用户家中的读表器就是感知层中的传感器，这些传感器收集到用户用电的信息后，通过网络发送并汇总到发电厂的处理器上。该处理器及其对应工作就属于应用层，它将完成对用户用电信息的分析，并自动采取相关措施。

物联网各层之间，信息不是单向传递的，可有交互、控制等，所传递的信息多种多样，包括在特定应用系统范围内能唯一标识物品的识别码和物品的静态与动态信息。尽管物联网在智能工业、智能交通、环境保护、公共管理、智能家庭、医疗保健等经济和社会的各个领域的应用特点千差万别，但是每个应用的基本架构都包括感知、传输和应用三个层次，各行业和各领域的专业应用子网都是基于三层基本架构构建的。

3.1.3 物联网技术的发展历程、现状及趋势

1. 物联网技术的发展历程

早在 1999 年,"物联网"概念就被提出,并被定义为:"所有物品通过射频识别等信息传感设备与互联网连接起来,实现智能化识别和管理。"2009 年 6 月,欧盟委员会提出针对"物联网行动方案",明确表示将在技术层面给予大量资金支持,在政府管理层面将提出与现有法规相适应的网络监管方案。2009 年 8 月,温家宝总理在无锡考察传感网产业发展时明确指示要早一点谋划未来,早一点攻破核心技术,并且明确要求尽快建立中国的传感信息中心,或者叫"感知中国"中心。

2. 物联网技术的发展现状与发展趋势

1) 物联网技术的发展现状

物联网是互联网后世界信息产业第三次浪潮,对世界的各个方面产生巨大影响,因此世界各国都在推动物联网的发展和应用,比如美国的智慧地球、日本的 I-japan 欧盟的物联网行动计划等。物联网能够与传统的产业服务结合并促进传统产业转型升级,实现各个行业智能化应用,已受到国家和企业的高度重视。例如,亚马逊公司于 2017 年推出了 AWS IoT 平台,它可以使互联设备轻松、安全地与云应用程序及其他与 AWS IoT 平台连接的设备交互,追踪所有设备状态并与其通信。微软公司开发的 Azure IoT 的主要定位是连接设备、其他 M2M 资产和人员,以便在业务和操作中更好地利用数据,主要实现实时大数据处理。IBM 公司则开发了 Watson IoT platform,旨在简化物联网设备的连接并从物联网设备中获得价值。

目前,我国在物联网领域已初步完成了布局,基本形成了较为完整的物联网生态系统,在市场需求以及政策的推动下具备了一定的技术、产业和应用基础,同时在各个环节都有一批具有较强实力的物联网领军企业。在物联网平台方面,互联网公司中的巨头阿里巴巴、百度、腾讯等公司相继对物联网业务展开研究,建设属于自己的物联网平台,例如百度"天工"的物联网平台、腾讯物联网平台等。

2) 物联网技术的发展趋势

①完善物联网的发展网络框架及标准体系。②与人工智能技术结合。大数据、人工智能和物联网可以收集预先结构化的数据,设置数据管道,并在此基础上构建人工智能组件。③物联网产业链化。完整的物联网产业链,包括政府部门、科研院所、芯片生产商、终端生产商、系统集成商以及电信运营商等环节,涵盖了从标识、感知到信息传送、处理以及应用等方面。④健全法律法规制度。目前我国尚没有一部专门针对物联网而确立的法律法规,亟须制定并出行之有效的法律法规,为物联网的深化发展提供保障、指导和扶持。

3.1.4 物联网的关键技术

物联网的核心技术主要包括无线射频识别技术(Radio Frequency Identification,RFID)、传感技术、网络与通信技术和数据融合与管理技术等。

1. 二维码及无线射频识别技术 RFID

二维码及 RFID 是目前市场关注的焦点，其主要应用于需要对标的物(即货物)的特征属性进行描述的领域。二维码是一维码的升级，是用某种特定的几何形体按一定规律在平面上分布(黑白相间)的图形来记录信息的应用技术。目前，二维码即将或正在广泛应用于海关/税务征管管理、文件图书流转管理(我国政府正在推行机关的公文管理采用二维码技术)；已经普遍应用于车辆管理、票证管理(几乎包含所有行业)、支付应用(如电子回执)、资产管理及工业生产流程管理等多个领域。

射频识别技术(RFID 技术)是一种无接触的自动识别技术，利用射频信号及其空间耦合传输特性，实现对静态或移动待识别物体的自动识别，用于对采集点的信息进行"标准化"标识。鉴于 RFID 技术可实现无接触的自动识别，全天候、识别穿透能力强、无接触磨损，可同时实现对多个物品的自动识别等诸多特点，将这一技术应用到物联网领域，使其与互联网、通信技术相结合，可实现全球范围内物品的跟踪与信息的共享，在物联网"识别"信息和近程通信的层面中，起着至关重要的作用。另外，产品电子代码(EPC)采用 RFID 电子标签技术作为载体，大大推动了物联网的发展和应用。

RFID 射频识别技术由下面几个方面结合而成，如图 3.2 所示。第一，是在某一个事物上有标识的对象，是 RFID 电子标签；第二，RFID 阅读器，读取或者写入附着在电子标签上的信息，既可以是静态的，也可以是动态的；第三，RFID 天线，是用在读写器和标签之间做信号的传达。在生活应用中要求相关的软硬件的匹配。

RFID 射频识别技术利用优越的条件，促使人类对事物设施等在静止或者动态等状态下的管理和自动识别。该技术发展涉及的难点问题是如何选择最佳工作频率和机密性的保护等。

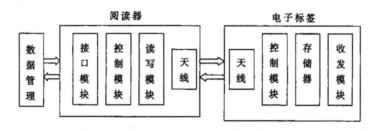

图 3.2　RFID 射频识别技术

2. 传感器技术

信息采集是物联网的基础，而目前的信息采集主要是通过传感器、传感节点和电子标签等方式完成的。通俗来说，传感器技术是一种检测装置，能感知到被测量的物理、化学、生物等信息，并能将感受到的信息，按一定规律变换成电信号或其他所需形式的信息输出，以满足信息的传输、处理、存储、显示、记录和控制等要求。传感器的存在和发展，让物体有了视觉、触觉、味觉和嗅觉等感官，让物体慢慢变得"活"起来。

随着传感器产品与技术的深入发展与不断突破，传感器应用市场持续深化，当前已被广泛运用于自动驾驶、机器人、医疗、金融等行业。不断提高的系统自动化程度和复杂性也对传感器的综合精度、稳定可靠性提出了更高的要求,传感器技术逐渐向微型化、智能化、网络化的趋势发展,微结构传感器、智能传感器、无线传感器网络等技术活跃发展。

1) 传统传感器

传统传感器通常由敏感元件、转换元件组成。敏感元件能够直接感受被测量,并输出与被测量构成有确定关系、更易于转换的某一物理量。转换元件将敏感元件感受或相应的被测量转换成适于传输或测量的电信号。转换元件输出的信号(一般为电信号)都很微弱,一般还需要配以测量电路,有时还需要增加辅助电源,将转换元件输出的电信号转化为便于处理、显示、记录、控制和传输的可用电信号。传感器的组成如图 3.3 所示。

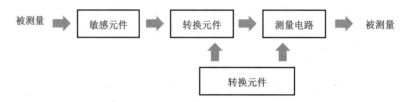

图 3.3 传感器的组成

传感器的品种丰富、原理各异,检测对象几乎涉及各种参数。例如,常见的红外传感器可以通过捕获物体发出的热量来检测周围的物体,在现实生活中被广泛用于可穿戴设备以测量脉搏和血压。触摸屏和手机上的运动传感器可以跟踪用户访问数据,金融机构再利用传感器采集的数据对用户的行为模式进行建模。

2) 智能传感器

智能传感器是具有与外部系统双向通信手段,用于发送测量、状态信息,接收和处理外部命令的传感器。其既能够完成信号探测、转化处理、逻辑判断、功能计算、与外部系统双向通信,又可实现自校准、自补偿、自诊断、自适应。相较传统传感器而言,智能传感器具有信息处理功能,可以通过软件修改各种确定性系统误差,还可以适当补偿随机误差,降低噪声,大大提高了传感器精度。同时,智能结构系统的诊断、校准和数据存储功能可以改善系统的抗干扰功能,具有良好的稳定性。

智能传感器组成如图 3.4 所示,一般包含传感单元、智能计算单元和接口单元。传感单元负责信号的采集。智能计算单元根据设定,对输入信号进行分析处理,得到特定的输出结果。智能传感器通过网络接口与物联网其他装置进行双向通信。

3) 无线网络传感器

传感器不仅可以单独使用,还可以由大量传感器、数据处理单元和通信单元的微小节点构成无线传感器网络(wireless sensor network,WSN)。无线传感器网络是由大量的、静止或移动的传感器节点,以自组织和多跳的方式构成的无线网络,目的是以协作的方式感知、采集、处理和传输在网络覆盖区域内被感知对象的信息,并把这些信息发送给用户。通俗来说,无线传感器网络是集分布式信息采集、信息传输和信息处理技术于一体的网络信息系统,以其低成本、微型化、低功耗和灵活的组网方式、铺设方式以及适合移动目标等特点受到广泛重视。

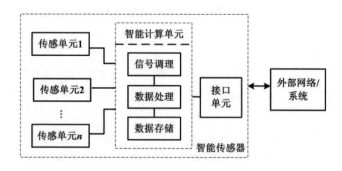

图 3.4　智能传感器的组成

无线传感器网络通常包括传感器节点、基站节点(Sink Node)、汇聚节点和管理节点,并通过互联网或卫星将汇聚节点和管理节点相连,如图 3.5 所示。传感器节点是具有感知和通信功能的节点,在传感器网络中负责监控目标区域并获取数据,以及完成与其他传感器节点的通信,能够对数据进行简单的处理。基站节点负责汇总由传感器节点发送过来的数据,并作进一步数据融合以及其他操作,最终把处理好的数据上传至互联网。汇聚节点是连接传感器网络与 Internet 等外部网络的网关,实现两种协议间的转换,同时向传感器节点发布来自管理节点的监测任务,并把 WSN 收集到的数据转发到外部网络上。管理节点用于动态地管理整个无线传感器网络,传感器网络的所有者可以通过管理节点访问无线传感器网络的资源。

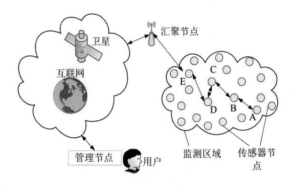

图 3.5　无线传感器网络的组成

3. 网络和通信技术

网络通信技术是物联网信息传递和服务支撑的基础设施。如何通过增强现有网络通信技术的专业性与互联功能,以适应物联网低移动性、低数据率的业务需求,实现信息安全且可靠的传送,是当前物联网研究的一个重点。

物联网的网络通信技术分为有线通信技术和无线通信技术两大类。有线通信技术有以太网、串口通信技术、M-Bus 远程抄表系统、电力线载波通信(Power Line Carrier,PLC)等,稳定性强,可靠性高,但是受限于媒介。无线通信技术有蜂窝移动通信技术、近距离无线通信和广域网络通信三种类型。不同类型的物联网通信技术在成本、功耗方面有其各自的特点,分别适用于物联网领域的不同垂直行业。例如,车联网行业中视频监控和智能机器服务要求传输速率高于 10MPS，而工业物联网行业则有压缩成本、降低功耗的要求。下面详细介绍几类主流的物联网网络通信技术。

1) 有线通信技术

以太网是一种计算机局域网技术，是现有局域网采用的最通用的通信协议标准，可细分为标准以太网、快速以太网、10G 以太网。在智慧家庭物联网中，家庭路由器宽带技术涉及以太网技术。

串口(Serial port)是一种通用的用于设备之间的通信接口，也广泛用于设备以及仪器仪表之间的通信接口。串口通信一般比无线通信更稳定，且可实现长距离通信，通信距离可达 1200 米。但是，串口的通信速度与以太网相比有很大差距，一般来说，适合低速率和小数据量的通信。

M-Bus 远程抄表系统，是一种欧洲总线标准，开发目的是用于满足消耗测量仪器和计数器传送信息的需要，例如，用于测量居民家里燃气和水的消耗量。M-Bus 具有结构简单、造价低廉、可靠性高的特点，可以在几公里的线路上连接几百个设备，可大大简化住宅小区、办公场所等能耗智能化管理系统的布线和连接。M-Bus 在家庭电子系统中的其他应用有报警系统、智能照明、热能控制。

PLC 技术是指利用电力线传输数据和媒体信号的一种通信方式，该技术是把载有信息的高频加载于电流，然后用电线传输给接收信息的适配器，再把高频从电流中分离出来并传送到计算机或电话以实现信息传递。PLC 技术的应用场景多种多样，除了抄表，还可以应用于家庭 PC 端之间的传统数据处理设备、家庭安全方面。

2) 蜂窝移动通信技术

蜂窝移动通信技术采用蜂窝无线组网方式，在终端和网络设备之间通过无线通道连接起来，进而实现用户的相互通信活动，如 2G/3G/4G/5G 移动通信技术。其中，5G 通信作为一种新型的移动通信技术，具备高速率(网络峰值速率可达 GB/s 标准)、低时延(1ms)、高带宽(允许连接设备数量是 4G 的 100 倍)、低能耗的特点，能够满足物联网应用覆盖面广、高速稳定等需求，有力推动了物联网技术的发展。

3) 近距离无线通信技术

近距离无线通信技术的通信距离通常在几厘米到几百米，如蓝牙、无线局域网 802.11(Wi-Fi)、ZigBee、Zwave 等。主要近距离通信技术的优点、缺点和应用场景如表 3.1 所示。

表 3.1　近距离通信技术的优点、缺点和应用场景

通信技术	优　点	缺　点	应用场景
蓝牙	低功率、便宜、低延时	传输距离短、传输速率一般不同设备间协议不兼容	手机、智能家居可穿戴
ZigBee	低功耗、低成本、短时延网络容量大、近距离	穿墙能力弱、成本偏高自组网能力差	工业、汽车、农业医疗、智能家居
Wi-Fi	覆盖范围广、使用方便、成本低	安全隐患大、稳定性差功耗高	智慧公交、地铁、公园、智能家居

通信技术	优 点	缺 点	应用场景
Zwave	技术稳定、功耗低抗干扰强、支持设备联动	传输距离短、成本高	智能家居、酒店、工业

4) 低功耗广域网络

面对物联网百亿级的接入需求,传统的近距离无线通信技术如 Zigbee、蓝牙等都具有明显的不适应性。相比较而言,移动蜂窝网络具备覆盖广、移动性强、终端承载量大的属性,然而过高的成本对于移动性较低、通信不频繁、数据量较小的物与物的通信来说,移动蜂窝网络技术与物联网的大连接场景不适应;另外,近距离通信技术受限于过短的通信距离,无法满足物联网远距离和广覆盖的需求。因此,一种覆盖广、成本低、部署简单、支持大连接的物联网网络接入技术——低功耗广域网络(Low-Power Wide-Area Network,LPWAN)技术应运而生。

LPWAN 最早在 2012 年于欧美开始兴起,历经 4 年的发展,目前已在全球范围内形成多个技术阵营,包括窄带物联网(Narrow Band Internet of Things,NB-IoT)、超远距离广域网(Long Range Wide-Area Network,LoRaWAN)、Sigfox、Weightless 等。

NB-IoT 是能够克服物联网主流的蜂窝标准设置中的功耗高和距离限制缺点,并且采用授权频带的技术。它基于现有的移动蜂窝网络,使用 LTE 无线技术,可减少开发全系列技术规范的时间。对于采用授权频谱的电信运营商来说,该技术可通过对现有蜂窝设备升级的方式,使运营商能够以低成本高效率地切入新兴的物联网市场。

LoRaWAN 是美国 Semtech 公司的私有物理层技术,主要采用了窄带扩频技术,抗干扰能力强,大大提升了接收灵敏度,在一定程度上奠定了 LoRa 技术的远距离和低功耗性能的基础。总的来说,LoRaWAN 的应用场景是解决物联网和智慧城市应用中M2M(Machine-to-Machine)无线通信需求、工作在 Sub-GHz ISM (433/868/915 MHZ) 非授权频段的低功耗广域接入网技术。

这些技术虽然特点各异,但都面向物联网低成本、低功耗、远距离、大量连接的需求。目前,各技术在标准化的同时,均已在全球范围内展开商业化部署。2020 年 7 月,NB-IoT 技术正式跻身 5G 国际标准。在现行 NB-IoT 标准中,华为贡献了 184 项提案,约占 447 项全部提案的 41%,几乎拿下了半壁江山,在未来的物联网领域成功占据了制高点。

4. **数据融合与管理技术**

数据融合与管理技术是物联网应用层的核心技术,也是物联网开发技术体系的重要组成部分。由于受到网络的动态特性、感知节点的能源有限性、数据的时间敏感性等诸多因素的影响,人类在物联网数据融合及管理技术方面遇到了越来越多的难题,这也成为阻碍物联网广泛应用的难题之一。因此,对物联网数据融合及管理技术的探讨一直是国际物联网机构研究的课题。

物联网的数据融合及管理技术包括两个方面,分别是数据融合技术和数据管理技术,它们的定义和原理分别如下所示。

1) 数据融合技术

数据融合技术，即利用计算机技术对时序获得的若干感知数据，在一定准则下加以分析、综合，以完成所需决策和评估任务而进行的数据处理过程。

数据融合的处理过程具有多层次、多方位的特点，在数据融合的过程中，要对具有广泛来源的数据进行检测、综合以及评估。数据融合有三个层次：数据级融合、特征级融合、决策级融合。

(1) 数据级融合。

数据级融合是最低层级的数据融合方式，利用这种方式融合的数据一般是同等量级的传感器所采集的原始数据。将这些同等量级的传感器数据融合后，就可以将多个传感器所采集的同类信息进行归类和打包处理，这样一来，多个同等量级的传感器和单个传感器的识别和处理过程就会相同。

(2) 特征级融合。

特征级融合是中间层级的数据融合方式，这一层级所处理的数据一般是提取后具有明显特征的数据。通过特征级融合，这些数据将会被大幅压缩，这样一方面可以节省存储空间，另一方面便于数据的实时利用。特征级融合处理过的数据通常可以作为决策分析的特征信息。

(3) 决策级融合。

决策级融合属于最高层级的数据融合方式，这一层级的融合要对特征信息进行进一步的融合判断，进而确定应用决策，并根据信息内容评估决策施行后的结果。

(4) 反馈控制。

反馈控制通常应用于具有反馈环节的物联网应用系统，主要作用是反馈控制或调整信息。

2) 数据管理技术

物联网的数据管理技术，又称作分布式动态实时数据管理技术。该技术就是通过代理节点收集兴趣数据，并对客观世界的数据信息进行实时、动态以及综合的管理。数据管理中心会下达感知任务，这些感知任务被下达给各个感知节点，感知节点通过采集所需数据来完成任务目标。如此一来，人们不需要了解物联网处理数据的具体方法，只需要在具体实现方法的基础上，对数据的逻辑结构进行相关查询，就能解决实际问题。

数据管理一般包括五个方面的内容，分别是数据获取、数据存储、数据查询、数据挖掘以及数据操作。具体来说，物联网数据管理技术具有以下特点。

第一，数据管理技术可以处理感知数据的误差。

第二，在传感网支撑环境内进行数据处理。

第三，物联网信息查询和管理策略既要适应网络拓扑结构的变化，又要适应最小化能量消耗。

物联网数据管理技术依赖于传感网络，目前，物联网针对传感网的数据管理结构有四种类型，分别是层次式结构、半分布式结构、分布式结构以及集中式结构。

(1) 层次式结构。

层次式结构主要应用于对数据的层次性管理。

(2) 半分布式结构。

物联网的感知节点有些具备一定的计算和存储能力，先利用感知节点对捕获的数据进行初始处理，再将处理后的数据传输到中心节点，可以提高传输效率和数据质量。

(3) 分布式结构。

分布式结构对感知节点的要求较高，需要感知节点具备较高的数据通信、数据存储以及数据计算能力，并且可以对数据查询命令进行独立的处理等。

(4) 集中式结构。

集中式结构是一种比较简单的数据处理结构，在这种结构中，感知节点会将获取的数据按照某种需要的方式发送到中心节点处，然后由中心节点进行统一处理。这种结构存在较大的弊端，因中心节点的容错性较差，所以很容易使系统性能出现"瓶颈"。

目前，物联网针对传感网的数据管理系统主要以分布式结构为研究对象。在该领域的研究中，典型的研究成果有 Cougar 系统和 Fjord 系统。在 Cougar 系统中，为了避免通信开销过大，数据的查询处理需要在传感网的内部开展，当数据与查询内容相关时才需要从传感网中提取。该系统中的感知节点一方面要对本地数据进行处理，另一方面还要与相邻感知节点进行实时通信，有时还要协助其他感知节点，共同完成查询处理的相关任务等。Fjord 系统是 Telegarph 的重要组成部分，是一种数据流系统，它最大的特点是具有自适应性。该系统主要由两部分组成，一是传感器代理，二是自适应处理引擎。Fjord 系统处理查询的基础是数据流计算模型，利用该种系统可以根据计算环境的变化，实时调整查询计划。

近年来，商业银行已开展了局部的物联网金融应用试点和探索，如利用物联网进行访客跟踪管理，应用 RFID(射频识别)电子标签进行实物资产和设备管理，依托智能穿戴设备进行支付等。物联网技术在银行业具有广阔的应用前景，主要包括三个方面：①面向企业客户的应用，例如，通过传感器采集全面客观的数据，将资金、信息、实体相结合，构建三维立体的物联网金融模式，进一步降低风险，推进业务模式变革；②面向个人客户的应用，例如，利用内置无线射频或 NFC(近场通信)模块的智能穿戴设备实现无感支付；③面向银行内部管理的应用，例如，基于二维码、RFID 和定位与蜂窝网络等智能化的实务资产管理方式、智能安防等。

@ 3.2 云计算技术

3.2.1 云计算概述

现在，无论是企业还是个人，只要有网络的地方就离不开对云计算能力的依赖。"云"是对互联网资源的一种形象说法。云计算即基于云的计算，这里互联网上的各类计算资源都可以视为云，而云计算则是通过基于网络的一系列新的计算技术为网络用户提供了一种便捷的、按需获取的、可配置的计算资源共享的网络应用模式。

"云计算"概念产生于谷歌和 IBM 等大型互联网公司处理海量数据的实践。2006 年 8 月 9 日，Google 首席执行官埃里克·施密特(Eric Schmidt)在搜索引擎大会首次提出"云计算"的概念。2007 年 10 月，Google 与 IBM 开始在美国大学校园推广云计算技术的计划，这项计划希望能降低分布式计算技术在学术研究方面的成本，并为这些大学提供相关的软/硬件设备及技术支持。

云计算是继分布式计算、网格计算、对等计算之后的一种新型计算模式。目前全世界关于"云计算"的定义有很多。比如，维基百科上给出定义是，"云计算是一种基于互联网的计算新方式，通过互联网上异构、自治的服务为个人和企业用户提供按需即取的计算"；著名咨询机构 Gartner 将云计算定义为"云计算是利用互联网技术来将庞大且可伸缩的 IT 能力集合起来作为服务提供给多个客户的技术"；而 IBM 则认为"云计算是一种新兴的 IT 服务交付方式，应用、数据和计算资源能够通过网络作为标准服务在灵活的价格下快速地提供最终用户"。我们比较赞同美国国家标准技术研究院 (NIST) 2009 年关于云计算的定义："云计算是一种按使用量付费的模式，这种模式提供可用的、便捷的、按需的网络访问，进入可配置的计算资源共享池 (资源包括网络、服务器、存储、应用软件、服务等)，这些资源能够被快速提供，只需做很少的管理工作，或与服务供应商进行很少的交互。"根据这一定义，云计算的特征主要表现有：第一，云计算是一种计算模式，具有时间和网络存储的功能。第二，云计算是一条接入路径，通过广泛接入网络以获取计算能力，通过标准机制进行访问。第三，云计算是一个资源池，云计算服务提供商的计算资源，通过多租户模式为不同用户提供服务，并根据用户的需求动态提供不同物理的或虚拟的资源。第四，云计算是一系列伸缩技术，在信息化和互联网环境下的计算规模可以快速扩大或缩小，计算能力可以快速、弹性获得。第五，云计算是一项可计量的服务，云计算资源的使用情况可以通过云计算系统检测、控制、计量，以自动控制和优化资源使用。

云计算的核心如图 3.6 所示。云计算是新一代 IT 模式，它能在后端庞大的云计算中心的支撑下为用户提供更方便的体验和更低廉的成本。

图 3.6 云计算的核心

具体而言，由于在后端有规模庞大、非常自动化和高可靠性的云计算中心的存在，人们只要接入互联网，就能非常方便地访问各种基于云的应用和信息，并免去了安装和维护等烦琐操作，同时，企业和个人也能以低廉的价格来使用这些由云计算中心提供的服务或者在云中直接搭建其所需的信息服务。在收费模式上，云计算和水电等公用事业非常类似，用户只需为其所使用的部分付费。对云计算的使用者(主要是个人用户和企业)来讲，云计算将会在用户体验和成本这两方面给他们带来很多非常实在的好处。

3.2.2 云计算系统架构

云计算架构如图 3.7 所示，大致可分为四层三横一纵，三横为显示层、中间件层和基础设施层，一纵是管理层为了更好地维护和管理其他三层而存在的。

图 3.7　云计算的架构 1

按照云计算平台提供的服务种类划分出云计算平台的三层架构，即 IaaS、PaaS 以及 SaaS，概括为基础设施层、平台层和软件服务层三个层次，如图 3.8 所示。

图 3.8　云计算的架构 2

1. 基础设施即服务

基础设施即服务(Infrastructure as a Service，IaaS)，主要包括计算机服务器、通信设备、存储设备等，能够按需向用户提供的计算能力、存储能力或网络能力等 IT 基础设施类服务，也就是能在基础设施层面提供的服务。

2. 平台即服务

平台即服务(Platform as a Service，PaaS)。如果以传统计算机架构中"硬件+操作系统/开发工具+应用软件"的观点来看，那么，云计算的平台层应该提供类似操作系统和开发工具的功能。就如同在软件开发模式下，程序员可能会在一台装有 Windows 或 Linux 操作系统的计算机上使用开发工具开发并部署应用软件一样。

3. SaaS

软件即服务(Software as a Service，SaaS)，就是一种通过互联网提供软件服务的软件应用模式。在这种模式下，用户不需要再花费大量投资用于硬件、软件和开发团队的建设，只需要支付一定的租赁费用，就可以通过互联网享受到相应的服务，而且整个系统的维护也由厂商负责。

此外，为实现计算资源本地化，目前，如 Microsoft、IBM 等公司提供的服务器集装箱租赁服务可以被认为是一种新的服务模式，并被称为硬件即服务(Hardware as a Service，HaaS)。

3.2.3　云计算的发展历程、现状与趋势

1. 云计算的发展历程

云计算经历了四个阶段才发展到现在比较成熟的水平，这四个阶段依次是电厂模式阶段、效用计算阶段、网格计算阶段和云计算阶段，如图 3.9 所示。

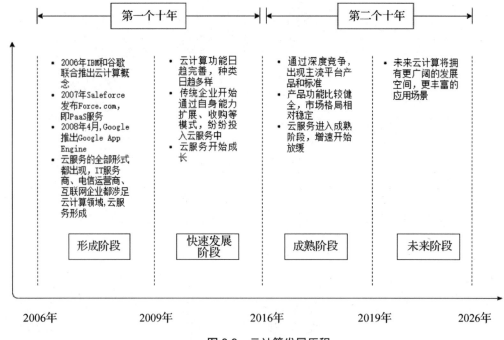

图 3.9　云计算发展历程

1)　电厂模式阶段

电厂模式就好比利用电厂的规模效应，来降低电力的价格，并让用户使用起来更方便，且无须维护和购买任何发电设备。

2)　效用计算阶段

在 1960 年前后，当时计算设备的价格是非常昂贵的，远非普通企业、学校和机构所

能承受的，所以很多人产生了共享计算资源的想法。1961 年，"人工智能之父"麦肯锡在一次会议上提出了"效用计算"这个概念，其核心借鉴了电厂模式，具体目标是整合分散在各地的服务器、存储系统以及应用程序来共享给多个用户，让用户能够像把灯泡插入灯座一样来使用计算机资源，并且根据其所使用的量来付费。但由于当时整个 IT 产业还处于发展初期，很多强大的技术还未诞生，比如互联网等，所以虽然这个想法一直为人所称道，但是总体而言"叫好不叫座"。

3) 网格计算阶段

网格计算研究如何把一个需要非常巨大的计算能力才能解决的问题分成许多小的部分，然后把这些部分分配给许多低性能的计算机来处理，最后把这些计算结果综合起来解决大问题。可惜的是，由于网格计算在商业模式、技术和安全性方面的不足，使其并没有在工程界和商业界取得预期的成功。

4) 云计算阶段

云计算的核心与效用计算和网格计算非常类似，也是希望 IT 技术能像使用电力那样方便，并且成本低廉。但与效用计算和网格计算不同的是，云计算在需求方面已有了一定的规模，同时在技术方面也已基本成熟了。

2. 云计算技术的发展现状和趋势

1) 云计算技术的发展现状

得益于低成本、按需灵活配置和高资源利用率等核心优势，我国云计算市场规模呈爆发式增长，2020 年，我国云计算整体市场规模达 2091 亿元，增速高达 56.6%。从发展模式来看，呈现以下两个特点。

(1) 公有云市场高速增长，占比超过私有云。近年来，我国互联网企业需求保持高速增长，传统企业上云进程加快，推动了公有云市场规模快速增长，2020 年中国公有云市场规模达 1277 亿元，相比 2019 年增长 85.2%，增速远超同期私有云增速(26.1%)。

(2) IaaS 占公有云主要比重，IaaS 和 PaaS 引领增长。2020 年，我国公有云 IaaS 市场规模达到 895 亿元，占公有云市场规模比重达 70.09%，受新基建等政策影响，IaaS 市场持续攀高。PaaS 市场增速高达 145.3%，主要是由于新冠肺炎疫情发生以来，各行业企业都意识到数字化建设的重要性，纷纷加快数字化转型，上云需求也越发迫切；作为向上可支撑应用开发和集成，向下可提升资源利用效率的关键服务层，PaaS 赋能企业数字化转型战略意义显著。

2) 云计算技术的发展趋势

随着云计算技术不断成熟，同时数字经济下云计算技术成为企业数字化转型的选择，云计算应用从互联网行业向政务、金融、工业、医疗等传统行业加速渗透。当前，云计算的发展趋势呈现如下特点。①公有云格局趋于稳定，混合云布局成为新趋势。利用混合云、多云部署实现数据备份和灾难恢复逐渐成为企业选择云服务的新趋势。②云厂商"多态化"及"生态化"。随着国内上云率的提升，用户需求多样化推动云厂商进一步丰富产品功能，云厂商有望"多态"和"生态"化发展。除了传统云服务商之外，有望衍生出边缘计算服务商、算力批发商、算力零售商、算力优化服务商等。③人工智能与云服务结合。将人工智能的能力加注于云上，一方面，提升了人工智能在算力方面的灵活性与弹性；另一方面，也让公有云的服务更为聚焦用户数据分析、数据价值的洞察。

3.2.4 云的服务模式

云的服务模式包括公有云、私有云和混合云。

1. 公有云

公有云是现在最主流也最受欢迎的云计算模式。它是一种对公众开放的云服务，能支持数目庞大的请求，而且因为规模的优势，其成本偏低。公有云由云供应商运行，为最终用户提供各种各样的 IT 资源。云供应商负责从应用程序、软件运行环境到物理基础设施等 IT 资源的安全、管理、部署和维护。在使用 IT 资源时，用户只需为其所使用的资源付费，不需要任何前期投入，所以非常经济，而且在公有云中，用户不清楚与其共享和使用资源的还有其他哪些用户，整个平台是如何实现的，甚至无法控制实际的物理设施，所以云服务提供商能保障其所提供的资源具有安全和可靠等非功能性需求。

应用在金融领域的公有云多体现为行业共享的行业云。所谓的行业云通过金融机构间的基础设施领域的合作，通过资源等方面的共享，在金融行业内形成公共基础设施、公共接口、公共应用等一批技术公共服务。用于对金融机构外部客户的数据处理服务，或为一定区域内金融机构及其分支机构提供资源共享服务。

经济实力较弱和技术能力偏弱的中小型银行，城商行通常采取行业云的方式进行云计算。如兴业数金是行业云，主要为中小银行和非银行金融机构、中小企业提供金融行业云的服务，率先将云计算技术用于生产系统，而且将云计算技术推向金融行业云的高度。

2. 私有云

关于云计算，虽然人们谈论最多的是以 Amazon EC2 和 Google App Engine 为代表的公有云，但是对许多大中型企业而言，因为很多限制和条款，它们在短时间内很难大规模地采用公有云技术，可是它们也期盼云计算所带来的便利，所以引出了私有云这一云计算模式。私有云主要为企业内部提供云服务，不对公众开放，在企业的防火墙内工作，并且企业 IT 人员能对其数据、安全性和服务质量进行有效的控制。与传统的企业数据中心相比，私有云可以支持动态灵活的基础设施，降低 IT 架构的复杂度，使各种 IT 资源得以整合和标准化。私有云的适应性比公有云好很多，因为 IT 部门能完全控制私有云，这样他们有能力使私有云比公有云更好地与现有流程进行整合。技术实力和经济基础比较强的大型机构偏向于私有云的部署方式，可以将一些核心业务系统、存储重要敏感数据部署到私有云上。

在私有云界，主要有两大联盟：其一，IBM 与其合作伙伴，主要推广的解决方案有 IBM Blue Cloud 和 IBM CloudBurst；其二，由 VMware、Cisco 和 EMC 组成的 VCE 联盟，它们主推的是 Cisco UCS 和 vBlock。在实际的例子方面，已建设成功的私有云有采用 IBM Blue Cloud 技术的中化云计算中心和采用 Cisco UCS 技术的 Tutor Perini 云计算中心。

3. 混合云

混合云虽然不如前面的公有云和私有云常用，但已有类似的产品和服务出现。顾名思义，混合云是把公有云和私有云结合到一起的方式，即它是让用户在私有云的私密性和公有云的低廉之间做一定权衡的模式。比如，企业可以将非关键的应用部署到公有云上来降低成本，而将安全性要求很高、非常关键的核心应用部署到完全私密的私有云上。如瑞银银行利用云计算完成数字化转型，即采取了混合云的方式，平时日常业务处理中使用的是瑞银数据，一旦峰值到来，可以将负载导入公有云平台，充分利用公有云计算资源。

云平台已成为承载各类应用的关键基础设施。随着国家"互联网+"政策的落地，金融行业"互联网+"的步伐也不断地加快。为保障银行后台信息安全，降低金融信息系统迁移成本和金融业务上云风险，各大银行主动出击，启动云平台建设。目前，我国商业银行布局金融云的模式主要有三类：一是以工行、建行、民生为代表的大型商业银行重建基于云技术的 IT 架构。2017 年，工商银行基于 SDN 云网架构的新一代全球网络 ASTRONET1.0 落地上线，目前已成功运行了七大互联网金融关键业务。二是通过成立云服务子公司攻克云计算技术，实现金融业务上云，同时向外输出相关技术和服务，如兴业银行成立兴业数金、招商银行成立招引云创。三是借助互联网科技公司提供的云服务优化银行业务，如南京银行通过与阿里云和蚂蚁金融云的合作，切入医、食、住、教、产、销等场景，扩大业务范围。在上述三种模式中，前两种模式主要以私有云开发为主，而互联网公司提供的云产品主要以公有云为主。未来，商业银行基于信息安全、成本管控及监管要求，或将采取核心系统放私有云，其他系统放公有云的混合云解决方案。

云计算技术已成为金融行业发展和变革的重大动力之一，为银行业和证券行业带来了巨大优势。①增强数据处理能力。分布在互联网云海中成千上万的计算机群提供了强大的计算能力，能在极短时间内完成大量业务数据的存储、分析、处理、挖掘工作。②增强数据存储能力和可靠性。随着金融行业体量不断扩张，信息和数据量急剧增长，使核心业务信息的管理难度越来越高。而云中的众多服务器可以提供强大的存储能力。即使某台服务器出现故障，云中的服务器也可以在极短时间内快速将其数据复制到别的服务器上，并启动新的服务器以提供服务，大大提高了数据存储的可靠性。③降低运行成本。例如，采用云计算技术可以将大部分 IT 成本转嫁给云计算供应商，且不需要花费大量的资金购买数量众多的计算机设备。

@ 3.3 人工智能技术

3.3.1 人工智能技术概述

人工智能(Artificial Intelligence，AI)，国际上尚未有一个公认的定义。计算机科学理论奠基人图灵在论文《计算机器和智能》中提出了著名的"图灵测试"。如果一台机器能够与人展开对话(通过电传设备)，并且会被人误以为它也是人，那么这台机器就具有智能。"人工智能之父"马文·明斯基将人工智能定义为："让机器做本需要人的智能才能够做到的事情的一门科学。"全球知名咨询公司麦卡锡认则将人工智能定义为："人工智能就是要让机器的行为看起来像人所表现出的智能行为一样。"我国《人工智能辞典》将人工智能定义为："使计算机系统模拟人类的智能活动，完成人用智能才能完成的任务。"

人工智能是一门什么科学？人工智能科学的主旨是研究和开发出智能实体，在这一点上，它属于工程学。然而，人工智能涉及的领域非常广泛。当前人工智能涵盖的学科可以归纳为六个：一是计算机视觉(暂且把模式识别、图像处理等问题归入其中)；二是自然语言理解与交流(暂且把语音识别、合成归入其中，包括对话)；三是认知与推理(包含各种物理和社会常识)；四是机器人学(机械、控制、设计、运动规划、任务规划等)；五是博弈与伦理(多代理人的交互、对抗与合作，机器人与社会融合等议题)；六是机器学习(各种统计的建模、分析工具和计算方法)。这些领域目前还比较散，它们正在交叉发展，走向统一的过程中。因此，人工智能是研究开发能够模拟、延伸和扩展人类智能的理论、方法、技术及应用系统的一门新的技术科学，是一门融合计算机科学、统计学、脑神经学和社会科学等的前沿综合性学科。

人工智能研究的目的是促使智能机器会听(语音识别、机器翻译等)、会看(图像识别、文字识别等)、会说(语音合成、人机对话等)、会思考(人机对弈、定理证明等)、会学习(机器学习、知识表示等)、会行动(机器人、自动驾驶汽车等)。

3.3.2　人工智能技术的层次结构

如果要结构化地表述人工智能，从下往上依次是基础设施层、算法层、技术层、应用层，如图 3.10 所示。基础设施层包括硬件/计算能力和大数据，数据越大，人工智能的能力越强。第二层算法层包括各类机器学习算法、深度学习算法等。第三层为重要的技术方向，包括赋予计算机感知/分析能力的计算机视觉技术和语音技术、提供理解/思考能力的自然语言处理技术、提供决策/交互能力的规划决策系统和大数据/统计分析技术。每个技术方向下又有多个具体的子技术。第四层为具体的技术，如图像识别、语音识别、机器翻译，等等；最顶层的是行业解决方案，目前比较成熟的包括金融、安防、交通、医疗、游戏等。

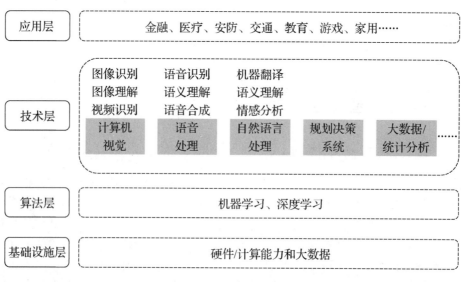

图 3.10　人工智能研究领域及分层

1．基础设施层

基础设施层为 AI 发展提供基础设施和资源支持，包括计算能力和大数据。其中计算能力主要以硬件为核心，包括 GPU／FPGA 等用于性能加速的硬件、神经网络芯片、传感器与中间件；数据是驱动 AI 取得更好的识别率和精准度的重要因素，训练数据的规模和丰富度对算法训练也尤为重要。

2．算法层

算法层是指用系统的方法描述解决问题的策略机制，人工智能算法主要指目前相对成熟的深度学习、机器学习算法，等等。优秀的算法是机器实现人工智能的最关键一环，对 AI 发展起到最主要的推动作用。

3．技术层

技术层对人工智能产品的智能化程度起到直接作用，包括自然语言处理、语音处理、计算机视觉等通用技术。技术层主要依托于基础设施层的计算平台和数据资源进行海量识别训练和机器学习建模，通过不同类型的算法建立模型，开发面向不同领域的应用技术。每个技术方向下又有多个具体的子技术。

4．应用层

应用层主要利用技术层输出的通用技术实现不同场景的落地应用，为用户提供智能化的服务和产品，使 AI 与产业深度融合，为传统行业的发展带来新的动力。按照对象的不同，AI 应用一般又可分为消费级终端应用和行业场景应用两部分。

3.3.3　人工智能技术的发展历程、现状与趋势

1．人工智能的发展历程

1956 年夏季，明斯基在美国达特茅斯大学的学术研讨会上正式提出了"人工智能"概念，第一次将人工智能作为一门独立学科的研究方向。自这次会议之后的十多年，人工智能的研究在机器学习、定理证明、模式识别、问题求解、专家系统及人工智能语言等方面都取得了许多引人注目的成就。

1977 年第五届国际人工智能联合会会议上，费根鲍姆教授系统地阐述了专家系统的思想，并提出了"知识工程"的概念，代表人工智能从获取智能的基于能力的策略，变成了基于知识的方法研究。专家系统的成功，使人们越来越清楚地认识到知识是智能的基础，对人工智能的研究必须以知识为中心。对知识的表示、利用及获取等的研究取得了较大的进展，特别是对不确定性知识的表示与推理取得了突破，建立了主观 Bayes 理论、确定性理论、证据理论等，对人工智能中模式识别、自然语理解等领域的发展提供了支持。

20 世纪 90 年代，人工智能开始由单个智能主体研究转向基于网络环境下的分布式人工智能研究。人工智能面向实际应用，深入社会生活的各个领域，出现了蓬勃发展的景象。1997 年国际商业机器公司(简称 IBM)深蓝超级计算机战胜了国际象棋世界冠军——卡斯帕罗夫，2008 年 IBM 提出"智慧地球"的概念。以上都是这一时期的标志性事件。

如今，随着大数据、云计算、互联网、物联网等信息技术的发展，泛在感知数据和图形处理器等计算平台推动以深度神经网络为代表的人工智能技术飞速发展，大幅跨越了科学与应用之间的技术鸿沟。诸如图像分类、语音识别、知识问答、人机对弈、无人驾驶等人工智能技术实现了从"不能用、不好用"到"可以用"的技术突破，迎来爆发式增长的新高潮。

2. 人工智能技术的发展现状和趋势

1) 人工智能的发展现状

从可应用性来看，人工智能大体可分为专用人工智能和通用人工智能。面向特定任务(比如下围棋)的专用人工智能系统由于任务单一、需求明确、应用边界清晰、领域知识丰富、建模相对简单，形成了人工智能领域的单点突破，在局部智能水平的单项测试中可以超越人类智能。但是，人的大脑是一个通用的智能系统，能举一反三、融会贯通，可处理视觉、听觉、判断、推理、学习、思考、规划、设计等各类问题，可谓"一脑万用"。真正意义上完备的人工智能系统应该是一个通用的智能系统。

目前，人工智能的进展主要集中在专用智能领域，通用人工智能尚处于起步阶段。例如，阿尔法狗(AlphaGo)在围棋比赛中战胜人类冠军，人工智能程序在大规模图像识别和人脸识别中超越了人类的水平。人工智能系统在信息感知、机器学习等"浅层智能"方面进步显著，但是在概念抽象和推理决策等"深层智能"方面的能力还很薄弱。总体上看，目前的人工智能系统可谓有智能没智慧，有智商没情商，会计算不会"算计"，有专才而无通才。

2) 发展趋势

未来的人工智能的发展呈现以下趋势。

(1) 从专用智能向通用智能发展。如何实现从专用人工智能向通用人工智能的跨越式发展，是研究与应用领域的重大挑战。

(2) 从人工智能向人机混合智能发展，将人的作用或认知模型引入人工智能系统中，提升人工智能系统的性能，使人工智能成为人类智能的自然延伸和拓展，通过人机协同更加高效地解决复杂问题。

(3) 从"人工+智能"向自主智能系统发展，减少人工干预，提高机器智能对环境的自主学习能力。

(4) 加速与计算机科学、数学、认知科学、神经科学和社会科学等学科领域交叉渗透。

(5) 人工智能法律法规提上议程。2017年9月，联合国犯罪和司法研究所(UNICRI)决定在海牙成立第一个联合国人工智能和机器人中心，以规范人工智能的发展。由特斯拉等产业巨头牵头成立 OpenAI 等机构，以有利于整个人类的方式促进和发展友好的人工智能。

随着人工智能技术的进一步成熟以及政府和产业界投入的日益增加，人工智能应用的云端化将不断加速，全球人工智能产业规模在未来10年将进入高速增长期。例如，2016年9月，咨询公司埃森哲发布报告指出，人工智能技术的应用将为经济发展注入新活力，可在现有基础上将劳动生产率提高40个百分点；到2035年，美、日、英、德、法等12个发达国家的年均经济增长率可以翻一番。2018 年麦肯锡公司的研究报告预测，到 2030 年，约 70%的公司将采用至少一种形式的人工智能，人工智能新增经济规模将达到 13 万亿美元。

3.3.4 人工智能中的关键技术

人工智能技术关系到人工智能产品在我们生活场景中的应用。人工智能技术包含机器学习、知识图谱、自然语言处理、人机交互、计算机视觉、生物特征识别、虚拟现实/增强现实七个关键技术，如图 3.11 所示。

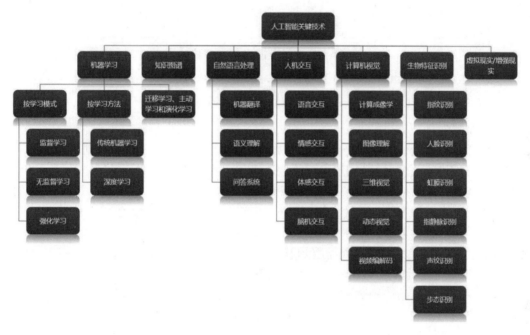

图 3.11　人工智能关键技术

1. 机器学习

机器学习(Machine Learning)是人工智能技术的核心，属于人工智能的一个分支。机器学习是一门涉及统计学、系统辨识、逼近理论、神经网络、优化理论、计算机科学、脑科学等诸多领域的交叉学科，研究计算机怎样模拟或实现人类的学习行为，以获取新的知识或技能，重新组织已有的知识结构使之不断改善自身的性能。

机器学习的核心是使用算法解析数据，从中学习规律，然后利用这些规律对未来数据或无法观测的数据进行预测。如图 3.12 所示，典型的机器学习过程需要将数据分为训练集和样本集(训练集的类别标记已知)，通过选择合适的机器学习算法，将训练数据训练成模型，再通过模型对新样本集进行类别标记。

机器学习算法按照学习模式可以分为监督学习、无监督学习和强化学习等，按照学习方法可以分为传统机器学习和深度学习，此外，还有迁移学习、主动学习和演化学习等算法。

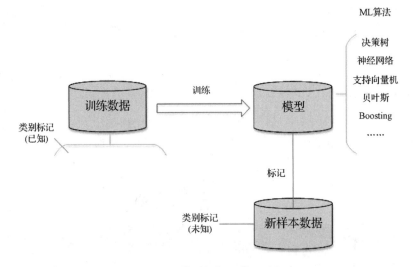

图 3.12 典型的机器学习过程

1) 监督学习

监督学习,就是使用已知道答案的数据或者已给定标签的数据给机器进行学习的一个过程。通俗地讲,监督学习就相当于我们高中做练习题的时候,我们做完一道题可以翻看已存在的答案,然后通过答案来进行学习和调整,以达到举一反三的效果。通过这样的学习,下次出现类似的题目的时候,我们就可以通过已有的经验进行解答。

监督学习过程可分解为以下步骤:①选择一个适合目标的任务的数学模型;②把一部分已知的"问题和答案"(训练集)交给机器去学习;③机器总结出自己的方法论;④人类把"新的问题"(测试集)交给机器,让机器解答。

监督学习主要应用于预测等场景。监督学习的两种主要类型是回归和分类。回归用于预测连续型数值变量,分类则用于预测离散型变量。监督学习的主要算法包括回归法、神经网络法、决策树法、支持向量机、k-近邻分类法、朴素贝叶斯等,不同的算法适应不同的场景。当然,每个算法各有其优、缺点,所以在机器学习的训练中,不同的场景会选择不同的算法。回归与分类算法在 2.4 节数据挖掘方法中已有介绍,在此不再赘述。

2) 无监督学习

无监督学习是利用无标记的有限数据描述隐藏在未标记数据中的结构、规律。无监督学习不需要训练样本和人工标注数据,便于压缩数据存储、减少计算量、提升算法速度,还可以避免正、负样本偏移引起的分类错误问题,主要用于经济预测、异常检测、数据挖掘、图像处理、模式识别等领域,如组织大型计算机集群、社交网络分析、市场分割、天文数据分析等。

无监督学习与监督学习相比,样本集中没有预先标注好的分类标签,即没有预先给定的标准答案。它没有告诉计算机要怎么做,而是让计算机自己去学习如何对数据进行分类。在实际生活中,训练模型使用监督学习比较多,而无监督学习更多是使用在对数据进行分类之上,常见的应用场景包括关联规则的学习以及聚类等。常见算法包括 Apriori 算法、K-均值聚类算法、随机森林法、主成分分析法等,具体模型参见本书 2.4 节。

3) 强化学习

强化学习也是使用未标记的数据，但是可以通过某种方法知道你是离正确答案越来越近还是越来越远(奖惩函数)，强调的是如何基于环境来行动以取得最大化的收益。传统的"冷热游戏"很生动地解释了这个概念。你的朋友会事先藏好一个东西，当你离这个东西越来越近的时候，你朋友就说热；当你离这个东西越来越远的时候，你朋友会说冷。冷或者热就是一个奖惩函数。半监督学习算法就是最大化奖惩函数。可以把奖惩函数想象成正确答案的一个延迟的、稀疏的形式。

强化学习的常见应用场景包括动态系统以及机器人控制等，在无人驾驶、下棋、工业控制等领域均获得成功应用。常见的强化学习算法包括 Q-learning 以及时间差学习。

4) 深度学习

深度学习是机器学习研究中的一个新的领域，其动机在于建立、模拟人脑进行分析学习的神经网络，它模仿人脑的机制来解释数据，如图像、声音和文本。深度学习的概念源于人工神经网络的研究。从本质上说，深度学习是受到人类大脑处理数据和创造用于制定决策的模式影响而诞生的一系列算法，用于拓展和提升一个叫作人工神经网络的单模型结构。

深度学习可以是有监督的也可以是无监督的。有监督的深度学习算法有神经网络结构算法、梯度下降算法、随机梯度下降算法、卷积神经网络算法、深度卷积神经网络算法。无监督的深度学习算法有限制玻尔兹曼算法、自动编码算法、深度信念网络。

2. 知识图谱

知识图谱本质上是结构化的语义知识库，是一种由节点和边组成的图数据结构，以符号形式描述物理世界中的概念及其相互关系，其基本组成单位是"实体—关系—实体"三元组，以及实体及其相关"属性—值"对。不同实体之间通过关系相互联结，构成网状的知识结构。在知识图谱中，每个节点表示现实世界的"实体"，每条边为实体与实体之间的关系。通俗地讲，知识图谱就是把所有不同种类的信息连接在一起而得到的一个关系网络，提供了从"关系"的角度去分析问题的能力。

知识图谱的构建流程可分为数据获取、信息抽取、知识融合、知识加工四个步骤，如图 3.13 所示。建立一个知识图谱首先要获得数据，这些数据就是知识的来源，它们可以是一些表格、文本、数据库等。拿到了不同来源的数据时，需要对数据进行知识融合，也就是把代表相同概念的实体合并，将多个来源的数据集合并成一个数据集。这样就得到了最终的数据，在此基础上就可以建立相应的知识图谱了。拿到了不同来源的数据时，需要对数据进行知识融合，也就是把代表相同概念的实体合并，将多个来源的数据集合并成一个数据集。这样就得到了最终的数据，在此基础上就可以建立相应的知识图谱了。

知识图谱可用于反欺诈、不一致性验证、组团欺诈等公共安全保障领域，需要用到异常分析、静态分析、动态分析等数据挖掘方法。特别地，知识图谱在搜索引擎、可视化展示和精准营销方面有很大的优势，已成为业界的热门工具。但是，知识图谱的发展还有很大的挑战，如数据的噪声问题，即数据本身有错误或者数据存在冗余。随着知识图谱应用的不断深入，仍有一系列关键技术需要突破。

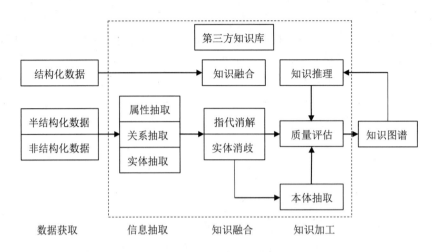

图 3.13 知识图谱的构建流程

3. 自然语言处理

在人类的日常社会活动中，语言交流是不同个体间信息交换和沟通的重要途径。对机器而言，能否自然地与人类进行交流、理解人类表达的意思并作出合适的回应，被认为是衡量其智能程度的一个重要参照。

自然语言处理是计算机科学领域与人工智能领域的一个重要方向，研究能实现人与计算机之间用自然语言进行有效通信的各种理论和方法，涉及的领域较多，主要包括机器翻译、语义理解和问答系统等。

1) 机器翻译

机器翻译技术是指利用计算机技术实现从一种自然语言到另一种自然语言的翻译过程。基于统计的机器翻译方法突破了之前基于规则和实例翻译方法的局限性，翻译性能取得巨大提升。基于深度神经网络的机器翻译在日常口语等一些场景的成功应用已显现出巨大的潜力。随着上下文的语境表征和知识逻辑推理能力的发展，自然语言知识图谱不断扩充，机器翻译将会在多轮对话翻译及篇章翻译等领域取得更大进展。

2) 语义理解

语义理解技术是指利用计算机技术实现对文本篇章的理解，并且回答与篇章相关问题的过程。语义理解更注重于对上下文的理解以及对答案精准程度的把控。随着 MCTest 数据集的发布，语义理解受到更多关注，取得了快速发展，相关数据集和对应的神经网络模型层出不穷。语义理解技术将在智能客服、产品自动问答等相关领域发挥重要作用，进一步提高问答与对话系统的精度。

3) 问答系统

问答系统分为开放领域的对话系统和特定领域的问答系统。问答系统技术是指让计算机像人类一样用自然语言与人交流的技术。人们可以向问答系统提交用自然语言表达的问题，系统会返回关联性较高的答案。尽管问答系统目前已有不少应用产品出现，但大多是在实际信息服务系统和智能手机助手等领域中的应用，在问答系统鲁棒性方面仍然存在问题和挑战。

自然语言处理面临四大挑战：一是在词法、句法、语义、语用和语音等不同层面存在不确定性；二是新的词汇、术语、语义和语法导致未知语言现象的不可预测性；三是数据资源的不充分使其难以覆盖复杂的语言现象；四是语义知识的模糊性和错综复杂的关联性难以用简单的数学模型描述，语义计算需要参数庞大的非线性计算。

4. 人机交互

人机交互主要研究人和计算机之间的信息交换，主要包括人到计算机和计算机到人的两部分信息交换，是人工智能领域重要的外围技术。人机交互是与认知心理学、人机工程学、多媒体技术、虚拟现实技术等密切相关的综合学科。传统的人与计算机之间的信息交换主要依靠交互设备进行，主要包括键盘、鼠标、操纵杆、数据服装、眼动跟踪器、位置跟踪器、数据手套、压力笔等输入设备，以及打印机、绘图仪、显示器、头盔式显示器、音箱等输出设备。人机交互技术除了传统的基本交互和图形交互外，还包括语音交互、情感交互、体感交互及脑机交互等技术。

5. 计算机视觉

计算机视觉是使用计算机模仿人类视觉系统的科学，让计算机拥有类似人类提取、处理、理解和分析图像以及图像序列的能力。自动驾驶、机器人、智能医疗等领域均需要通过计算机视觉技术从视觉信号中提取并处理信息。近来随着深度学习的发展，预处理、特征提取与算法处理渐渐融合，形成端到端的人工智能算法技术。根据解决的问题，计算机视觉可分为计算成像学、图像理解、三维视觉、动态视觉和视频编解码五大类。

目前，计算机视觉技术发展迅速，已具备初步的产业规模。未来计算机视觉技术的发展主要面临以下挑战：一是如何在不同的应用领域和其他技术更好地结合，目前计算机视觉在解决某些问题时可以广泛利用大数据，已逐渐成熟并且可以超过人类，而在某些问题上却无法达到很高的精度；二是如何降低计算机视觉算法的开发时间和人力成本，目前计算机视觉算法需要大量的数据与人工标注，需要较长的研发周期以达到应用领域所要求的精度与耗时；三是如何加快新型算法的设计开发，随着新的成像硬件与人工智能芯片的出现，针对不同芯片与数据采集设备的计算机视觉算法的设计与开发也是挑战之一。

6. 生物特征识别

生物特征识别技术是指通过个体生理特征或行为特征对个体身份进行识别认证的技术。从应用流程来看，生物特征识别通常有注册和识别两个阶段。注册阶段通过传感器对人体的生物表征信息进行采集，如利用图像传感器对指纹和人脸等光学信息、麦克风对声音等声学信息进行采集，利用数据预处理以及特征提取技术对采集的数据进行处理，得到相应的特征并进行存储。

识别过程采用与注册过程一致的信息采集方式对待识别人进行信息采集、数据预处理和特征提取，然后将提取的特征与存储的特征进行比对分析，完成识别。从应用任务来看，生物特征识别一般分为辨认与确认两种任务，辨认是指从存储库中确定待识别人身份的过程，是一对多的问题；确认是指将待识别人信息与存储库中特定的单人信息进行比对，确定身份的过程，是一对一的问题。

7. 增强现实/虚拟现实

虚拟现实(VR)/增强现实(AR)是以计算机为核心的新型视听技术。结合相关科学技术，在一定范围内生成与真实环境在视觉、听觉、触觉等方面高度近似的数字化环境。用户借助必要的装备与数字化环境中的对象进行交互，相互影响，获得近似真实环境的感受和体验，通过显示设备、跟踪定位设备、力触觉交互设备、数据获取设备、专用芯片等实现。

虚拟现实/增强现实从技术特征角度，按照不同处理阶段，可以分为获取与建模技术、分析与利用技术、交换与分发技术、展示与交互技术以及技术标准与评价体系五个方面。获取与建模技术研究如何把物理世界或者人类的创意进行数字化和模型化，难点是三维物理世界的数字化和模型化技术；分析与利用技术重点研究对数字内容进行分析、理解、搜索和知识化方法，其难点是内容的语义表示和分析；交换与分发技术主要强调各种网络环境下大规模的数字化内容流通、转换、集成和面向不同终端用户的个性化服务等，其核心是开放的内容交换和版权管理技术；展示与交互技术重点研究符合人类习惯数字内容的各种显示技术及交互方法，以期提高人对复杂信息的认知能力，其难点在于建立自然和谐的人机交互环境；标准与评价体系重点研究虚拟现实/增强现实基础资源、内容编目、信源编码等的规范标准以及相应的评估技术。

人工智能在金融领域中的应用，主要通过机器学习、语音识别、视觉识别等方式来分析、预测、辨别交易数据、价格走势等信息，从而为客户提供投资理财、股权投资等服务，通识规避风险、提高金融监管力度。人工智能在金融领域的主要应用场景包括智能投顾、智能客服、安防监控、金融监管等。

@ 3.4 大数据技术与三种技术的关系

大数据技术作为互联网时代的核心信息技术，与物联网技术、云计算技术和人工智能技术之间有非常紧密的关系。简言之，物联网传感器生成的数据是大数据系统的重要来源，大量的大数据需要借助云计算平台存储处理，最后人工智能技术为云计算平台存储的大数据提供进一步分析和挖掘的工具。

1. 大数据技术与物联网技术、云计算技术的关系

1) 大数据、物联网和云计算的联系

大数据技术与物联网技术是相辅相成的。物联网的传感器源源不断地产生大量数据，构成了大数据的重要来源。没有物联网的飞速发展，就不会带来数据产生方式的变革，即由人工产生阶段转向自动产生阶段，大数据时代也不会这么快到来。同时，物联网需要借助云计算和大数据技术，实现物联网大数据的存储、分析和处理。

大数据技术根植于云计算技术。云计算最初主要包含了两类含义：一类是以谷歌的GFS 和 MapReduce 为代表的大规模分布式并行计算技术；另一类是以亚马逊的虚拟机和对象存储为代表的"按需租用"的商业模式。但是，随着"大数据"概念的提出，云计算中的分布式计算技术开始更多地被归为大数据技术，而人们提到云计算时，更多的是指底层

基础 IT 资源的整合优化以及以服务的方式提供 IT 资源的商业模式(如 IaaS、PaaS、SaaS)。云计算的分布式数据存储和管理系统(包括分布式文件系统和分布式数据库系统)提供了海量数据的存储和管理能力，分布式并行处理框架 MapReduce 提供了海量数据分析能力。没有这些云计算技术作为支撑，大数据分析就无从谈起。反之，大数据为云计算提供了"用武之地"，没有大数据这个"练兵场"，云计算技术就是再先进，也不能发挥它的应用价值。

2) 大数据、物联网和云计算的区别

目的不同。大数据是为了发掘数据资产的价值，而云计算主要是实现了计算、网络、存储资源的弹性管理，物联网的目的则是实现信息化连接。

对象不同。大数据的对象是数据，云计算的对象是互联网资源以及应用等，物联网的对象是各类物品。

背景不同。大数据的用户和社会各行各业所产生大的数据呈几何级数的增长；云计算产生背景是用户服务需求的增长，以及企业处理业务的能力的提高；物联网的产生得益于识别与感应技术的发展以及数据资源的获取需求。

价值不同。大数据的价值在于发掘数据的有效信息，云计算则可以大量节约使用成本，物联网则使得各类信息、咨询可以更容易地被获取并产生衍生价值。

2. 大数据技术与人工智能技术的关系

大数据、人工智能脱胎于网络，但又与网络的侧重点不同。网络强调的是设备和主体之间的连接，是信息社会的基础设施。大数据是因网络的连接和对世界的数字化而形成的具有实体属性的数据资源，人工智能则是在大数据的基础上通过反复训练进化而成的处理数据的智慧体系。

大数据和人工智能虽然关注点并不相同，但是却有密切的联系，一方面，人工智能需要大量的数据作为"思考"和"决策"的基础；另一方面，大数据也需要人工智能技术进行数据价值化操作，比如机器学习就是数据分析的常用方式。在大数据价值的两个主要体现当中，数据应用的主要渠道之一就是智能体(人工智能产品)，为智能体提供的数据量越大，智能体运行的效果就会越好，因为智能体通常需要大量的数据进行"训练"和"验证"，从而保障运行的可靠性和稳定性。

大数据技术与人工智能技术的发展还需要两个重要基础，即物联网和云计算技术。物联网不仅为大数据提供了主要的数据来源渠道，也为人工智能产品的落地应用提供了场景支撑，而云计算则为大数据和人工智能提供了算力支撑。

本章总结

- 物联网技术的系统架构可以总结为：通过传感器等设备获得信息，再由短距离通信技术和协同处理子层将采集到的数据在局部范围内进行协同处理，并通过自组织能力的短距离传感网介入广域承载网络；将上一层的各类信息通过基础承载网络传输到下一层；通过云计算平台进行信息处理，主要将物联网技术与行业专业系统相结合，实现广泛的物物互联的应用解决方案。具体分为感知层、网络层、应用层三个层次。

- 物联网的关键技术主要包括：射频识别技术、传感技术、网络与通信技术和数据的融合与管理技术等。近年来，商业银行已开展了局部的物联网金融应用试点和探索，物联网技术在银行业具有广阔的应用前景。

- 云计算技术的服务模式包括：公有云、私有云、混合云。云平台已成为承载各类应用的关键基础设施，为保障银行后台信息安全，降低金融信息系统迁移成本和金融业务上的风险，各大银行主动出击，启动云平台建设。云计算技术已成为金融行业发展和变革的重大动力之一，为银行业和证券行业带来了巨大优势：①增强数据处理能力；②增强数据存储能力和可靠性；③降低运行能力。

- 人工智能的关键技术普遍包含：机器学习、知识图谱、自然语言处理、人机交互、计算机视觉、生物特征识别、AR/VR 七个关键技术。人工智能在金融领域中的应用，主要通过机器学习、语音识别、视觉识别等方式来分析、预测、辨别交易数据、价格走势等信息，从而为客户提供投资理财、股权投资等服务，通识规避风险、加大金融监管力度。人工智能在金融领域的主要应用场景包括智能投顾、智能客服、安防监控、金融监管等。

- 大数据技术与物联网技术、云计算技术、人工智能技术之间的关系：三者之间互相促进，同时也互相影响。物联网传感器生成的数据是大数据系统的重要来源，大量的大数据需要借助云计算平台存储处理，人工智能技术为云计算平台存储的大数据提供进一步分析和挖掘的支撑。

本章作业

1. 简要说明物联网技术的系统架构。
2. 简要介绍云计算技术的3种服务模式。
3. 列举说明人工智能的关键技术方法。
4. 列举机器学习中的主要方法。
5. 简要陈述大数据技术与物联网技术、云计算技术、人工智能技术之间的关系。

第 4 章

大数据在商业银行中的应用

本章目标

- 了解大数据在商业银行客户关系管理中的具体应用
- 掌握客户生命周期管理的概念，了解大数据在商业银行精准营销中的具体应用
- 了解大数据在商业银行信贷管理中的具体应用

- 了解大数据风险控制与传统风险控制的区别，以及大数据在商业银行风险管理中的具体应用
- 了解大数据是如何帮助商业银行进行运营优化的

本章简介

与其他行业相比，商业银行在大数据技术的应用中具有独特的优势。这一优势主要来源于 3 个方面：第一，商业银行的业务系统信息化程度高，数据资源充足；第二，商业银行的数据规模庞大，数据种类较为齐全；第三，由于商业银行受到严格的监管，其数据的格式较为规范，数据的准确性也相对较高。因此，大数据在商业银行的客户关系管理、精准营销、信贷管理、风险管理、运营优化等方面有着广泛的应用。

本章重点讲解大数据在商业银行客户关系管理、精准营销、信贷管理、风险管理和运营优化中的具体应用。

@ 4.1 客户关系管理

"客户关系管理"这一概念起源于 1980 年年初在美国出现的"接触管理",之后由高德纳咨询公司正式提出。高德纳咨询公司将客户关系管理定义为:"公司为了增加收入、增强盈利能力和提高客户满意度而提出的公司战略。"具体来讲,客户关系管理包括两个层面的含义:一是公司要通过一定方式了解现有客户和潜在客户的需求;二是公司通过整合各方面的信息,从而实现对客户完整、一致的了解,且该过程贯穿于公司识别、筛选、获取、发展和保持客户的全过程。

当今商业银行都以"以客户为中心"的经营理念开展业务,因而客户关系管理在银行同业竞争中扮演着重要的角色。良好的客户资源、高质量的客户群体以及出色的客户满意度和忠诚度,可以帮助银行在市场中占据有利的竞争地位。因此,客户是商业银行生存和发展的重要资源。

商业银行通过进行客户管理,可以更高效、周到、便捷地提供客户服务以提升其业务流程管理能力,从而降低银行的运营成本。此外,基于数据分析的客户管理可使银行最大限度地满足客户个性化的需求,从而提高客户对利润的贡献度,实现客户价值的最大化。

客户关系管理是基于数据分析技术所进行的客户管理活动,能够通过数据的集成、挖掘和分析技术为企业的客户服务、销售决策提供自动化的解决方案。因此,客户管理活动需要公司不断提高其经营管理水平,进而促进其管理效率的不断提升。

在大数据的应用背景下,商业银行可以利用大数据分析技术所进行的客户管理提高其负债业务水平,规避贷款业务和中间业务中的风险。此外,虽然客户管理概念早已为我国商业银行所接受,但在实际的实施过程中仍存在形式大于实际的问题。随着大数据技术在商业银行领域的应用,各个层次客户的金融需求、客户的个性化需求都将得到极大的满足。

4.1.1 客户细分

1. 利用大数据进行客户细分的优势

客户细分又称为客户分类,是指将庞大的客户群体根据各种指标划分为众多细分的客户群。同一客户群中的客户具有相同或类似的特征,不同的客户群之间存在显著的差异和不同。

商业银行作为直接向社会公众提供各种金融服务的机构,其客户群体庞大且覆盖了所有层次的人群。因此在长期的金融服务中,商业银行积累了大量的信息数据,这些数据涵盖了客户的个人基本资料、收入情况、生活方式以及过往接受金融服务的历史记录等相关资料。商业银行利用先进的数据库系统和大数据挖掘及分析技术,对其所掌握的客户信息进行充分的利用,进而实现多个维度的客户细分。

1) 有效地维护和发展客户

在利用大数据技术进行客户细分的基础上,商业银行能够及时有效地获取不同层次现有客户和潜在客户的需求、业务机会、相关成本及风险，并及时准确地制定相应的业务策略，从而向各个层次的客户提供个性化的服务和与其金融需求相匹配的业务推荐，使各客户群都能得到良好的维护和发展。

2) 运作效率的提升

在利用大数据技术进行客户细分的基础上，商业银行的运作效率也会得到提升。一方面，通过利用大数据技术进行的客户细分是更为有效的，商业银行可以在各个细分市场中发现新的业务机会，并及时采取行动把握发展时机，从而获得更多盈利。另一方面，在传统的商业银行客户关系管理中，存在着各信息系统相互独立的现象，即每个部门都有自己的客户关系管理系统，各部门的数据无法实现共享，存在资源的浪费。而应用大数据技术，可以在同一系统中整合各部门的客户信息，并向各部门提供更加充分且多元化的信息资源。

3) 提高综合服务水平

利用大数据技术，可以对客户的相关资料和信息进行聚类分析，发现各个客户群客户之间所存在的群体性行为，从而将这些具有共性特征但具有不同需求的客户组合成一个更大的新客户群。商业银行可以利用新客户群的共性特征，对他们在接受金融服务中的相似性进行把握，了解他们的投融资需求，进而提供有针对性的个性化服务，引导客户的投融资行为。在这一过程中，商业银行在降低服务成本的同时能够获取更高的收益，使其综合服务水平得以提高。

2. 细分客户的类型

1) 根据客户的风险和价值进行细分

客户的风险主要包括客户的信用风险和流失风险，而客户的价值即客户的利润贡献，可以通过利润率、营业收入等指标体现。根据客户的风险和价值进行细分，是通过对客户存款、贷款，以及其在理财产品、基金、保险等相关领域的金融活动进行辨识，分析客户为银行带来利润的主要业务以及相应的利润贡献水平。在此基础上，结合对客户潜在风险的分析和判断，将风险水平和贡献程度相当的客户划分为同一客户群。从中我们可以看出，商业银行根据客户的风险和价值进行客户细分，是基于其在客户关系管理中的投入和产出进行的，有利于提高商业银行的客户管理的有效性。

2) 根据客户交易行为特征进行细分

客户交易行为，主要是指客户在进行金融活动时的交易金额、交易频率、交易对手等交易信息。在大数据技术的应用下，客户在进行金融活动时所产生的部分文字信息也可以作为客户的行为特征用以分析。例如，根据客户行为进行客户细分后，我们可以找到一类每月均匀发生多笔汇款业务且汇出大额款项的客户群，对这一客户群有针对性地推出汇款费率优惠政策，以增强现有客户的黏性，并吸引更多的同类型客户。

3) 根据客户的人口统计属性和行为偏好进行细分

客户的人口属性包括其年龄层次、收入水平等个人基本信息；而客户的行为偏好主要是指客户在其日常生活活动中所表现出的兴趣爱好以及生活方式，这一部分的信息主要是商业银行通过分析客户使用其银行卡进行日常消费时的消费项目获取的。例如，根据客户的年龄层次，可以判断其在现阶段的金融需求：某一客户群体的年龄层次为 20~30 岁，且最近发生了一笔个人住房抵押贷款，商业银行可以及时地向该客户群体提供与其购买力相匹配的房屋装修信息，推荐住房装修分期业务，从而为客户提供恰当的个性化服务。图 4.1 列示了与客户相关的各类数据。

基本信息	存贷款信息	转账信息
·姓名、年龄、证件号码、账户日均余额、卡内余额等	·存取款月均次数、存取款月均额度、贷款余额、贷款月还款额等	·转账月均额度、月均转账次数、转账备注信息、月均代缴费金额等
交易数据	消费数据	理财方式
·月均交易金额、异地存取款次数及金额、业务类型、活动区域等	·月均消费金额、常用消费方式、购买产品范围、消费时间等	·是否有购买股票、基金、理财产品、保险、贵金属的行为及投资额度等

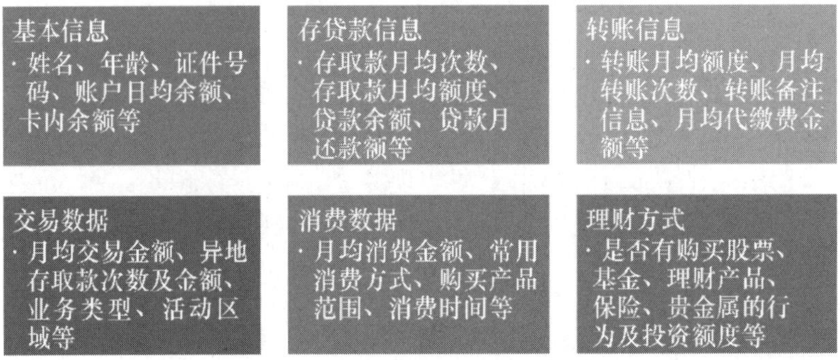

图 4.1　与客户相关的各类数据

4.1.2　预见客户流失

1. 捕捉流失客户的行为特征

随着金融市场竞争的日趋激烈，商业银行都在努力通过提供适时且多样化的金融服务来吸引更多的新客户，并与原有客户建立良好的客户关系，降低客户的流失率，从而获得长期利益。客户流失的发生具有明显的因果关系，而这些导致客户流失发生的原因通常可以在客户的账户状态、历史交易信息、服务反馈等相关数据资料中体现出来。

客户的账户状态、历史交易信息、服务反馈等数据信息通常是复杂且形式各异的，因此用传统的数据挖掘技术对这些信息进行分析是独立且效率低下的。大数据技术在很大程度上弥补了传统数据挖掘技术的这一弊端，能够以高效的处理分析能力对上述数据信息进行处理，帮助分析人员得出及时有效的分析结果。因而在大数据技术的应用下，商业银行可以及时发现客户尚未被满足的需要和对现有服务的不满，及时采取恰当的行动解决客户的诉求，从而在客户结束其与银行的业务关系之前，及时对客户进行挽留，最大限度减少客户的流失。

2. 对客户流失进行预测

商业银行应用大数据技术可以对客户流失进行预测。在客户关系维护中应用大数据技术，是从多角度对客户状态进行分析。因此，通过对客户流失的原因进行分析，构建出客户流失的预警模型，对潜在的客户的流失进行量化预测。在找出客户流失原因的基础上，根据客户相关信息与客户流失的内在联系构造出客户流失的关键性指标组合。从而使商业银行在日常运营中，利用实时监控所获得的相关指标数据预测客户的流失概率。通常采用决策树算法对流失客户的特征进行分析，从中获得流失客户和潜在流失客户的相关数据，并及时将流失概率高的客户数据反馈给客户服务部门，进而将预测结果与银行的促销手段相结合，实现客户忠诚度的有效提高。

4.1.3 高效渠道管理

1. 整合现有客户关系渠道

随着社会的飞速发展，商业银行中相互孤立的客户关系渠道已不再适应其业务拓展、客户维护的现实需要，因而商业银行需要对其各种客户关系渠道进行整合，建立起统一的客户关系管理体系。在原有的商业银行客户关系管理中，各渠道之间的信息存在严重的割裂，各渠道之间的数据缺乏有效的整合。例如，客户在柜台上办理了个人住房抵押贷款业务，而要想在微信银行上进行查询时，通常很难获得想知道的具体信息。

应用大数据技术可以通过对各渠道的客户信息进行采集，对客户的交易行为、消费偏好、潜在需求、忠诚度、社交关系等相关数据实现统一且有效的分析和整合，能够科学、高效地对这些数据进行及时的处理，在客户从任一渠道接入银行系统时，该客户的所有相关信息都能及时地反馈给相应的渠道，从而客户可以获得良好的服务体验。

2. 提高渠道管理的实时性

在当今的大数据时代，客户关系管理的渠道越来越强调及时性和敏感性。在当前客户关系渠道的多元化和社交媒介化的趋势下，商业银行通过利用大数据技术，能够实现客户信息的在线采集和交易行为数据的及时处理。借助社交网络技术，结合客户的历史交易数据，通过对相关渠道数据的整合，商业银行可以实现对客户关系实时、精准的维护。例如，根据客户在电子商务平台中的消费记录判断该客户的消费偏好，通过实时采集客户当前所在区域内的优惠信息，实时向客户提供与其需求相匹配的服务推荐。在这一过程中，客户关系管理的效率得到了提高。

4.1.4 推出增值服务，提升客户忠诚度

1. 发现客户尚未被满足的服务需求

在当前的大数据时代背景下，增强客户服务体验的方式也越来越多样化。通过应用大数据技术，能够有效地对客户的交易行为、交互行为及情绪状态进行整合并加以分析，从而帮助商业银行对客户的兴趣偏好和其对金融服务的使用轨迹进行准确的预测。商业银行根据预测的结果对产品进行更加符合客户需求的体验化设计，对服务环境和服务流程进行优化，能够使其客户忠诚度得到有效的提高。

2. 提供恰当的增值服务

在商业银行向客户提供增值服务的过程中，通过整合各个客户关系渠道中的客户意见和看法，应用大数据技术能够帮助其从基于这些客户反馈的分析中，发现客户尚未被满足的服务需求，从而有意识地完善客户在商业银行各渠道中的服务体验。根据当前O2O服务模式，商业银行需要通过产品创新和服务优化将线上服务和线下服务进行有机整合，结合客户的历史交易行为和当前密切关注的事件，提供个性化的增值服务。

例如，商业银行应用定位技术，根据客户所在位置和区域的不同及时向客户推送其附近的各类商家给予本行客户的相关优惠信息，从而在客户心中树立高效、贴心的服务形

象。有的商业银行还会通过各种客户关系渠道,向其客户定期提供理财知识讲解、新型诈骗的提示和防范、时尚潮流信息发布等各类服务信息。这些都是商业银行基于大数据技术向其客户所提供的增值服务。

4.1.5 案例——大数据帮助商业银行改善与客户的关系

1. 西太平洋银行集团

与客户共同发展成长是澳洲四大行之一——西太平洋银行集团(Westpac)一直遵循的价值观。随着数据源的增长和客户互动次数的增加,Westpac 开始了新的营销探索,他们将数据视为业务的"血液"。

在过去的两年多里,Westpac 借助 SAS 的分析工具打造了名为 KnowMe 的数据驱动营销平台,重塑与 1000 万客户的关系。2014 年,Westpac 每月会与客户进行 6000 万次来自网点、呼叫中心、ATM、移动端等渠道的互动。利用这些数据,Westpac 更加深入地理解客户需求,适时推荐客户需要的产品和服务。营销方式从"以产品为中心"向"以客户为中心"转变。这种转变也获得了市场和客户的认可,Westpac 的客户满意度高居澳大利亚银行业第一。

2. 法国兴业银行

法国兴业银行零售业务部门决策与研究经理 Joseph Emmanuel Trojman 说:"权力关系已经改变了,如今客户已经习惯于让银行之间相互竞争,而他们则等着更加个性化、更加及时的服务。"同时他还指出,最近一份 Cisco 集团的调研报告显示,近四成客户表示如果他们现在的银行不准备提供个性化建议,他们将选择更换银行。然而在法国,银行普及率已近 98%,对银行来说,找到新的客户是非常困难的,但客户更换银行却是轻而易举的。因此,法国银行界在意识到客户流失风险后,尤其是当这些客户的数据资产会给他们带来更丰厚的盈利时,对大数据则越来越关注。

在竞争异常激烈的个人储蓄市场,为了保持和增长市场份额,兴业银行分析了他们在法国 800 万个人客户的收入、储蓄等数据,并着重研究了公司分红、奖金和第 13 个月工资的发放日期。目的是为每一位客户确定推荐储蓄产品的最佳时机。Joseph Emmanuel Trojman 感叹道:"给 800 万客户做分析,工作量让人叹为观止。如果没有大数据的计算能力,电脑一定急得跳脚了。"其他的不说,只在处理时间上,大数据技术可以让之前需要三四天的数据分析缩短为三四分钟。

@ 4.2 精准营销

商业银行的精准营销是指在商业银行对其客户进行精准定位的基础上,结合不同客户的金融需求,依托信息技术手段,以向客户提供适宜的个性化服务推荐和产品营销。在精准营销的过程中,需要对客户的收入状况、业务类型、行为偏好、聚集区域、活动轨迹等信息进行处理,从而使商业银行对其客户的认知程度、消费行为和金融需求形成科学的分析和预测(见图4.2)。

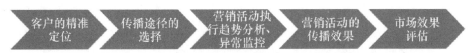

图 4.2 精准营销流程

上述通过客户行为分析并对客户需求进行预测以实现精准营销的过程离不开大数据技术的应用。例如，西班牙对外银行就推出了 ATM ABIL，它们不仅在安全性和便利性上优于传统的 ATM，而且还具备领先的记忆功能。客户在 ATM 上的历史取款金额和取款频率数据均被存储，在客户取款时 ABIL 会根据其存储的该客户账户情况给予客户取款建议。

传统的商业银行营销策略通常是基于对未来一段时间的经济环境、监管政策、自身规模、客户资源、同业竞争等方面的考虑制定出来的，强调规模优势和实体经营优势而忽视客户的个性化需求。而在大数据时代，通过对多种渠道所获得的信息进行整合、分析和应用，满足客户的个性化需求才是商业银行成功营销的关键。

4.2.1 客户生命周期管理

1. 什么是客户生命周期管理

客户生命周期是指从企业尝试接触客户或客户开始了解企业时开始，到客户终止其所接受企业提供服务时结束的这一段时间。客户生命周期是产品生命周期的演变，对客户生命周期进行管理，有助于商业银行针对不同阶段客户群的需求特征，适时地采取有针对性的营销策略，从而实现精准营销以延长客户的生命周期。

客户生命周期可以分为客户获取、客户提升、客户成熟、客户衰退、客户流失 5 个阶段。在生命周期的不同阶段所要考虑的问题不同，应当采取的应对策略也相应不同，如图 4.3 所示。

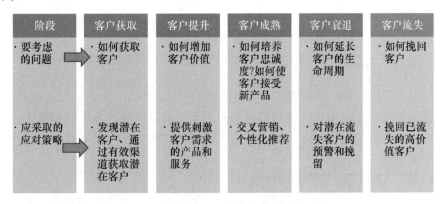

图 4.3 客户生命周期各阶段

2. 大数据技术在客户生命周期管理中的应用

商业银行应用客户生命周期管理的流程包括以下 4 个步骤。

(1) 从客户和市场的数据资料中挖掘客户尚未被满足的金融需求和市场发展趋势。

(2) 分析客户的交易行为、消费行为和兴趣偏好，以及客户为商业银行创造利润的价值驱动因素。

(3) 基于相关市场条件的假定，提出恰当的营销举措和政策，推出具有吸引力的产品和服务，以实现客户价值的最大化。

(4) 对新营销举措和政策、新产品和服务的市场反应进行追踪，及时改进相关营销策略和产品服务，在获得良性的市场反应后进一步推广。

在上述商业银行客户关系管理的流程中，大数据技术主要在步骤(1)和步骤(2)中发挥作用。①在客户获取阶段，利用大数据技术对新进客户的主要特征及关键购买因素进行分析，从而发现潜在客户群并选择有效的营销渠道来获取潜在客户。②在客户提升阶段，利用大数据技术分析现有客户的业务使用情况和主要行为特征，了解真实的客户反馈，进而发现基于客户需求的潜在市场空间以及客户价值提升的障碍，适时地推出满足客户潜在需求的新产品以及适应各类客户群的个性化服务。③在客户成熟阶段，利用大数据技术分析和跟踪成熟客户的深度需求和忠诚程度，进而对客户进行交叉营销和个性化推荐，以增强客户的黏性。④在客户衰退阶段，利用大数据技术分析和监控客户账户状态的变化，发现客户流失的主要驱动因素并对客户流失进行预测，在充分了解市场竞争态势的基础上，采取有针对性的营销举措最大限度地降低客户流失的可能性。⑤在客户流失阶段，利用大数据技术对流失客户的相关数据进行分析，找出客户流失的主要原因，进而采取有针对性的营销策略挽回已流失客户。

4.2.2　实时营销

实时营销是指根据特定客户当前的个性化需要，向其提供商品或服务，并在客户使用该商品或服务时自动收集客户的使用信息，并对这些信息进行分析以了解客户的行为偏好和具体需求，进而自动对其产品或服务进行调整，实现对客户需求适应的实时性。实时营销是在传统营销的基础上发展而来的。虽然实时营销与传统营销都是以客户需求为出发点和主要着眼点，但传统营销所强调的仅仅是客户当前的需求，而实时营销与之相比更加强调客户的动态性需求，包括客户当前的需求和未来的需求。

1. 实时营销的特征

1) 满足客户当前的个性化需求

即在营销过程中，向客户提供的产品或服务要适应客户多种多样的个性化需求。为实现这一目标，商业银行在向客户进行营销前需要利用大数据技术采集和分析客户在使用产品或服务前所存在的现有需求，从而实现有效的营销。

2) 在动态过程中满足客户未来的需求

即在客户使用产品或服务的过程中，及时地获取客户每一时点的需求，从而通过完善其向客户提供的产品或服务，实现对客户动态需求的满足。商业银行通过利用大数据技术，及时获取和分析客户在使用产品或服务中需求的变化，从而及时地对其产品或服务的性能进行完善和修补，以实现在动态过程中的有效营销。

3) "客户—产品"层的信息反馈模式

在传统营销中，客户信息的反馈处于"客户—公司"层，即客户需求的反馈信息是先传递给公司，公司基于反馈再对产品或服务进行改进和完善，从而对客户的动态需求进行满足，公司是中心组织。而在动态营销中，客户的反馈信息处于"客户—产品"层，即产品与客户形成独立的关系系统，客户的动态需求能够及时地被产品接受并加以满足。商业银行的运营效率无疑会有所提升。

4) 适应的过程在无意识的状态下完成

在实时营销的过程中，客户是无意识地做出反馈的：客户无须专门提出意见、建议或完善资料信息；公司是无意识地做出产品或服务调整的：基于大数据技术的信息捕获和分析，产品或服务能够及时地对所发现的不足和空间进行调整和满足，无须公司层做出反应。

2. 大数据技术与实时营销过程

1) 感知阶段

在实时营销过程中，商业银行利用大数据技术，能够实时地对与客户产品使用和服务体验相关的电子记录进行获取和挖掘，从中获取客户体验的实时信息，从而有效地感知客户对其所提供的产品或服务的现实需求。

2) 分析阶段

基于感知阶段所获取的信息，大数据技术能够对这些信息进行自动的分析，从而帮助商业银行了解其所提供的产品或服务中所存在的不足以及发展空间。在运用大数据技术的基础上，商业银行对客户需求的获取在提高准确性的同时，成本也会大幅降低，使商业银行对市场的把握能力得以增强。

3) 适应阶段

基于在前述两个阶段运用大数据技术，商业银行对市场的感知能力和分析能力已大幅提高，此时产品或服务的适应能力就成为实时营销的关键。因此，商业银行在对其产品或服务进行设计时，应当在其中使用一定成熟的智能技术，从而帮助其产品或服务对客户需求的动态变化做出及时有效的调整。

4.2.3 交叉营销

交叉营销就是基于所发现客户的多种需求，通过销售多种相关的产品或服务来满足客户需求的营销方式。换言之，交叉营销是一种从横向角度开发市场的营销方式，在这一过程中客户的多种需求能够同时被发现和满足。

1. 银行业中的交叉营销

交叉营销在银行业的作用尤为明显。因为客户在购买银行所提供的金融产品和服务时需要提交一定的个人资料，其购买行为也会被记录下来形成电子资料，这些数据资料可以帮助商业银行分析和了解客户需求，从而为其客户提供更多更优质的金融产品和服务。此外，这些数据还可以在保护客户隐私的基础上，与商业银行的互补金融企业之间共享，进而实现互助营销。

商业银行在当下所面临的主要挑战不再是市场份额的竞争,而是利润份额的竞争,因而商业银行的着眼点不再是一味地扩大规模,而是努力提高每个客户的贡献程度。采用交叉营销的策略,能够帮助商业银行以最低的成本使客户尽可能地同时拥有多种银行所提供的金融产品或服务,进而使银行的利润得以增加,使其客户忠诚度也有所提高。

2. 大数据技术在交叉营销中的作用

交叉营销成功的关键在于,找对人、说对话和做对事。基于现有的客户数据资料,商业银行借助大数据技术可以对其所掌握的客户资料进行整合和关联性分析,进而高效地发掘出客户潜在的多样的且相互关联的需求,以有针对性地进行交叉销售。

1) 找对人

找对人是指要找准具体的客户群体。商业银行利用大数据技术可以对客户使用金融产品和服务时的行为特征进行分析,并根据这些特征将客户分成组内特征相似、组间特征不同的群组,进而发现针对不同的客户群的市场机会。

2) 说对话

说对话是指通过对客户数据进行分析,选择有效的促销渠道。商业银行通过大数据技术还可以了解到不同客户群的心理特征和行为偏好,进而使商业银行在找对人的基础上,能够根据不同客户群的偏好对不同的目标客户进行有针对性的宣传和营销活动。

3) 做对事

做对事是指向目标客户推荐与其需求相符的产品或服务。商业银行利用大数据技术能够发现产品与产品之间、服务与服务之间、产品与服务之间的关联规则,找出最优的产品或服务组合,进而提高商业银行在找寻组合销售机会时的准确性。

4.2.4　社交化营销

社交是指人们之间传递信息、交流思想的交际往来活动。社交化营销即企业有意识地利用社交活动进行营销。随着移动互联网的不断发展,越来越多的商业银行开始重视运用网络手段创造价值,提高品牌影响力,以期在当前激烈的市场竞争中出奇制胜。

1. 商业银行进行社交化营销的动因

1) 客户消费行为的演变

移动互联网的出现和社交媒体的普及代表着人们在新时代行为方式的转化。过去人们使用电脑浏览网页、在线支付、汇款转账,但现在越来越多的资金划转和收付都是在移动终端设备上完成的。因此,为了避免出现商业银行与客户之间的隔绝,商业银行需要顺应时代潮流,采取新的营销方式迎合客户。

2) 增进与客户之间的联系与互动

现在人与人之间的联系和沟通越来越依赖社交媒体。商业银行主动与社交媒体相结合,无疑可以增进其与客户之间的联系,增强客户的服务体验。商业银行可以利用社交媒体与客户进行互动,收集客户对于其产品的问题、评价、反馈和建议,进而拉近与客户之间的关系，对其所提供的产品和服务进行完善和改进。

3) 信息传递速度快、范围广、针对性强

社交媒体作为人与人之间沟通的媒介，具有直接、快速和便捷的特点。因此，商业银行借助社交媒体进行社交化营销，可以将产品和服务信息直接传递到客户手中。由于社交媒体的用户数量庞大，通过社交媒体进行营销有着广大的受众范围。此外，借助大数据技术和定位技术，商业银行可以向客户提供与其需求特征相符的针对性营销。

4) 获取客户信息的能力增强

商业银行借助社交媒体既可以与客户进行直接的沟通，也可以通过收集客户基于社交媒体与银行所发生互动的相关数据并加以整合和分析，对客户需求、现有产品和服务的市场反应和不足有清晰的了解，从而使商业银行的营销更加高效。

2. 大数据技术在社交化营销中的运用

1) 获取信息

在社交化营销中，商业银行利用大数据技术可以使其在社交媒体的后台直接获取多种多样的数据信息，这些数据信息是后续客户需求分析、产品与市场间关系把握和具体营销策略制定的基础。

2) 分析需求

在信息获取的基础上，商业银行利用大数据技术对其从社交媒体平台上所获取的信息进行分析和挖掘，进而使其对客户的多样化需求、现有产品和服务的不足以及市场空间有清晰的认知。

3) 高效营销

在前述工作的基础上，商业银行将分析结果与市场趋势相结合，制定出与不同客户需求相适应的针对性营销策略，从而使其营销效率得到大幅提高。

4.2.5 个性化推荐

个性化推荐是指根据客户的交易特征和行为偏好，向客户推荐其可能感兴趣的产品、服务和信息，从而实现交叉销售的营销行为。个性化推荐的实现离不开大数据技术的运用。

随着社会的不断进步和发展，商业银行所提供的金融产品和服务越来越多，客户在基于自身的金融需求对其进行筛选时，难免要花费大量的时间和精力。而在这个过程中存在信息过载问题，很可能会导致客户的流失。为解决这一问题，商业银行可以运用大数据技术建立面向其客户的个性化推荐系统。

在个性化推荐系统中，大数据技术被用于对商业银行从各个渠道(如跟踪客户的浏览购买信息)所获取的海量客户数据进行充分的整合挖掘，从而帮助商业银行为其客户提供个性化的金融决策支持和信息服务。在这一过程中，商业银行不再根据客户的关注和浏览数据就进行产品或服务的推荐和营销，而是在对客户数据进行纵向分析的基础上，对客户的行为偏好进行充分的分析和挖掘，从而找出客户的共性行为并加以推荐。商业银行通过利用大数据技术分析一段时间内客户行为与产品和服务的关联性、金融产品和服务的购买频率和偏好，能够根据模型的自动学习演变功能预测客户未来的购买需求和购买时间，从而及时地向客户做出适当的推荐。

@ 4.3 信贷管理

信贷管理是指商业银行在国家现行的法律规定和相关政策的约束和规范下，根据安全性、流动性和收益性的原则对其所发放的贷款进行贷前调查、贷时审查和贷后管理的过程。商业银行信贷管理的目标是降低其信贷业务的风险，以实现信贷业务的效益最大化。

4.3.1 贷款风险评估

贷款是商业银行最为主要的资产，也是影响其经营能力的关键因素。因此，商业银行要最大限度地降低和控制贷款风险，对贷款风险进行评估。

1. 传统贷款风险评估所面临的挑战

具有快捷、简便和纯信用特点的网络小贷业务，给传统的信用风险评估带来不小的挑战。其中，快捷主要体现在贷款申请和审批的快速和便捷上，要求贷款审批过程自动化和系统化，减小人工审批所占比重。简便和纯信用上主要体现在客户申请贷款时所需提交材料数量的减少和申请过程的便利上，但简便性可能会导致更加严重的信息不对称，纯信用则对商业银行客户风险评估的准确性提出了更高的要求。

由此我们可以看出，商业银行在创新模式下进行贷款风险评估需要从多个维度获取客户信息，并利用有效的风险计量技术对其所面临的贷款风险进行合理评估。

2. 大数据应用的贷款风险评估

1) 信息输入的多样性

传统的贷款风险计量主要是利用贷款申请人的申请信息、中国人民银行的征信信息建立信用评分模型和风险规则的。利用大数据技术对风险进行计量突破了传统计量方法的限制，不再仅依靠传统数据对风险进行计量，而是将更多的非传统数据纳入风险评估系统，从而可以更全面地对贷款人的信用状况和风险程度进行评估。由此可以看出，商业银行运用大数据技术对贷款风险进行分析评估，能够帮助其在保证评估结果准确性的基础上，优化贷款审批流程，提高贷款申请和审批的速度和便利程度，进而使商业银行的经营效率和同业竞争力得以提高。

2) 评估过程的自动化

在大数据背景下的贷款风险评估过程中，实现了授信审批的流水线作业，并呈现自动化的特点。如图 4.4 所示，贷款风险评估通常包括获取申请信息、外部信息采集、决策规则校验、电话核实、评分卡运行、得出审批结果 6 个环节。这 6 个环节的先后顺序是可以根据实际情况进行有机调节的，也可以根据实际情况的需要改变其串并联方式。

例如，对于资信情况较差的客户群，由于进行外部信息查询时商业银行需要支付相应的查询成本，而该类客户的审批通过率较低，对其进行外部信息查询无疑会增加运营成本、降低资信评估系统的运行效率。因此，可以针对该类客户调整贷款风险评估过程，如图 4.5 所示。

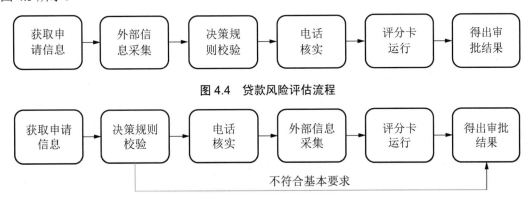

图 4.4 贷款风险评估流程

图 4.5 贷款风险评估流程——变形一

此外，为提升贷款风险评估过程的处理效率，可以将外部信息采集、决策规则校验和电话核实 3 个环节同时进行，在得到 3 个环节的结果后直接进入评分卡运行环节，如图 4.6 所示。

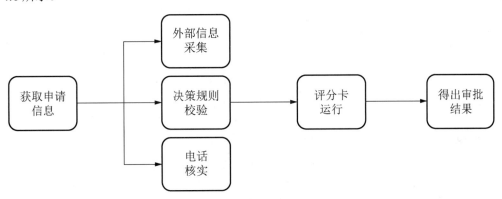

图 4.6 贷款风险评估流程——变形二

3. 客户风险评估模型

贷款申请风险模型是商业银行在信贷管理中最为常用，也是最为重要的模型。该模型是在对客户多方面的信息数据进行分析挖掘的基础上，形成对客户资信状况的综合评价，从而判断向该客户提供信贷服务的风险。该模型除可以帮助商业银行准确地识别和引入优质客户外，还能帮助商业银行制定差异化的客户管理策略。

在该模型中，客户风险是被衡量对象；目标变量由客户的逾期情况决定，在考核期内逾期天数超过给定阈值的即为劣质客户，未发生逾期或逾期天数未超过给定阈值的为优质客户。预测变量则根据客户所提交的申请信息、客户过去的历史交易信息和客户在第三方的行为信息确定，包括但不限于以下几个方面：工作单位、家庭状况、资产负债情况、学历层次、历史信贷行为、基本账户流水、公积金状况、社保状况、社交状况、网络交易行为、浏览行为等。

贷款风险评估模型主要应用于贷款申请阶段，服务于客户准入。对于经模型判定得分较低的客户，商业银行通常直接拒绝其贷款申请；对于评分在准入评分阈值附近的客户，商业银行可以通过进行二次评估来决定是否向该客户授信；而对于评分较高的客户，商业银行可以直接做出授信决策。

在该模型中，传统的信息数据多为静态信息，对客户风险评估所起到的作用十分有限。基于大数据技术所引入的多渠道行为数据多为动态信息，弥补了静态数据的不足。因而，在贷款风险评估中将大数据与传统数据相结合，能够有效地提高模型的评估能力。

4.3.2　信用卡自动授信

商业银行传统信用卡授信方式是人工审核申请资料，然后根据客户大致的风险等级发放相应的授信额度或拒绝申请。在信用卡用户使用信用卡的过程中，商业银行积累了大量的信用卡客户数据，可以把是否违约、违约概率、有效使用额度等指标作为评价对象，然后调用与此相关的各种客户信息建立评估模型，自动计算授信结果。

信用卡产品是循环授信产品。在大数据技术的应用下，商业银行可以对信用卡客户的信贷风险进行实时监控，并根据监控结果及时对客户的授信额度做出调整。具体来讲，大数据技术可以主要应用于对信用卡客户的初始额度确定、行为风险评估、业务收益评估之中。

1. 初始额度模型

初始额度模型衡量的主要是商业银行基于其信用卡客户的收益情况。由于信用卡产品是需要循环授信的，因此商业银行在进行初始额度授信时，除了要考虑客户需求和还款能力之外，还要考虑客户的收益情况，进而其信贷资源会向高收益客户倾斜。

商业银行在信用卡业务中的主要收益来源于其向客户收取的循环利息、逾期利息、手续费等利息费用。因此，初始额度模型所考虑的变量主要包括客户属性(性别、年龄、学历等)、还款行为、逾期行为、额度占用情况、透支情况以及客户在电商平台上的消费行为、分期行为、浏览行为、点击行为等与客户相关的数据信息。通常情况下，习惯分期的客户收益率较高。

大数据技术在初始额度模型中能够发挥重大作用。在客户的初始申请授信阶段，商业银行尚未与客户建立直接的业务关系，基于收入、负债等基本信息难以对客户的授信需求做出合理的评估。商业银行应用大数据技术可以通过外部客户的相关交易数据对客户的消费支出情况进行分析，从而能够较为准确地评估客户的授信额度需求。

2. 行为风险模型

行为风险模型是根据客户的历史行为预测其未来出现坏账的可能性，进而对客户风险做出全面、准确评价的模型。该模型在商业银行的信用卡额度管理中起到了重要的作用。

在信用卡客户使用信用卡的过程中，商业银行能够观测到客户更多的行为。对这些行为数据进行分析和挖掘能够为商业银行提供有效依据，以实现对客户所提供的循环授信进行更为准确、有效的动态调整。

目标变量由客户的逾期情况决定，在考核期内逾期天数超过给定阈值的即为劣质客户，未发生逾期或逾期天数未超过给定阈值的为优质客户。这里阈值的确定是由多方面因素共同决定的。例如，可以根据逾期天数和客户未来造成损失之间的相关性，对劣质客户和优质客户进行区分。或根据客户数据的累计周期分别设定阈值标准：累计周期越短，逾期天数标准就越低；累计周期越长，对劣质客户的判别就越依赖客户的行为数据分析而不再局限于逾期天数的情况。

在行为风险模型中，客户行为的预测变量通常包括但不限于以下方面：客户的还款行为、消费行为、资金使用情况、欠款情况、取现行为、银联流水数据、央行征信数据以及客户在电商平台上的消费行为、浏览行为等。

3. 业务收益模型

业务收益模型与初始额度模型类似，衡量的是客户能够为商业银行所带来的收益情况。但业务收益模型的衡量对象是商业银行的存量客户，主要用于对其存量客户的收益情况进行动态评估。商业银行的信贷资源通常会向低风险、高收益的客户倾斜，并缩减分配给高风险、低收益客户的信贷资源。从中我们可以看出，在商业银行的授信额度调整策略中，不仅会考虑客户的行为风险，还会考虑客户所能带来的收益。因此，将业务收益模型与行为风险模型相结合，有助于商业银行保持合理的资产结构。

综上所述，大数据对计量模型的影响主要表现为以下3个方面。

(1) 大数据增强了计量模型的信息完备性。

(2) 大数据增强了计量模型的精益化程度。

(3) 大数据使计量模型和业务决策的过程更加及时、结果更新更为频繁。

4.3.3 案例——大数据为商业银行信贷管理提供更多可能

1. 商业银行开始意识到大数据的重要作用

2012年中国建设银行"善融商务"率先上线，为大型商业银行涉足电商领域拉开了序幕。随后，中国交通银行的"交博汇"、中国银行的"云购物"和中国工商银行的"融e购"纷至沓来。目前，几乎所有的银行系电商都声称，免平台费、免技术维护费、免交易佣金费。而这些"免费"的背后，是银行朝思暮想的数据信息。

为获得客户的真实数据，银行往往要进行大量线下调查工作，成本巨大。与电商合作只能得到信息的分析结果，但银行更希望自己做电商以获得一手数据。电子商务平台上积累的大量数据，比如消费者的搜索、比价、商户流水等，能够转化为银行评级、授信的数据，会对银行发展潜在客户、规避信贷风险起到重要作用。

2. 商业银行纷纷推出小微企业大数据产品系列贷款

中国建设银行为资金周转困难、受限于贷款烦琐手续的小微企业推出了小微企业大数据产品系列贷款。九大系列产品包括小微快贷、税易贷、善融贷、结算透、信用贷、创业贷、POS贷、薪金贷、善融e贷。大数据信贷产品是建设银行运用大数据技术，对小微企业客户的结算、交易、存款、资产数据、信用记录等信息进行分析判断、主动挖掘和营销发放的信用贷款,具有小额化、标准化、综合化、集约化、智能化的特点。

3. 大数据时代的机遇和挑战

伴随科技的发展,移动互联的浪潮汹涌而来,大数据、云计算等科技因素不仅可以支持银行提高效率、降低成本,持续激增的数据还能迫使银行寻求新的方法来采集、整理数据,助推金融创新。各大银行对大数据的争夺愈演愈烈,然而过程中可能产生的数据造假问题也不容小觑。大数据固然能降低商业银行的交易成本,但也能降低客户的造假成本。例如,POS 贷本应基于"真实贸易交易"用户的信息,但在实际操作过程中,也可能存在个别商户为了提高贷款额度,进行"流水造假"的现象。

@ 4.4 大数据与风险管理

风险管理是指企业在其日常经营活动中努力将风险降到最低的管理。在这一管理过程中,企业需要对其所面临的风险进行认识、度量和分析,通过科学决策选择最为有效的风险管理途径和方法,力图通过具有主动性、目的性和计划性的风险防控行为,以最小的成本获取最大的安全保障。有效的风险管理活动能够帮助商业银行降低损失出现的概率、缩小损失的影响范围,进而提高其经营能力和市场价值。

近年来,互联网金融的迅猛发展给传统金融机构带来了极大的挑战。商业银行在过去主要以中国人民银行所提供的征信信息和客户所提供的基础信息为主要的风控信息来源,以专家经验为风险管理决策的评判方法,过于倚重定性分析可能会错失部分有效客户,不利于其业务的开展。随着移动互联网的普及,人们的日常活动越来越多地在网络上留下痕迹,这些痕迹可以以电子数据的形式存储下来。越来越多的商业银行开始运用大数据技术对客户行为进行获取和分析,以对其风险控制活动进行有效的补充。

商业银行所面临的风险包括信用风险、操作风险、市场风险、流动性风险、利率风险、法律风险等。其中信用风险是商业银行所面临的最主要的风险。因此,下面主要针对信用风险管理进行阐述。

4.4.1 大数据风险控制与传统风险控制的区别

随着移动互联网时代的来临,人们在网络上所留下的行为印记越来越多,这些多种多样的印记作为数据被存储下来,已成为金融机构金融风险控制的重要补充手段。运用大数据进行风险控制能够很好地弥补传统风险控制所存在的信息不对称、数据获取维度窄、人工采集成本高、效率低等缺点。

1. 大数据风险控制与传统风险控制间的差异

1) 传统风险控制

传统风险控制流程如图 4.7 所示。在用户提交申请表后,商业银行首先要查询客户的征信情况;由录单员负责,将申请表中的客户信息录入系统,并另行登记审批进度表;之后将客户申请资料随征信资料派给审核员;审核员通过阅读征信资料、查询信用网、工商信息、与第三方核实申请资料和确认申请人真实性等审核步骤后，记录存在的疑点；电话联系客户，对审核中发现的疑点进行核实；之后对申请人进行实地考察，咨询其经营模式、营业收入等问题，对其经营场所、经营状况等信息进行核实；在贷款分析环节，结合之前进行的调查情况撰写调查报告，给出审批意见；进而结合审批意见，做出信贷决策；通知审核通过的客户来行进行签约，在签约的过程中要进行复核相关资料的原件、核实客户流水情况等流程；在放款给客户后，对相关文件进行归档；在客户借款期间，要做好贷后管理，包括电话回访、通知还款、催收、续贷等业务活动。由此可以看出，传统的风险控制流程十分烦琐，复杂的流程无疑会导致业务办理的低效率。

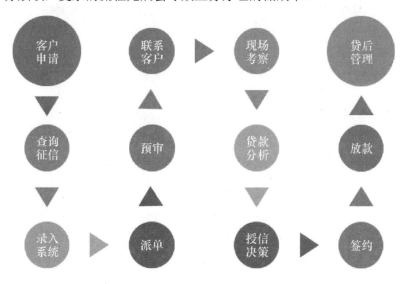

图4.7　传统风险控制流程

2)　大数据风险控制

大数据风险控制流程如图 4.8 所示。具体来说，在大数据风险控制中，客户通常从网页端口或手机客户端口(这些端口也就是数据采集的入口)进入贷款申请系统；商业银行在获得客户授权指令后，利用其系统内和第三方的相关客户信息数据对客户进行征信，首先，是对客户身份进行验证，并对其进行黑名单检查，之后利用客户的交易行为数据、社交数据、教育数据、运营商数据、电商数据、公积金数据、社保数据等相关数据对客户的信用风险进行分析和评估；其次，在评估结果的基础之上，生成该客户的资信报告；再次，基于资信报告做出授信决策，并向客户发放贷款；最后，在客户借款期间，在与客户保持联系的基础上，依据事先设定好的催收模型和催收策略对客户的信用风险进行实时监控。由此可以看出，大数据风险控制的基本流程与传统风险控制大致相同，但在接受客户申请、对客户进行资信评估、做出授信决策、进行贷后管理环节比传统风险控制更加快捷高效。

3)　二者之间的差异

大数据风险控制与传统风险控制最主要的差异体现在大数据技术在客户征信环节的运用。大数据征信与传统征信的不同主要体现在以下 6 个方面。

(1) 数据来源不同。传统征信的数据以银行信用数据为主，来源单一，采集的频率相对较低。而大数据征信的数据来源广泛，包括用户提交的数据，如其职业背景、受教育程度等；第三方数据，如理财数据、电商平台数据、社交平台数据、社保数据、公积金数据及其他相关数据。此外，大数据征信的信息采集频率高，能够实现对数据的实时采集。

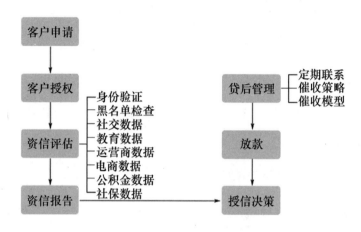

图 4.8　大数据风险控制流程

(2) 数据格式不同。传统征信所采用的数据主要是格式化数据，而大数据征信所采用的数据既包括格式化数据，也包括大量的非格式化数据。

(3) 评价思路不同。传统征信是通过客户历史信用记录来评价客户信用水平的，而大数据征信则不仅对客户的历史信用数据进行考量，还会从海量数据中推断客户的身份特质、性格偏好、经济能力等相对稳定的指标，从而对客户的信用水平做出判断。

(4) 分析方法不同。传统征信所采用的分析方法主要是线性回归、聚类分析和分类树等方法，而大数据征信所采用的是机器学习、神经网络、Page Rank 算法、RF 等大数据处理方法。

(5) 服务人群不同。传统征信的服务范围仅限于有信贷记录的客户，服务范围小，而大数据征信的服务范围不仅包括有信贷记录的人群，还包括没有信贷记录但在生活中留下足够多痕迹的客户，服务范围广。

(6) 应用场景不同。传统征信通常只能应用于金融领域，而大数据征信不仅能应用于金融领域，还能在多种生活领域发挥其使用价值。

2. 大数据风险控制的优势

大数据风险控制的优势主要体现在大数据征信的利用价值上。

(1) 使商业银行的客户信用风险评估纳入了多样化的行为数据，这些数据覆盖范围广泛且具有实时性。依托于大数据和云计算技术的优势，可以对所收集到的海量数据进行充分挖掘，从而使商业银行的客户行为风险模型不断迭代优化。

(2) 在大数据风险控制中，信用评价更加精准。由于大数据征信模型中客户数据的范围越来越大、数据维度越来越广，客户信用评估模型越来越多，因而依据大数据征信模型所做出的信用评价更加精准和高效。

(3) 大数据风险控制中对客户信用的评判更具时效性。大数据所具备的数据采集和计算能力可以帮助商业银行基于多维度、全方面的客户数据以及具备自我学习能力的风险控制模型，获取实时计算出的评估结果，进而使其风险量化能力得以大幅提高。

4.4.2 基于大数据的银行风险管理模式

1. 基于大数据的银行风险管理模式所具有的特点

1) 集约化管理

在大数据技术的应用下，商业银行触及客户的方式发生了极大的变化，其在对客户信用风险进行管理时无须以现场直接接触的方式接触、服务和管理客户，而是以电话联系、在线沟通、移动智能设备客户端等方式与客户进行互动，进而有效地降低了运营成本。此外，由于业务流程更加标准化，在保障提高业务质量的同时，商业银行的服务效率也得到了提升，从而能够更好地在控制风险的基础上向不同的客户群提供其所需的金融服务。

2) 全过程风控

商业银行基于对大数据技术的应用，能够在其风险管理系统中接入海量集中式数据，这些多维度数据的交叉验证，能够解决商业银行在客户信用风险评估中客户信息难以收集的问题，从而有效地缓解了商业银行在信贷业务中所面临的信息不对称的问题，提高了商业银行对客户信用风险的识别和预防能力。

此外，基于对大数据技术的利用，商业银行的贷后管理能力也得到了提升，尤其是非现场的贷后管理能力得到了大幅提升。在大数据技术的应用下，商业银行的风险控制以非现场的预警监测为依托，对不同客户群的风险特征和行为模式进行识别，强调对授信客户进行持续跟踪、动态监测和实时预警。

3) 标准化与差异化相结合

虽然商业银行所提供的信贷产品具有一定的标准化特征，但在其风险管理过程中也同样会考虑如何对差异进行处理。根据数据分析和市场调研的结果，商业银行可以针对不同行业、不同地区、不同特征的客户群开发不同的标准化产品，并采用不同的运作流程、审核标准、评分卡和授信策略。在集约化的风险管理下，商业银行可以在不断的学习和测试过程中，对其经营策略进行细分和调整。

4) 输入信息多样化

在大数据技术的应用下，越来越多的外部信息也被纳入商业银行的风险评估系统。在对外部信息进行标准化处理后，信息数据之间所进行的交叉验证能够在结合各个客户群特征的基础上进行优化。随着外部输入信息的范围越来越广、数据量越来越大、数据变化频率越来越快以及数据类型越来越多样化，商业银行的风险管理系统在数据处理、数据分析、模型建立、策略应用等方面的能力也在不断增强。

2. 信贷审批

信贷审批是商业银行进行风险管理的重要环节。随着社会的不断发展和商业银行同业间的竞争加剧，商业银行在进行信贷审批时越来越注重客户的体验。例如，提供更加简便的贷款申请流程、更快速的审批结果反馈、更公开透明的贷款受理过程等都是提升客户审批体验的主要表现。在保障风险控制水平和能力的基础上,提升客户的审批体验离不开大数据技术的应用。

1) 实时审批

实时审批是自动化审批的一种类型,是指从获取申请信息开始,通过接入外部数据并进行比对、规则判断、信用调查和模型评估,到最终给出授信决策,在保障决策质量的前提下整个过程是在极短的时间内完成的。

为了实现实时审批,商业银行需要对其审批流程进行优化,减少人工干预,还需要对其非人工环节的运行效率进行提高。具体来讲,就是要让数据、模型和策略更多地代替人工做出判断,并对信息技术进行革新,以智能决策模型和策略进行操作。例如,在有效信息足够完备的情况下,利用第三方的数据信息就可对客户的申请信息进行校验和补充,无须工作人员再电话联系客户核实信息的真实性和完整性。

大数据是实时审批的根本。在大数据技术的作用下,客户所提交的申请资料得以简化,使客户的审批体验得到了有效的提升。此外,商业银行基于大数据技术,也不再单纯依靠客户所提交的信息对客户的信用风险进行评估,通过分析其他渠道获取的真实数据所得出的评估结果无疑更为有效。

2) 前置审批

利用大数据技术,商业银行可以结合多个渠道的客户数据,在客户提交信贷申请前就对客户的风险水平做出评估,预先做出授信的决策,即将审批过程前置。如此一来,商业银行的工作人员根据审批合格的客户名单有针对性地接触这些优质客户,只要该客户提出授信申请便能直接与商业银行建立起信贷业务关系。由此可以看出,前置审批既是风险控制过程的一部分,也是营销环节的一部分。

大数据技术在前置审批过程中的作用有两个方面:一是能够使商业银行在对客户风险进行评估时使用到更加全面的数据,从而做出更合理的授信决策;二是能够使商业银行对客户的信贷需求做出准确的预测,从而在恰当的时机为客户提供信贷服务。

3) 隐性审批

隐性审批主要存在于消费金融领域,即在客户进行消费付款时,及时为该客户提供消费贷款,无须客户专门提交授信申请。隐性审批过程有以下3个突出特点。

(1) 隐性审批有很强的应用场景。隐性审批通常与存在客户借款需求的应用需求相联系,发生于该客户在该场景中的付款过程之中。基于该应用场景,商业银行能够获取借款客户的资金用途信息,从而保障了信贷资金使用的真实性,是对客户资信状况的有效补充。

(2) 在这一过程中,授信申请、授信审批、放款和交易紧密地衔接在一起。即客户在发生交易行为时并未感受到其授信申请行为,授信审批和款项的拨付都集成在客户的支付行为当中。

(3) 维护商圈的过程就是寻找客户的过程。在隐性审批的过程中,商业银行只需要找到客户集中的商圈便可以轻松引入优质的借款客户。

大数据技术的优势作用主要是隐性审批时,商业银行对其借款客户的风险和收益水平的实时评估。利用更能反映客户消费能力和经营状况的第三方数据对客户进行实时评估,所得出的评估结果更加贴合客户的真实情况。依托于大数据的手机和存储,营销和审批环节更为紧密地结合在一起，使商业银行在提高营销效率的同时，也提高了其风险管理水平。

4) 移动审批

随着移动互联网技术的发展，越来越多的客户选择在网页端口和移动设备客户端口提交授信申请，借助大数据技术的后端审批环节也随之发生了不小的变化。

首先，移动审批实现了客户信息的实时传递。即客户在接入端口填写申请信息时，所填写的申请信息被实时传递给后端的审批系统。其次，移动审批实现了更多的信息采集。基于对大数据技术的应用，客户在申请过程中产生的相关数据也会被系统采集，如填写时间、修改内容、修改次数、提交时间等信息数据。最后，移动审批的审批过程延伸至申请端。即客户在填写授信申请时，每填写一条信息，该信息就被实时地传递到后台进行核实，客户无须完成全部的申请过程就能得到审批的反馈。

3. 风险预警

1) 风险预警的概念

风险预警是指通过信息的收集和分析，对业务和资产的风险状况进行识别、测量和分析，并对可能发生的风险采取适当措施进行化解，以达到减少损失的目的。商业银行对风险进行预警，可以及时地采取有针对性的措施对未来将会发生的损失进行控制。大数据在风险预警方面极具优势。商业银行借助大数据技术可以从多渠道选取监控指标，对其经营过程中每一个业务的每一个环节的异动进行跟踪，从而实现对风险的有效预警。

风险预警是一个动态过程。在风险预警的动态过程中，主动监测并化解风险是其主要目的，预警是实现该目的的手段。风险预警流程如图 4.9 所示，从中可以看到，风险预警是一个闭环过程，通过发现问题和解决问题的循环往复实现对风险的动态管理。在这一过程中，监测环节是对风险进行识别的环节，有效的监测识别对风险预警的准确性和及时性有重要影响；预警是触发风险处置措施的环节，而归因分析则是采取恰当处置措施的必要前提；在对当前所发现的风险进行处置后，当即进入下一轮的风险监测环节，以发现新的或更加严重的风险问题。

图 4.9 风险预警流程

2) 风险预警体系

健全的风险预警体系是及时且全面的。风险预警体系的及时性体现在以下两个方面。

(1) 风险预警信号具有前瞻性和预见性。即风险预警信号能够帮助商业银行及时识别早期的风险迹象，避免因预警信号的滞后性而导致其承担较大的损失。

(2) 及时对风险预警信号做出反应。即商业银行在收到风险预警信号后，必须有能力对所发现的风险迹象以化解风险、减少损失为目的采取快速的应对行动。

风险预警体系的全面性体现在以下两个方面。

(1) 既要关注单一客户，也要关注客户整体。即商业银行对风险预警信号的识别既要覆盖到每一个客户个体，也要对整体的客户结构和资产质量给予充分的关注。

(2) 既要细化到单一业务，也要覆盖全部的业务范畴。即商业银行不仅要对微观层面的单一业务进行预警，也要在宏观层面对全部业务的各种风险进行有效的预警和防范。

根据预警类型的不同，可以将风险预警分为个案预警和资产组合预警。个案预警是指对某一客户个体的信用状况的监测和预警；而资产组合预警既可以是对某一业务的资产质量的评估和预警，也可以是对由多种业务所组成的整体资产状况的评估和预警。通常情况下，个案预警是资产组合预警的前兆，因此可以在二者之间建立恰当的预警联动机制。

3) 分级预警机制

分级预警机制是指根据预警信号的严重程度和所需响应速度的不同，在预警体系内设置不同的预警级别，以对每个预警信号做出恰当的反应。风险预警信号的分级如图 4.10 所示。不论是哪一级别的预警信号，都需要进行相应的归因分析，在找到预警原因的基础上采取适当的措施对风险进行必要的控制。而分级的意义在于，商业银行可以根据预警信号的级别来决定处置措施的实施范围和实施进度。

图 4.10　风险预警信号的分级

4) 大数据在风险预警中的作用

为提高预警信息的及时性和全面性，商业银行的预警信号获取范围已经扩展到了外部，而且从传统的公共记录扩展到了无限的网络世界当中。互联网大数据具有非常广的数据范围和非常高的数据更新频率，因而基于互联网中快速更新的海量信息的输入，商业银行的预警能力得到了极大的提高。在这一高效运行的风险预警体系下，客户任一异常的行为都会被及时地识别出来，并作为风险预警信号实时传递给客户经理，客户经理根据该预警信号的严重程度采取相应的处置措施，及时对客户的异常情况进行排查。

4. 逾期管理

商业银行是经营风险的企业，因而客户逾期的发生难以避免。因客户逾期所造成的坏账损失是商业银行主要运营成本的一部分；而因客户逾期所收取的逾期利息和相关费用又形成了商业银行的收入。正因如此，对逾期客户进行管理是商业银行风险管理的重要工作内容。

1) 客户逾期的发生

客户发生逾期的主要原因有还款意愿差和还款能力不足两个方面。其中还款能力不足是客户发生逾期最为主要的原因，通常有以下 3 种情况。

(1) 客户出现临时性的资金周转困难。若该类客户的还款意愿良好，则其逾期的时间不会太长，银行所面临的坏账风险相对较小。

(2) 经济状况恶化导致的还款能力不足。该类客户的坏账风险相对较高。

(3) 贷款金额超过其自身的承受能力。该类客户同样具有较高的坏账风险。

商业银行利用大数据技术能从多种渠道获取客户的相关信息，从而能在事前对存在逾期风险的客户进行有效识别。

2) 客户逾期的处置

对逾期客户的管理主要包括不良资产处置、逾期催收管理、失联客户管理和逾期信息管理。其中不良资产处置和逾期催收管理是最主要的管理措施。

(1) 不良资产处置。不良资产处置是指通过不良资产核销、不良资产打包出售等方式，对逾期客户所形成的呆账、坏账进行处理，以优化银行资产结构的过程。其中不良资产核销是商业银行处置其不良资产最常见的方式。

(2) 逾期催收管理。逾期催收管理是指商业银行通过采取不同的方式触及客户并实现欠款催回，同时对风险状况不断恶化的客户采取相应的措施，以防范风险敞口的进一步扩大，降低商业银行可能损失的过程。常见的催收方式包括短信催收、电话催收、实地催收、司法催收等。其中，司法催收的强度最高，所需运营成本也最高；短信催收的强度最弱，所需运营成本也最低。

(3) 失联客户管理。客户失联是逾期客户管理中最常见的问题。在当前的新兴金融模式下，商业银行利用大数据技术，可以对客户的海量数据进行搜集和传递，精准地刻画出客户的个人特征、行为方式和社交网络，进而使其核查和风险评估的能力得到大幅提高。在逾期失联客户的管理方面，大数据的作用主要体现为以下两点：一是可以帮助商业银行提前对失联客户进行识别，并在客户失联之前对客户的联系信息进行及时更新；二是可以帮助商业银行利用互联网中所积累的大量关联信息对失联客户的信息进行有效修复。

(4) 逾期信息管理。逾期信息是客户风险预测的数据来源，对逾期数据进行管理有助于商业银行对客户的风险和收益情况做出准确的评价，确定其在客户引入和客户管理方面的具体方向。在逾期管理阶段通过跟踪监测，可以及时地发现客户、流程、授信决策等方面的问题。通过对逾期客户管理过程进行检测，可以提高商业银行的运营效率。

3) 逾期催收的计量模型

逾期催收的计量模型是对逾期客户进行分类的重要依据，商业银行可以利用计量模型对客户的风险情况进行识别，进而对不同风险程度的客户采取不同的催收策略和手段。有效的催收策略能够在提高欠款回收率的基础上，降低商业银行的催收成本。常见逾期催收计量模型包括客户逾期行为模型、账龄滚动率模型和失联模型。

(1) 客户逾期行为模型。

逾期行为模型主要用来对客户未来发生逾期行为的可能性进行预测。由于客户发生逾期行为通常都有一定的表现期，因而客户逾期行为模型通过对客户的交易行为特征和还款行为特征进行分析，考察客户在长期内发生逾期行为的可能性，但对短期(如 1 个月)内的逾期行为预测能力很弱。换句话说，逾期行为模型是对客户资质进行认定的模型，资质较差的客户是逾期客户管理的工作重点。该模型的预测变量主要包括客户的还款行为、消费行为、信用卡取现行为、资金使用情况、欠款情况等。

(2) 账龄滚动率模型。

账龄滚动率模型是逾期催收中最常用的计量模型，是在对客户逾期账龄进行确定的基础上，对每一账龄的客户演变到下一账龄的概率进行预测的模型。其中，逾期账龄是指客户未按约定时间还款的违约时间长度，通常以天数来界定，如图 4.11 所示。客户的逾期账龄越高,其违约风险就越大。

图 4.11　逾期账龄划分

该模型体系中通常包含 M0—M1(代表客户从正常客户变为 M1 客户)、M1—M2(代表客户从 M1 客户变为 M2 客户)、M2—M3(代表客户从 M2 客户变为 M3 客户)、M3—M4(代表客户从 M3 客户变为 M4 客户)账龄滚动率模型;通常以逻辑回归模型和决策树等开发方法建立。在该模型中对客户账龄的划分一般都在 90 天以下,因为一旦客户逾期天数在 90 天以上,客户归还欠款的可能性急剧减小,此时商业银行的主要目的是采用严厉的催收方式以尽最大努力挽回损失,无须再考虑制定催收策略。此外,在使用上述模型对客户进行评分时,M0—M1 账龄滚动率模型主要用于对客户风险进行预警和监控;而 M1—M2、M2—M3、M3—M4 账龄滚动率模型则是通过客户评分来区分不同客户所具有的风险,进而对具有不同逾期风险的客户采用不同的催收策略,以最有效的催收方式实现欠款的回收。

在账龄滚动率模型中,预测变量包括行为信息和催收信息两种类型。其中,行为信息包括还款行为、消费行为、信用卡取现行为、额度使用情况等方面;催收信息则包括催收结果、逾期次数、催收后还款行为等方面。在低账龄的客户模型中,行为信息比重较大;而在中高账龄的客户模型中,则为催收信息比重较大。

账龄滚动率模型通常与逾期行为模型结合使用。二者的结合能够帮助商业银行从短期和长期两个方面来识别客户风险,并准确地对客户做出评价,从而做出更具针对性和更有效率的催收决策。

(3) 失联模型。

失联模型是基于对历史数据的处理和分析,提前预知客户未来发生失联可能性的模型。客户失联的原因通常很多,如客户提交虚假材料、恶意贷款、故意断绝与银行的联系、客户信息未及时更新等都有可能造成客户失联。因此,商业银行单纯依靠其所掌握的内部信息数据使模型很难做出正确的决策,需要引入更多、更全面的外部数据来提高模型的预测能力。失联模型中的预测变量既包括客户还款行为、消费行为、贷款余额情况、额度占用情况、联系方式变更情况、历史催收结果、与该客户的联系频率和时间等商业银行的内部信息,也包括客户户籍信息、教育经历、工作单位情况、家庭情况等第三方信息。

失联模型通常与逾期行为模型结合使用。对于失联概率较高且逾期风险较高的客户,商业银行应当给予重视,及时了解客户的实际情况;一旦发现客户失联,及时采取相应措施对客户信息进行修复,将可能遭受的损失降到最低。

4) 催收策略的制定

在大数据背景下，商业银行催收策略的客户细分是基于客户特征的不同而进行的。商业银行通过对大量数据进行分析和挖掘，找出不同类型逾期客户的特征，进而有针对性地制定出与客户风险状况相符的催收策略，如图 4.12 所示。

M1客户群	M2客户群	M3客户群	M4~M6客户群	M6+客户群
·失联：实地催收 ·他行逾期：电话催收风险较高的 ·有意愿无能力：提供展期 ·其他：电话催收、信函催收、短信催收	·失联：实地催收 ·大额逾期：实地催收 ·有能力无意愿：电话催收风险较高的 ·其他：电话催收	·失联：实地催收 ·大额逾期：落地催收 ·有能力无意愿：实地催收 ·其他：电话催收风险较高的	·全部：全面实地催收、司法催收	·全部：全面实地催收、司法催收、核销

图 4.12　基于客户特征细分的催收策略

在对客户的风险等级进行划分时，通常有以下两种方法：一是根据客户的违约概率对其进行风险评级，即客户无法还款的可能性越高，其风险程度就越高；二是根据客户的风险余额对客户进行风险评级，风险余额是客户无法还款的可能性与客户尚未偿付金额的乘积，即客户的风险余额越大，其风险等级就越高。

在催收策略的制定过程中，需要数据挖掘技术和催收系统的支持。大数据的应用不仅使商业银行对其客户特征的刻画更为精准，而且能够帮助商业银行有效把握不同客户对不同催收手段的反应，从而制定最优的催收策略，提升催收工作的效果。例如，商业银行通过电信运营商的数据发现某逾期客户的电信账户只有在工作日的晚间和周末才有通话或上网记录，那么，商业银行在对其进行电话催收时就也要选在上述时间段内进行。

4.4.3　反欺诈

1. 商业银行所面临的欺诈行为

商业银行面临的欺诈行为通常是本身带有恶意的目的、到期无还款意愿或虚构偿还能力的借款行为。由信息的不对称所造成的欺诈行为的存在无疑会给商业银行的经营造成损失。

随着信息技术的不断发展，商业银行贷款业务中所面临的欺诈风险越来越高，主要有以下两个方面的原因：一是在当前普遍采用非现场远程授信的模式下，制造虚假申请进而骗取贷款的成本极低；二是我国的信用体系目前还不够完善，客户的违约行为并不会对其日后生活造成重大影响，而以法律手段惩治违约行为的成本又过高，从而导致客户违约的低成本。

根据欺诈行为发生阶段的不同，可以将欺诈行为分为申请欺诈和交易欺诈两种类型。其中申请欺诈是发生在贷前申请环节的欺诈行为，包括客户提交虚假的资质证明材料、提交虚假的申请信息和冒充他人身份申请贷款 3 种类型。交易欺诈是发生在贷后阶段的欺诈行为，包括虚假交易、账户接管和挪用资金 3 种类型。

2. 申请欺诈的防范

1) 营销环节

在有营销人员参与的贷款业务申请中，为了防范欺诈行为发生，营销人员应当在与客户的直接接触中通过与客户进行交流和沟通以及实地走访，对客户的贷款意愿和申请资料的真实性进行核实。对于没有营销人员参与的营销模式下所发生的贷款业务申请(如通过网页或移动手机客户端所发起的贷款申请)，对其进行申请欺诈行为的防范主要体现在审批环节。

2) 审批环节

审批环节中的申请欺诈防范主要体现在以下 3 个方面。

(1) 对客户提交的资质证明资料的真实性进行核实，以确保客户符合商业银行所要求的授信标准，确保相关信息的真实、完整，方便在贷后环节与客户联系和互动。

(2) 对客户提交的申请信息的真实性进行核实，以保证客户的基本申请信息和附属申请信息的真实、可靠。

(3) 对客户借款人身份的真实性进行核实，以防范申请人冒用他人身份骗取贷款的风险。

商业银行的上述核实过程均属于信息校验，通常包括 3 个层次：一是客户申请信息的逻辑校验；二是客户申请信息与商业银行内部信息间的逻辑校验；三是客户申请信息与外部信息的对比校验。其中利用外部信息进行对比校验离不开大数据的支持，在大数据技术的帮助下，商业银行所获得的外部信息不仅可以用以与客户的申请信息进行交叉比对核实申请信息的真实性，而且还为客户的信息资料提供了有效的补充，并为商业银行提供了更多接触客户的方式。

3) 贷后管理环节

虽然申请欺诈发生于贷款申请环节，但对申请欺诈的防控管理在贷后仍需要进行。这是因为依靠贷前的申请和审批环节的审查并不能完全排除欺诈行为。贷后管理环节对申请欺诈的防控主要有以下两种方式。

(1) 观察客户的违约情况。一些客户的违约行为通常可以反映其属于申请欺诈，这些行为特征包括但不限于早期违约、连续多期未偿还欠款、联系方式在获得贷款后的短时间内即失效等。

(2) 信息的关联排查。通过对客户数据进行关联排查，找出相关数据特征与已发现的申请欺诈数据特征相匹配的客户，对这些客户进行补充调查以核实其申请资料和身份的真实性。

3. 交易欺诈的防范

1) 放款环节

放款环节是防范交易欺诈行为中的账户接管和资金挪用的重要环节。在向客户进行放款时，商业银行通常会对收款账户的户主与该客户的身份进行比对核查，以防止资金被他人使用。此外，商业银行通常还会对客户的贷款账户采取定向支付的资金划转方式，以防范其所贷出的资金被挪为他用。

2) 交易环节

交易环节防范交易欺诈通常仅存在于商业银行向个人客户所提供的循环授信业务之中,以信用卡产品最为典型。在商业银行所提供的上述个人信贷产品中,客户随时使用额度的过程就是交易的过程。通过对客户的交易过程进行实时或准实时的监控管理,商业银行能够对客户的行为进行及时的观察和有效识别,进而对疑似交易欺诈的行为进行预警。

3) 还款环节

即便客户在当前正常还款,也不能排除其存在交易欺诈的可能。有的借款人为躲避商业银行对其贷款行为的关注和怀疑,会故意正常还款,使商业银行无法对该借款人的真实贷款用途和资质水平做出正确的判断。因此,在贷后还款环节,商业银行仍要对客户账户内的资金流向进行监控,进而对交易欺诈行为进行有效防范。

4. 欺诈行为识别模型

1) 申请欺诈模型

申请欺诈模型是通过对客户的相关资料信息进行评分,从而对客户发生欺诈行为的可能性进行判断。商业银行能够利用其获取的客户申请信息、中国人民银行征信信息以及第三方所提供的相关客户信息,对客户的欺诈风险进行评估。

具体来讲,该模型中的预测变量通常包括以下内容:客户的工作单位是否在征信单位列表中、客户的家庭住址和工作地址是否在征信的列表中、申请人是否发生过欺诈行为、同一 Cookie 或相近的 IP 地址是否在短时间内多次发出申请请求、发出申请的 Cookie 和 IP 地址是否是该客户经常使用的、客户是否有活跃的互联网行为、客户在电商平台和电信运营商等第三方处所留下的相关有用信息等。

基于大数据的运用,商业银行可以在客户进行线上贷款申请时,就对客户的相关信息进行采集,进而提高模型的准确性。例如,收集客户申请贷款时所处的地理位置,将之与其家庭地址、工作地址进行对比;收集客户在填写申请时的修改内容、修改次数、提交次数等行为信息,将之作为申请欺诈模型的预测变量。此外,大数据还使商业银行的申请欺诈模型和应对策略的信息考察范围得到了扩大,同样有助于提高模型预测和策略制定的准确性。

对于得分低的客户,因其存在很大的欺诈风险,商业银行会直接拒绝该客户的贷款申请;对于得分较低的客户,商业银行则会安排专业审批人员对客户进行二次审查;而对于得分较高的客户,因其欺诈风险水平较低,商业银行可以通过随机抽样的方法抽取其中部分客户进行风险排查。

2) 交易欺诈模型

交易欺诈模型所衡量的是客户在交易环节发生欺诈行为的可能性。鉴于只有循环授信产品存在交易环节,且信用卡是循环授信产品中最为主要的类型,因而这里的交易欺诈行为,是指不法分子通过盗卡、伪卡等方式盗取客户账户资金的行为(非法账户接管)以及虚假交易行为。

因为交易欺诈行为具有多样性和隐蔽性的特点,所以交易欺诈模型需要有非常高的精准性。由于神经网络具有很强的自学习能力,能够适应欺诈行为多样且复杂的特点,因而通常商业银行会利用神经网络来开发交易欺诈模型。基于交易欺诈模型的利用，商业银行可以通过客户的历史交易行为刻画客户的行为特征，进而将该客户本次被标识的异常交易与其历史交易进行对比，若前后存在较大的差异，则说明发生交易欺诈行为的可能性较大。

该模型的预测变量包括但不限于以下内容：本次交易金额、本次交易时间、本次交易商户、本次交易地点、本次交易币种、过去一定时间内的交易次数、过去一定交易次数内输错密码的次数、过去一定交易次数内交易失败的次数、本次交易 IP 地址、浏览和交易的网站信息等。

由于交易欺诈模型通常要涉及大量的历史交易数据和相关信息并对时效性有较高的要求，因此，商业银行利用大数据技术能够很好地对系统的大量运算给予支持。此外，基于对大数据的运用，商业银行能够实现交易欺诈模型中预测变量的及时获取和调整补充，进而使模型的时效性得到有效保障。

5. 大数据下的反欺诈

1) 用互联网信息描述客户特征

伴随着移动互联网的普及和发展，个人的行为信息越来越多地被记录于互联网之中。商业银行通过从多种合法渠道获取的客户在互联网中的相关数据信息(如浏览行为、交易行为、购买记录、搜索记录、社交活动等)，可以对该客户的行为偏好、社交范围、工作状况、文化程度、偿付能力形成一定准确的认知，不再完全依赖于该客户的历史信贷记录和有限的传统审批资料。

2) 线上信息与线下信息相结合

虽然互联网信息可以对客户特征进行描述，但单纯依赖客户的线上信息并不能对该客户形成全面的认知。因此，商业银行只有将内部与外部、线上与线下的多维度信息进行综合使用才能对欺诈行为进行有效的管控。

3) 基于网络技术的非现场审查

贷款申请方式的创新使商业银行的贷款业务越来越多地以非现场的方式开展，但移动互联网技术的发展为商业银行进行远程审查提供了更多的手段。在非现场的贷款业务申请过程中，商业银行通常会要求申请人通过手机等移动智能设备拍摄包含指定动作的视频或照片，用来对该申请人的身份、工作地点等相关信息进行真实性审查。

4.4.4 反洗钱

反洗钱是政府动用立法、司法力量，调动有关组织和商业机构对可能的洗钱活动予以识别，对有关款项予以处置，对相关机构和人士予以惩罚，从而阻止犯罪活动的一项系统工程。洗钱行为会给社会造成诸多不良影响和危害。①洗钱行为会掩盖非法所得、促成资本外逃，进而使贪腐资金转移境外，导致社会财富外流；②不法分子会利用洗钱行为为违法犯罪集团提供资金，因而洗钱行为会助长违法犯罪行为，进而破坏社会的和谐稳定；③洗钱行为会动摇社会信用，危害国家金融安全。因此，反洗钱工作在稳定市场经济秩序，阻止非法资金外流，维护社会稳定中发挥着重要作用。

商业银行是反洗钱职责的主要承担者。在全球经济一体化和信息化不断加快的背景下，洗钱犯罪的特征也呈现隐蔽、快速的新特点。在大数据时代，随着大数据技术的日趋成熟和完善，商业银行也开始将大数据技术应用到防范和控制洗钱活动，提升反洗钱工作的效率中来，通过构建统一的反洗钱工作系统，对商业银行所拥有的内部海量数据进行充分整合和深入挖掘，进而使反洗钱工作的时效性和准确性得到提高。

1. 大数据在反洗钱工作中的优势

1) 发挥商业银行的数据优势

在商业银行开展业务的过程中，每天都会产生海量数据。这些数据包括商业银行交易系统中所产生的海量交易信息、商业银行业务处理流程中用于作业和授权的影像资料等半结构化数据以及客户的投诉和评价等交互信息。因此，商业银行在对大数据进行应用方面具备天然的优势。利用大数据技术，商业银行可以充分整合银行内部甚至相关三方数据资源，构建反洗钱数据资源池并对其进行分析和挖掘，切实提升对可疑交易和客户身份的识别准确度。

2) 提高反洗钱调查的时效性

商业银行在进行反洗钱调查时，主要依据《金融机构大额交易和可疑交易报告管理办法》对客户身份的真实性进行识别。只要相关交易的数据特征符合可疑交易的给定标准，商业银行就会将该交易数据报送至反洗钱监管机构。商业银行在判别客户交易是否具有可疑性时，必须在客户身份真实性识别的准确度得到提高的前提下，实现其可疑性审查质量的提高。在数据的应用下，商业银行在对客户身份的真实性进行审查时，可以将可疑交易数据与客户所在地域、工作状况、受教育程度、收入水平等个人身份特征相联系，进而减小可疑性审查出现失真和误报的可能性，提高反洗钱调查的时效性。

3) 提升反洗钱工作的效率

商业银行内部有许多信息系统，这些信息系统是分散且异构的，各个信息系统的技术指标也不尽相同，因而导致每个信息系统都是封闭的"信息孤岛"。正因如此，基于上述关系型数据库和传统数据挖掘技术所构建出的反洗钱工作系统，会面临大量数据的格式不统一、无法存储、难以处理等技术障碍。由于大数据技术能够对非结构化数据进行处理并允许数据存在不一致，因而利用大数据技术可以解决上述传统反洗钱工作系统中所存在的难题，缩短系统的响应时间，进而使商业银行在反洗钱工作中的效率得以提升。

2. 商业银行基于大数据的反洗钱工作系统

1) 反洗钱工作系统的工作目标

反洗钱工作系统的工作目标主要包括 4 个方面：一是构建基于大数据的数据仓库；二是对数据进行加载、处理、清洗、转换；三是配置反洗钱业务规则；四是对可疑数据进行展示。

2) 反洗钱工作系统的逻辑分层

(1) 源数据：商业银行内部各个系统中的数据。

(2) 数据存储：在初始状态下与源数据层的表结构一致，但之后不再随原数据层表结构的变化而变化。

(3) 数据汇聚：完成对客户、账户和交易数据中的相关主题数据的采集和整理。

(4) 数据分析：根据预先设定的可疑规则对数据汇聚层的数据进行计算分析，进而从中找出可疑交易并生成可疑报表。

(5) 信息管理：对数据分析层所得出的预警信息和报表信息进行管理。其中具体包括用户管理、规则定义、权限管理、日志管理、报表管理、报送管理等相关管理活动。

(6) 决策分析：商业银行相关工作人员对预警信息进行处理，对可疑交易进行确认，进而将所筛选出的可疑数据报送相关监管部门。

3) 反洗钱工作系统的系统架构

反洗钱工作系统的系统架构如图 4.13 所示。

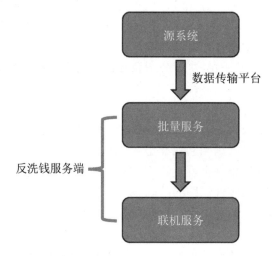

图 4.13 反洗钱工作系统的系统架构

(1) 源系统：属于源数据层的商业银行内部的各个数据系统。

(2) 数据传输平台：该平台的功能在于将源系统中的数据传输至指定位置。

(3) 反洗钱服务端：服务端由批量服务和联机服务两部分组成。其中，批量服务是指系统自动完成对可疑数据提取的活动，即从源系统获取源数据，并进行清洗和装载；而联机服务则是指系统用户进入系统完成系统操作的活动。具体来讲，批量服务在源数据的基础上根据预设的各项指标计算账户和客户的指标值，在各项指标值的基础上根据预设的可疑规则生成可疑报送数据，同时进行报表生产，属于系统逻辑分层中的数据存储层、数据汇聚层、数据计算层。而联机服务则主要包括系统管理、参数设定、预警/报告处理、统计报表，属于系统逻辑分层中的信息管理层。

@ 4.5 运营优化

随着中国经济进入"新常态"以及互联网金融的快速发展，商业银行面临着巨大的冲击和挑战。从发达国家银行业的发展经验来看，利用大数据技术能够大幅提高商业银行的经营水平。

从运营角度来看,大数据技术为商业银行透彻地了解市场创造了可能。商业银行可以通过对海量客户行为数据进行分析,了解未来市场的发展方向,进而做出有针对性的战略安排。

4.5.1 市场和渠道分析优化

1. 商业银行的市场渠道

1) 商业银行市场渠道的种类

商业银行有柜台网点和电子银行两种市场渠道。其中,电子银行是指商业银行等银行业金融机构利用面向社会公众开放的通信通道或开放型公众网络,以及银行为特定自助服务设施或客户建立的专用网络,向客户提供的银行服务。商业银行所开发的自助银行、网上银行、电话银行、手机银行、微信银行等都属于商业银行的电子渠道。

柜台渠道是商业银行最传统的市场渠道,能够使商业银行工作人员与客户面对面地进行接触和沟通,业务范围也最为广泛。截至 2021 年年末,我国商业银行的业务网点超过22 万家,分布在世界各地。

自助银行主要表现为 ATM 集群。ATM(Automatic Teller Machine,ATM)也称自动柜员机,是在无人直接干预管理的情况下,向客户提供查询、存取款、转账汇款等金融服务的银行自助设备。作为柜台渠道的补充,自助银行使商业银行的经营效率得到提高,业务覆盖面得到扩大。

网上银行,是指商业银行依托互联网向客户提供相关金融服务的方式。客户能够随时随地访问商业银行的网页,并根据网页上的导航和操作指引办理其所需要办理的业务。

电话银行,是指商业银行以语音通信的方式向客户提供相关金融服务的方式。客户可以随时随地通过商业银行所提供的自助语音服务和人工服务办理其所需要办理的日常业务。

手机银行,是指商业银行以安装在客户手机内的客户端为媒介,为客户提供相应金融服务的方式。手机银行与上述商业银行的市场渠道相比具有更高的便捷性。

微信银行、微博银行等创新渠道是商业银行以社交软件为媒介为客户提供相应的金融服务的创新方式。其中,微信银行对商业银行的市场拓展作用最为明显。在这一创新的市场渠道中,客户不仅可以办理所有的日常业务,还能够及时且直观地接收商业银行的活动推广。

2) 商业银行市场渠道的新特点

在大数据的背景下,商业银行的市场渠道在发展中也呈现新特点。

(1) 运营模式互联网化。随着移动互联网的快速发展,越来越多的人活跃在网络世界中。作为以客户为服务导向的商业银行也开始重视电子渠道的发展,尤其是对手机银行、直销银行等创新渠道的利用。

(2) 客户定位精准化。由于商业银行通过不同的市场渠道所接触到的客户群存在一定的不同,且越来越多的客户信息能够被采集和利用,因此,商业银行借助大数据技术在对不同的市场渠道进行利用时,对各个渠道客户特征的描述也日益精准,对市场的敏感性也不断增强。

(3) 市场战略差异化。在对各个渠道的客户群做出精准定位后,商业银行针对各渠道客户群的不同特征制定不同的市场战略。客户定位越精准,市场战略的差异化也越大。

2. 市场渠道的运营质量

对不同市场渠道的运营质量进行监控,不仅可以帮助商业银行筛选出发展前景较好的渠道,以对该渠道进行进一步的调整和优化,进而增强商业银行的市场竞争力;还可以帮助商业银行分析各个渠道适宜推广的产品和服务,进而使产品和服务推广策略优化。

在大数据的背景下,对渠道运营质量进行考量已不再是一件难事。对渠道运营质量的考量可以从成本、收益、客户的感知和偏好 3 个方面进行。

1) 成本方面

市场渠道的运营成本通常由商业银行在该渠道开发和使用的过程中所投入的全部价值量构成。一般包括商业银行所投入的人力成本、营销成本、IT 运营成本和开发成本。其中,IT 运营成本包括硬件成本、软件成本、维护成本和 IT 设备折旧等成本;开发成本则包括产品的设计和开发、业务开发、软件开发、系统开发等相关活动的成本。电子渠道与柜台渠道相比,在降低成本方面的表现更为突出。

2) 收益方面

市场渠道的收益通常表现为商业银行利用各渠道提供金融服务所实现的收入,例如,转账收益等相关收入。商业银行创新的市场渠道(如微信银行)与其传统市场渠道相比,还具有一定的获客优势,可以为存量客户提供服务的同时吸引更多的新用户加入,进而为商业银行带来更多的收益。

3) 客户的感知和偏好

由于客户的反馈是最直接的市场反应,因此,在对市场渠道的运营质量进行考量时,还需要考虑客户在各渠道中的感知和偏好。商业银行可以通过分析客户主动做出的评价反馈以及客户在该渠道中发生的行为获取客户的感知和偏好。

3. 市场渠道运营优化

大数据在商业银行市场渠道运营优化中的作用主要表现为以下 5 个方面。

1) 构建 360 度全景客户信息视图

大数据具有强大的信息获取、集成和分析的功能。因此,商业银行将其内部的客户相关数据与外部第三方所拥有的信息数据相结合,利用大数据技术可以对客户从多个角度来认知,进而构建起 360 度全景客户信息视图,以帮助商业银行根据不同客户的不同需求对其市场渠道进行有效优化。

2) 实现精准化营销和精细化服务

在大数据的背景下,商业银行可以根据客户的身份背景、行为特征等多方面信息对每一位客户的服务需求进行预测和判断,进而向每一位客户进行有针对性的营销,并提供有针对性的服务。在这一过程中,商业银行市场渠道的运营效率得到了提升。

3) 增强客户黏性

商业银行在利用大数据技术对客户形成准确认知的基础上,依据客户特征的不同对客户进行精准营销，进而使客户关系深化，使客户的渠道交易活跃度以及产品覆盖度得以提高。

4) 提升客户对商业银行的价值贡献

在客户黏性增强的基础上，客户无疑会为商业银行带来更多的价值贡献，进而使渠道收益得以增加，使渠道质量得到有效提升。

5) 发现新的市场需求

基于大数据的利用，商业银行可及时捕捉到潜在的市场需求，进而可以根据该需求对其全部或部分市场渠道的业务功能进行补充和完善。

4.5.2　产品和服务优化

1. 产品策略的优化

1) 产品研发个性化

在大数据背景下的产品研发过程中，商业银行可以将客户行为转化为信息流，在对各类型客户的身份背景、行为偏好等有深入了解的基础上合理预测客户需求，进而根据上述大数据分析的结果，有针对性地为不同的客户群开发不同的金融产品，从而为客户提供最优的产品体验。

2) 产品设计模块化

产品设计的模块化，是指商业银行根据大数据分析的结果，设计出多种不同的定制化模块，并构建出模块化的产品选择体系。在产品设计模块化的基础上，商业银行可以根据不同的客户需求和营销场景对其产品和服务进行个性化搭配，从而为客户提供最佳的金融产品与服务的组合。

2. 价格策略的优化

1) 价格策略的差异化

基于对大数据技术的利用，商业银行可以在结合自身市场定位的基础上，根据客户层次和需求的不同为客户提供差异化的价格策略。即商业银行可以通过利用大数据技术整合和分析海量数据对市场和客户进行有效细分，进而根据不同的客户类型、不同的业务类型、不同的行业、不同地区的风险程度确定不同的业务收费标准。

2) 价格策略的动态化调整

由于市场和客户需求都是不断变化的，因此，商业银行需要根据这些变化来调整其价格策略以获得有利的市场竞争。商业银行利用大数据技术可以对金融市场的资金面状况以及其他投资品价格的实时数据进行分析，进而对未来利率走势做出预测，以便对其产品和服务的价格做出及时的调整。此外，基于大数据技术的应用，商业银行可以深入了解不同客户的需求及价格敏感度，进而对其价格策略进行有针对性的调整，在赢得新用户的同时，对存量客户进行有效维护。

3. 客户服务的效率优化

大数据背景下，商业银行客户服务的效率优化主要体现在商业银行向其客户提供的个性化增值服务上。其中，个性化增值服务主要包括个性化的产品推荐、位置营销、电子渠道的全景体验等服务。

商业银行利用大数据技术所获取的信息数据，可以了解到客户密切关注或频繁访问的特定事件，进而通过分析客户购买行为所得出的全方位的需求预测，及时地向客户提供相应的服务推荐和优惠信息。在这一增值服务提供的过程中充分实现对客户的尊重，能够有效获得客户基于其价值自我实现的认同。从中可以看出，基于大数据技术的客户服务与传统方式相比，服务效率得到了明显的提高。

4.5.3 网络舆情分析

1. 商业银行网络舆情的类型

1) 根据发展过程划分

根据发展过程的不同，商业银行网络舆情可以分为渐进式和突发式。

(1) 渐进式网络舆情，是指发展过程较慢、矛盾在网络中逐渐积累，并最终由某一事件触发的舆情。例如，客户在商业银行网点办理业务排队时间过长所导致的舆情事件，即为渐进式网络舆情。

(2) 突发式网络舆情，是指发生得十分突然，且在网络中快速传播并引起公众强烈反应的舆情。例如，商业银行的交易系统突然发生故障使客户资金无法及时到账所引发的舆论事件，即为突发式网络舆情。

2) 根据成因不同划分

根据发生成因的不同，商业银行网络舆情可以分为诽谤型、误解型和情绪型。

(1) 诽谤型网络舆情，是指不法分子为谋取不正当利益所进行的恶意造谣和诽谤。例如，在网络上发布不实消息称某商业银行 ATM 机吐假钞所引发的舆情事件。

(2) 误解型网络舆情，是指客户基于其对商业银行相关规章制度、业务行为的重大误解，在网络上发布言论抨击商业银行所引发的舆情事件。例如，有小额取款需求的客户认为银行工作人员建议其去 ATM 机上取款是歧视行为。

(3) 情绪型网络舆情，是指客户基于对商业银行在为其提供金融服务时存在的疏忽和纰漏的不满，在网络上发布相关言论所引发的舆情事件。例如，客户因在柜台办理业务时所耗费的时间过长所产生的不满情绪。

2. 商业银行网络舆情的监控系统

商业银行可以利用大数据技术建立网络舆情监控系统，进而帮助商业银行提高网络舆情的风险管理能力。网络舆情监控系统可以自动收集和分析潜在的舆情信息，及时发现风险因素，进而对风险进行有效的预警。此外，网络舆情监控系统还可以帮助商业银行对已发生的网络舆情事件的发展态势进行监测，并对舆情控制措施的实施效果进行检验。因此，商业银行的舆情监控系统通常有以下 4 个模块。

1) 网络舆情的信息收集模块

利用大数据技术在网页、论坛、社交平台等网络媒介中根据事先设定关键词对网络舆情进行收集和整理，并将所获取的网络舆情传送至信息处理服务器。

2) 网络舆情的信息集成和分析模块

在网络舆情的信息集成和分析模块中，商业银行所获取的网络舆情信息将被再次筛选和甄别，进而实现数据噪声的有效剔除；此外，还将根据发生频率的不同对筛选后的舆情信息进行分类和初步分析。

3) 网络舆情的风险评估模块

根据对各网络舆情所表达观点的倾向性进行分析和统计，进而得出各个舆情的公众关注度和风险程度，并对舆情的发展趋势做出初步的判断。

4) 网络舆情的风险报告和预警模块

网络舆情的风险报告和预警模块将会对网络舆情风险评估模块所得出的结论进行进一步的分析和总结，从舆情的性质、危害程度、影响范围、可控程度等角度对该舆情所具有的风险进行量化，并根据量化结果对超出预警值的舆情进行预警。图 4.14 为网络舆情监控系统。

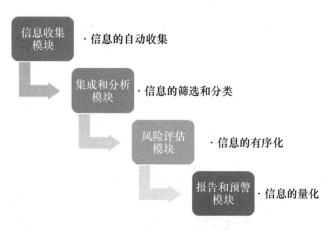

图 4.14　网络舆情监控系统

3. 大数据技术在商业银行网络舆情分析中的作用

1) 客户洞察

商业银行在利用大数据对网络舆情进行分析时，可以基于其多方获取的网络信息对客户的特征、需求、搜索关键词等多种客户网络行为特征进行全天候的实时监测，从而实现准确的客户洞察。在准确洞察客户的基础上，商业银行能够进行有效的客户关系管理，并做出准确的营销决策。

2) 舆论导向

基于对大数据技术的应用，商业银行在对网络舆情进行监控时能够及时地获取该话题的舆论导向，使其对网络舆情的把握和控制能力得到有效提高。对于正面的网络舆情，商业银行可以基于对舆论导向的把握在合适的时机对自身进行恰当的宣传；对于负面的网络舆情，商业银行可以基于其对舆论导向的控制适时地采取应对策略，尽最大努力阻止事件的进一步恶化，以将负面影响降到最低。

3) 竞争动向

随着我国金融领域改革的不断深化，金融业的竞争也日益激烈。因此，竞争对手的一举一动都会影响商业银行的运营安排、市场战略的实施和调整。商业银行利用大数据技术对网络舆情进行监控,不仅可以及时获取相关信息动向,也可以及时获取竞争对手的信息动向。对竞争对手的网络舆情进行分析可以为商业银行制定产品战略、优化客户服务等提供客观的参考依据。

4.5.4 案例——大数据分析助力手机银行优化创新

随着手机银行产品的不断同质化,拼功能、拼免费的阶段已逐步退去,质量过硬的产品,极致、极简的客户体验,才是接下来差异化发展的趋势。通过大数据"深度学习"制定追踪指标,可以辅助产品经理更好地挖掘用户需求、洞悉客户喜好、评估产品性能,实现产品创新优化。

江苏银行新版手机银行自上线以来,极力打造"只为你、更懂你的手机银行",非常重视相关运营数据的收集和分析工作,实时监控后台运行,保障产品性能稳定,动态掌握用户行为,分析功能受众情况,从数据中挖掘用户体验反馈,评判产品功能是否真正戳到了客户的"痛点",为手机银行的优化和创新提供了强有力的驱动与支撑。

1. 性能跟踪

对于任何一项产品,性能稳定是基础,没有稳定的性能,多样的功能服务、流畅的 UI 交互皆是空谈,相当于直接把客户拒之门外。对此,江苏银行监测以下数据,及时发现并解决客户使用中出现的问题。

(1) 安装、启动异常。监测安装、启动手机银行 App 过程中存在的问题,记录报错机型、系统版本、App 版本,便于分析解决问题,诸如手机银行未能及时更新以适用最新版本的手机系统,不支持低版本手机系统或者对手机剩余存储空间有要求。

(2) 加载时间。监测页面加载时间,尤其是首屏。据 TalkingData 统计分析,使用手机时,如果页面加载超过 5 秒钟,74%的客户会选择离开,因此,应尽量控制首屏加载速度在 450K/s 内。若部分页面加载速度明显过慢,需分析原因并加以改进;若因客户网速导致加载缓慢,应及时以友好的语言予以提示,客户一般很难区分,也不愿主动去思考其无法顺畅使用的原因,只会因对产品失望而选择离开。

(3) 使用中的异常、闪退。监测运行中异常、闪退发生的页面及次数,记录报错机型、系统版本、App 版本、提示信息,便于分析和解决问题。

(4) 日登录客户数。每日登录过手机银行的客户数(区分新登客户、存量客户)。掌握手机银行日登录客户数的动态变化,监控低谷,原因是否与版本更新、系统故障等有关。

(5) 使用时长。统计客户单次操作手机银行的时间,分析会话时间低于某一阈值的次数占比,结合时间点以及其他数据分析可能原因。

2. 业务流程优化

客户使用手机银行产品的基本诉求就是顺畅完成目标交易,如果预先没有相关业务提示或者提示不明显,导致客户操作过程中,甚至提交之后才发现不能继续交易,就会产生浪费其时间、感情的负面情绪;另外,如果业务操作流程不够人性化,用户交互步骤不够简化，也会给客户带来急躁甚至愤怒的心理反应，对此，江苏银行做了以下数据追踪。

(1) 业务中断提示。监测业务不能继续提示页面及次数，便于优化流程，预先做好客户引导，提升体验。

(2) 漏斗分析。记录每项菜单功能每个步骤页面的访问次数、停留时长，计算每步的转化率，根据最后停留页面，找出客户未办结业务或快速离开(停留时间低于规定阈值)的原因。

(3) 跳出率。监测客户未办结即退出手机银行的菜单页面和次数占比，有可能该项功能的体验存在较大问题导致客户弃用。

(4) 关联操作。记录客户成功办结一项业务之后的页面操作，记录客户离开当前菜单进入的下一个页面，为产品设计的进一步优化提供思路。

3. 功能优化创新

所有的产品功能都应以客户为中心，如果不被客户接受并所需，都是无用功能。对此，江苏银行做了以下数据统计。

(1) 菜单点击量、平均停留时长。掌握客户常用功能，挖掘客户潜在需求，优化现有产品，加强相应功能化或场景化产品拓展。

(2) 交易次数、人数。记录每项业务交易次数、人数(区分办结/未办结)，尤其关注版本更新、新功能上线、功能优化、营销活动发布等时间节点的交易次数、人数的动态变化，对比同时间段的菜单点击量，若点击量远大于交易次数，分析客户对新功能或活动接受度不够理想的原因。

(3) 登录时间。计算各个时间段使用手机银行客户占比，掌握峰期、谷期，以便调整信息、活动的推送时间，进一步对登录时间相对固定的客户，实现更适时的推送。

(4) 推送信息的曝光次数或阅读量。记录新产品或营销活动上线，告知客户时客户的阅读量和引导提示曝光次数，结合产品同时间段的点击量、交易量变化，对比分析产品或活动的宣传效果。

(5) 分享次数。对于具有分享功能的页面，记录客户分享次数；记录截屏页面及相应次数。

未来的银行不只是数据的银行，更是数据分析和数据解决的银行。做一款有温度的、让客户留恋的手机银行，同样离不开数字化运营。无论是领先的产品创新、到位的功能优化还是精准的营销管理、实时的风险监控，都需要从数据中摄取价值。文章简述的运营数据分析仅走出了大数据学习的一小步，提升内外部数据整合能力、数据分析应用能力和数据辅助决策能力将成为量质并举争夺移动端市场的关键。江苏银行手机银行秉承以客户需求和体验为中心，积极拥抱大数据技术，不断超越、突破，为客户打造了一个即需即用、便捷贴心的移动银行。

本章总结

- 商业银行在长期的金融服务中，积累了大量的信息数据，这些数据涵盖了客户的个人基本资料、收入情况、生活方式以及接受金融服务的历史记录等相关资料;可以利用先进的数据库系统和大数据挖掘及分析技术,对其所掌握的客户信息进行充分的利用,进而实现多个维度的客户细分。

- 在大数据技术的应用下,商业银行可以及时发现客户尚未被满足的需要和对现有服务的不满,及时采取恰当的措施解决客户的诉求,从而在客户结束其与银行的业务关系之前,及时对客户进行挽留,最大限度地减少客户的流失。

- 在商业银行向客户提供增值服务的过程中,通过应用大数据技术能够发现客户尚未被满足的服务需求,从而有意识地提高客户在商业银行各渠道中的服务体验,增强客户黏性。

- 大数据在商业银行的客户生命周期管理中被充分应用,进而能够帮助商业银行进行实时营销、交叉营销、社交化营销和个性化推荐。

- 大数据可以帮助商业银行在创新模式下进行贷款风险评估。通过利用大数据技术商业银行能够从多个维度获取客户信息,并利用有效的风险计量技术对其所面临的贷款风险进行合理评估。

- 在大数据技术的应用下,商业银行可以对信用卡客户的信贷风险进行实时监控,并根据监控结果及时对客户的授信额度做出调整。

- 大数据风险控制的优势主要体现在大数据征信的利用价值上。第一,大数据使商业银行的客户信用风险评估纳入了多样化的行为数据,这些数据覆盖范围广泛且具有实时性;第二,在大数据风险控制中,信用评价更加精准;第三,在大数据风险控制中对客户信用的评判更具时效性。

- 大数据在商业银行的反欺诈和反洗钱工作中也能发挥其在数据处理和分析中的独特优势。

- 大数据不仅能够很好地帮助商业银行对其市场和渠道分析、产品及服务进行优化,还能够帮助商业银行对网络舆情进行分析从而优化其日常运营。

本章作业

1. 客户细分都有哪些类型?
2. 大数据是如何帮助商业银行进行客户流失预测、渠道管理优化和提供增值服务的?
3. 什么是客户生命周期管理?大数据在其中如何发挥作用?
4. 简要概括大数据如何帮助商业银行进行实时营销、交叉营销、社交化营销和个性化推荐。
5. 传统的贷款风险评估面临哪些挑战?大数据又是如何帮助商业银行进行贷款风险评估的?
6. 简述大数据在信用卡自动授信中是如何应用的。
7. 大数据风险控制与传统风险控制有哪些区别?大数据是如何帮助商业银行进行风险管理的?
8. 简述大数据是如何在商业银行反欺诈和反洗钱工作中发挥作用的。
9. 大数据如何实现对商业银行运营的优化?

第5章

大数据在证券行业中的应用

本章目标

- 掌握大数据技术在股价预测中的具体应用
- 熟悉如何用大数据技术进行证券客户关系管理
- 了解大数据技术在投资情绪分析中的应用
- 掌握大数据技术在证券量化交易方面的应用

本章简介

在金融行业中，证券业属于数据密集型行业，积累了上市公司财务报表、客户关系、市场信息、交易数据等大量信息，伴随着时间增长和上市公司数量不断增加，其数据已呈指数型增长趋势。而这些数据的分析和处理对投资者、券商乃至整个证券市场来说都是至关重要的。例如，一家券商发布的一份股票研究报告很可能会影响投资者或者其他券商的投资决策，进而对整个证券市场产生影响。券商为了应对激烈的同业竞争，都争相把大数据技术作为维护自己市场地位的有力武器。随着大数据技术的成熟和证券市场的网络化，大数据目前已应用于证券行业的方方面面。本章主要从股票分析、客户关系管理、投资情绪以及量化交易方面出发，介绍大数据技术在证券行业中的应用。

@ 5.1 大数据在股票分析中的应用

股票分析主要有技术分析和基本面分析两大类,其中技术分析主要由交易策略和买卖时机构成;基本面分析主要由股票选择和投资组合构成。大数据技术的应用主要体现在数据挖掘上,基本面分析方面,主要运用的是决策树与聚类分析两类研究方法;技术分析方面,主要运用的是人工神经网络(BP)、基因遗传、决策树、关联分析等。

数据分析时,一般会以某段时间中国宏观股市数据或上市公司相关资料为基础,运用 SPSS、SAS 等工具对数据进行处理、算法改进以及数据挖掘。根据所采用的挖掘方法的不同,所处理方法也不同,具体如下。

5.1.1 基于基本面分析的数据挖掘方法

基本面分析,广义上是指以经济学的供求关系原理为基础,通过以判断金融市场的未来走势为目标对历史的经济和政治数据进行分析。分析因素主要有宏观经济状况、利率水平、通货膨胀、企业素质、政治因素等。狭义的基本面分析通常是指广义基本面分析中的企业素质,分析因素主要包括企业财务报表、行业状况、管理层素质、产品的市场竞争力等,如表 5.1 所示。

表 5.1　基本面分析中的主要分析因素

基本面分析	主要因素
企业财务报表分析	市盈率/市净率/净资产收益率/流动比率/销售净利润; 每股收益/每股净资产/每股利息分配; 成本费用率/负债比率;现金比率/应收账款周转率
行业分析	行业类别/行业成长度
企业产品市场竞争力分析	市场占有率/市场价格/销售能力/原材料价格
公司文化和管理层素质	管理层能力/企业内部协调能力

1. 决策树

以 ID3 算法为主,按照投资者所感兴趣的指标(财务比率、流通比率等)来挖掘出符合投资者需求的上市公司。为了寻找其规则和先后顺序(建立决策树),首先,将资料按照投资者需求做数据预处理;其次,将预处理后的资料分成训练样本和测试样本,训练资料中以 Gain 最大者为根节点,建立决策树,再由决策树建立分类规则;最后,根据分类规则寻找股市中符合要求的公司。

2. 关联分析

以划分算法为主,根据各项财务指标对投资者所感兴趣的股票进行分析,从中找出最佳的投资组合。

3. 聚类分析

以自组织映射(SOM)聚类算法为主，对于投资者给定的一组具备属性值的个股资料，找出一个能够按照属性值将个股聚类的模式，使属于同一聚类内的个股的相似性最大化，不同聚类间的个股相似性最小化，并分析出没在个股属性中显示而隐含在各聚类中的共同特性。

4. 人工神经网络

以投资者感兴趣的财务指标、负债情况、盈利能力为分析变量建立前向式的神经网络模型，并通过分析找到最佳投资组合。

5. 逻辑回归

以投资者提供的个股基本面指标为变量建立二元逻辑回归模型，从个股中找出最佳投资组合。

5.1.2 基于技术分析的数据挖掘方法

1. 决策树

以 C4.5 算法为基础，首先，将投资者对股票买点的规则要求作为分类样本，将买点分类为"+""−"两类群体；其次，将投资者所需要分析的指标作为自变量；最后，利用决策树产生的"+"类群体的分类规则来找出自变量的有效区间，并从中筛选出"有效买点"。

2. 人工神经网络

以 BP 算法为主，由投资者提供的个股历史价格数据集通过训练—学习的循环来预测未来某一时间段的价格，提示投资者最佳入场时机。

3. 时间序列分析

按照投资者指定的个股和板块指数，对其价格走势进行分析并建立 ARIMA 模型，利用历史价格变动来预测未来一段时间的价格走势。

4. 关联分析

以 Apriority 算法为基础，通过投资者给定技术指标以及投资者指定的个股历史信息，找到以其中某些指标的出现与否来预测其他指标出现与否的规则。

各类算法在分析与预测中的作用如表 5.2 所示。

表 5.2 基于基本面分析和技术分析的算法分类

数据挖掘算法 \ 股票分析与预测	基本面分析		技术分析	
	股票选择	建构投资组合	选择投资策略	选择买卖时机
决策树	○	×	○	○
人工神经网络	○	○	○	×
遗传算法	×	○	○	×

续表

股票分析与预测\n数据挖掘算法	基本面分析		技术分析	
	股票选择	建构投资组合	选择投资策略	选择买卖时机
聚类	○	×	×	×
逻辑回归	×	○	○	○
时序模式分析	×	×	×	○
关联分析	×	○	○	○

注：○代表可行，×代表不可行。

接下来，介绍主要的 3 种分析方法：决策树法、聚类分析法、人工神经网络算法。

5.1.3　决策树法的应用

决策树算法(Decision tree)，是一种逼近离散函数值的方法，它是一种典型的分类方法，首先对数据进行处理，利用归纳算法生成可读的规则和决策树，然后使用决策树对新数据进行分析。本质上，决策树是通过一系列规则对数据进行分类的过程。它的树状结构由根节点、内部节点、分支以及叶节点构成。整棵树的各部分结构分别展示了对数据进行分类的过程。决策树通过对每个节点进行属性值的比较而得到分支，并在各叶节点得出分类结果。从决策树的根到叶的每一条路径就是对应的条分类规则，因此，从决策树非常容易转换成分类规则。

决策树法在股票基本分析和技术分析中的模型思路大致是相同的，但是两者所需选取的变量是不同的。

1. 基本面分析的变量选取

采用个股财务报表中的流动比率、速动比率、资产负债率、销售毛利率、销售成本率、销售期间费用率、资产净利率、净资产收益率摊薄、主营业务利润率、营业利润率、股东权益率、净资产增长率、净利润增长率、主营业务利润增长率、主营业务收入增长率、营业利润增长、每股营业利润、每股主营业务利润、每股主营业务收入、每股资本公积金等自变量。另外，可以设定一个新变量"个股赢率"作为二元目标变量。若个股年累计收益大于流通市值加权市场年累计收益，则个股盈率为 1，相反则为 0。

值得注意的是，为了保障模型实证的有效性，基本面分析所选取的指标需要进行一定的筛选，筛选条件如下。

(1) 研究期间所选取样本具备完整的财务报表数据。

(2) 研究期间所选取样本的停牌时间不得超过半年。

(3) 所选取样本近期未发生资产重组等影响模型有效性的重大事件。

2. 技术分析的变量选取

采用 20 日移动平均日收益方差、20 日移动平均日收益标准差、20 日移动平均流通市值加权日市场收益方差、20 日移动平均流通市值加权日市场收益标准差、20 日移动平均总市值加权日市场收益方差、60 日移动平均总市值加权日市场收益标准差、60 日移动平均日收益方差、60日移动平均日收益标准差、60日移动平均流通市值加权日市场收益方差、60日移动平均流通市值加权日市场收益标准差、60日移动平均总市值加权日市场收益方差、60日移动平均总市值加权日市场收益标准差、换手率、日振幅、市盈率、波动率、日简单平均移动波动率、20日简单平均移动波动率、60指数加权移动平均波动率、成交量等自变量，并定义一新变量"下一日涨跌"为二元目标变量，若下一日涨则产生买点，设为1，反之则产生卖点，设为0。

对于决策树二进制的目标变量，主要有以下划分规则。

(1) 检验——Pearson用于衡量目标变量，并依其建立分支节点。

(2) 熵值约简——通过对熵值大小的衡量反映节点不纯性，也称为熵不纯性。

(3) 基尼系数约简——通过对基尼系数大小的衡量反映节点不纯性，也称为基尼系数不纯性。

模型中叶节点的设定主要有节点最小观测数、叶子的最小观测数、节点最大分支数、决策树最大层数，如图5.1所示。

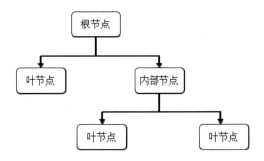

图5.1 决策树模型结构

成功建立模型后便可以得出决策树分类结果，得出训练数据与检验数据误差最小的叶子，根据分类规则可以判断每个筛选出的指标对因变量的显著性。在此基础之上，便可以通过决策树模型对个股赢率、股票的买卖点进行预测。模型中对预测的结果也有正确率的估计。证券经营机构参考模型的预测结果和预测正确率，能够更好地确定投资策略、发布研究报告、提供投资顾问服务等。

5.1.4 聚类分析法的应用

聚类分析是对大量事先并未知晓其属性的数据集，按照数据的内在相似性将数据集划分为多个类别，使类别内的数据相似度较大而类别间的数据相似度较小。聚类分析能够作为一个独立的分析工具获得数据的分布情况，以便观察每一类数据的特征，集中对特定的数据群进行进一步分析。

应用到股票分析中，可通过对一定时间段内的股票数据进行分类，从中发现获利大而风险小的聚类，作为证券自营业务部门或者投资者的参考。

具体分析方法如下。

(1) 确定聚类分析的时间段、股票板块以及个股。

(2) 选取个股重要的财务指标进行分析，包括归属母公司净利润、每股收益摊薄、销售净利率、销售毛利率、营业成本率、期间费用率、销售费用率、管理费用率、财务费用率、营业利润率、成本费用利润率、应收账款周转率、总资产周转率、总资产收益率、净资产收益率摊薄、营业收入现金含量、销售现金比率、净利润现金含量等。

(3) 设计模型。

① 数据缺失值处理。

采用均值处理方式为0或为空的数值赋值。

② 数据标准化。

聚类分析对各变量的数据规模差异十分敏感，因此，将各变量转化为均值为 0、方差为 1 的新变量。

③ 模型参数设定。

将分类结果以 1，2…的形式标识为该聚类的 ID，以方便对结果进行分析。同时设置最小平方数为聚类标准。另外，根据数据的具体情况确定最小聚类数以及最大聚类数。

(4) 得出实证结果。

建立模型后，模型会把数据分为几个聚类，并得到所有变量标准均值以及每一聚类变量标准均值的分布情况。通过对每个聚类的具体情况进行分析，可以确定哪一类适合进行投资。

① 若股票的净利润、净资产收益率、每股收益、营业利润率等衡量上市公司获利能力的指标均明显高于整个板块，而它的应收账款周转率、期间费用率、管理费用率、销售费用率等衡量上市公司运作成本的指标均明显低于整个板块，这类股票适合进行长期投资。

② 若公司总体获利能力的指标明显高于整个板块，并且高于上述①情形，但它的营业成本率、财务费用率、应收账款周转率均低于该板块整体水平，说明该类企业获得巨额收益的同时，也付出了大量的成本，或者说所获收益短期内难以回笼，这类股票适合进行短期投资。

③ 若公司的总体获利能力以及上市公司的运作成本均低于整个板块，那么这类股票便不适合进行投资。

5.1.5 人工神经网络算法的应用

人工神经网络是对人脑或自然神经网络基本特性的抽象和模拟，它是通过模拟大脑的一些机理和机制，实现某种功能。具体来说，它是一组连接输入、输出单元，其中每个连接都和一个权重相关，通过调整这些权重，能够预测输入数据的正确类标号。根据网络的层次数，人工神经网络可以分为两层神经网络、三层神经网络和多层神经网络。其中，最常用的就是三层神经网络。神经网络分类法的基本原理和方法参见本书 2.4 节。

人工神经网络算法主要指的是误差反向传播算法(BP 算法)，它是一种监督式学习的人工神经网络，能将错误的讯号反馈回来，以便及时修正权重。BP 算法网络分为三层，分别为输入层、隐藏层与输出层，并通过转换函数进行人工神经网络的网络训练，如图 5.2 所示。

(1) 输入层。接收外部环境输入信息，其处理单元即为变数个数。

(2) 隐藏层。为人工神经网络中最重要的部分，通常为一层到两层，也可以没有隐藏层。

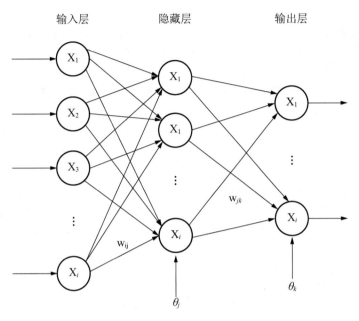

图 5.2　BP 算法流程

(3) 输出层。输出网络的处理结果，输出层的处理单元数为研究问题所得到的结果个数。

1. 基于人工神经网络算法的股票基本面分析

1)　样本选择

选择上市股票一段时间内的一定数量股票的发展能力数据和季度报酬率数据。

2)　变量选取

将上市公司发展能力的指标作为输入变量，包括主营业务收入增长率、营业利润增长率、利润总额增长率、净利润增长率、净资产增长率、流动资产增长率、固定资产增长率、总资产增长率、摊薄每股收益增长率、每股净资产增长率 10 个指标。另外，将个股赢率作为输出变量，并把它分为 3 类：第一类(个股赢率>0.052)代表个股当季表现优于大盘；第二类(-0.092≤个股赢率≤0.052)代表个股当季表现与大盘相当；第三类(个股赢率<-0.092)，表示个股当季明显劣于大盘。

3)　模型建立

(1) 将输入变量做标准化处理，其公式为

$$Z = \frac{X - U_x}{\sigma_x} \tag{5.1}$$

(2) 隐藏层。

隐藏层中相关参数包括采用层数、神经元个数、激活函数、联合函数 4 项，说明如下。

① 层数。该参数值的决定方法多种且各不相同，但大部分学者均认为该值为 4 以下并不会影响神经网络的训练结果。因此，隐藏层根据具体情况，可以设置为 1 层、2 层或 3 层。

② 神经元个数。一般认为，神经元个数应大于等于输入变量个数和输出变量个数的最小值，小于等于输出变量和输出变量个数之和，在建模过程中，根据上述规则设置合理的参数范围，并采用试凑法进行逐一尝试。

③ 激活函数。常用的激活函数有 Logistics 函数、双曲正切函数、反正切函数、高斯函数，Logistics 函数适应性更强，故一般将其作为激活函数。

④ 联合函数。联合函数分为曲线连接和线性连接，一般以线性连接为主。

(3) 输出层。

输出层主要有输出变量、误差和误差函数 3 项参数。

① 输出变量：由于前面将个股赢率分为 3 个类别，因此，根据这三个类别所对应的分布设计为 3 个输出变量，取值为 0 到 1，用其作为评判股票季度表现的指标，当预测值落在该类别的概率大于 1/3 时，说明个股属于该类别的可能性较大，概率越大可能性越大。

② 误差：误差计算方式为输出处理单元与目标值之间差异平方和的一半，其公式为

$$E(w) = \frac{1}{2} \cdot \sum (d_l - y_l)^2 \tag{5.2}$$

其中，w 代表网络中所有权重之和；d_l 代表第一个输出神经元的实际值，即个股的真实赢率；y_l 代表第一个输出神经元的预测值，即个股的预测赢率。

③ 误差函数。

误差函数主要有伯努利函数、多重伯努利函数、Logistics 函数、柯西函数等。在股票基本面分析中，多重伯努利函数更适用。

4) 建模过程

(1) 将网络结构设置为 Multilayer Perception(MLP)结构，模型标准设置为 Profit/Loss，即设置了损失矩阵的模型。

(2) 将收集的数据的 70%作为训练数据，得出历史个股赢率的统计。

(3) 用试凑法逐一测试选出最小误差，得出最优节点。

(4) 选取一定的股票最近期间的发展能力指标为输入变量，对其下一季度的个股赢率进行预测，得出预测结果。

2. 基于人工神经网络算法的股票技术分析

人工神经网络算法应用于技术分析，是将股票的技术指标作为分析变量，通过分析一段历史时期的股票技术指标的变动来预测股票未来走势。其选用的模型和模型设计过程与上述基本分析类似，主要不同在于变量的选取以及预测方面。

变量选取方面，一般以个股研究期间的短期技术指标作为变量，主要是指每日 9:30～15:00 每 5 分钟涨幅、每日涨幅、每日振幅、每日成交量涨幅、每日上证综指涨幅、隔日开盘涨幅 6 个指标。

此外，将下一日的开盘价涨幅作为目标变量。下一日开盘价涨幅=(前一日收盘价-下一

日收盘价)÷前一日收盘价。

预测方面，与基本面分析不同，技术分析主要分为 3 个部分，具体如下。

(1) 输入预测数据集。将预测样本输入数据集，并设置隔日开盘涨幅为目标变量。

(2) 打分。将 3 个层的训练过程进行打分，并将得分代码应用到预测数据集。

(3) 预测。对预测时间段的隔日开盘涨幅进行预测值与实际值的比较。

最终通过建立拟合方程，得出预测值与真实值之间的关系，从而为投资决策提供参考。

@ 5.2　客户关系管理

客户关系管理(Customer Relationship Management，CRM)是一个获取、保持和增加可获利客户的方法和过程，通过提高客户的忠诚度而最终提高企业利润率。

证券公司通过实施客户关系管理，提供快速、周到的优质服务，可吸引和保持更多客户，从而提高核心竞争力。要做好客户关系管理，证券公司应当利用大数据技术对客户的信息做深入的分析，做好客户细分，为不同的客户提供个性化服务。同时也要对流失客户进行科学的分析和预测，使证券公司能尽早提出相应措施，避免客户流失或者使客户流失最小化。

5.2.1　客户细分

国内证券公司拥有大量的客户群，客户类型多种多样，对于不同的客户，他们的需求也有所不同。证券公司受自身条件的限制，不能同时满足所有客户的需求，因此，采取客户细分策略对于证券公司优化资源配置、证券公司内部管理、实现券商价值最大化都起到了至关重要的作用。

1. 证券客户细分的作用

第一，对客户进行细分，设置相应的客户级别。筛选出最有价值的客户，并对这些客户提供个性化服务，有助于提高客户的忠诚度与满意度。

第二，有助于证券公司探索到新的市场机会。

第三，有助于证券公司研发新的金融产品，以满足客户的需求。

第四，有助于证券公司挖掘高净值客户，加强对高净值客户的抢夺力度，提高公司竞争力。

2. 客户细分模型

1) 客户等级体系模型

在建立完整功能结构模型的基础上建立一套标准的客户细分模型——客户细分的 DFM 模型。该模型包括数据(Data)、功能(Function)及方法(Method)　3 个部分，因此，将此模型命名为客户细分的 DFM 模型，如图 5.3 所示。

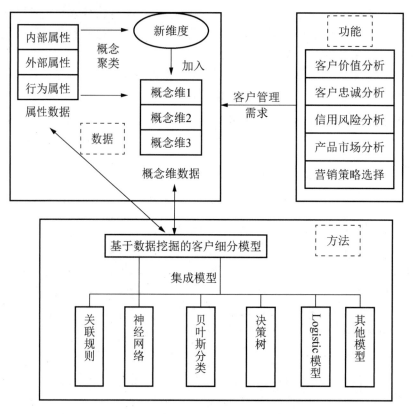

图 5.3 客户细分的 DFM 模型

目前,简单的、传统的客户信息模型体系已不能适应证券公司开发和营销集合理财产品和服务的需求。因此,应当将数据挖掘技术应用于证券客户资料中,发现隐藏其中的规律,建立符合实际情况的客户等级体系模型。客户等级体系模型建立的过程如图 5.4 所示。

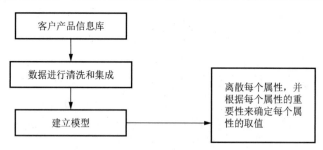

图 5.4 客户等级体系模型建立过程

评定客户等级,必须先获得客户的基本信息,如性别、年龄、收入、信用状况、投资偏好、风险偏好等项目,其后经过数据清洗和集成,再经过数据转换,最终得到基本的客户信息数据表(见表 5.3)。

表 5.3　客户基本信息数据表

性别	投资风格
年龄	风险偏好
婚姻状况	投资广度
最高学历	证券账户资产
职业	资产周转率
行业	仓位
财产收入	盈利率
总资产(区间)	交易活跃度

一般情况下，证券公司会以客户证券账户资产以及交易活跃度作为评定客户等级的主要依据，不同等级的客户，其服务策略也不同(见表 5.4)。

表 5.4　客户细分及其服务策略

客户细分类型	交易行为特征	服务策略
类型一：主要客户	资产总量不大，有一定量的买卖交易和资金存取；无专业知识，投机性较强；数量较多，大多数为中小散户，佣金贡献成交量大	提供大众性咨询服务(如开办讲座等)，提高其投资能力
类型二："睡眠"客户	资产总量很少，基本不进行股票交易，也不存取资金；有少量的收益；数量不多	不必对该类客户进行关注，尽可能地减少该类客户数量
类型三：优质客户	资产总量大，交易操作频繁；有专业的投资知识，对市场非常敏感，有较高的盈利能力；是公司利润的主要贡献者	应经常与客户沟通，及时发现客户的真正需求，保持客户的满意度与忠诚度
类型四：潜力客户	有一定的资产量，交易操作次数少，现金存取频率低；收入稳定，投资渠道少；对市场不敏感，盈亏不大；对公司的佣金贡献量不大	可以推荐一些信托产品或者代客理财，或者提供投资咨询服务，改变其投资观念，将其发展成为优质客户

2)　证券客户价值分类模型

国内证券公司在客户分类方面方法较为简单，并不能很好地根据客户的需求和特点划分客户群。国外的证券公司采用自组织映射(Self Organizing Map，SOM)聚类分析方法对客户价值进行细分，这种方法值得借鉴。

客户价值是指企业在与客户的交往中，从客户那里获得的客户总价值与企业支付的总成本的差额。目前国内证券公司主要应用客户的资产、交易量、贡献度等统计信息进行客户价值细分。从客户价值上把客户细分为高利润客户、次级利润客户、低或无利润客户。

SOM 神经网络是较为广泛应用于聚类的神经网络，它是一种无监督学习的神经元网络模型。SOM 网络可以采用各神经元之间的自动组织去寻找各类型间固有的、内在的特征，从而进行映射分布和类别划分。所以神经网络对于解决各类别特征不明显、特征参数相互交错混杂的、非线性分布的类型识别问题非常有效。

在 CRM 系统中应用客户价值分类模型主要有以下几个阶段：收集证券客户数据、数据预处理、客户聚类、模型评估、证券客户基于客户价值的分类，如图 5.5 所示。

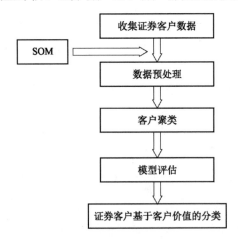

图 5.5　基于 SOM 聚类分析的证券客户分类流程

5.2.2　客户满意度

客户满意度(Customer Satisfaction Research，CSR)，是指客户的期望值与客户实际体验的匹配程度，换句话说，就是客户通过对一种产品或服务可感知的效果与其期望值相比较后得出的指数。

客户是企业的核心资源，如何让客户满意证券公司所提供的服务或产品成为分析证券客户关系管理一个十分重要的方面。证券公司有必要设计客户满意度评价指标体系，从而对客户满意度进行研究，同时为挖掘潜在客户，提高客户价值，提高客户的满意度提供技术上的支持。因此，对证券公司来说，构建客户满意度模型十分重要。

1. 客户满意度关系模型假设

第一，假设证券客户满意度是由客户对实际感知的服务和期望服务质量之间的差额决定的。

第二，证券客户的满意度是客户对服务价值的一种评估。

第三，证券客户总的满意度主要受客户对证券公司的服务或产品评价的影响。

第四，客户对各个服务或产品的评价是相互独立的。

2. 证券客户满意度关系模型的建立

根据前文 4 个假设，再加上给定的客户满意度评价指标，并结合证券公司管理的特点，分析影响证券客户满意度的因素，构建证券客户满意度关系模型(见图 5.6)。

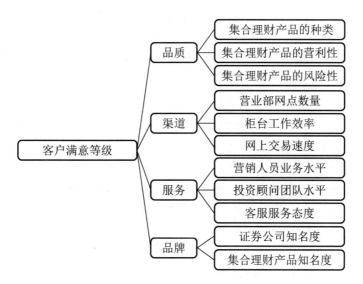

图 5.6　客户满意度评价体系

3. 客户满意度衡量与分析

客户满意度的提升或下降是由客户实际感受到的服务质量与客户预期的服务质量之间的比较决定的。

用函数关系来表示就是：客户满意度=f(客户期望值 E，实际获取值 A)

即客户满意度=客户实际获取服务质量数值/客户期望服务质量数值= A/E

客户满意度由此也可以划分为 4 种情况：客户满意度>1、客户满意度=1、客户满意度<1、客户满意度<0(见表 5.5)。图 5.7 为证券客户满意关系模型。

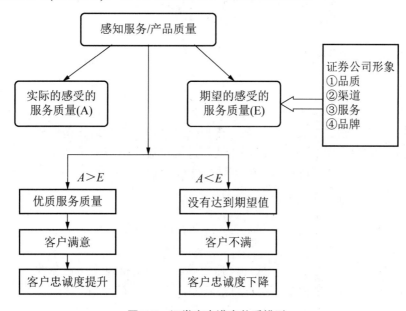

图 5.7　证券客户满意关系模型

表 5.5　证券客户满意度测评以及对应策略

评　分	客户满意度	客户忠诚度	采取对应策略
客户满意度>1	愉悦	非常忠诚	继续挖掘客户期望，提供优质的个性化服务或产品
客户满意度=1	满意	比较忠诚	优化客户服务或产品，防止客户流失
客户满意度<1	不满意	客户容易转户	提高服务和产品基本成分的可靠性，尽可能地减少客户流失
客户满意度<0	强烈不满	客户转户销户	—

从证券公司角度来看，要增加客户的满意度，有以下两个途径。

(1) 降低客户的期望值。

(2) 提升客户的实际获取值。

对此，证券公司应采取以下措施。

1) 降低客户期望值

降低客户期望值是比较困难的，尤其在证券业中，客户的需求是多样的，因此，客户的期望也是多种多样的。那么，证券公司应该充分利用客户期望值的脆弱性来降低其期望值。比如，证券客户对于以往的投资经验或习惯刚建立起来的期望值通常是非常不稳定的，只要稍微受到市场波动就会产生动摇，这时候就应该抓住机会，通过公司专业的投资顾问团队给客户提供其他的期望值，这样就可以降低客户的期望值。

2) 提升公司的服务水平和产品质量

提高客户实际获取值是企业通常的做法，证券公司也不例外。通过证券公司分类模型把客户进行细分，分成高价值客户、中价值客户、低价值客户，随后对不同的客户提供不同的服务或产品，最终使客户产生满意的体验。

5.2.3　流失客户预测

当下证券行业竞争十分激烈，券商之间存在严重的相互抢夺客户、客户流失的现象。客户是企业的核心资源，一个证券公司成功的关键在于客户，客户的投资收益、客户份额等都与证券公司利润密切相关。据推算，挖掘一个潜在客户并最终使他成为正式客户的成本是留住一位老客户成本的 6～7 倍。通过创建客户流失模型进行预测，可以使证券公司采取相应的预防措施，从而避免客户流失抑或使客户流失最小化。

1. 证券公司客户流失的原因

证券公司客户流失的原因是多方面的，主要有以下 3 类。

1) 自然流失

客户自然流失是因为营业部的搬迁、撤销等。这种情况是不可避免的，这种客户流失是在证券公司可承受范围之内的，不具有持续性。

2) 竞争流失

竞争流失就是因为各个证券公司之间的竞争导致的客户的流失。

例如，其他券商在佣金上具有优势，投资顾问团体投资咨询水平更高等。这些因素都可能导致客户流失。

3) 过失流失

过失流失是由于客户对证券公司的服务质量产生不满而造成的。例如，客户经理服务态度不好，不能满足客户正当需求等。

2．客户流失建模的原则

客户选择哪家证券公司，选择购买哪种金融产品和服务，客户诸如此类的选择会受到各方面因素的影响。从微观角度来说，与人情关系、价格、服务质量、竞争对手的策略有关；从宏观角度来说，国家政策、国际形势的变化都会对客户造成一定的影响。在这种情况下，要非常精确地预测某个客户的流失是极其困难的。但是，大多数情况下客户的行为是理性的，他们不会随意离开目前的证券公司，并且客户流失之前都会有一些相似的行为，这就使预测客户流失成为可能。

3．客户流失预测模型的建立

客户流失对证券公司是一个非常严重的问题。证券客户流失不仅仅指客户销户情况，也指客户把大量资金转出证券公司购买其他金融机构的理财产品或信贷产品等。因为面对的投资趋于多样化，证券市场持续低迷，导致客户投资股票的意愿大幅降低。因此，证券公司应用数据挖掘技术进行证券客户流失分析具有十分重要的意义。建立证券公司客户流失预测模型，可以知道哪些客户会流失，客户最近有哪些异常行为，此外，还可以分析客户流失的原因。通过这些现象的分析，证券公司可以在客户流失前采取相应的挽留措施。因此，创建客户流失预测模型具有重要的现实意义。

建立客户流失模型预测的具体流程如下。

1) 确定业务问题与环境评估

将客户流失分为自然流失、竞争流失、过失流失3类。

2) 数据收集与处理

为了建立损失客户预测模型，必须寻找大量的原始数据，然后对数据进行简单的处理，随后将数据转换成模型。

建模时，要根据数据的特征对数据进行分析以寻找不同数据之间的关联度，寻找哪些变量与客户流失有关，哪些与客户流失无关，从而排除无用数据，降低模型的复杂性，使模型预测更加精确。

3) 数据应用和评估

在损失客户预测模型建立后，需要大量数据进行反复检验。如果数据检验与预估数值相同，就可以立即运用到当前业务中。通过模型预测客户流失的趋势采取相应措施；反之，如果预估数值存在很大偏差就构建新的模型，如图5.8所示。

4．客户流失的 Logit 模型

一般来说，损失客户预测模型是通过客户数据资料的分析和研究建立 Logit 回归模型，利用此模型发现客户的异常行为，提前采取相应挽留措施，防止客户流失。

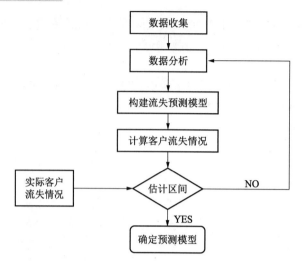

图 5.8　损失客户预测流程

1)　变量选择

建立具体的客户流失预测模型的关键是恰当地选择影响客户流失的变量,即建模变量。

影响证券公司客户流失的主要变量有证券客户资产、集合理财产品、异常大额交易、异常银证转账、客户投诉情况等。

2)　通过交叉表来判别显著影响变量

通过运用 SPSS 等工具对上述变量进行研究分析。交叉表分析结构主要有 3 个指标,"流失百分比""全部百分比""比率值"(见表 5.6)。

表 5.6　各属性识别流失客户的情况

属　性	流失百分比	全部百分比(%)	比率值
			/
			/
……	……	……	……
			/

3)　建立 Logit 模型

假设个体选择方案 $i=1$(客户不流失)的概率为 P,则 $i=2$(客户流失)的概率为 $1-P$,记为 Q。那么 P、Q 与影响因素之间的关系用以下模型表示:

$$\begin{cases} P = e^z/1 + e^z \\ Q = 1/1 + e^z \\ z = \beta_0 + \beta_1 X_1 + \cdots + \beta_n X_n \\ \mathrm{Logit}(P) = \ln\left(\dfrac{P}{Q}\right) = Z = \beta_0 + \beta_1 X_1 + \cdots + \beta_n \end{cases}$$

其中,β_0 是与各因素无关的常数项,β_1、β_2、…、β_n 是回归系数。Logit 分析法可以考察多个变量对证券客户流失的影响,通过对每一个属性变量进行分析以考察它们的贡献程度，然后剔除一些不重要的变量，最终选择贡献度最大的属性变量进行 Logit 回归分析。

证券公司能够识别将要流失的客户意味着能够减少维护客户的成本，意味着能够增强客户与公司之间的关系。此外，证券公司还应该注意到随着证券新业务的发展，根据原有的数据库信息构建和推导的客户流失预测模型的效果可能随着时间而逐渐衰退，因此，模型需要不断地更新和优化。从客户管理角度来说，维护和正确使用数据库是十分重要的。

@ 5.3 投资情绪分析

在实践中，投资者的非理性行为一定程度上会影响金融市场(例如，2015 年中国中车的大起大落)。理论上，投资者是否理性是已分传统金融学和行为金融学依据。传统金融理论认为投资者是理性的，并没有考虑到投资者的情绪因素，而行为金融理论认为投资者易受到情绪、情感等因素的影响，并将投资者情绪作为其两大基本假设之一。

"投资者情绪"是一个模糊和非数量化的概念。从广义上看，投资者情绪包含诸多能够影响投资者的证券估值和市场预期的因素；从狭义上看，投资者情绪仅研究对投资者的证券估值和市场预期能够产生影响的经济变量和其他因素。对于证券经营机构与相关研究机构来说，投资者情绪的测量是一个难题。如何对投资者情绪进行量化分析，对股票市场研究来说至关重要。

5.3.1 投资者情绪的测量

根据指标数据的主客观性和数据来源可以分为两类：主观测量指标和客观测量指标。近年来，对于投资者情绪的测量出现了新的趋势，学者们对主观测量指标和客观测量指标的不足，进行改进，构造了复合投资者情绪指标，并将其作为投资者情绪的代理变量。下面分别加以介绍。

1. 主观投资者情绪指标

主观投资者情绪指标也称为直接指标，是指经过调查得到的直接反映投资者对市场行情的看法和判断，一般以投资者看涨、看跌及看平的比率数据来表示，或是用经济信心指数进行替代，直观地表现出投资者对未来市场的悲观或乐观情绪。例如，美国证券市场的友好指数、个人投资者协会指数(AAII 指数)、投资者智慧指数(II 指数)等。由于国内尚无与投资者情绪调查有关的标准化组织，国内一些机构编制出的投资者情绪调查指标尚缺乏权威性。研究中少有学者运用主观指标来度量中国投资者情绪。目前而言，具有一定影响力和认同度的主观指标主要有央视看盘指数、消费者信心指数、巨潮投资者信心指数以及耶鲁—CCER 投资者信心指数。

1) 国外常见的投资者情绪指标

(1) AAII 指数。

AAII 指数，即美国个人投资者协会指数，它是由美国个人投资者协会自 1987 年调查发布的指数。AAII 指数每周通过随机抽样向其会员发出调查问卷，并于周四记录当周收回的问卷。调查的内容是要求参与者对未来 6 个月的股市进行预测，看涨、看跌或者看平。

由于调查主要针对个人,所以该指标一般用以衡量个人投资者情绪,也是国外学术界常用的投资者情绪指标之一。

(2) II指数。

II指数,即投资者智慧指数,它是由Chartcraft公司编制的一个对超过150家报纸股评人士情绪的调查数据。它的具体公式为:看多比例-看空比例。由于股评的作者大多是现任的或者是已退休的金融专业人士,他们具有一定的专业性,因此II指数被视作中型投资者的情绪的代表。

(3) 友好指数。

友好指数是美国哈达迪(HADADY)公司的产品,于每周一在美国证券交易所闭市后公布。该公司统计全国主要报刊、基金公司、投资机构等每周的买进卖出建议,然后通过打分评估它们的乐观程度。

2) 国内常见的投资者情绪指标

(1) 央视看盘指数。

央视看盘指数由中央电视财经频道编制,通过向知名的机构投资者和普通个人投资者发放调查问卷,收集投资者对后市的看法编制而成。问卷中将投资者对市场的预测分成看涨、看平和看跌3类,调查分为日调查和周调查两种。

(2) 消费者信心指数。

主观指标中有一类是使用其他经济信心指数来替代,我国的消费者信心指数也常作为投资者情绪的代理变量。消费者信心指数由国家统计局编制,用以衡量社会公众对目前及未来经济的信心程度,一定程度上反映投资者情绪。

(3) 巨潮投资者信心指数。

2003年,深圳证券信息公司借鉴国外的投资者信心指数及国家统计局的消费者信心指数的编制方法,推出了巨潮投资者信心指数,它由一组动态的量化指标构成,刻画了投资者对目前及未来市场的信心状态,各指标数据均由每周一次的问卷调查获得。

2. 客观情绪测量指标

客观指标也称为间接指标,这类指标主要是采集金融市场上与投资者情绪相关的公开交易数据或通过相关的统计方法来构造相应的情绪指标来衡量投资者情绪的变化。相对于主观指标而言,客观指标在学术研究中应用更为广泛。早在20世纪80年代,西方学者已开始收集证券市场上与投资者情绪有关的数据,对这些数据进行处理并构造相应的情绪指标,作为投资者情绪的度量。这些指标根据其来源与性质的不同,大致可以分为以下四大类。

1) 市场表现类

市场表现类包括腾落指数、新高新低指标、首日IPO表现(包括IPO发行数量和IPO首日收益)、市场换手率、市场交易量、市场流动性水平。腾落指数是以股票每天上涨或下跌的家数作为观察与计算的对象,以了解股市人气的盛衰,研判大盘的走势。新高新低指标是计算市场上的股票创一年来新高或新低的指数,以此反映市场的强弱程度。IPO市场相关指标包括了 IPO 发行数量和 IPO 首日溢价。一般认为，一段时间内 IPO 发行数量越大，首日 IPO 溢价越高，投资者情绪越乐观。市场交易量和市场换手率指标也都是常见的客观投资者情绪测量指标，市场交易量越大，换手率越高，市场的投资者情绪越乐观。流动性水平也常出现在国外投资者情绪的研究中，作为投资者情绪的代理变量。

2) 交易行为类

交易行为类包括保证金借款比例、短期利率变化比例、卖空比例、零股卖空比例。在交易行为类指标中，美联储每月发布的保证金借款比例常被认为是牛市指向标，保证金借款比例越高，市场投资者的情绪越乐观。短期利率的变化常被看作熊市指向标。卖空比例是卖空交易额占总的卖出交易额的比例，卖空比例越高，投资者情绪越悲观。零股卖空比例是代表着不足 100 股的买卖交易占总交易额的比例，零股卖空比例更多地反映个人投资者情绪，零股买卖比例越高，投资者情绪越悲观。

3) 衍生变量

衍生变量包括认沽认购比、波动率指数 VIX。认沽认购比代表着卖出/买入期权的交易量之比，该比例越高，代表着投资者情绪越悲观，常作为熊市指向标。波动率指数 VIX 又称为"恐慌指数"，用以反映 S＆P500 指数期货的波动程度。

4) 其他情绪代理

除以上三类指标外，还有一些能反映投资者情绪的客观指标，例如，封闭基金折价率、共同基金净买入、红利溢价、新增投资者开户数、股票发行/债券发行比例、季节性情绪变化 SAD 等。

证券经营机构和研究机构可以根据上述投资者情绪指标，以 SPSS 统计软件为工具，建立一个关于投资者情绪指标与股票市场价格之间关系的模型，从而为投融资服务客户提供一定的参考。

5.3.2 基于网络舆情的投资者情绪分析

1. 网络舆情与投资者情绪

投资者情绪除了表现在上述已经被量化的指标外，还会在网络舆情中体现。随着互联网的普及，以微博、论坛、博客等为代表的网络社交媒体广泛流行，网络舆情逐渐成为影响人们情绪、态度行为的重要因素。

网络舆情(Network Public Opinion)，是指在互联网上流行的对社会问题不同看法的网络舆论，是社会舆论的一种表现形式，是通过互联网传播的公众对生活中某些热点、焦点问题所持的有较强影响力、倾向性的言论和观点。它具有以下几种特征。

1) 直接性

直接性是指网民可以通过微博、论坛和博客随时发表意见，民意表达十分畅通；网络舆论具有无限次即时快速传播的可能性，网民可以转发将信息重新传播，一个爆炸性的新闻信息能在很短的时间被大多数网民获取。

2) 虚拟性

互联网是一个虚拟的空间,发言者的身份是隐蔽的,再加上我国对网络舆情的管理和监督机制不够完善,因此网络舆情的真实性是值得推敲的。有的信息可能是网民片面、错误的认识,有的信息可能是网民宣泄情绪所捏造的,还有的信息也可能是出于商业目的甚至是不法目的杜撰的。因此,网络舆情具有一定的虚拟性。

3) 突发性

网络舆情的形成往往非常迅速,一个新闻热点再加上一个情绪化的观点就可以掀起一大片舆论的波浪。

4) 随意性和多元性

网络舆情不同于传统媒体的一点是网络舆情没有门槛,所有人都可以通过网络媒体发表意见和评论。网民在网上或隐匿身份,或现身说法,谈论国事、交流思想。网络为民众提供交流的空间,也为收集真实的舆情提供了素材。

在金融领域,越来越多的投资者会在网络中表达自己的投资情绪,同时投资者的投资决策也会受到网络舆情的影响。网络舆情中的投资者情绪对证券经营机构来说具有极高的研究价值。

首先,投资者情绪会对股票价格产生系统性影响。当投资者情绪好时,投资者倾向于采用简单启发式来辅助决策,并在信息处理中较少采取批评的模式;而在情绪不好时,投资者更倾向于采用更加周密的分析活动,但是投资者通常会将自身的情趣归于错误的来源而产生错误的判断。投资者的个体情绪变化通过网络媒体在群体中蔓延传染,最终会形成具有倾向性的群体情绪,进而对股票市场价格产生影响。

其次,投资者情绪也受到股票市场的影响。投资者决策时其心理会随着股票市场的变化而改变。例如,当股票市场上充满许多不确定性的时候,投资者会规避风险,试图进行理性的投资,然而投资者会发现自己对股票市场的认知能力有限,为了进行更好的投资决策,投资者会借助于媒体信息、专家建议以及自身的感觉、经验等。股票市场的不确定性越大,投资者的这种求助感越强烈,人类的认知偏差就越可能出现,从而导致投资者的非理性行为。

由此可见,投资者情绪与股票市场价格是相互影响的。

2. 获取投资者情绪分析的方法

应用网络舆情分析投资者情绪,需要从大量文本信息或非结构化数据中挖掘有价值的资料。通过网络舆情分析投资者情绪的过程如图5.9所示。

首先,应用文本挖掘技术,从杂乱无序的网络媒体信息中获取有价值的信息,把非结构化的文本信息转化为结构化文本信息,从文本信息中提取投资者情绪测评指标,结合属性词典和情感词典,应用情感分析引擎,获得投资者情绪分析结果。其次,可支持两方面的应用。一是基于投资者情绪分析结果,以及情绪与股票市场之间走势的关联。对市场行情进行预测。二是基于文本信息中的上市公司属性和投资者情感倾向,预测各类上市公司的股票价格走势,为买入、观望、卖出等决策提供支撑。

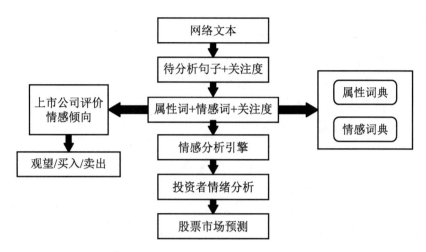

图 5.9 通过网络舆情分析投资者情绪

对于网络舆情中投资者情绪的分析，主要应用网页抓取技术、特征挖掘技术以及情感极性分类技术等。

1) 网页抓取技术

网络爬虫是目前使用最多的文本采集技术。网络爬虫又称为"网络蜘蛛"，是一个自动抓取网页的计算机程序，作为搜索引擎的重要组成部分为搜索引擎从互联网下载网页。通用网络爬虫的原理如下：从一个或若干初始网页的 URL 开始，获得初始网页上的 URL 列表，在抓取过程中，不断地从当前页面上抽取新的 URL 放入队列，直到 URL 的队列为空或满足某个爬行终止条件。主体爬虫的工作流程较通用网络爬虫复杂，需要根据一定的网页分析算法过滤与主题无关的链接，保留有用的链接并将其放入等待抓取的 URL 队列中。然后，根据一定的搜索策略从队列中选择下一步抓取的网页 URL，并重复上述过程，直到满足系统设置的任一停止条件。有别于传统网络爬虫的是，主体爬虫主要解决三个问题：一是对抓取目标的描述或定义；二是对网页或数据结构的分析与过滤；三是确定对 URL 的搜索策略。这一过程所得到的分析结果还将对以后的抓取过程提供反馈和指导。

优秀的网络爬虫工具应当具备抓取速度快、抓取准确率高、更新及时、可拓展性强、具有分布式抓取等特点。目前比较流行的抓取工具有 Heritrk、WebSphinx、MetaSeeke 等。

2) 特征挖掘技术

特征挖掘技术是一种能够从结构化的文本信息中提取出关键属性词的技术。属性词一般由名词和名词短语组成，例如，"贵州茅台(600519)关于部分监事辞职的公告"其中"部分监事辞职"就是一个投资者关注的属性词。产品具有多种属性，也称为产品特征。一般情况下，一篇产品评论信息可能涉及产品的多个特征。相应地，上市公司也具有不同属性，在股吧评论信息中涉及上市公司的不同属性，例如，产品、业绩、利润等。

产品特征可以分为显性特征和隐性特征两类。显性特征是指出现在语句中可以直接作为产品特征的词汇或短语，而隐性特征是指句子中没有明显的特征描述，需要对句子进行语义理解才能得到的特征。提取隐性特征需要自然语言的完全理解技术，而该技术目前还不够成熟。因此，目前的产品特征挖掘只考虑显性特征。在网络舆情中也只能识别上市公司的显性属性,进而判断投资者对不同显性属性的情感倾向。

特征挖掘技术是技术框架中的重要内容,目前主要有两种技术方法。第一种是人工定义的方法,这也是最常用的方法,主要有以下几种模式。

(1) 先应用文本特征表示,再建立挖掘模型,类似于文本关键词的提取方法。

(2) 先建立概念模型,再根据评论信息中的语音进行模式匹配。

(3) 建立领域知识模型,如某些研究中挖掘出抽象属性就是应用了事先建立的领域知识模型。

(4) 建立本体模型,这一类研究和概念模型比较接近,就是事先建立了一个关于产品的相关概念及关系的本体。美国普林斯顿大学的心理学家、语言学家和计算机工程师联合设计的英文词网(WordNet)就相当于一个通用的语言本体库。

第二种是自动提取的方法。该方法主要通过词性标注、句法分析、文本模式等自然语言处理技术对评论信息进行文本分析,自动发现文本特征,这种方法具有很强的可移植性。

从挖掘效果来看,自动提取办法的结果通常查全率比较理想,但是查准率与人工定义法仍有一定差距。

3) 情感极性分类技术

情感极性分类主要是分析主观性文本、句子或者短语的褒义或贬义,即判定它们的极性类别。情感极性分类是有指导的机器自动分类,一般分为训练和分类两个阶段,具体可以分为以下几个步骤。

(1) 确定情感分析单元。情感分析单元即情感极性的分类对象,它是由研究目的决定的。情感分析单元的选择,直接对文本信息的情感分析效果产生较大的影响。

情绪单元可以分为词汇短语层、句子层和文档层 3 个粒度层面。

① 词汇短语层。它主要研究集中在单个词语或短语的语义倾向性,采用的方法主要包括基于语料挖掘的方法和基于极性词典拓展的方法。

② 句子层。情感可以由主题、意见持有者、情感描述项和褒贬倾向性四部分来描述,即意见持有者针对主题表达了具有某种褒贬倾向的情感描述。语句的情感分析重点是在语句文本中自动确定这些元素以及它们之间的关系的过程。

③ 文档层。文档层情感分析一般首先计算或判断词汇或词组的褒贬倾向性,再通过篇章中极性词语或词组技术或对其褒贬程度值求和或均值或结合句法分析等获得句子或篇章的总体情感极性。

(2) 文本表示训练文本。文本表示将决定选用什么样的文本特征来表达文本信息。就目前的文本分类系统来看,绝大多数都是以词语或者词语组合作为特征项表达文本信息的。

(3) 挑选分类方法并训练分类模型。已有的文本分类方法有统计方法、机器学习方法等。在对待分类样本进行分类前,需要确定分类方法,利用训练文本进行学习训练并获得分类模型。

(4) 运用分类模型对测试集进行极性分类,评价所建立的分类模型的分类效果。

情感极性分类算法可以分为两类，即基于语义的情感分类方法和基于机器学习的情感分类方法。

① 基于语义的情感分类，是指通过文本信息语义分析的方式建立情感分类器，主要有两种方式：第一种是先从情感单元中抽取带有情感倾向的形容词或者动词，以及和这些词具有修辞关系的程度副词或否定副词，将其称为情感词，然后对这些情感词进行情感倾向计算，并得到它们的情感倾向值，最后对情感词的情感倾向值求和，得到情感分析单元的情感倾向值。第二种是建立一个包含情感字典的情感倾向语义模式库，然后把情感倾向分析单元按照这个模式进行模式匹配，计算出情感倾向值，最后对这些短语模式的情感倾向值求和，得到该情感分析单元的情感倾向值。

② 基于机器学习的情感分类，主要算法包括朴素贝叶斯算法、决策树、人工神经网络、K 近邻算法等。对常用文本分类算法分析比较发现，支持向量机、K 近邻算法、朴素贝叶斯是三种较好的文本分类算法，其中，支持向量机具有最高的分类精度，但分类速度最慢；朴素贝叶斯算法具有最高的分类速度，但是精度最低。

基于语义的情感分类算法和基于机器学习的情感分类算法各有利弊。基于语义的极性分类算法能够更加接近现实的语义特征，但分析效果依赖于对语义模式的正确归纳；基于机器学习的情感分类算法，直接明确提取文本信息情感特征项，但分析效果依赖语料库或训练文本信息的代表程度。

(5) 使用获得的分类模型对待分类文本进行分类，并对分类效果进行评价。

文本分类中普遍使用的性能评估指标包括查准率(Precision)和查全率(Recall)。查准率反映了一个分类器对于类别的区分能力，查准率越高，表明分类器识别的正确分类数与总分类数差距不大，即识别的错误率较低。查全率反映了一个分类器的泛化能力，查全率越高，说明这个分类器越能够把正确的类别识别出来，但并不关心识别出的总个数。

为了判断属性词所在文本信息的情感极性是否符合人工标注的真实极性，可以归结为一个二值分类，评估选择使用二维列联表。判断情感极性的过程可以通过列联表进行展示，如表 5.7 所示。真正属于该类的极性数即在人工标注中得到的情感极数。衡量查准率与查全率的计算方法如下：

$$Precision = \frac{A}{A+B}$$

$$Recall = \frac{A}{A+C}$$

表 5.7　评估极性分类性能的列联表

	情感极性句子数	非情感极性句子数
挖掘出来的情感极性句子数	A	B
未挖掘出来的情感极性句子数	C	D

如果算法的查准率高而查全率低，虽然分类效果的可靠性高，但对新的语句进行分类时很多正确的类别不能识别。而如果算法的查全率高而查准率低，虽然对新语句的正确识

别效果很好,但分类结果中错误的数量可能会比较多。由此分析,单独使用查准率和查全率中的一个指标来评价分类算法是不全面的,需要综合考虑。

@ 5.4 大数据与智能投顾

5.4.1 智能投顾概述

1. 智能投顾的定义

智能投顾,也称机器人投顾(robo-advisor),其运用云计算、大数据、人工智能等技术将资产组合理论等其他金融投资理论应用到模型中,再将投资者风险偏好、财务状况及理财规划等变量输入模型,为用户生成自动化、智能化、个性化的资产配置建议,并对组合实现跟踪和自动调整。

智能投顾作为人工投顾的替代品,通过获取用户的风险偏好水平以及大致预期收益率等指标,运用智能算法以及组合投资后的自动化管理技术,帮助用户实现主动投资策略与被动投资策略相结合的定制化投顾服务。因其服务过程能够实现全部或绝大部分自动化操作管理,因此被称为智能投顾。

2. 智能投顾的发展历史

纵观智能投顾的发展历史,大致可以分为三个阶段:传统投顾阶段、在线投顾阶段与智能投顾阶段。①传统投顾阶段(20世纪末以前):主要为高净值客户进行一对一的人工服务,对资产进行全方位的财富管理,赚取顾问费、佣金及收益分成。②在线投顾阶段(20世纪末至2015年):以人工服务为主,投顾为中等净值客户提供交易性投资组合管理和有限的投资建议,客户可根据自身需求在线上平台进行投资理财。③智能投顾阶段(2015年至今):有限或无人工服务,利用计算机程序系统根据客户自身理财需求,通过算法和产品搭建数据模型,为客户提供理财建议。这一模型具有低成本、无情绪化、规模化等特点。

3. 智能投顾的目标客户

智能投顾的目标客户主要面向中产及长尾客户。中产及以下收入人群庞大,存在强烈的资金管理及投资需求。美国年收入3万到20万美元属于中产阶层,占总人口的80%左右。而在中国,到2020年,中产阶层将达到7亿人,接近总人口的一半。庞大的中产阶级人群,除了购买常见的金融产品之外,还有资产配置的需求。

4. 智能投顾与传统投顾

传统投顾投资门槛高,投顾费用昂贵,主要客户为高净值人群。传统投顾通过与高净值客户进行一对一的沟通,为其提供包括保值、增值、传承、公益慈善等财富管理咨询服务。中产及以下长尾人群很难享受专业化、定制化的投资顾问服务。

智能投顾降低了投资服务门槛。基于互联网提供的服务可根据客户以问卷等形式反馈的信息进行风险偏好判别,然后计算机后台利用算法自动计算出满足条件的投资组合,在全球范围内实现资产配置,从本质上既节约了专业投顾的人力成本,也可以更高效、便捷、廉价地为中低净值客户提供投资理财、资产配置等服务，且起投门槛也明显低于传统投顾。

5. 通过大数据实现证券公司智能投顾的意义

1) 深度分析客户，将合适的产品提供给合适的客户。大数据通过大数据挖掘、云计算等技术，结合相关算法对客户的交易数据、行为数据进行深度分析，从而全面认知用户的投资水平、风险承受能力、风险偏好、投资偏好等；同时大数据也将每个产品与服务数据化、标签化，并通过适配算法为客户提供个性化资讯产品、金融产品等，从而实现用户差异化服务。

2) 增强存量客户的黏性，促进潜在客户的挖掘和向新客户的转化。利用大数据，可以为投资者提供个性化、差异化的服务；实现营销活动的闭环，收集客户反馈，提升服务水平，提升服务质量，从而增强客户的黏性。此外，可以通过营销活动推广、产品推介、资讯服务、微信图文推送等手段促进潜在客户挖掘向新客户的转化。

3) 助力证券公司向财富管理转型

证券公司经纪业务正在经历由传统通道业务向财富管理的转型，而大数据实现证券经纪业务客户精准营销、服务的逻辑恰恰是最符合这一转变的。大数据以客户为中心，围绕客户的特征与需求，进行客户与产品的匹配，与客户建立主动、精准、高效的连接，实现实时、精准、智慧的服务，这解决了证券公司转型财富管理需要变产品主位为客户主位、变营销导向为客户导向的问题。

5.4.2 大数据与智能投顾服务系统

基于大数据的关联推荐机制，证券公司智能投顾系统可以解决客户需主动搜寻相关服务的"痛点"，变"被动服务"为"主动服务"。建立场景化的伴随式产品架构，在客户开户、日常生活、线上习惯、交易行为、盈亏波动全过程中，主动介入合适的投顾服务及产品，包括主动询问、主动支持、主动建议、主动情绪干预，变客户关系为朋友关系，增强客户黏性。基于如上目标，智能投顾系统包含以下 3 个部分。

1. 客户服务系统

该部分是服务体系化建设的具体表现和承载，包含如下服务。

(1) 客户全角度画像，投顾可以通过该功能迅速了解所属客户的历史及现状，包括其基本信息、投资历程、盈亏波动、特点及爱好、风险及性格，便于后续的投顾服务。

(2) 客户服务(资讯、咨询、交流)，投顾通过该功能可以实时介入预设各场景下客户线上线下的活动中，主动或被动为客户提供资讯解读、咨询及建议、其他生活工作交流。

(3) 客户群体管理(交易圈、技术圈、交流圈)，投顾可以对所属客户进行分群分组服务，通过圈群服务，满足客户间的相关话题交流，增强服务黏性和广度。

(4) 投顾特色服务(图文直播、音视频直播或录播、观点、问答、优顾达人、组合、锦囊等)，投顾通过丰富的形式，按预定的日程安排，对市场、盘面进行解读，发布个人的投顾观点，阶段性的股票池及投资组合，便于所属客户随时阅读、参与。

(5) 投顾签约服务，投资顾问与客户签约，提供信息资讯、投资建议、组合模拟、资产配置建议等服务，以佣金或服务费方式获取收益。

(6) 基金投资顾问试点业务包括签约、客户交流、适当性管理、基金配置模拟回测与反馈、委托下单、盈亏分析、信息披露、工作留痕等。

(7) 客户服务评价，该功能对投顾与客户的交互程度、亲密程度、客户广度、服务频度、客户变更(数量、资产量、盈亏等)进行评价，以指导服务体系不断完善和改良。

(8) 客户关联推荐，综合用户画像，投顾特性，业务关系，投顾服务相关指引，该功能自动(或半自动)为客户提供合适的、优选的投顾人员。该推荐关系应支持因多种要素的变化，包括公司相关业务规划、客户主动、投顾主动等，进行变更、扩展(该关联推荐限制在一定的业务范围，且需建立新机制，打破投顾与客户现存的关联关系)。

2. 投顾支撑体系

支撑体系的核心目标是给投顾赋能，提高投顾员工的专业能力，并以可量化的形式形成对投顾员工的综合评价。

(1) 投顾知识平台，包括投研分析、资讯获取及加工。核心目标是为投顾人员提供广泛的、海量的、数据化的知识支撑。具体来说，如投研报告及相关深度数据，海量互联网资讯及加工入口。

(2) 模拟交易，为投顾提供一个模拟开展账户投资的环境，验证投资逻辑、市场预判以及投资调整，客观体现投顾的实盘能力。

(3) 智能投顾，包括选股和资产配置，如多因子选股、策略选股、资讯选股、大类资产配置模型等。

(4) 投顾培训。对投顾开展知识、技能、法律法规、业务等方面的培训，可利用公司内外部资源。

3. 业务管理体系

基于证券公司具体的投顾业务开展，以及服务高净值客户的特定投顾产品的需求，投顾系统还需提供以下基础业务管理模块。

(1) 风控管理，包含投资报告会管理、媒体露面管理、证券黑名单管理、关键字管理等。

(2) 投资顾问业务竞赛与选拔。

(3) 业务管理。对每一项投顾业务，包括但不限于策略匹配、投顾签约、基金投资顾问业务试点等，对业务开展情况进行过程管理、结果评价，对业务开展的资格审批、合规性、适当性等进行业务管理。

(4) 投顾人员管理。对投顾画像及评估，根据投顾的基础信息、职业经历、服务数据、工作数据、工作业绩，客观、全视角地对投顾进行画像，并以此作为对投资顾问进行管理的依据，也作为客户关联的相关依据。

5.4.3 大数据智能投顾平台技术架构

证券公司可以从前台、中台、后台及基础资源四个层面构建智能投顾应用技术架构，具体如图 5.10 所示。

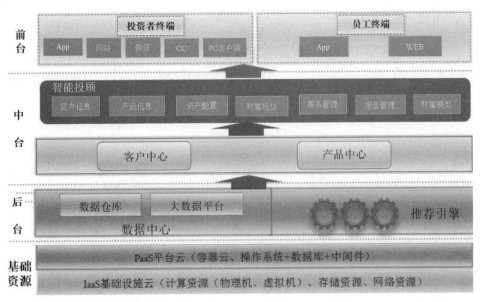

图 5.10 大数据智能投顾平台技术架构

1) 前台

前台包括投资者和公司员工，通过 Web、App、微信及客户端等多种方式与系统进行交互。

2) 中台

中台包括智能投顾系统、客户中心、产品中心。

智能投顾系统：为客户提供基于人工智能技术的资产配置服务，包含目标风险确定、组合构建、一键购买、风险预警、调仓提示、一键优化、售后服务报告等，涉及组合投资的售前、售中、售后全流程服务环节，实现管家式服务，提升客户满意度。

客户中心：统一管理客户，包含潜客与公司各业务线的客户，为他们制定统一的客户标识，进行全生命周期的管理，支持公司的协同业务；收集客户完整信息，形成客户全景视图；对客户进行分级分类，形成多维度的分级分类体系，对不同级别的客户提供个性化的服务；利用客户信息和分级分类，支撑精准营销，合规风控及业务协同。

产品中心：建设公司级产品仓库，覆盖公司全业务和全类型的产品及产品化服务，成为公司产品标准和权威的来源。产品中心将提供"三位一体"的服务。"服务客户"，即通过渠道端向客户进行产品展示。"服务员工"，即提供产品信息管理和全生命周期运营的功能。"服务系统"，即对接系统推送产品信息，与客户中心等系统配合支持产品的营销与客户服务。

3) 后台：包括数据中心(数据仓库 + 大数据平台)及推荐引擎。

数据中心(数据仓库 + 大数据平台)：实现统一数据交换、统一的监管报送、完整数据视图、完善的数据管控以及实时数据接入等功能。

智能推荐引擎：根据规则 / 策略模型，进行客户与产品匹配，实现智能化推荐。支持实时在线处理与离线批量处理两种方式。

4) 基础资源

基础资源包括 PaaS 平台云和 IaaS 基础设施云。

PaaS 平台云拥有基于多租户机制的资源管理、应用管理、DevOps (开发运维一体化)、权限管理、调度、日志、监控、API 网关等服务治理等能力。为公司前台、中台、后台应用提供应用开发、应用托管、应用运维等能力支持。

IaaS 基础设施云为公司前台、中台、后台应用提供计算、存储、网络等基础资源支撑。这些基础资源通过基础设施云管理平台实现监控、调度、部署及安全管控。计算资源包括物理服务器及虚拟机服务器；存储包括 SAN 存储、分布式存储、NAS 及软件定义存储(Server SAN、超融合)；网络资源包括负载均衡、防火墙、路由器、交换机及有线与无线网络；公共资源则包括机房、电力、制冷、消防等设备。

@ 5.5 大数据与量化交易

5.5.1 量化交易概述

量化交易(Quantitative Trading)，是指利用计算机技术，根据金融市场历史交易和相关数据建立模型，由模型践行投资理念，再利用算法自动下单完成交易。根据深圳证券交易所的定义，量化交易是指投资者利用计算机技术、金融工程建模等手段将自己的金融操作方式，用很明确的方式去定义和描述，用以协助投资者进行投资决策，并且严格按照所设定的规则去执行交易策略(买、卖)的交易方式。按照数学模型的理念和对计算机技术的利用方式，数量化交易方式可以进一步细分为自动化交易(Automatic Trading)、数量化投资(Quantitative Investment)、程序化交易(Program Trading)、算法交易(Algorithm Trading)以及高频交易(High Frequency Trading)。

量化交易的理论基础首先要从市场有效性假说开始，该假说于 20 世纪 70 年代由芝加哥的教授尤金·法玛提出。该理论认为在有效市场中所有信息包括历史信息、公开信息和内幕消息都会很快地被市场参与者消化领悟，并且股票价格会立刻体现所有信息的价值。有效市场理论的前提是假设所有的股市参与者都是理性而非感性的，并且这些投资者都能对所有市场信息做出迅速且合理的反应。在一个有效的股票市场里，股票价格能充分且及时地反映全部有价值的信息，并且市场上没有被低估和错误定价的股票，从而市场中所有参与者都不能获得超额的收益，而只能获得风险调整后的平均市场报酬率。

有效市场可以分为强式(Strong)有效市场、半强式(Semi-Strong)有效市场、弱(Weak)有效市场这三个层次。在无效市场中，技术分析是足够有效的，价格反映了部分历史全部信息(国内金融市场刚开始的十年处于该阶段)；当金融市场变成弱有效市场后，能够利用基本面分析收获逾额利润(国内在 2000 年至 2010 年处于此阶段)；当金融市场变成半强有效市场后(国内自 2010 年开始)，多数基本面分析的产品已无法获取超额利润。在强有效市场中，所有分析方法都无法获取超额收益，而强有效市场在现实中基本不可能存在，只是一种理论的市场。

随着国内金融市场有效性提升后，国内市场环境逐渐接近半强有效市场，监督管理人员对内幕信息的管控日趋严格，利用内幕消息获得超额收益的渠道受到制约，因此，数据驱动交易也就是量化交易方法成为一种更优的方式。从已公布的价格数据中挖掘出内在规律，从而获得超额收益，这也是美国等成熟市场量化交易额得以快速提升的原因。

与量化交易相对应的一个概念是传统的定性分析(Qualitative Analysis)，它是指以基本面分析为核心基础，通过实地调研(Site-visiting)或线上调研，了解上市公司的企业文化、R&D 研发水平、产品竞争优势、行业生命周期、宏观经济形势等软信息，最终基于个人主观经验做出投资决策。

量化交易和定性分析一样，也需要做交易前分析、下单交易和交易后分析 3 个方面的工作。其中的人工工作包括建立数学模型、挖掘数据模式、开发计算机软件系统、设置各种参数，量化交易软件系统运行后，还要对系统进行分析评估，然后根据评估结果调整模型或者重新挖掘数据模式，使系统更加有效。量化交易的基本流程可以分为获取数据、策略构思、建立模型、数据回测、调优再回测、交易跟随，如图 5.11 所示。

相对于传统定性分析而言，量化交易有以下 5 方面优点：

第一，理性交易。由于交易决策是由计算机程序做出的，不为人的主观情绪所左右，所以下单交易表现出良好的理性，可以克服人性的弱点，如贪婪、恐惧、侥幸心理，也可以克服认知偏差。在定性分析中，决策者的喜、怒、哀、乐以及个人的好恶均会对交易决策造成系统误差。例如，很多人在"牛市"的时候认为自己可以战胜市场，过于自信，始终满仓操作，最终只能随着市场的冷暖"坐电梯"。行为金融学的研究结果显示，情绪化的交易者经常会做出错误的判断。

第二，完备的系统性。完备的系统性表现为"三多"。一是多层次，包括在大类资产配置、行业选择、精选个股三个层次上；二是多角度，量化交易的核心投资思想包括宏观周期、市场结构、估值、成长、盈利质量、分析师盈利预测、市场情绪等多个角度；三是多数据，即对海量数据的处理。在证券市场上，投资经理需要处理宏观经济变量、市场结构变量、股票估值因子、股票成长因子、分析师盈利预测、市场情绪等众多变量，而且要面对上千只股票，传统投资中的投资经理无法处理如此多的信息。强大的定量信息处理能力恰好是量化投资的优势，它能捕捉更多的投资机会，拓展更大的投资机会。

第三，套利思想。定性投资大部分时间在琢磨哪一个企业是伟大的企业，哪只股票是可以翻倍的股票；与定性投资不同，量化交易则是在寻找估值洼地，通过全面、系统性的扫描捕捉错误定价、错误估值带来的机会。

第四，数据驱动。数据驱动表现为两个方面：一是定量投资不断地从历史中挖掘有望在未来重复的历史规律并且加以利用；二是在股票实际操作过程中，运用概率分析，提高买卖成功的概率和仓位控制。因此，易于利用历史数据对量化交易策略的表现进行回溯测试，通过观察策略在回溯测试中的表现参数，不断优化原有策略。而传统交易中的核心是交易者，同样的方法因为使用者的不同造成交易结果差异巨大。在考评和总结交易方法时，无法准确地评价交易方法的优劣，也就不能对方法进行有效的修改。

第五，风险分散。量化投资依靠筛选出股票组合来取胜，而不是一只或几只股票取胜，从投资组合的理念来看也是捕捉大概率获胜的股票，而不是押宝到单只股票。因此，量化投资可以充当分散化投资的工具。而传统交易中往往"重"收益"轻"风险，缺乏有效的风险管理机制。例如，我国一些传统交易基金，往往重视深度挖掘个股，希望通过"金股"和"牛股"来实现超额收益。但是，他们却不重视风险控制，没有一套有效的风险管理机制。这是造成传统主动型基金业绩经常冰火两重天的原因之一。

量化投资和定性投资一样，也需要做交易前分析、下单交易和交易后分析等 3 方面的工作。其中的人工工作包括建立数学模型、挖掘数据模式、开发计算机软件系统、设置各种参数，在量化投资软件系统运行后，还要对系统进行分析评估，然后根据评估结果调整模型或者重新挖掘数据模式，使系统更加有效。

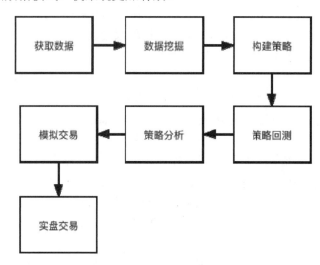

图 5.11　量化交易流程

5.5.2　量化交易策略

当下在金融领域出现多种灵活多变的量化交易策略，从投资范围和风险收益属性特征差异的角度，可以将市场上主要的量化策略划分为市场中性策略、指数增强、量化选股、CTA、套利类策略、期权策略以及量化多策略等。

1)　市场中性策略

市场中性策略，是指同时构建股票多头头寸和空头头寸，严格控制风险敞口，从而获得独立于股票市场的超额收益。

提到市场中性策略，首先要理解什么是资本资产定价模型(Capital Asset Pricing Model，CAPM)。CAPM 模型于 1964 年由 Willian Sharpe 等人提出。Sharpe 等人认为，假设市场是均衡的，资产的预期超额收益率就由市场收益超额收益和风险暴露决定的。如下式所示。

$$E(r_p) = r_f + \beta_p(r_m - r_f)$$

其中，r_m 为市场组合收益率，r_f 为无风险收益率。

根据 CAPM 模型可知，投资组合的预期收益由两部分组成，一部分为无风险收益率 r_f，另一部分为风险收益率。

CAPM 模型一经推出就受到了市场的追捧。但在应用过程中发现，CAPM 模型表示的是在均衡状态下市场的情况，但市场并不总是处于均衡状态，个股总会获得超出市场基准水平的收益，即在 CAPM 模型的右端总是存在一个 alpha 项。

为了解决这个问题，1968 年，美国经济学家迈克·詹森(Michael Jensen)提出了詹森指数来描述这个 alpha，因此又称 alpha 指数。计算方式如下式所示。

$$\alpha_p = r_p - \left[r_f + \beta_p \left(r_m - r_f \right) \right]$$

因此，投资组合的收益可以改写成

$$r_p = \alpha + \beta_p \left(r_m - r_f \right)$$

可将投资组合的收益拆分为 alpha 收益和 beta 收益。其中 beta 的计算公式为

$$\beta = \frac{\text{cov}\left(r_p, r_m \right)}{\sigma_p \sigma_m}$$

β 是由市场决定的，属于系统性风险，与投资者管理能力无关，只与投资组合与市场的关系有关。当市场整体下跌时，β 对应的收益也会随着下跌(假设 beta 为正)。alpha 收益与市场无关，是投资者自身能力的体现。投资者通过自身的经验进行选股择时，得到超过市场的收益。

市场中性策略的基本逻辑是在买入一篮子股票多头组合的同时，持有空头工具如期权、股指期货等，实现回避系统性风险下的超越市场指数的 alpha 收益。如图 5.12 所示，构建市场中性策略大致分为三大步骤：数据准备、因子模型和组合构建。

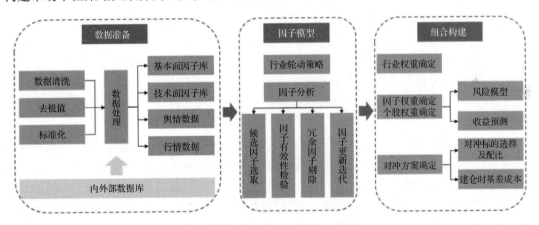

图 5.12 市场中性策略构建步骤

资料来源：平安证券研究所。

国内市场中性策略一般基于统计套利模型和多因子模型两大类。统计套利即通过分析标的资产的价格规律和多个资产之间的价格差异来获利。基于对历史数据(例如估值、财务数据等)的统计分析，依据相关变量的概率分布，捕捉其中的套利机会。多因子选股策略的基本思想是找到某些和收益率最相关的指标，并根据该指标，构建一个股票组合，期望该组合在未来的一段时间内的跑赢或跑输指数。如果跑赢，则可以做多该组合，同时做空期指，赚取正向阿尔法收益；如果跑输，则可以做多期指，融券做空该组合，赚取反向阿尔

法收益。多因子模型的关键是找到因子与收益率之间的关联性。

下面,以三因子模型为例来说明多因子选股设计策略。Fama 等(1993)在 CAPM 的基础上,加入了 HML 和 SMB 两个因子,提出了三因子模型,其也是多因子模型的基础。三因子模型如下:

$$E[r_i] - r_f = \beta_{i,\text{MKT}}(E[r_m] - r_f) + \beta_{i,\text{SMB}}E[r_{\text{SMB}}] + \beta_{i,\text{HML}}[r_{\text{HML}}]$$

其中,$E[r_i]$ 代表股票 i 的预期收益率,r_f 代表无风险收益率,$E[r_m]$ 为市场组合预期收益率,$E[r_{\text{SMB}}]$ 和 $E[r_{\text{HML}}]$ 分别为规模因子收益率和价值因子预期收益率。

在用三因子模型估算股票预期收益率时,经常会发现并非每只股票都能严格吻合式 1,大部分股票都会存在一个 alpha 截距项。当存在 alpha 截距项时,说明股票当前价格偏离均衡价格。基于此,可以设计套利策略。alpha<0 时,说明股票收益率低于均衡水平,股票价格被低估,应该买入;alpha>0 时,说明股票收益率高于均衡水平,股票价格被高估,应该卖出。因此,可以获取 alpha 最小并且小于 0 的 10 只股票买入开仓。

2) 指数增强策略

指数增强策略并不是被动地跟踪某个指数波动,而是利用上一节中多因子模型预测股票超额回报,同时力求控制投资风险、降低交易成本、优化投资组合。指数增强策略不会对跟踪标的成分股进行完全复制,而是会对部分看好的股票增加权重,对不看好的股票则减少权重,甚至完全去掉。通过对交易成本模型的不断监测,尽可能让交易成本降到最低。综合来看,就是既做到超额收益,又控制主动风险。

3) 量化选股策略

量化选股是指通过数量化方法分析判断是否应该购入某只股票,由此构建一篮子股票组合,期望该股票组合能够获得超越基准收益率的投资策略和投资行为。具体的方法主要包括基本面量化选股和市场行为量化选股。

基本面量化选股是通过分析公司的基本面得出公司股票的理论价格,并通过与市场价格做比较从而确定投资策略。常用的经典策略主要有多因子模型、风格轮动模型和行业轮动模型 3 类。

作为国内外量化投资机构所采用的最广泛的一种选股模型,多因子模型的基本原理是,采用一系列的因子作为选股标准,满足这些因子参数标准的股票被买入,一旦不满足因子参数标准则被卖出,或被其他符合标准的股票替代。一般而言,除了上文中的 Fama-French 三因子外,多因子选股模型经常选取的筛选因子还包括 PE(静态市盈率)、PEG(动态市盈率)、PB(市净率)、ROE(净资产收益率)、总市值、市销率、销售毛利率(GPR),等等。值得注意的是,考虑到单因子在优秀个股筛选上的"单薄性",且大多数单因子的有效性并不十分显著,绝大多数量化投资基金在实际的模型构建上,往往都会根据自己的大数据回测统计,剔除一些有效性偏低的因子,并排列组合出自己认为策略效果最佳的一些多因子模型,用于最终的股票筛选。

风格轮动模型是利用市场的风格特征进行投资,比如有时候市场主流资金更加偏好小盘股,有时候则更加偏好大盘股。如果风格轮动模型精准地捕捉到风格转换的启动,就可以通过该选股模型相应地构建合适的股票组合,获得显著的超额收益。

行业轮动模型,与风格轮动模型有较大的相似性。由于经济周期或投资者预期的原因，总有一些行业在一波上涨趋势或下跌趋势中提前启动，其他行业之后逐步跟随。在这个周期过程中，依次对这些轮动的行业进行配置或做空，就是行业轮动模型所希望达到的目标。

市场行为量化选股是以行为金融学为基础进行投资决策，主要有资金流模型、动量翻转模型、一致预期模型、趋势追踪模型和筹码选股模型5类。

资金流量化选股的基本原理，就是利用资金的流向和某一股票在市场上的供需关系，来判断股票的涨跌。一般而言，如果资金持续集中流入某一只股票，则股票价格将会由于供不应求而出现不断上涨；而如果资金持续流出，则股票价格将会由于供应弱于需求而出现下跌。因此将资金流入流出的情况编成量化统计指标，则可以利用该指标，来判断全市场所有股票在未来一段时间的涨跌。从实际应用来看，近年来，大智慧、同花顺等一些专业股票行情软件供应商，已经涉足了更专业的个股资金流向数据，而这与资金流量化选股的基本原理基本大同小异。

动量波动量化选股，主要就是跟踪股票的强弱变化情况。从行为金融学的角度来看，一般而言，过去一段时间明显强势的股票，在未来一段时间会大概率继续保持强势；过去一段时间明显弱势的股票，在未来一段时间往往继续弱势，这就叫作动量效应。反之，如果过去一段时间强势的股票在未来一段时间出现走弱，过去一段时间弱势的股票在未来一段时间出现走强，就被称为动量反转效应。如果模型判定动量效应将会持续，则买入该强势股；如果模型判断弱势股即将出现反转效应，则应该买入弱势股。

一致预期是指市场上的投资者可能会对某些信息产生一致的看法，比如大多数分析师看好某一只股票，可能这只股票在未来一段时间会上涨；如果大多数分析师均看空某一个股票，可能这只股票在未来一段时间会下跌。一致预期策略，就是利用大多数分析师的看法来进行股票的买入卖出操作。另外，近年来，有些专业从事量化投资的金融投资机构或研究机构，同时也正从"市场情绪反向变化"的角度，采用相关大数据统计模型，寻找市场一致预期的"反转效应"。即从市场一致预期的角度，寻找大盘或个股跌无可跌、涨无可涨的择时和择股机会。

趋势追踪量化选股与动量波动量化选股策略较为相识，其主要的原理是跟踪并跟随市场趋势，与跟随个股动量波动有较大的相似性。其本质，也是一种用量化手段跟随市场趋势选股、追涨杀跌的策略。判断趋势的指标有很多种，包括 MA(均线)、EMA(指数平均数指标，也叫 EXPMA 指标)、MACD(指数平滑移动平均线)、量价结合等。

筹码量化选股策略的基本思路是，如果主力资金要拉升一只股票，会慢慢收集筹码；如果主力资金要对一只股票派发出货，则会慢慢分派筹码。所以根据备选个股的筹码分布和变动情况进行量化统计，就可以筛选出合适的股票标的。这种量化选股策略，与资金流量化选股也有较大的相似性。

4) 量化套利交易策略

套利是指在买入或卖出一种金融资产的同时卖出或买入另一种相关的金融资产从中通过差价获得套利的过程。量化套利交易策略，是在期现套利、跨市套利、跨品种套利或者跨期套利等套利模式基础上，通过计算机自动下单获取稳定收益的交易策略。

期现套利除了股票与股指期货对冲的阿尔法策略以外，还有期货黄金与上海黄金交易所现货黄金之间的自动化交易套利策略，它也是一个成功的跨市场量化套利策略案例。跨品种套利策略的开发思路可以参考配对交易，股票配对交易在国外市场做得比较成熟。

商品期货跨期套利策略，依据量化策略构建的流程，首先通过第三方数据库获得商品期货品种的期货、现货价格数据，再通过综合分析期货、现货价格数据，发现现货价格发生涨跌变化时，期货在远近合约价格跟进得更及时，而远期合约价格的反应则比较迟钝，因此，在远近期合约间便产生了价差的有规律的波动，利用这种波动设计而成的一个跨期套利策略。经过数据测试和模拟跟踪后，便可以在实盘账户上交易使用。

套利策略的特点是收益稳定，回撤低，但其相对趋势策略整体上年化收益率偏低，因此一般比较受到机构或者资金规模较大的投资者的喜爱，有些套利策略受市场流动性制约容量的限制。

5) 量化CTA策略

CTA策略(Commodity Trading Advisor Strategy)，称为商品交易顾问策略，又称管理期货策略(Managed Futures)。它是指由专业管理人投资于期货市场，利用期货市场上升或者下降的趋势获利的一种投资策略。1949年，美国证券经纪人Richard Donchuan设立第一只公开发售的期货基金，标志着CTA基金的诞生。1971年，管理期货行业协会(managed future association)的建立，标志着CTA正式成为业界所接受的一种投资策略。传统意义上，CTA基金的投资品种仅限于商品期货，但近几年已扩展到包括利率期货、股指期货、外汇期货在内的几乎所有的期货品种。

量化CTA策略以趋势策略为主，建立数量化交易策略模型，用算法挖掘资产价格的自相关性和当前的市场趋势，进而实现盈利。常见的子策略有Dual Thrust、菲阿里四价(Fairy's Four-price)、空中花园(Skypark)、R-breaker等。根据交易频率还可划分为长期趋势跟踪策略、中期趋势跟踪策略和日内短期趋势跟踪策略。面对不同的市场情况，CTA策略的理想情况是市场上涨的时候买多，市场下跌的时候卖空，达到市场上涨下跌都如刀锋一般双向盈利。可见CTA策略的收益与标的资产的涨幅或跌幅有关，而与标的资产的绝对值涨跌无关，即在波动率大的行情中更容易获利。这种策略在"牛市""熊市"快速转换或趋势明确时优势更大。

那么，为什么会存在市场趋势？其一，信息效应。有效市场理论假设一旦信息披露，投资者会对披露的信息及时、充分地作出反应，因此市场会马上调整至新的价格。然而，在实际中，完全有效的市场是不存在的。投资人会从不同的来源获得信息，他们作出反应的时间也不一样。其二，处置效应。投资人往往倾向于过早地将赚钱的投资出手以锁定收益，或者将亏钱的投资持有过久以期能够保本。这种效应人为地增加了市场移动的阻力，减慢了价格移动到它目标水平的速度。其三，攀比效应。一个流行的价格走势可能会吸引很多投资人来参与以期获利。短线的交易员可能会用最近的市场表现作为买卖的信号。长线的投资人也会用最近的市场表现来确认他们对市场的判断。这些投资人之间的互动，往往能让价格上行或下行的趋势持续数月。

6) 量化多策略

量化多策略是指采用多种策略的量化投资，从不同的投资维度，在不同市场情况下捕捉市场定价失效的投资机会，力争在有效控制风险的基础上，实现基金资产的长期稳定增值。海外大的对冲基金，如 Citadel、Worldquant、千禧年等，都已转为多策略形式。

量化多策略某种程度上可以平衡单个策略可能出现的风险和失效，从而有效控制整体组合风险，收益相对比较稳健。但如何在多策略之间取得平衡是一个考验投资经理水准的关键问题，因为每一种策略都有其特定的适应条件和特点。对于比较保守型的投资者来说，量化多策略采取了多种策略，具有分散风险的作用，具有明显的吸引力。

5.5.3 量化交易中的主要分析技术

在金融领域中，量化交易的主要分析技术有数据挖掘、人工智能、小波分析、随机过程、分形理论、支持向量机等。下面介绍几个主要的分析工具。

1) 数据挖掘

数据挖掘是从数据库中获取信息的一个基本方法，其常用的方法有决策树、人工神经网络、关联分析等。模型也可分为聚类模型、关联模型、顺序模型等。数据挖掘常常应用于板块轮动策略中。板块轮动，指的是板块与板块之间出现轮动，推动大盘逐步上扬。比如，前一段时间金融板块率领大盘上涨，现在是地产板块推动大盘上涨，这就叫作金融板块与地产板块出现了板块轮动效应。由于股票市场经常出现板块轮动、涨跌不一的情况，因此，可以利用基于关联规则的板块轮动策略进行投资。

2) 人工智能

人工智能是计算机科学的一个分支，它企图了解智能的实质，并生产出一种新的能以人类智能相似的方式做出反应的智能机器。人工智能是对人的意识、思维的信息过程的模拟。它包括了机器学习、自动推理、人工神经算法、遗传算法等。在金融投资领域中，主要运用于短线投资。例如，同花顺软件的"智能选股"功能，就是基于人工智能的技术，推送投资者理论上有投资价值的股票。

3) 小波分析

"小波分析"其实是应用数学和工程学科中的一个概念，"小波"就是小的波形。所谓"小"是指它具有衰减性；而称之为"波"则是因为它的波动性，即其振幅正负相间的震荡形式。它能根据频率的变化调整分析窗口的大小。由于金融时间序列具有非平稳性、非线性的特点，因此传统的去噪方法效果不好，但小波分析可以克服这些缺陷。

4) 随机过程

随机过程是指选取一定的随机变量，通过观察表面的偶然性描述出必然的内在规律并以概率的形式来描述这些规律。研究随机过程的方法多种多样，主要有两种：一种是概率方法，用到轨道性质、停时和随机微分方程等；另一种是分析的方法，用到测度论、微分方程、半群理论、函数堆和希尔伯特空间等。研究的主要内容有多指标随机过程、无穷质点与马尔可夫过程、概率与位势及各种特殊过程的专题讨论等。对股市的大盘进行预测时，经常会用到马尔可夫链。

5.5.4 量化交易的风险与控制

量化交易作为计算机技术与金融理论的经典结合，通过智能且高效的方式，能够持续地获得稳定的收益，但量化交易在层出不穷的新交易工具中使得以前无法实现的交易变为可能时，也在制造更多的风险。

1) 技术风险

量化交易对计算机设备和技术的依赖性非常高。通常而言，硬件带来的风险比较小，而软件往往比较脆弱，因而技术风险主要来源于软件。软件设计的一个小缺陷都有可能导致整个程序化交易策略失效，从而带来风险和波动。2013年光大证券的"8·16"事件就充分暴露了这一点。公司外购的套利策略系统未经充分测试即上线运行，系统存在固有缺陷。2013年8月16日，系统在套利交易中出现运行故障，订单生成系统和执行系统均出现问题，导致瞬间生成巨量预期外的市价委托订单，造成市场异常波动。随着量化交易的发展，其对信息系统的依赖性也会越来越高，产生技术风险的概率也会越来越大。

此外，资本市场交易所在系统设置方面也是存在一定的延迟问题，对不同的订单进行授权、认证都需要一定的时间与资源，使仓位与资金难以达成完美的契合，进而导致爆仓问题。这种现象是比较普遍的，同时因为存在着软硬件问题、网络系统问题，会造成与之相关的一系列交易系统都产生连锁反应，甚至会被黑客乘虚而入，整个系统被黑客破坏，造成投资者大量的损失。

2) 模型风险

模型风险，是指量化交易的数学模型不完善或存在错误而影响投资策略执行并可能导致资产亏损的风险。量化交易的关键是数学模型，模型是否准确反映并执行了投资策略关系到量化投资的成败。模型风险体现在两个方面：一是模型不完善。量化模型一般会经过海量数据进行仿真测试，但若其测试的历史数据不完整则可能导致模型对行情数据的不匹配。二是模型中存在错误。量化模型建立过程中需要运用大量的数理知识及计算机技术，由于知识或技术能力限制，模型中可能存在错误，不能准确反映投资策略。若模型中存在错误，则影响投资策略的实现并可能导致资产亏损。若用量化模型来管理客户资产，将损害客户利益。

3) 操作风险

量化交易行为展开的基础是大量的投资信息以及数据计算，相比于传统的投资选择判断方式，量化交易无疑具有更强的科学性，能够通过计算机的运算精准地得到比较客观的数据信息，尤其是可以防止被投资者的主观情绪左右。利用数据分析方法做出投资决策，特别是将模型构建系统进行整合之后，可以全面性地分析出各项结果，投资者通过这些结果选择合适的投资项目，避免投资行为具有太多的偶然性。

但是，在操作层面上，部分机构为了赚取超额收益，可能会放弃稳定的模型，冒险采用稳定性较低的量化策略模型。同时，模型使用者的水平参差不齐，对模型不熟悉的操作者容易出现操作失误，甚至酝酿出更大的风险。

5.5.5　大数据在量化交易中的应用

大数据技术在证券量化交易中的应用，可根据数据结构的不同分为结构化数据的应用与非结构化数据的应用两种应用方式。其中，结构化数据的应用最为普遍。

1. 结构化数据的应用

在量化投资中，结构化数据应用主要集中于高频交易应用。高频交易(High Frequency Trading)是一种交易策略和技术，它是指从那些人们无法利用的极为短暂的市场变化中寻求获利的计算机化交易。例如，某种证券买入价和卖出价差价的微小变化，或者某只股票在不同交易所之间的微小价差。高频交易具有交易量大、交易次数多、持仓日短等特点，因此，计算机每秒需要处理大量的结构化数据。此外，高频交易具有每笔收益率很低，但总体收益稳定的特点，因此，深受国际大型投资机构的青睐。

一般来说，高频交易可以分为两大类。

1) 传统的低频交易高速化

传统的低频交易包括高频统计套利、高频阿尔法套利、高级趋势追踪等。其中，高频阿尔法套利中的配对交易最为典型。配对交易是指从市场中寻找历史股价走势相近的股票作为配对股票，当股票的价格差偏离于历史均值时，则卖出其中股价较高的股票，买入股价较低的股票；当二者的价差回归历史均值水平时，分别平仓完成套利交易。另外，设置适当的止损点结束头寸以控制风险。配对交易具有广泛的应用性，除了股票这一标的资产外，还可应用到期货、期权、外汇等。

在配对交易过程中，获取大数据和大数据分析方法至关重要。首先，我们应该从市场中获取海量的交易数据，通过相关性分析方法找到价格相关走势高的证券。其次，根据海量的高频交易数据计算证券间的价格差，形成价格差的概率分布。再次，依据概率分布设定触发条件和终止条件的阈值。例如，当证券价格差超过 X 临界值时开始买入卖出证券，当价格差到 Y 临界值时平仓。最后，根据设定，若某证券价格差持续扩大到 Z 止损点，可以选择平仓并止损。

2) 高频交易策略是凭借海量数据、高速交易而开发的新策略

开发高频交易策略的持仓时间非常短。例如，自动做市商策略利用量化算法优化头寸的报价和执行，其持仓时间只有 1 分钟。市场微观结构交易策略对观测到的报价进行逆向工程解析以获得买卖双方下单流的信息，该策略的持仓时间仅为 10 分钟。事件交易策略通过宏观事件进行短期交易，该策略持仓时间一般不会超过 1 小时。由此可见，高频交易一般不涉及隔夜持仓，因此它避免了隔夜风险。这在流动性紧张、隔夜拆借利率高的情况下更具有吸引力。基于计算机的决策算法与执行算法的结合能够有效避免人工决策时的情绪影响，这对提高整体的投资收益极为关键。更重要的是，高频交易策略拓展了投资的深度与广度，不仅充分挖掘了市场的潜在信息，而且拓展了市场范围。只要交易模型设计合理，就能在传统分析师不熟悉的市场上获得稳定的收益。

另外，开发高频交易策略也为投资者带来了巨大的挑战。首先，高频交易不仅数据量异常庞大，而且数据之间的时间间隔也不一致。传统的量化分析的方法完全不适用。其次，高频交易要求极高的准确性，交易信号如果延迟或者提前，投资者很可能在一瞬间由盈利转为亏损。最后，执行的速度是高频交易的核心。提高交易速度是各投资机构一致追求的目标，而更快的速度需要更大的资金投入。

可以看出，高频交易是未来证券投资的重要发展方向之一，其稳定的投资收益与科学的决策过程吸引了越来越多的投资者加入。目前，国外顶级投资机构 60%以上的交易都是

通过高频交易完成的，并且这一比例还在不断扩大。在中国，随着金融市场管制进一步宽松，适合进行高频交易的投资品种正逐步增加，高频交易将会得到更多国内机构投资者的青睐。

2. 非结构化数据的应用

目前，非结构化数据在量化交易领域的应用并不普遍，但业界正在进行大量的尝试。对于量化交易而言，非结构化数据可以提供传统结构化数据无法提供的信息，从而为投资者带来信息优势。随着信息技术的发展，投资行业正在迅速地从市场和基本面数据扩展到非结构化数据，以通过信息优势获得超额收益。这推动了更多的公司在这方面增加投入，并取得了一定的成果。例如，在多因子模型策略中，可以应用机器学习功能处理和集成社交媒体数据集，提取出情绪因子作为交易信号。此外，还可以利用公司文件备案、分析师研报等非结构化文本数据来评估公司的信用风险和违约概率，进而预测未来的股价变化趋势。

【案例5.1】 量化投资新动向：与基本面分析深度整合

传统基金管理人正面临越来越大的压力，市场要求他们使用人工智能和机器学习等尖端技术，来消化华尔街所需要处理的看似无穷无尽的数据。与此同时，最近的突发事件，比如3月份新冠疫情导致的市场低迷给量化基金深刻的教训，他们需要使系统模型更多样化，更能适应市场变化。

机器与人类的深度整合

量化基本面是对冲基金的时髦词，目前还没有形成一套标准的体系和方法。保罗.钱伯斯拥有物理学学位和空域武器系统科学家的工作经验，他的背景被许多人认为是华尔街最看好的。随着量化策略交易被频繁套利，一些经典量化策略的表现已经大不如前，这需要公司从基本面数据来了解是什么驱使公司股价，并通过量化来解锁其中的秘密。

以共同基金SGA为例，该公司自2005年成立以来，就尝试了一种结合基本面的量化方法。SGA总裁加拉格尔表示，该公司的投资始于基于15个因子建立的量化模型。然后，基本面分析师可以依据此清单来建议投资组合，他们可以选择删除部分不看好的股票，实际上他们通常会剔除清单中10%~20%的股票，但他们不能利用基本面分析在清单中增加任何股票。

投资组合的构建过程也是人与机器的交互，最终的投资组合由投资基金经理进行检查并进行调整。基金经理对清单个股所做的调整会被量化系统跟踪和分析，以识别出共有的特征，并用以进一步改进量化模型。在整个投资过程中，人类所扮演的角色就像一个导师，不断以自身的经验来调教机器，而机器借以形成的投资框架又用以限制人类的投资判断，好似"青出于蓝而胜于蓝"。

SGA总裁加拉格尔说：基本面分析对量化真的很重要。市场变化太快，有很多因素可能会让量化模型在某些方面看起来有点不可靠，但可以从传统的基本面分析师那里发现问题。

与此同时，PanAgora资产管理公司则采取了相反的做法。PanAgora首席投资官穆萨利指出，该公司不高兴采取纯粹的量化方法，在这个迅速变得拥挤的领域很难获得差异化的结果。因此，该基金调整了重点，将发现超额收益的关键放在可自由支配的投资点子上，其核心是理解公司和行业的基本框架，然后找到必要的数据模型来模拟这一决策，从而可以依赖于他们已经所能熟悉使用的量化技术。

穆萨利表示，使用这一方法最终会获得非常不同的信号和方法，同时，由于并非单纯利用基本面分析，基金可以结合量化所带来的宽广视野和风险管理方法，可以构建更好的投资组合。

宏观对投资影响超预期

总会有一些人要么保持纯粹的基本面，要么保持纯量化投资。像文艺复兴科技这样的纯量化分析公司或像沃伦·巴菲特这样的纯基本面选股者已经成功了太久，现在还没有彻底改变他们的方式。但对于该行业的其他公司来说，大多数公司无法抗拒追求量化战略的诱惑，转向中间的可能性似乎更大。而其中一个大背景是，在"黑天鹅"事件频发的当代，市场上不仅越来越难找到超额回报，还很容易被已有方法束缚而身陷困境。了解所处的宏观社会经济环境变得越来越重要，投资方法的演进也变得越来越迫切。

不管使用何种方式，量化基本面的逻辑并不复杂。发达的计算机模型在自动化任务、分析过去预测未来，以及识别异常情况等领域非常擅长，没有人能比得上机器算法审查数百万个数据点的计算能力。

另一方面，受过良好训练的分析师更能理解未来可能与过去有何不同，如正在不断演进的社会经济情况、行业结构、新兴技术、公司地位的变化或新的行业法规。在这些情况下，专注于历史数据的机器处于劣势。量化基本面的目标就是整合两个看似没有太多交集的方法，用来应对前所未有的挑战。

不少全球最知名的量化基金折戟新冠疫情，愈发迫切反映了量化投资集中使用历史数据的弊端：全球最大的对冲基金桥水管理了 1600 亿美元基金，但在今年 3 月一度暴跌了20%。传奇投资人西蒙斯创建的"没有人为干预的量化投资系统"一直带来稳定的超额回报，但对冲基金在 3 月份的前 3 周下跌了 18%。新冠病毒全球大流行，带来了前所未有的波动性，给市场引入了创纪录的低利率，现在所面临的问题是史无前例的，不能仅仅依赖于分析过去的情况来对今天做出反应。

全球最大的对冲基金桥水的内部决策过程中，量化过程也是有基金经理的理解来支撑。该公司的联合首席信息官詹森指出：其投资的过程中没有什么是纯粹的'量化'，因为投资的决策是基于机器发现的统计关系或历史模式，而这一切都植根于人类的理解，该过程的每一个部分都是可以复查的，计算机或多或少将投资逻辑展现出来，并要确保基金经理的决定与这种逻辑一致。

桥水指出：无论是否与基本面指标相结合，都会担心任何依赖基于历史数据的量化模型，因为当前环境变量如此多，许多都不在过往的数据中，这需要对经济社会整体上有深刻理解。

（资料来源：《中国基金报》2020 年 7 月 27 日）

【案例 5.2】公募基金第二战场：发力金融科技 赋能投资全生命周期

随着大数据、云计算、人工智能等技术的迭代创新，金融科技正成为推动基金行业未来发展的新引擎。

回望国内,公募基金行业走过了波澜壮阔的 24 年,资管规模已突破 25 万亿大关,规模的快速增长也给行业带来了如何提质增效的课题。近年来,越来越多基金公司开始重视金融科技领域的能力建设,甚至把金融科技视为基金行业"高质量发展"的第二战场,探索如何实现金融科技与投研、营销、中后台运营管理等业务的深度融合。

基金业推崇科技 数字化转型方兴未艾

1988 年,一句"科学技术是第一生产力"的口号响彻国内。而在大洋彼岸,一家名为贝莱德(BlackRock)的资管公司悄然成立,这家公司在成立之初就创建了一个名为阿拉丁(Aladdin)的投资交易风控系统。后来,该系统不仅帮助贝莱德迅速跻身全球第一大资管机构,并且还成为全球市场最知名的金融科技产品之一。

根据麦肯锡的调研,全球领先资管公司均在积极推动数字化在资管全价值链的应用。在海外,50%的资管机构启动了大数据高级分析,30%的资管机构开始转化部分大数据用例试点,15%的资管机构全面推动组织内部规模化的数据应用落地,5%的资管机构利用大数据高级分析捕捉了客观的业务价值,并实现了 5%以上的增收或者 10%以上的效率提升。

"国际领先的资产管理机构基于长期的技术储备和投入,运用金融科技进行前中后台全方位流程改造,快速实现了数字化转型。与之相比,目前中国资管行业数字化基础还有巨大进步空间,包括烟囱式架构、手工操作多、数据不能实时打通、较多依赖外购等历史问题,严重制约着数字化进程。"博时基金相关人士表示。

浙商基金认为,从数据中挖掘投资信号,需要经过数据信号化、信号策略化、策略模型化的过程,进而才能让这些数据成为有效的投资策略,过程极其复杂和专业。

如何才能让金融科技真正赋能投资的全生命周期,成为摆在各大基金公司面前的一大命题,一批有实力、有前瞻性的基金公司正在孜孜探索。

投决系统一体化 解决痛点提质增效

从公募基金在金融科技上的投入来看,主要方向集中于投研能力的建设,但由于业内普遍采用不同来源、多套孤立的信息系统,缺乏统一规划,因此基金公司在金融科技上的投入往往事倍功半。

对于上述问题,近年来部分基金公司开始着力于打造新一代投研数字化系统,支持层出不穷的业务创新,解决投研中各类痛点。以博时基金 2018 年初上线的"新一代投资决策支持系统"为例,这是博时借助数字化建立投研核心竞争力的战略性项目,它覆盖投研内部价值链和外部生态,建立起全资产、全流程、全球化的一体化投研数字化支撑平台。

据了解,该系统共有 8 大子系统、49 个业务模块、超过 4000 项关键功能点,可以帮助基金公司解决投研业务上的多个痛点。

首先,在研究分析方面,研究工作本身的痛点是工作的效率和工作的传承,该系统着力提升研究分析的效率与价值,可以通过智能信息搜索、研报数据定制、智能研报生成等方法解决这些问题,让研究员将更多的精力用在信息分析和研究结论上,提升了研究水平。

研究分析的另一个痛点,是怎样让研究分析成果的价值得到体现。依托投研一体化系统,通过资产配置管理和多层次绩效分析的支持,比较好地把投资决策委员会、研究员、基金经理的成果转化为投研的团队能力。此外，借助机器学习技术，系统可以支持智能量化选股和智能因子发掘。

其次，在投资方面，基金经理投资管理的一个痛点是投资前的决策，需要关注实时头寸和实时组合指标信息、投资指令对组合各项指标的影响等，该系统就提供了这些影响因子的及时数据，为基金经理提供组合管理和决策支持。

投资上的另一大痛点，是投资风险的预警和处置，该系统提供的工具就可以防范和处理信用风险、流动性风险、市场风险，还可以计算各类信息和事件对组合的影响等。

此外，在交易层面，系统将银行间、托管行、中债上清、交易对手业务打通，实时打通底层数据，着力于提升交易能力、严控交易风险、降低交易成本，甚至可以在交易询价环节引入人工智能技术，把自然语言的交流转变为结构化的报价。

(资料来源：《证券时报》第 A06 版，2020-05-30)

本章总结

- 大数据技术已在证券行业中得到了广泛的应用，主要应用于在股票分析、客户关系管理、投资情绪以及量化投资 4 个方面。

- 在股票分析中大数据技术是进行基本分析和技术分析的良好工具，主要运用的是数据挖掘的方法，如决策树法、聚类分析法、人工神经网络算法、时间序列分析以及关联分析等。

- 在证券客户关系管理中，通过大数据技术可以构建客户细分模型(DFM 模型)将客户进行合理的分类，以便有效地对客户进行管理。证券公司一般以客户证券账户资产以及交易活跃度作为评定客户等级的主要标准，不同等级的客户其服务策略不同。

- 此外，证券公司可以构建客户满意度模型来分析存量客户对公司的满意程度，构建客户流失预测模型(以 Logit 为方法)了解客户流失的情况以及导致客户流失的原因，推动公司形成有效的决策，提高服务质量。

- 大数据技术也可应用于衡量投资者的投资情绪。证券公司可通过一些量化的主观情绪测量指标以及客观情绪测量指标了解投资者的投资情绪，运用应用网页抓取技术、特征挖掘技术以及情感极性分类技术等方式在网络舆情中获取重要信息，从而为其自营投资业务提供有效参考。

- 大数据技术在智能投顾领域也有广泛应用。智能投顾运用云计算、大数据、人工智能等技术将资产组合理论等其他金融投资理论应用到模型中，再将投资者风险偏好、财务状况及理财规划等变量输入模型，为用户生成自动化、智能化、个性化的资产配置建议，并对组合实现跟踪和自动调整。

- 大数据技术在证券行业中最为广泛，也最为重要的应用就是量化投资，大数据技术为证券投资提供多种投资策略，例如，市场中性策略、指数增强策略、量化选股策略、量化 CTA 策略、量化套利策略以及量化多策略等。通过数据挖掘、人工智能、小波分析、随机过程、分形理论、支持向量机等分析工具，使证券投资实现了高频化、智能化。

本章作业

1. 在股票基本分析中，主要的分析因素有哪些？

2. 试述大数据在股票基本面分析和股票技术分析中的应用都有哪些方法，并进行简要的介绍。

3. 谈谈什么是客户细分，并简要介绍大数据技术在客户细分中的应用。

4. 证券公司客户流失的原因是什么？简要介绍流失客户模型建立的过程。

5. 什么是网络舆情？网络舆情与投资者情绪之间有什么样的关系？

6. 试介绍国内外常见的投资者情绪指标，并说明分析网络舆情中投资者情绪的流程。

7. 什么是量化投资？量化投资都包括哪些策略？

8. 在证券行业中，量化投资是怎么样实现的？试述量化投资的优势。

第6章

大数据在保险业中的应用

本章目标

- 掌握大数据保险的特征、应用阶段和主要作用
- 掌握大数据在保险承保定价中的应用
- 掌握大数据在保险精准营销中的应用
- 掌握大数据在保险欺诈识别中的应用

本章简介

　　随着大数据时代的到来，大数据技术逐渐渗透各个行业，并不断颠覆传统的行业管理和运营思维。作为大数据的生产者和使用者，保险行业也在积极应用大数据技术，但保险行业的大数据应用才刚刚起步，与银行业和证券业相比，其应用大数据的能力还相对落后。这主要是因为保险行业的数据基础尚未完善，其内部数据大多仍处于"数据孤岛"的状态，致使其内部数据难以被充分挖掘和使用。目前，大数据技术在保险行业中的应用主要体现在合理的承保定价、精准的保险营销和有效的欺诈识别。本章将重点讲解大数据在保险行业承保定价、精准营销和欺诈识别中的作用。

@ 6.1 大数据保险

6.1.1 大数据保险的概念和特征

保险的业务特点使其天然就具有大数据的特征，具体表现在以下3个方面。

1) 保险业是经营风险的行业

由于保险业是经营风险的行业，所以其所经营的保险产品在设计时需要对标的物的风险进行精准预测。而风险预测要以充足的数据为基础，保险公司掌握着海量的数据，需要利用大数据技术对这些海量数据进行分析从而有效地量化风险。

2) 对未来风险发生概率的预测是保险公司的利润来源

保险公司的利润来源于其向投保人所收取的保费与相应标的物未来发生的赔付支出之间的差额，因此，保险公司需要对相应标的物未来风险发生的概率进行预测。预测大数据的核心功能，与保险经营的关键需求不谋而合。

3) 保险经营的过程包含着数据的产生与使用

保险经营的过程包括产品设计、产品营销、承保定价、风险防控、核保理赔等一系列环节。在这些环节的具体运行过程中，大量的相关数据被不断利用，更多新的可利用数据也在这一过程中不断产生。

1. 大数据保险的概念

大数据保险，是指保险公司通过利用大数据技术对风险数据进行分析、处理和挖掘，使风险数据实现有效的价值变现。在此基础上，保险公司通过其治理端和商业端的协同创新，使传统的保险服务方式和资源配置方式得以优化，从而实现保险产品、保险服务和保险业务模式的创新，进而更好地满足客户需求并为客户提供更为优质的保险服务。

2. 大数据保险的特征

大数据保险的特征有以下6个方面。

1) 数据驱动

与互联网保险的渠道驱动不同的是，大数据保险是由数据驱动的。保险数据处理技术的变革和应用是大数据保险发展的关键驱动力。大数据技术不仅在保险公司建立风险模型和对产品进行定价的过程中被充分利用，也在承保理赔过程中发挥作用。

2) 问题思维

在运用大数据技术实现数据挖掘和数据价值变现的过程中，大数据技术消灭信息不对称、不匹配的能力得以体现。保险公司在业务开展过程中所遇到的难点和"痛点"，正是应用大数据技术的重点；通过利用大数据技术对数据进行分析和处理，之前的难点和"痛点"将变为大数据保险的创新点。

3) 融合创新

大数据技术在保险领域中的应用使保险业在与新技术相融合的过程中，推出更多具有创新性的产品和服务，也使保险公司的业务模式得到了创新和优化。

4) 运营提升

通过利用大数据技术，大数据保险的资金摩擦被最小化，资源配置的过程得到充分优化，进而使大数据运营效能得到了有效的提升。

5) 活力生态

随着大数据技术与保险行业的深度融合，数字生态系统的建立势在必行。在这一生态系统中不仅有保险公司的参与，还有其他行业的从业者参与其中。数据在这一生态系统中不断地更新，从而使该生态系统更具有活力。

6) 服务导向

在传统保险中，虽然众多保险公司早已将客户需求的服务导向作为其经营的核心价值观，但由于时间与空间上的信息不对称，该服务导向在重重制约中被扭曲。大数据保险利用大数据技术在交互的价值网络中及时、有效地获取信息，实现了信息数据的透明化，进而帮助保险公司为客户提供恰当的优质的保险服务。

6.1.2 保险业大数据应用的阶段

1. 世界保险业的数据应用发展阶段

保险业的经营和发展与数据应用密不可分，保险业数据应用沿革的历史也是其发展的历史。根据世界保险业在不同时期数据能力和技术水平的不同，我们可以将其数据应用发展过程分为 4 个时期，分别是数据匮乏时期、统计数据应用时期、信息技术应用时期和大数据技术应用时期，如图 6.1 所示。

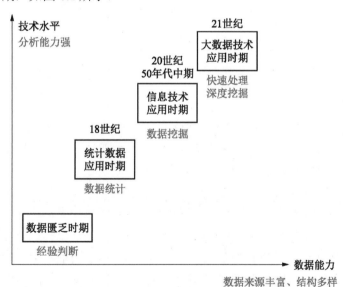

图 6.1 保险业数据应用的发展阶段

(1) 18 世纪之前，世界保险业处于数据匮乏时期。当时承保人获取信息的渠道非常有限且信息可靠性较低，风险定价主要依赖于承保人的经验判断。

(2) 18 世纪寿险生命表和均衡保费理论出现，世界保险业进入统计数据应用时期。在这一时期，数学方法和统计手段开始应用于保险定价，从而使寿险业得到快速发展。

(3) 随着信息技术在 20 世纪 50 年代中期的快速发展和广泛应用，世界保险业进入信息技术应用时期。在这一时期，保险经营过程中所依赖的数据基础得到不断的夯实，行业数据应用水平也在日益提高。

(4) 进入 21 世纪，随着移动互联网、社交网络、大数据等新技术的出现和快速发展，世界保险业数据应用进入了大数据应用时期。在这一时期，保险业所掌握的数据从内部数据扩展到外部数据，从定量数据扩展到定性数据，从结构化数据扩展到半结构化数据和非结构化数据，从交易数据扩展到行为数据，数据来源不断丰富，数据结构更加多样。

2. 保险业大数据应用的阶段

结合大数据技术的发展趋势，可以将保险业大数据的应用分为 3 个阶段：内部循环阶段、外延拓展阶段和全面应用阶段，如图 6.2 所示。

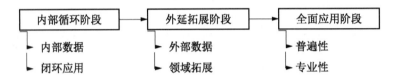

图 6.2　保险业大数据应用的阶段

(1) 内部循环阶段。保险公司利用其在业务经营活动中产生的大量内部数据，通过大数据技术进行深度的挖掘和分析，实现以数据指导决策，使业务流程有效优化。在此基础上，更多的客户被吸引并带来更多新的可利用数据，从而形成具有正向激励特征的闭环。

(2) 外延拓展阶段。保险公司开始尝试利用内部数据解决其主要产品及服务以外的问题，进而拓展其内部数据的应用领域；或是引入与其主要产品和服务直接或间接相关的外部数据，利用大数据技术进行充分的挖掘和分析，以更好地解决其发展中所遇到的问题，并为其提供更多的创新机会。

(3) 全面应用阶段。经过行业相关数据的规模化和规范化发展，在行业数据产业链上分化出数据提供者、数据加工者、数据消费者等专业化组织。在这一阶段，数据来源更加丰富化，数据结构更加多样化，大数据技术的应用也更加具有普及性和专业性，行业技术水平和分析能力也在不断提高。

6.1.3　大数据在保险行业中的作用

随着大数据技术与保险行业的逐渐深度融合，保险公司将实现对大规模、多样化数据的及时获得和快速分析。在可预见的未来，保险产品和服务的性质将会发生根本性的变化，即保险价值将会更多地体现在后端专业化的风险解决方案上，而不再是风险条件触发后的赔付。

1) 产品和服务的个性化

在传统的保险经营中，保险产品和服务的设计、营销、推广等环节仅关注具有相似特征的某一客户群体，而不是具体的单一客户。保险公司利用自然语言识别、文本挖掘、模糊判断等大数据技术，对单一客户在社交平台上留下的海量数据进行挖掘和分析，从而了解该客户的行为习惯、风险偏好和保险态度，进而为其提供个性化的保险服务和精准的风险控制。

2) 风险衡量的精准化

保险公司借助大数据技术，可以实时地对与单一客户相关的海量数据进行挖掘和分析，从而实现对该客户实时且精细化的风险衡量。例如，对于车险客户，保险公司通过获取的客户驾驶行为信息、车辆行驶信息和交管局的违章信息等进行处理，精准地衡量出该客户当日的风险状况，进而计算出其当天应缴纳的保费。

3) 保险价值链的再创新

大数据技术的应用使保险公司的外部交易成本大幅降低，进而帮助保险公司实现资源的有效整合，促使保险价值链实现再创新。

4) 供应商的优化整合

保险公司在长期的经营中积累了大量的客户数据。在借助大数据技术对这些海量客户数据进行整合和分析的基础上，保险公司可以与汽车修配企业、医院、药品生产企业等相关单位开展更加深度的合作，降低其经营成本的同时，为客户提供更加便捷的服务。

5) 保险需求的发现和引导

在当前快速发展的信息时代，人们在依托互联网所建立的社交平台上发布信息、交流观点和表达想法。保险公司通过借助大数据技术对这些社交平台上的信息数据进行挖掘和分析，能够及时且有效地获取人们的关注点和行为偏好，进而找出潜在的保险需求，设计出有针对性的保险产品和服务，实现对客户保险需求的及时发现和有效引导。

6) 商业机会的有效发掘

保险公司在数据方面具有得天独厚的优势。在当前的大数据时代，保险公司利用大数据技术对其所掌握的大量业务数据进行分析、挖掘，对其所获得的数据处理结果加以利用，从而发掘更多的商业机会。例如，保险公司可以建立销售平台向消费者出售适当的车辆维修保养服务。

7) 企业生态系统的再构建

保险公司在利用大数据技术的过程中，其与外部市场之间的边界日趋模糊，即保险公司开始尝试与其他行业领域进行融合和合作，从而构建起基于大数据的企业生态系统。

8) 行业格局的快速变化

随着互联网与人们生活的日趋紧密，越来越多的互联网公司借助其在大数据利用方面的优势进军保险行业。例如，阿里集团、腾讯、京东等互联网公司均已开通其保险平台。此外，一些从事保险中介服务的机构也建立了线上的"保险超市"，专门销售各类保险产品，它们依托大数据技术为客户提供专业的保险业务咨询和个性化的保险方案定制 服务。

6.1.4 大数据下的数据服务架构

1. 调整前后的数据服务架构对比

在大数据技术应用以前，保险公司为满足其业务经营的需要，针对其所掌握的结构化数据建立起一套数据服务架构。在大数据技术应用的背景下，保险公司为实现对海量半结构化数据和非结构化数据的处理和分析,需要结合相关大数据技术对其数据服务架构进行调整。保险公司调整前后的数据服务架构对比如图6.3所示。

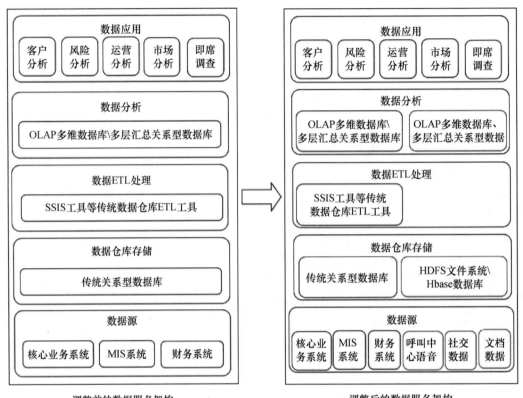

图6.3 保险公司数据服务架构调整前后的对比

调整前后的数据服务架构的主要区别在于 Hadoop 技术被引入数据服务架构:在数据存储方面,增加了 HDFS 文件系统和 Hbase 数据库;在数据分析方面,增加了MapReduce、Hive、Pig 等技术对存储数据进行计算和分析。

调整后的数据服务架构的主要变化,具体表现为以下3个方面。

1) 数据源范围扩大

在数据源中增加了半结构化数据和非结构化数据,呼叫中心记录的语音数据、客户社交数据、相关文档数据等都被纳入其中,使保险公司各类数据的商业价值被最大化地利用。

2) 数据存储工具增加

增加了 HDFS 文件系统对分布式文件数据进行存储管理,以及 Hbase 数据库对海量结构化数据进行存储管理,从而使保险公司的经营管理能力随数据量的不断增加而逐渐提升。

3) 数据分析工具增加

在数据分析过程中增加了 MapReduce、Hive、Pig 等技术,从而实现对 Hadoop 数据的分析和计算。

2．调整后的数据服务架构

从图 6.3 中我们可以看到，调整后的数据服务架构采用传统数据库技术与 Hadoop 技术相结合的方式来满足保险公司的数据处理需求。传统数据库技术与 Hadoop 技术的结合方式可视保险公司的实际需要灵活调整：既可以选择用传统技术处理结构化数据，用 Hadoop 技术处理半结构化和非结构化数据；也可以选择将传统数据库中的结构化数据导入 Hadoop，进而借助 Hadoop 技术来提升保险公司海量数据的处理能力。

6.1.5　保险业大数据应用现状

1．总体特点

在金融领域，保险行业应用大数据技术相对较晚，应用水平也落后于银行业和证券业。这是因为银行业与证券业的数据服务平台建设较早，为大数据技术的应用奠定了良好的基础，而保险业的数据服务平台建设得则相对较晚。

就保险业自身的大数据应用阶段而言，目前尚处于大数据应用的初级阶段，即内部循环阶段。接下来，保险业需要通过合理利用其内部数据并引入更多的外部数据来拓展大数据分析在本行业中的应用领域。

从全球范围来看，国外保险业的大数据应用水平高于国内保险业的应用水平。

2．国内保险业大数据应用的特点

国内保险业的大数据应用具有 4 个特点(见图 6.4)，具体介绍如下。

图 6.4　国内保险业大数据应用的特点

1)　重视大数据技术的应用价值

目前，国内保险业已对大数据技术的重要应用价值形成广泛共识，认为大数据技术将给传统保险业带来深刻的变革，大数据技术的应用能力也将成为保险公司未来的核心竞争力。

2)　数据基础和利用效率较差

目前，国内保险业的相关数据积累还十分有限。权威机构的调查显示，我国保险业的数据资源总量较少，且主要以结构化数据为主。虽然保险公司已积累了一定的半结构化数据和非结构化数据，但这些数据的利用效率仍然较低。

3)　大数据技术的应用程度有限

目前，国内大部分保险公司尚处于大数据技术的学习理解阶段，虽然已有少部分保险公司开始了大数据技术应用的小规模试验，但尚未出现大规模的商业应用。此外，国内保险业对大数据技术的应用主要集中在营销领域，应用范围也较为有限。

4）　专业人才团队建设困难

目前，国内只有少部分的保险公司建立了专门从事大数据研发的团队。大多数保险公司的大数据研发人员主要来自信息技术部门，缺少同时具备金融保险知识和信息技术素养的跨学科复合型人才。

3. 保险业大数据挖掘所面临的主要问题

1）　数据的对接

由于金融行业十分重视数据的安全性，因此，行业内的相关数据都具有较高的保密性。所以，如何与金融同行业机构在确保相关数据安全的基础上进行数据的共享就成为保险公司在大数据挖掘中所要解决的问题。

2）　数据的考量

由于人们的行为活动不断地进行，因而客户行为的相关数据也在不断地产生。保险公司会基于数据分析对客户进行画像，但很难通过几个固定的标签就能描绘出客户画像，即客户的标签特征也在不断地变化。在不同的场景下，同一位客户可能分别被定义为有需求客户和无需求客户。因此，保险公司在大数据挖掘过程中要注意实时数据的识别问题。

3）　数据的应用

在做好数据的获取和挖掘工作后，如何有效地利用大数据技术应用下的数据分析结果成为保险公司所要回答的问题。目前，国内保险业的大数据应用主要集中在营销领域，因而有待大数据在产品设计、承保定价、核保理赔、风险防控等领域也发挥深层次的作用。

4. 保险业大数据应用的潜在突破口

1）　承保范围的扩大

在大数据技术的应用下，过去不可承保的风险也将有可能成为可承保的风险，更多潜在的时新的保险需求也将被有效激发。目前，已为人们所熟知的退货运费险正是大数据在保险业应用的产物。

2）　个性定价的实现

在大数据应用的背景下，随着保险公司所掌握的数据在数量上日趋庞大，在维度上日趋宽广，其保险定价的精确度也日趋提高。这是因为保险公司通过应用大数据技术使其所面临的逆向选择风险降低，产品定价的优化和保险费率的个性化制定也将得以实现。

3）　核保理赔的优化

保险公司通过大数据技术对海量数据进行分析建模，可以使自动化的核保理赔过程得以有效实现。例如，北京市保监局与北京市交管局联合推出的 App——"事故 e 理赔"就是大数据在保险核保理赔环节的典型应用。

4）　风险防控的提升

作为经营风险的企业，保险公司在日常经营过程中面临着诸多风险。这些风险不仅表现为投保人的逆向选择问题和道德风险，也表现为保险公司自身的操作风险、信用风险等相关风险。保险公司通过运用大数据技术，可以使其风险管理能力和水平得到有效提高。

例如,将大数据技术应用于核保理赔环节,能够有效地提高保险公司的欺诈监测能力。

5) 运营效率的提高

保险公司还可以将大数据技术应用到运营环节当中,如人力资源管理、财务管理等,从而实现保险公司运营效率的有效提升。

5. 案例:大数据与保险业务模式创新

通过运用大数据技术,国外保险公司在业务模式方面有了诸多创新,具体有以下 5 个方面。

1) 客户参与度的提高

澳大利亚的 Youi 保险公司为了提升客户满意度,借助大数据技术对客户反馈方式进行改进。Youi 保险公司将其客户评价实时公开在网站上,客户在浏览网站时不仅可以在屏幕下方看到该公司的最新评价,还可以通过选择关键词对所有评价进行过滤。Youi 公司通过该方法在客户服务方面取得了成功。

2) 车载信息系统的利用

Progressive 保险公司利用车联网推出了 UBI 车辆保险产品,从而大幅降低了其车险投保人的投保费率,并在此基础上为其投保人提供一系列与车辆相关的增值服务。

3) 保险生态系统的建立

中国平安保险集团依托大数据技术建立了其完整的保险生态系统,其所提供的保险产品和服务仅仅作为该生态系统的一部分。在提供传统保险服务的基础上,该生态系统为了最大限度地挖掘客户潜力并保有客户,还能够提供创新服务。

4) 基于社交网络的互助保险

Friendsurance 公司和 RiskHuddle 公司基于社交网络向其客户提供互助保险,涉及个人责任险、家具险等险种。在该互助保险中,基于社交网络所形成的小团体,成员相互承保并形成资产池;当某一成员出险需要理赔时,相关款项先由该资金池支付,资金池不能覆盖的部分才由保险公司支付。在该模式中,客户的投保费用和保险公司的理赔风险都得到了降低。

5) 销售方式的创新

Bought by Many 公司通过利用大数据技术来识别潜在客户的特定保险需求,并将其识别到的潜在客户需求与众多保险公司的保险产品相匹配,继而通过社交媒体和搜索引擎将所匹配的保险产品营销给该类潜在客户。在此销售方式下,客户的投保开销和保险公司的客户流失率都得到降低。

@ 6.2 承保定价

近年来,保险业所面临的外部环境发生了诸多变化,这些变化主要表现在人口结构、技术创新、金融产品和服务的融合发展等方面。为了应对这些变化,保险公司借助大数据技术来提高其获取和深度挖掘信息的能力,通过对客户的交易行为进行记录、分析和预测,提高其承保定价的能力。

6.2.1　大数据与传统保险定价理论

1．大数据与大数法则

保险作为一种风险管理的工具，是建立在社会群体之间的风险救助机制。而保险产品的设计机制主要是基于统计学范畴中的大数法则，即基于风险发生和损失的历史数据进行分析和预测，在重复的随机现象中找出具有一定必然性的规律，进而依靠精算技术对产品进行定价并建立合理的财务运行机制。大数据与大数法则虽然都是在大量数据基础上进行风险和财务预测，但二者在保险产品定价机制中的作用基点是不同的。

大数法则是保险定价的根本法则，特别是对于车险、寿险、健康险等关系到社会公众利益的领域，保险公司必须依托大数法则来确保其行业基准纯风险损失率的厘定是公平、充足且安全的。大数法则是保险运行管理的数理逻辑，是保险业不可动摇的理论和定价基础。而大数据在保险定价中主要发挥辅助作用，特别是通过采集和获取客户交易行为、对相关网络数据进行关联分析，找寻数据背后风险与成本、收益的匹配规律，进而推动保险公司客户细分化、责任碎片化、产品定制化，优化精算定价模型，从而建立科学、有效的保险费率浮动机制和差别化定价机制。

因此，大数据并没有颠覆大数法则，而是通过精准确定个性化特征来实现风险分级差别定价，从而让投保人更公平地分摊损失，它是一种以新技术为依托、更加精细化的风险管理辅助工具。

2．大数据与传统保险精算理论

保险作为经营风险的行业，其运行的关键在于精算。在传统精算理论中，精算师通过运用大数法则对其所掌握的风险暴露数据进行建模和分析，从中找出该项风险发生的规律，并在一定的假设条件下对未来风险发生的可能性以及所造成的损失大小做出判断，进而基于这些判断设计相应的保险产品。

在大数据应用的背景下，精算师可以利用大数据分析技术对其所掌握的海量数据进行回归分析，进而精准识别某一客户的潜在风险，而不再是对具有相似特征的某一类型客户群的潜在风险进行判断。虽然二者在思维模式上有很大的不同，但大数据并没有颠覆传统精算理论，而是作为一项辅助工具与传统精算方法相融合，衍生出更加优化的保险精算方法。

6.2.2　大数据对承保定价的革新

1．丰富风险特征的描述

在传统的保险定价方式中，精算师利用的数据仅限于保险行业中的数据，甚至仅为保险公司的内部风险数据。在当前感知更加透彻、互联互通更加全面、智能化更加深入的大数据时代，大数据技术将帮助保险公司获取丰富的风险特征描述，进而助其在承保定价方面实现革命性的创新。

1) 从样本数据到全量数据

保险精算是基于一定量的数据实现的。在传统的保险精算中，假设通过抽样所选取的样本是能够充分反映被调查群体特征的，但鉴于技术和操作层面存在的问题，基于样本的判断往往不尽如人意。而在当前的大数据时代，保险公司可以充分地利用大数据技术所获取的全量数据，从而使保险精算更加准确。

2) 从内部数据到外部数据

一直以来，保险精算所利用的数据大多是保险行业的内部数据，包括承保的风险数据和理赔的损失数据。传统保险精算就是在这些数据基础上进行分析建模，从而对保险产品进行定价的。但就单独的风险个体来看，这些内部数据根本不足以刻画其个体风险。而在大数据技术的应用背景下，被引入的外部数据能够充分地丰富风险刻画的维度，并将在保险公司的承保定价中发挥更重要的作用。

3) 从历史数据到实时数据

在传统的保险精算中所利用的数据大多是历史数据，由于这些历史数据缺乏时效性，在其基础上所进行的保险精算并不能很好地满足预测和定价的需求。例如，我国的寿险业在过去一直使用的是日本 1965 年数据编制的生命表，这显然与我国的实际情况存在较大的差距。而在大数据技术的应用背景下，保险公司可以实时地获取与保险经营相关的数据，从而实现更加精准的风险预测和定价。

4) 从数据数量、质量到维度

在大数据技术应用以前，人们在进行保险精算时都希望获取尽可能大的数据量，并重视数据质量的把控工作。而在当前的大数据时代，数据的数量和质量不再是数据工作的关注焦点，因为大数据技术填补了过去数据维度有限的不足，使数据维度得到了极大的丰富。保险精算将会把工作重点转移到利用多维度数据更好地刻画客户中来。

5) 从因果关系到相对关系

传统的保险精算是基于因果关系对历史数据进行聚类和归因分析，进而对未来的发展趋势进行预测和判断的。由于未来是由未来环境所决定的，这种用历史预测未来的方法本身就具有一定的局限性。而在大数据技术的应用背景下，人们可以基于多维度数据与某一风险事件之间的相对关系，利用实时的多维度数据对未来进行分析和预测。

2. 改变风险定价的模式

保险公司的承保定价能力是其在同业竞争中的核心竞争力。但一直以来，保险公司对其保险产品所实行的是统一定价原则，很难对客户形成吸引力。在大数据技术的应用背景下，保险公司过去的样本精算将升级为全量精算，风险定价模式将发生很大改变。通过应用大数据技术，传统的保险精算中将引入更多的定价因素，保险公司能根据客户的特定风险来调整承保定价，不仅能使客户的差异化需求得到满足，还能使保险公司的承保风险得到降低，从而达到客户和保险公司共赢的目的。

1) 增加更多的辅助定价因素

将大数据技术应用于承保定价，能够在其传统的保险产品中增加更多的辅助定价因素，进而帮助保险公司实现对特定客户的个性化风险定价。大数据技术在承保定价中的作用目前在车险和健康险中均有所体现。

在车险领域,基于使用的定价模式已逐渐被保险公司运用在产品创新中。除了获得相关的车型数据、汽车零整比数据、二手车数据以外,保险公司还通过与 4S 店合作获取车辆的保修、保养数据,通过使用车载传感设备收集驾驶员的行驶路线和驾驶习惯数据,进而开发出基于使用的车险计划(Usage Based Insurance,UBI)。在健康险领域,保险公司通过与医院合作掌握客户的健康记录、就诊记录、体测指标、体检报告等信息,甚至是家庭主要成员的医疗记录,利用可穿戴设备(如 Jawbone 推出的 Up、Apple 推出的 HealthKit)实时监控客户的健康情况(如运动量、睡眠、心跳等)和生活习惯,以弥补生命表对具体的某一客户个体的健康状况和生死概率的判断能力之不足。

2) 根据客户行为的变化进行调整

此外,保险产品的定价调整和客户行为也是相辅相成的,即保险产品的定价是根据客户行为的变化进行调整的。退货运费险的定价模式调整就是典型的例子。

华泰保险于 2010 年和淘宝合作,针对消费者网上购物所面临的退货风险推出了退货运费险。但该退货运费险在推出后所产生的直接赔付率曾一度高达 93%,其基于客户历史退货情况的产品定价系统也被质疑是错误的。而造成的这一现象的原因是,消费者在购买退货运费险后其退货行为变得更加随意,只要有丝毫的不满意就会选择退回其所购物品。因此,华泰保险对其退货运费险的定价系统进行了调整,将包括商品种类和商户的阶段性销售数据等更多的定价因素纳入其定价系统,综合若干数据模型后预测消费者发生退货行为的概率。

从中我们可以看出,基于大数据技术和全局数据的保险产品定价模式可以帮助保险公司在了解客户特点的基础上,设计出满足客户具体保险需求且具有较低风险概率和较高收益的保险产品,进而使保险公司在产品收益、客户体验、风险管理等方面获得优势。

3. 大数据助力保险费率的市场化改革

目前,保险费率形成机制的市场化改革进程在不断加快,意外险、投资连接险、普通型寿险、万能险和非车险等相关领域的费率市场化定价已相继放开,商业车险、分红险的费率市场化定价也即将发令放行,在未来,将有更多保险产品的定价权交给高效的市场。保险费率市场化改革的关键在于费率形成机制是科学有效的。因而在大数据技术的应用背景下,在基于大数法则确定保险产品基准费率的基础上,运用大数据技术为保险产品的附加费率进行定价。

一方面,应由保险监管部门主导构建起公开公正的保险基准费率形成机制,并同时建立保险基准费率定期测算和发布机制,特别是通过借鉴国际的成熟经验和模式,设立独立的保险费率厘定机构,进而形成主要保险产品的定价参照基准体系。另一方面,要鼓励保险企业在遵循基准费率的同时,发挥大数据技术在保险产品区域化创新、差异化创新和个性化创新上的支撑作用,最大限度地处理好保险产品创新与风险和收益的关系。

6.2.3　大数据在车险定价中的应用

车险保费一直是车主最关心的话题。在大数据技术应用以前,不论客户驾驶行为如何，车险保费的价格基本相当。而随着大数据技术在保险行业的广泛应用，过去优质车主为高风险车主埋单的现象将不再出现，基于车主驾驶行为的保费定价模式也将完全颠覆传统车险的定价模式。

1. 车险费率厘定的基本模式

通常保险公司在为车险费率进行定价时主要参考两类风险因素：第一类是与机动车辆相关的风险因素，包括品牌、购买价格、使用情况等；第二类是与车主相关的风险因素，包括车主的年龄、婚姻状况、职业、驾驶行为等。因而，我们可以将车险费率的定价模式划分为从车定价模式和从人定价模式。

1） 从车定价模式

在从车定价模式中，保险公司在为投保车辆进行保费厘定时，只考虑与该投保车辆相关的风险因素。这些风险因素包括但不限于：

(1) 投保车辆的种类：可分为客车、货车、摩托车、专用车和拖拉机；

(2) 投保车辆的产地：可分为国产车和进口车；

(3) 投保车辆的使用性质：可分为营业性和非营业性；

(4) 投保车辆的行驶区域：不同区域的车辆在车险费率厘定时也有所不同。

目前，我国车险费率厘定主要采用从车定价模式。该模式具有操作简单的特点，但未考虑与车主相关的风险因素。

2） 从人定价模式

在从人定价模式中，保险公司在为投保车辆进行保费厘定时，主要考虑与该投保车辆的车主相关的风险因素。这些风险因素包括但不限于：

(1) 车主的性别：男性和女性；

(2) 车主的年龄层次：可分为青年人、中年人和老年人；

(3) 车主的驾龄：可分为首次领取驾驶证后不足 3 年和首次领取驾驶证后超过 3 年；

(4) 车主的驾驶行为：可分为安全、较安全、一般、较危险和危险。

其中关于车主驾驶行为风险因素是依据车主在日常驾驶中的具体驾驶行为数据进行综合判定而来的。从历史统计数据来看，女性车主的驾驶风险要低于男性车主；中年车主由于具有一定的驾驶经验和较为良好的身体状态，其驾驶风险要低于老年车主和青年车主；首次领取驾驶证不足 3 年的新手车主的驾驶风险高于领取驾驶证超过 3 年的车主；而具有良好驾驶行为和习惯的车主的驾驶风险要低于驾驶行为较差的车主。从人定价模式更加强调车主自身的风险特征，在定价时更加强调个性化。

2. OBD 和 UBI 车险

1） OBD 与车险费率厘定

车载自动诊断系统(On-Board Diagnostics，OBD)即是能够测度和读取机动车辆的运行参数，具有车辆检测、维护、管理等功能的程序系统。OBD 系统能读取机动车辆发动机、变动箱和 ABS 等的故障码，再通过小型的车载通信设备(GPS 导航仪或者无线通信等)将机动车辆的基本信息、所在位置或者故障码等自动上传管理平台或设备上。

OBD 系统又被称为 OBD 盒子，在将 OBD 设备插入机动车辆上的 OBD 插口之后，该设备就能对所检测机动车辆的行驶里程、油耗、发动机转速、故障情况等数据信息进行读取和分析，进而将所分析出的该机动车辆的车辆状况以及驾驶员的行为习惯上传到管理后台。保险公司可以充分利用 OBD 系统的车辆信息获取、分析和传输功能，了解车主的具体驾驶行为和习惯，对车主的驾驶风险做出精准的判断，从而为车主提供基于其真实驾驶行为的个性化车险费率厘定。

保险公司利用 OBD 系统进行车险费率厘定的数据处理流程如图 6.5 所示。

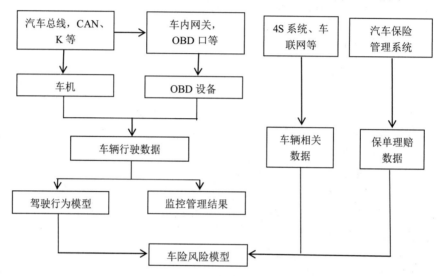

图 6.5　基于 OBD 系统的车险费率厘定的数据处理流程

在基于 OBD 系统厘定车险费率的数据处理流程中，车辆行驶数据的采集和分析过程主要由车载终端、采控网关和管理平台三个部分组成。其中，车载终端包括 GPS、CAN 总线的数据采集分析、可视倒车、硬盘 MP5 播放和录像、GPRS 无线数据传输等功能。采控网关介于硬件终端和上层分析软件之间，具有海量存储、平衡负载、信息交互和预处理等功能。管理平台一般进行数据的挖掘、清洗以及报表的生成，具体包括安全管理和节能管理等，其中安全管理工作包括远程故障、不良驾驶行为以及车辆部件预警等的诊断，而节能管理工作包括驾驶行为分析、车辆油耗分析、车险匹配分析以及单车运行分析等，此外，还设计车辆身份信息以及一键呼叫等功能。因此，一般利用 OBD 系统收集的数据主要包括超速报警、不良驾驶行为记录(急刹车、急减速、急加速等)、未打转向灯转弯记录、疲劳驾驶管理、出险报警、偷油报警等。

2)　UBI 与车险费率厘定

UBI(Usage Based Insurance)是指基于机动车辆驾驶人驾驶行为状况进行个性化保费率厘定的车险。在 UBI 车险中，保险公司将根据实时监测获取的与驾驶人驾驶行为和习惯相关的各项数据，通过分析和挖掘进而对该投保车辆的驾驶人风险程度进行判断，并将该风险判断的结果应用于车险费率的厘定——根据驾驶行为安全性的不同，对拥有安全驾驶行为的投保人给予与其风险程度相匹配的保费优惠，而对具有危险驾驶行为的投保人收取更多与其风险程度相匹配的保费。在 UBI 车险定价中，与驾驶人驾驶行为相关的数据是通过安装在机动车辆上的 OBD 设备获取的。

UBI 车险的应用能给投保人、保险公司及公共安全带来益处。

对投保人的益处有以下 3 个方面。

(1) UBI 车险能够为投保人提供更加公平、合理的车险费率，尤其是对拥有安全驾驶行为的投保人而言，能够有效地降低其保险支出的负担。

(2) UBI 车险能够帮助驾驶人形成良好的驾驶行为习惯。

(3) 基于 OBD 设备的使用，驾驶人可以及时地了解车况并主动控制风险。

对保险公司的益处有以下 3 个方面。

(1) UBI 车险使保险公司的车险费率厘定更加科学、准确，使其客户满意度和市场影响力得到有效提高，为其提供了更多的增值效益。

(2) 保险公司在 UBI 车险中能够对投保车辆可能发生的风险进行实时的动态监控，准确了解投保车辆的车况，从而做出合理的赔付，理赔效率得到有效提升。

(3) 基于 OBD 设备在投保车辆上的使用，保险公司的赔付成本也能得到有效降低，进而实现其经营利润的增加。

就社会公共安全方面来说，UBI 车险产品的推出和使用能够在一定程度上降低交通事故发生的概率，有利于维护社会公共安全。

目前，我国保险市场还没有正式推出 UBI 车险产品，但 UBI 车险产品已在许多国家的保险市场上出现。在美国车险市场上，出现了基于驾驶里程进行车险费率厘定的 Metronome 项目、基于驾驶行为表现(包括总驾驶里程、日驾驶里程、急刹车次数和时速超过 80 英里/小时的次数等数据指标)进行车险费率厘定的 Allstate 项目等 UBI 车险产品项目。在欧洲车险市场上，也逐渐出现了针对高保费群体的车险 UBI 项目和基于良好驾驶行为给予投保人一定车险费率折扣的 UBI 车险产品。

3. 基于 OBD+UBI 的车险费率厘定

基于 OBD+UBI 的车险费率厘定方法就是以驾驶人驾驶行为为基础，根据驾驶人的不同风险程度确定特定投保人保费水平的差别化车险保费厘定方法。

1) "从车+从人"的定价模式

OBD 设备与 UBI 车险相结合，可以基于投保车辆的车辆状况以及驾驶人的驾驶行为习惯对投保人的车险需求进行风险判断，进而为风险不同的投保人厘定不同的车险费率。

具体来讲，在这一模式下保险公司为确定某个具体投保人的驾驶风险程度，利用 OBD 系统所收集的相关数据包括能够反映车辆状况的车辆行驶区域、总行驶里程、日行驶里程、发动机状态等相关数据，以及能够反映驾驶人驾驶行为习惯的急刹车次数、急加速次数、急减速次数等相关数据。在获取数据的基础上，OBD 系统能对该投保人车险需求的风险程度进行量化评判，一般评分越高该投保人的风险程度越低；反之，评分越低该投保人的风险程度就越高。

保险公司在对投保人的车险需求进行费率厘定时，除了要考虑 OBD 系统所获取的变动数据外，还要考虑与投保车辆和驾驶人相关的一些不变因素。这些不变因素包括投保车辆的品牌、车型、出产地、购置价格、车龄等，以及驾驶人的年龄、驾龄、性别、健康状况等。将不变因素与可变因素相结合，既从车又从人的车险定价方式相较于传统的车险费率厘定方式更加科学、合理。

2）车险费率的厘定方法

基于 OBD+UBI 的车险费率，主要是由基础费率和附加费率两部分构成的。

基础费率的厘定主要是通过采用传统的费率厘定方法来实现的。在该厘定方法下对投保人进行相关风险的判断，所考虑的是与投保车辆和驾驶人相关的不变因素，即通过对投保车辆的品牌、车型、出产地、购置价格、车龄以及驾驶人的年龄、驾龄、性别、健康状况等因素进行交叉分类，进而确定该投保人的基础费率。

而附加费率的厘定主要是通过内含大数据技术的 OBD 系统对驾驶人的驾驶行为和习惯给出的分数，来确定该投保人应缴纳的车险附加费率。一般评分越高，所需缴纳的附加费率就越低；反之，评分越低，所需缴纳的附加费率就越高。

在借助大量的数据和车险精算模型厘定出投保人的基础费率和附加费率之后，保险公司根据其所赋予车险基础费率和附加费率的不同权重，计算出该投保人应缴纳的车险费率。

3）车险保费的支付方式

目前，我国保险业还没有出现基于 OBD 和 UBI 的车险产品。因此，由于缺少相当数量的驾驶人驾驶行为数据和评分数据，在该模式下的车险保费支付方式应当采用期初预付当期保费、期末根据投保人相关风险状况多退少补的保费支付方式。

在该支付方式的具体实施过程中，保险公司会在投保人的投保首期以一定的费率优惠鼓励投保人在其投保车辆上安装 OBD 设备，并根据传统车险费率厘定方式来确定投保人应缴纳的保费。之后保险公司根据 OBD 系统对整个投保期内投保人驾驶行为风险的判断，通过保险精算模型计算出该投保人的基础费率和附加费率，进而在给定权重的基础上计算出该投保人实际应缴纳的保费。若该实际应缴保费少于投保人期初已缴纳保费，保险公司将向该投保人退还多收取的保费；反之，则由投保人补足差额部分。而在之后各期的期初，保险公司将根据上期投保人所实际缴纳的保费预收当期保费，并根据相同方法在期末进行多退少补。

6.2.4　大数据在健康险定价中的应用

随着人口老龄化加速，我国所面临的健康和养老挑战越来越严峻。虽然我国已初步建立了基本养老、基本医疗等社会保障制度，但相关投入仍然有很大的不足，保障依然有限。据有关部门预测，我国健康服务业的规模将在 2020 年突破 8 万亿元，健康和养老服务将成为未来新的经济增长点。随着政策的不断推动以及市场上健康服务需求的进一步释放，商业健康保险将成为我国医疗保障系统不可或缺的重要组成部分。

我国健康险的发展起步较晚，相对于人体生理健康变化的周期显得较为短暂，因而我国保险业对于疾病发生率、医疗费用支出率等医疗数据的历史积累较为薄弱。

就医疗信息数据的利用来看，国家层面的人口健康数据应用平台尚未建立；省级层面的人口健康信息平台虽然已陆续开始建设但仅限于卫生系统内部使用；保险业内也尚未建立医疗信息数据的共享系统，与保单相关的大量医疗信息只记录在病历和赔付档案里。从中可以看出我国医疗信息数据的利用程度较低。

这一系列数据利用的问题导致我国健康险产品存在设计不科学、定价不精准、获客困难、医疗费用难管理、道德风险和骗保现象时有发生，而大数据技术的应用能够有效解决上述问题。下面主要对大数据在健康险定价中的应用进行介绍，大数据在健康险精准营销和欺诈识别中的应用将在之后的小节进行介绍。

1. 医疗大数据

目前我国的商业健康险可分为团体险和个人险两种。其中，在个人险产品中，大部分是储蓄理财型健康险，而真正意义上的健康险——消费理赔型健康险只占很少的一部分。而导致这一现象的原因是我国的保险公司对相关医疗费用的估算和控制能力十分有限，且缺乏对相关健康险进行精算定价的数据依据，从而使消费理赔型健康险的设计开发较为困难。

例如，对于肿瘤类的大病保险，政府医保基于保基本原则只能支付其治疗费用的一部分，且报销范围不涵盖当前市场上治疗效果显著但价格昂贵的靶向性生物试剂，使肿瘤患者及其家庭面临较大的治疗负担。对于这一保险市场的空白，虽然有许多保险看好这一市场机会，但碍于其无法准确掌握治疗肿瘤疾病的实际医疗费用进而对该保险产品进行合理定价，只能对该市场机会望而兴叹。

1) 我国的医疗信息化建设

2014 年，原国家卫计委提出中国卫生信息化建设的顶层设计规划——"4631—2 工程"。该工程由以下 6 个部分组成。

(1) "4"代表 4 级卫生信息平台，分别为国家级人口健康管理平台、省级人口健康信息平台、地市级人口健康区域信息平台以及区县级人口健康区域信息平台。

(2) "6"代表 6 项业务应用，分别为公共卫生、医疗服务、医疗保障、药品管理、计划生育和综合管理。

(3) "3"代表 3 个基础数据库，分别为电子健康档案数据库、电子病历数据库和全员人口个案数据库。

(4) "1"代表 1 个融合网络，即人口健康统一网络。

(5) "2"代表 2 个信息体系，即人口健康信息标准体系和信息安全防护体系。

(6) 相关医疗信息的来源包括基于电子病历的医院信息系统、基层医疗卫生管理信息系统、医疗健康公共服务系统和计划生育信息系统。

从中可以看出，"4631—2 工程"是致力于打造全方位、立体化的国家医疗卫生信息资源体系的国家顶层设计规划。该工程一经建成并投入使用将会使我国医疗大数据巨大的使用价值得到充分的体现，如图 6.6 所示。

2) 医疗数据库体系

在"4631—2 工程"的 3 个基础数据库——电子健康档案数据库、电子病历数据库和全员人口个案数据库中，电子健康档案数据库和电子病历数据库是最为基础和重要的医疗信息数据库，如图 6.7 所示。

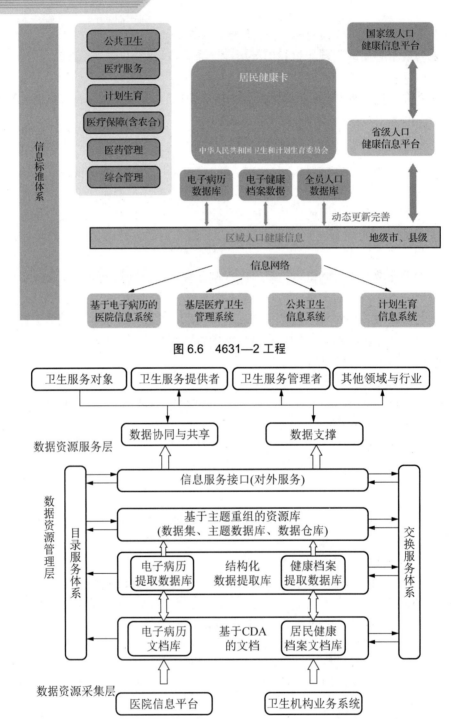

图 6.6   4631—2 工程

图 6.7   医疗信息数据库体系

(1) 医院是医疗大数据获取的关键来源。

有关数据显示，近 80%的药品销售是在医院实现的，而患者接受医疗服务的过程是在医院进行的，医保消费的支出也主要在医院。所以，与个人相关的医药、医疗和医保数据都主要汇集于医院之中，医院是医疗大数据获取的关键来源。

电子病历是医院信息平台的核心，因而电子病历系统是医院信息系统最为重要的医疗数据系统。

(2) 居民健康档案是个人健康数据存储的主要渠道。

居民健康档案中所存储的相关数据如图6.8所示。

居民健康档案是区域医疗信息平台的核心，其所存储的数据不仅包括与居民个人相关的电子病历数据，还包括个人的公共卫生信息。个人的基本信息、主要就诊医院和相关健康问题摘要以及其所接受的主要卫生服务记录都被记录在居民健康档案。借助居民健康档案的建立和运作，与每个居民个体相关的医疗健康数据均被有效存储，并在合理合法的范围交换和流通。

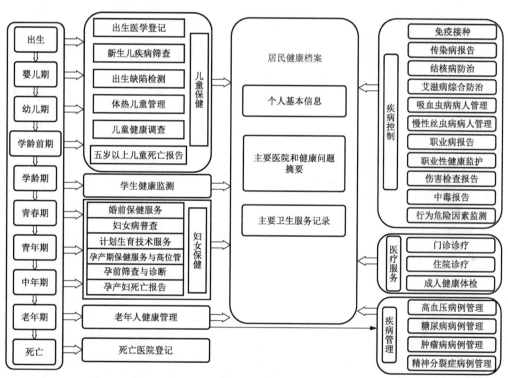

图 6.8 居民健康档案中存储的数据

3) 可穿戴设备的应用

随着科学技术的快速发展，获取医疗大数据的途径并不仅仅局限于政府所开发的医疗数据库体系，可穿戴设备的应用为保险公司获取其被保险人健康信息提供了另一种有效途径。在大数据技术的应用背景下，保险公司可以通过分析可穿戴设备所收集的被保险人各项健康指标数据实时了解被保险人的身体状况，并从众多被保险人的健康数据中分析健体与弱体之间的差异。

目前，可穿戴设备的应用设计技术已日趋成熟，各类可穿戴设备相继出现在市场中。例如，蓝牙耳机和扬声器厂商 Jawbone 推出了其可穿戴设备——UP，国内的小米公司推出了其可穿戴设备——小米手环,苹果公司在其 iOS8 系统中推出了 HealthKit 的集成应用。

南非最大的健康险公司——Discovery 公司推出了 Vitality(健行天下)健康促进计划,该计划致力于建立科学的健康管理和激励体系,鼓励其被保险人关注自身健康,并以恰当方式对其被保险人的健康行为和饮食习惯进行干预。Discovery 公司以该健康促进计划为基础建立了保费的活力优化系统,被保险人自身的活力状态会对他们的实际保费产生影响,且被保险人的活力状态越好,其所能享受的增值服务奖励越丰富。在对被保险人的活力状态进行监测时,Discovery 公司采用了线上与线下渠道相结合的方式获取被保险人的相关健康数据,其中线上渠道是指利用 Withings 推出的可穿戴设备获取被保险人的活动数据和健康数据,而线下渠道则是与健身机构进行合作。

2. 大数据与健康险的产品设计

健康险产品设计必须兼顾社会伦理和保险成本,通常包括确定所提供的服务和进行产品定价两方面。

1) 健康险提供的服务

在考虑健康险产品所提供的服务时,要对以下内容进行确定。

(1) 单个被保险人在本期间内发生的医疗费用支出,本产品能够负担多少医疗费用。

(2) 在不同的健康状态下,被保险人未来罹患某种疾病的概率,以及各类疾病的平均诊治费用。

(3) 单病种的报销额度,即被保险人罹患某种疾病时本产品能为其报销多少手术费用、医药费用以及住院费用。

在对第(2)项内容进行确定时,保险公司可以利用大数据技术从海量电子病历数据中,计算出各类疾病的平均诊治费用,并且通过跟踪多位患者的病情发展状况,计算出疾病转化的概率。

2) 健康险产品定价

保险产品定价的主要依据是理赔标的发生概率。在大数据应用以前,测算理赔标的发生概率所利用的大部分数据都是来源于行业内的历史数据和统计数据。随着科学技术的不断进步,无论是疾病的诊断方法还是治疗模式都发生了巨大变化,历史数据已不再具有代表性,且传统的数据统计方式已经过时。例如,在重大疾病险中,心肌梗死的冠状动脉造影早已是诊断该疾病的最佳标准,但在相应健康险产品定价中仍沿用老的诊断标准,造成其定价失准。

而在大数据技术的应用背景下,健康险产品的定价将更为精准。大数据思维认为,小样本数据会使误差加大,依靠误差较大的数据无法设计接近真实概率的产品。因而要通过利用大数据技术对海量数据进行分析挖掘,保障其产品定价与客户投保的需求偏好相一致,避免由于定价过高而无法被潜在投保人认可和接受,或由于定价过低使保费难以覆盖风险,进而使保险公司自身产生亏损。

【案例 6.1】 UBI 车险产品和 UBI 车险服务

1. UBI 车险产品

英国 Aviva 保险公司针对年轻司机需要负担高于其风险水平的保费这一现象,借助大数据分析,开发了基于驾驶人驾驶行为的驾驶风险预测模型,从而实现了个性化定价。这一举措不仅改善了投保驾驶人的驾驶习惯,也为公司节省了一定的运营成本。Aviva 保险公司不仅对客户个人信息、车辆信息和使用情况、驾驶历史等数据进行收集,还引入车载设备,以通过手机 App 来监控驾驶人在起步后行驶 200 英里的驾驶状态。Aviva 保险公司根据驾驶人驾驶行为(如加速、刹车和拐弯时的频率和程度)的数据记录,从中分析出该驾驶人的驾驶风险并对其进行定价——确定个性化的保费,并向该驾驶人提供相应的保险服务。同时 Aviva 保险公司还为安全驾驶者提供最高达 20%的保费折扣。实施后的相关数据显示被保驾驶人的驾驶安全状况有所改善,Aviva 保险公司这一新商业模式也为其赢得了更高的客户满意度,客户流失率也有所降低。

Metromile 保险公司借助汽车监控设备对其车险定价模式进行了调整,从而实现了按驾驶里程收费。它的里程定价模式是基于车载汽车监控设备的技术,通过客户安装的设备追踪投保车辆的行驶里程进而为其确定应缴纳的保费。Metromile 保险公司的投保人只需每月支付 15~40 美元的固定费用以及 2~6 美分/英里的使用费即可。这一款车险产品并不考量驾驶人如何开车,仅关心投保车辆所行驶的距离。Metromile 保险公司的这款保险产品在行驶里程不多且尚未被充分服务的车险细分市场中有很大空间。平均计算来看,这款保险产品可为年行驶里程在 10000 英里的驾驶者节省 40%的保费。

2. UBI 车险服务

美国 Liberty Mutual 保险公司为企业客户的大型车队提供 GPS 跟踪监控设备。企业客户将该设备安装在其所有的汽车上,可通过该 GPS 跟踪监控设备回传的里程数、行车时速、加速和刹车情况以及车辆所处位置等与投保车辆相关的数据信息,帮助投保人对其车队进行监控并帮助车队司机改善驾驶习惯,并在此基础上进一步开展车辆安全管理,从而有效地对相关风险进行控制。

英国 Insurethebox 保险公司将含有 GPS、运动传感器、SIM 卡和电脑软件的车载盒子装在汽车上,通过 GPS 技术追踪定位失窃车辆,协助客户找回。当该车载盒子检测到车辆发生撞击或意外事故时,Insurethebox 保险公司会及时与客户通话,对客户人身安全进行核实;在特殊的紧急情况下,Insurethebox 保险公司还会呼叫应急救援部门参与事故救援。而车载盒子里所存储的数据也可用于协助公司对投保车辆的毁损情况进行分析。

(资料来源:大数据及车联网在车险中的应用和案例)

【案例 6.2】 大数据下的健康险

众安在线人寿保险公司推出了其大数据智能健康险产品——步步保,这是众安在线人寿保险公司和小米运动、乐动力 App 合作推出的保险产品。客户(被保险人)投保时,系统会根据其历史运动情况以及预期运动目标,向其推荐不同保额的重大疾病保险保障(目前有 20 万元、15 万元、10 万元三档),用户历史平均步数越多,推荐保额就越高,最高可换取 20 万元重疾保障。其中,如果被保险人在参加健康计划前 30 天的平均步数达到 5000 步,则会被推荐 10 万元保额重大疾病保险保障。在申请加入健康计划后,申请日的次日会作为每月的固定结算日,只要每天运动步数达到 10 000 步,下月结算时其保费就可以多免费 1 天。即保单生效后,用户每天运动的步数越多,下个月需要缴纳的保费就越少。对于这款以运动数据作为其实际承保定价依据的保险产品，众安在线人寿保险公司称其为"国内首款与可穿戴设备及运动大数据结合的健康管理计划"，并表示未来将会接入更多可穿戴设备和运动 App，进而通过覆盖更多人群以实现其产品定价和规模优势的双提升。

(资料来源：凤凰财经)

@ 6.3 精准营销

大数据能够帮助保险公司收集海量且多种客户数据，使保险公司能够基于大数据的分析结果掌握不同客户的潜在保险需求，进而将不同的保险产品恰当地推荐给有该产品潜在需求的特定客户。因而，在大数据技术应用的背景下，保险公司的营销不再是以同一个广告内容和营销手段对所有的潜在客户群体进行营销，而是针对具有不同保险需求特征的细分客户群体进行有针对性的营销。随着移动互联网技术的快速发展和智能移动设备的日益普及，手机应用客户端所收集的客户各种操作行为，人们在其社交媒体上分享的文字、图片、视频等都可以成为了解和刻画客户的重要数据支撑，借助大数据技术对这些数据进行采集和分析，保险公司可以准确了解客户的特点和需要，为数据价值的商业运用奠定基础。

6.3.1 保险精准营销

1. 保险精准营销的概念和步骤

大数据背景下的保险精准营销，是指保险公司在可量化的数据基础上对单一客户的消费模式和特点进行分析，对其客户群体进行划分，进而精准地找到其目标客户并精准地向目标客户开展营销活动，以提高其营销效率的过程。

保险公司进行精准营销的步骤如下。

1) 客户信息采集

了解客户的基本信息和行为偏好是精准营销实现的前提。因而保险公司不仅要对其内部掌握的客户基本信息(如客户的年龄、性别、家庭成员状况、学历、职业、收入、资产持有状况等)加以利用，还要加强与网络购物平台、网络社交平台以及其他掌握客户数据的第三方进行合作，从而获取更多的客户行为信息。

2) 用户数据分析

在前一步骤对海量客户数据进行收集的基础上，保险公司要利用大数据理论和分析模型对所收集的客户数据进行相应的分析和挖掘，从而实现对客户特征和客户行为的精准刻画和描述。

3) 结果分析解读

基于上一步骤的分析结果，保险公司可对众多客户进行有效的细分，并对每一细分客户群体的保险需求进行分析和判断，进而为其匹配恰当的保险产品。

4) 实施营销

在前述步骤有效实施的基础上，保险公司要根据每一细分客户群体的偏好特征以及相应保险产品的主要特点，制定最佳的营销方案，进而在最佳的时间向特定细分客户群体进行营销。

2. 传统保险营销的不足

1) 市场细分不够充分

虽然我国的保险公司对市场进行了一定的细分但仍不够充分，许多保险公司在进行市场细分时都忽视了保险市场需求在地域之间的差异、群体层次之间的差异、城乡之间的差异以及收入水平的差异。这也导致传统保险营销实质上是广撒网式营销，营销效率较低。

2) 对客户需求不够重视

由于传统保险营销模式缺乏针对性，且保险公司所推出的保险产品又具有同质化的特征，导致同一客户就同一风险标的在同一家保险公司中重复投保的现象出现，这无疑会使客户丧失对保险公司的信任。而且客户的潜在保险需求也无法得到有效的满足。

3) 适应市场的速度较慢

在传统的保险营销过程中，保险公司对潜在市场需求的变化不够敏感。即便发现了潜在市场需求，但碍于其烦琐、效率低下的产品设计，其最终所推出的保险产品无法与客户新的潜在保险需求相匹配。

4) 重短期利润，轻长期服务

在传统的保险营销模式下，保险代理人为了追求更高的佣金收入会向客户推销价格更具吸引力而与客户实际保险需求不相匹配的保险产品，使有保险意愿的优质客户的保险需求无法得到满足，进而使客户对保险公司的忠诚度和依赖度降低，造成客户流失。

3. 大数据与保险营销环节的契合

保险营销的过程分为客户接触、客户联系、客户赢取 3 个环节。在传统的保险营销模式中，保险公司的营销渠道主要是保险公司自有的销售团队以及各种形式的保险中介。其中，保险中介作为保险公司与客户之间的媒介，能够利用自身的规模优势降低协调成本，进而为保险公司带来经济价值。在大数据技术应用的背景下，保险营销将通过构建数据产生、数据采集和传输、数据处理应用 3 个环节来替代传统的保险营销过程。其中，数据产生环节与传统营销过程中的客户接触环节相对应，数据采集和传输环节与传统营销过程的客户联系环节相对应，数据处理应用环节则与传统营销过程的客户赢取环节相对应(见图 6.9)。

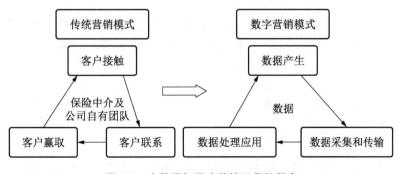

图 6.9 大数据与保险营销环节的契合

1) 数据产生环节与客户接触环节的契合

在传统的保险营销中，客户接触环节主要是通过保险业务人员来完成的。而在大数据时代，保险公司可以通过数据接触客户，进而实现对客户及其行为习惯的实时分析和预测，即在接触客户之时就有相关客户数据产生。而各类智能设备的推出和普及，使保险公司能够实时地与客户进行交流和沟通，并实时地掌握客户的各项特征。

2) 数据采集和传输环节与客户联系环节的契合

保险公司在与客户进行接触后需要和客户进行有效的沟通互动，即与客户之间产生联系。随着近年来通信技术的快速发展，保险公司对客户数据的采集和传输效率大幅提升。保险公司与客户的沟通也更加简单和快捷，二者之间互相传达的信息也更加直观和全面。

在这一过程中，不仅客户能够享受到优质且高效的保险服务，进而与保险公司保持更加紧密的联系，保险公司也可以通过高效的客户联系在短时间内获得大量的客户。

3) 数据处理应用环节与客户赢取环节的契合

客户的相关需求被传递到保险公司后，保险公司需要通过快速且优质的回应来赢得客户。而在回应客户的过程中离不开数据的处理和应用，因为只有高效地对全方位的海量数据进行处理和应用，才能有效地回应客户。大数据技术和云计算技术的结合使大量客户数据在到达保险公司后可被有效地利用，进而使针对具体客户的评估、预测以及动态定价得以实现，为保险公司对客户保险需求的高效回应提供了保障。数据的处理应用环节使保险公司形成了有效的客户互动循环，进而帮助其赢取更多的客户。

6.3.2 大数据与保险精准营销

精准营销的实现基础是精确定位。精即科学的细分，市场、客户和服务的细分都要精；准即准确的把握，包括信息的采集和分析、公司品牌的定位以及产品服务的投放都要准。保险公司通过利用大数据技术能够实现对市场的有效细分，对其保险产品的目标客户进行识别，在对目标客户的分布特征、信息来源和购买倾向进行分析的基础上进行针对性营销。例如，保险公司可以通过运用新型营销方式为日均手机上网时间超过 6 小时的客户推荐健康保障险、手机意外险，为有吸烟嗜好、经常应酬、爱吃肉食的客户推荐防癌险、重大疾病保险，为使用高端智能手机的客户推荐碎屏险，为在旅行服务平台上消费的客户推荐旅游相关保险产品等。

1. 大数据下的新保险营销方式

保险公司在大数据背景下对客户保险需求进行分析时，相关的数据来源不再仅限于保险行业内部的保险客户数据，还包括保险体系以外的数据，如与保险公司进行合作的第三方所积累的客户数据、网络社交平台所积累的客户数据等。这些外部数据对保险公司的市场细分具有极大的利用价值。在对客户信息和客户行为的相关数据进行深度分析的基础上，保险公司能有效预测客户需求，挖掘潜在客户并向其推荐恰当的保险产品，从而实现个性化的精准营销。大数据下的新保险营销方式有以下 4 种。

1) 搜索引擎营销

搜索引擎营销(SEM)，是指在搜索引擎平台上所进行的网络营销。保险公司通过与搜索引擎平台合作,利用大数据技术了解该搜索引擎用户之间不同的搜索行为特征以及主要关注焦点,进而在用户检索信息的间隙有针对性地将本公司适宜该用户的保险产品及服务信息传递给该目标用户,进而保险公司可以及时获取在相关检索结果页面查看其所展示保险产品和服务的用户信息,并及时向这些潜在客户进行营销。与传统保险营销方式相比,搜索引擎营销已成为保险公司获取客户、进行精准营销最为直接有效的方式之一,其优势主要表现为以下 4 个方面。

(1) 突破时空限制,营销对象广泛。

(2) 广告投放精准,且具有针对性。

(3) 信息传播速度快,营销效率较高。

(4) 可以对营销推广的效果进行监控。

2) 微信保险营销

随着移动互联网技术的快速发展,有着强大用户基础的微信平台也在不断开发更多的服务功能。正基于此,许多保险公司都开始在微信平台上提供保险服务。通过利用大数据技术,保险公司可以有效获取和了解其在微信平台的潜在客户,从而向潜在客户进行精准营销。潜在客户可以通过保险公司在微信平台上的服务窗口及时接收与其保险需求相符的保险产品营销信息,对其感兴趣的保险产品可直接进行投保并完成相应的支付;存量客户可以通过保险公司在微信平台上的服务窗口接受便捷的保险服务,如保单信息查询、保单变更、网点查找、客户投诉、理赔咨询、理赔进度查询、快速赔款、报案注销等。保险公司通过微信平台进行精准营销可使客户的黏性和活跃度得到有效的提高。

3) 微博保险营销

微博作为当前主流网络社交平台之一,在营销方面也具有极高的利用价值,因而许多保险公司都开通了微博服务账号。微博在信息传递方面具有很大优势。保险公司通过其微博服务账号能够及时、直观地向公众发布其保险产品和服务的营销信息,开展多种多样的网络营销活动,并能实时与其客户进行良好的互动。此外,具有社会化媒体特点的微博会实时发布相关热点事件,保险公司可以借助热点事件巧妙且及时地进行保险营销,从而吸引更多用户关注,与更多的用户实现共鸣,使其与潜在客户的距离不断被拉近,从而达到高效的营销效果。

4) P2P 保险营销

P2P(Peer-to-Peer)保险营销模式,是指在人与人之间的社交关系基础之上所产生的互助保险模式。这不仅是一种新的保险营销模式,更是一种新型的保险存在方式。就发展历史来看,保险最初就是从小团体成员之间所进行的风险管理互助起步的,后来逐渐从单纯的人际关系演化为合同关系的风险管理互助,保险公司也由此产生。在大数据的时代背景下,最初的互助保险形式又将回归到风险管理领域,但与最初的互助保险所不同的是,互联网以及大数据的经营理念和相关技术被融入其中,即产生基于互联网的"众保"保险模式。国内外在 P2P 保险领域已有所实践,如德国的 Friendsurance 公司,我国的"抗癌公社"和泛华保险服务集团推出的"e 互助"等。

2. 大数据背景下精准营销的实现路径

1) 营销理念的变革

在传统的保险营销理念基础上，保险公司已习惯于借助有限且粗劣的营销数据进行相应产品和服务的营销，对营销成本的控制和营销效果的评价标准都相对较弱。在大数据应用的背景下，传统保险营销的低效率不复存在，保险公司应积极获取与营销相关的数据信息，了解和洞察其潜在客户，进而以精细且准确的营销方式对客户进行营销，从而使其客户转化率有效提高。

2) 对差异化需求进行分析

(1) 建立数据库。

客户数据的采集和分析是精准营销的基础，因而保险公司应对多种信息获取渠道进行灵活运用，对所掌握的行业内部数据和分散于其他领域的外部数据进行汇集，在利用大数据技术对这些数据进行分类和转化后，将这些数据存储于数据库。拥有独立且成熟的数据库是保险公司进行精准营销的前提。

(2) 分析差异化需求。

大数据背景下的保险精准营销更加关注客户差异化的潜在保险需求。保险公司借助大数据技术对其所掌握的与客户相关的海量数据进行分析和挖掘，能对客户个体的潜在保险需求进行预测，从而在合适的时间将合适的保险产品和服务推荐给合适的客户。对客户差异化的保险需求进行预测是保险公司精准营销的关键。

3) 营销模式的全面精准化

(1) 开发精准化的产品。

保险公司基于其所获取的海量数据，以客户的保险需求为出发点设计相应的保险产品和服务，即为其所提供的保险产品和服务增添差异化的市场价值，以满足相应客户的保险需求。在对客户保险需求进行洞察的基础上推出精准化的保险产品和服务是经济且高效的。

(2) 制定精准化的价格。

承保定价决定着保险公司的盈利水平，因而保险公司应当利用大数据技术对其所提供的精准化保险产品和服务进行精准化的定价，向投保客户收取与其风险水平相匹配的保费，进而在保险市场中，在供给与需求之间找到利润的平衡点。

(3) 进行精准化的营销沟通。

保险公司通过分析和挖掘其所掌握的海量客户数据可以了解客户的兴趣爱好和行为习惯，进而以客户所喜好的营销内容和营销方式在恰当的时间进行营销互动，即对潜在目标客户进行精准化的营销沟通。

(4) 建立增值的服务体系。

保险公司可以依托其所掌握的海量客户数据向客户提供更多与保险产品和服务相关的增值服务，进而在对客户的特定风险进行管理的同时，以人性化的服务提高客户的黏性，赢得更多市场竞争优势。

4) 精准营销的效果反馈

保险公司还应借助大数据技术对精准营销活动的效果进行评估和反馈，以帮助其改进现有精准营销的不足，从而使接下来的营销活动更为精准。

6.3.3 组建垂直平台生态圈

随着移动互联网和大数据等新技术的快速发展，保险公司作为保险价值链的关键一环正在积极地引入数字化技术以提升客户在保险服务中的体验，提升其自身的精准营销能力、风险管理能力和客户影响力。一些具有一定实力的保险公司已开始尝试建立数字平台来整合保险价值链上的所有相关服务，从而构建起平台生态圈。

1. 平台生态圈的概念

平台生态圈，是指商业活动的各利益相关者通过共同建立一个数字化价值平台，将价值链上各利益相关者所掌握的数据、所提供的产品和服务联系起来，以客户一系列的核心需求为出发点向客户提供组合服务，进而达到优于利益各方单独提供产品和服务的经济效果。其中，数字化的价值平台可以是操作系统、应用程序商店、社交网站或其他形式。

平台生态圈与传统业务模式的不同体现在以下3个方面。

1) 以客户需求为中心

平台生态圈以客户需求为中心而非以产品和服务为中心，相关利益各方将根据客户需求的不同提供不同的产品和服务，使客户的相关需求均能在该生态圈中得到满足。

2) 以数据平台为支柱

与客户相关的信息数据被存储在数字化价值平台，并且为平台生态圈的各方利益相关者所共享，以帮助他们准确地获取客户需求并对其所提供的产品和服务进行优化，进而提升客户体验。

3) 由多方利益相关者组成

平台生态圈由多个不同行业的企业组成，客户的相关需求将通过各方参与者的业务竞合得以满足。

对平台生态圈的构建方来说，构建平台生态圈的根本目的在于吸引更多潜在客户，挖掘存量客户的新需求，在扩大企业业务规模或业务范围的同时，实现企业品牌与盈利能力的双提升。

2. 构建垂直平台生态圈的动因

保险公司构建垂直平台生态圈的动因有以下3个方面。

1) 获取更多客户数据

通过构建平台生态圈，保险公司可以从其他参与者处获取更多行业外部的客户数据，并能在与客户高频率的沟通互动中提升客户的忠诚度。

2) 实现精准营销

保险公司通过对平台生态圈中所获取的客户数据进行有效挖掘，能够实现对客户的细致筛选，并能根据筛选结果有针对性地将客户迁移到其他的产品和服务中去，进而实现精准的客户迁移和市场营销，使保险公司的客户贡献度得以提升。

3) 提供更多增值服务

保险公司利用平台生态圈中所获取的海量客户数据，不仅能够对其现有产品和服务进行优化,还能为其客户提供更多具有针对性的增值服务。

3. 平台生态圈的构建

平台生态圈的构建是复杂的,因此,保险公司在打造其保险生态系统时需要完成的工作包括但不限于以下3个方面。

1) 充分了解自身的地位、优势和劣势

保险公司需要对其在价值链与市场中的地位、优势和劣势有充分的认识,进而明确其与其他利益相关者的合作模式。即保险公司通过回答本公司能够提供怎样的保险产品和服务、本公司拥有哪些数据、哪些公司需要本公司的数据、本公司需要哪些外部数据来支持产品和服务的优化等一系列问题,对其在生态圈中的合作内容和合作方式进行确定。

2) 有效选择合作方

在明确合作内容和合作方式的基础上,保险公司要与价值链上的其他行业的具体合作方进行选择。其中,合作方既可以是其他公司,也可以是同一集团的其他子公司。保险公司通过与潜在合作对象接触和沟通,从而确定其最终的合作方。

3) 对平台生态圈进行快速试错

在与相关合作方构建起平台生态圈后,保险公司应从中选择一个或几个产品和服务作为测试对象,对所构建的平台生态圈进行快速试错,在与合作方磨合的过程中完成对测试对象的合理评估,进而对其平台生态圈进行进一步的优化。

【案例6.3】保险公司与平台生态圈

德国安联保险公司为实现规模效益和技能互补,与德意志电信展开合作。安联保险公司基于双方技术优势,通过构建生态系统为其零售客户与企业客户提供独特的产品和服务。

针对其零售客户,安联保险公司与德意志电信合作开发了数字化的"联网之家"服务,该服务是高科技技术与援助服务和保险服务有机结合的个性化增值服务,客户可以利用传感器和智能手机实现对自己家的实时监控。一旦家中发生意外如水管爆裂,传感器不仅会自动通过客户的智能手机通知客户,还会第一时间通知安联保险公司的紧急援助部门。

而对企业客户,安联保险公司与德意志电信合作推出具有全面性的网络安全解决方案以及与之相匹配的保险产品,继而向其企业客户提供个性化的网络服务和保险服务的产品组合。例如,德意志电信的先进网络防御系统与安联网络的防护保险产品相结合,在为客户提供智能化网络防御系统的基础上,还为其提供了最高承保额达5000万欧元的保单。

与此同时,安联还积极开展安联全球合作伙伴项目(AWP),以完成其生态系统的构建。安联全球合作伙伴项目包括安联全球救援和全球汽车、安联全球护理以及安联法国国际健康 3 项,能够帮助安联保险公司实现其与交通、医疗与健康等领域之间的融通与协调,进而为其客户提供更为卓越的增值服务。例如,该项目中的安联全球救援和全球汽车子项目:一方面,安联保险公司通过与汽车厂商签订合同,进而为多个品牌的购车客户提供相应的车辆保险产品服务;另一方面,安联保险利用其庞大且有效的服务供应商网络,为其客户提供汽车道路救援服务。在提供道路救援服务的过程中,安联保险公司还通过运用大数据技术对事故进行充分的挖掘和分析，并将分析结果应用于优化其保险产品和服务，进而为其创造更大效益。

(资料来源：《互联网+时代大数据改良与改革中国保险业》之五技术引发商业模式新变革)

6.3.4 大数据精准营销在保险业中的应用

1. 大数据与车险精准营销

1) 车险精准营销

保险公司为了提高其在车险市场中的竞争能力，通过精准营销将潜在的车险需求转化为车险产品的实际购买力。精准营销离不开大数据技术的有效应用，因而保险公司要将大数据应用于车险营销的全过程。

在车险精准营销的发展初期，保险公司要明确其车险精准营销流程和机构设置，并通过应用大数据技术设计出基于差异化定价的成套保险产品和服务，进而针对不同车险产品进行初步的宣传和推广。

在车险精准营销的发展中期，保险公司在大数据技术的应用下要对其车险产品进行进一步的细化，并利用大数据挖掘结果对其车险产品的研发过程和营销模式进行优化，不断增加其车险产品和服务的宣传途径和营销手段。

在车险精准营销的发展后期，保险公司要以客户体验为核心目标，应用大数据挖掘的结果对其差异化的车险产品进行再创新，对其车险产品的营销机制进行不断完善，进而使客户满意度得到有效提升。

2) 相关案例

一直以来，平安财险都与百度搜索保持着良好的合作关系。当用户在百度搜索中搜索关键词"车险"时，平安财险的产品宣传就会出现在用户搜索结果页面的显眼位置。除此之外，平安财险还利用大数据技术对其目标客户群体——车主的相关数据进行重新梳理。

平安财险发现，在车主周围或远或近地聚集着汽车厂商、4S店、汽车配件厂商、交通管理部门、加油站、导航服务提供商、保险公司等一系列机构，这些机构分别掌握着与车主以及投保车辆相关的各类数据。因此，它们在对车主进行研究时，突破了传统保险营销的局限性，从整个产业链的角度对车主的车险需求进行分析和判断。

平安财险从车主购车前、购车中、购车后的 3 个阶段出发，绘制出汽车生命周期的问题蓝图。该问题蓝图清晰地展示了车主在不同阶段所面临的不同问题和主要保险需求。例如，车主在购车阶段会考虑车险、购车贷款、经销商、车牌这几类问题，而在每一问题下又会细分出更多的具体问题。平安财险基于其对车主不同阶段的特征判断，为不同阶段的车主有针对性地推荐车险产品，使其车险产品的销售业绩得到了有效的提高。

2. 大数据与健康险营销

1) 健康险精准营销

健康险精准营销的思路及过程与车险精准营销并不存在太大的不同，都是基于大数据分析和挖掘的结果了解客户偏好和保险需求，进而有针对性地进行营销，以实现营销效率的有效提高。

健康险精准营销需要特别注意的问题是对营销时机的把握。人的健康管理是一项长期活动，但人在没有患病恐惧时通常并不具有购买健康险的行为动机，而患病之后购买健康险也不再具有意义。因而健康险营销的最佳时机是潜在客户具有患病恐惧之时，即发生医疗咨询行为时。随着移动互联网技术的飞速发展，网上医疗咨询凭借其便捷性成为人们进行简单医疗咨询的主要方式。保险公司利用大数据技术了解到潜在客户的健康状况和主要健康顾虑，进而向特定的潜在客户有针对性地推荐相应的健康险产品，从而实现健康险的精准营销。

2) 相关案例

法国 GMF 保险公司利用大数据技术对其 3 亿潜在客户的相关资料进行分析，建立了客户全生命周期的价值模型，进而使其获取新客户、进行交叉销售和追加销售的效率得到极大的提高。在这一客户数据分析过程中，GMF 保险公司将其自身的客户数据库与第三方的客户数据和人口统计数据相结合，利用其建立的大数据分析平台对其所掌握的数据进行处理，并对 1500 多个变量进行了不同角度的分析，进而从中找出各种场景下保险产品销售与变量之间的相关关系，并在此基础上制定出具有针对性的营销推广策略。

泰康人寿保险公司建立了语音记录的大数据分析平台，对其客户拨打 95522 的通话进行记录和分析，进而对这些客户进行多样化的标签划分，如老年人、商务人士、大学生、运动员、医生、母亲、孕妇等。在其保险销售人员进行展业时，被展业客户的相关标签将在第一时间被销售人员获取，销售人员进而能够以合适的销售方式向客户有针对性地推荐保险产品。泰康人寿保险公司将语音分析平台与营销手段相结合，创造了上千万元的保费收入。

@ 6.4 欺诈识别

据统计，保险公司有 2/3 的支出使用在理赔处理和赔款支付上，而作为伴生顽疾的保险欺诈行为有增无减、屡见不鲜。恶意保险欺诈行为的存在不仅严重损害了其他投保人所享有的正常权益，而且在一定程度上制约了保险服务社会的功能。随着科学技术的快速发展，保险公司通过大数据技术能够使其理赔处理、损失预防和欺诈识别的能力得到有效提高。

6.4.1 保险欺诈

1. 保险欺诈的主要表现形式

保险欺诈的主要表现形式有以下 9 种类型。

1) 虚构保险标的

虚构保险标的是指即投保人就其现实中并不存在的保险标的向保险公司投保，并在订立保险合同后谎报该保险标的发生盗取等保险事故，向保险公司骗取相应保险赔款的欺诈行为。该欺诈行为多发生于财产保险领域。

2) 不具有可保利益

不具有可保利益是指投保人就其不具有可保利益的保险标的向保险公司投保，并在保险合同订立后积极促成保险事故发生，进而骗取相应保险赔款的欺诈行为。不具有可保利益的欺诈行为多发生于人寿保险领域。

3) 标的风险状况的虚假陈述

标的风险状况的虚假陈述是指投保人对其保险标的风险状况向保险公司故意隐瞒或做虚假告知，进而使保险公司在错误判断投保人风险状况的基础上对其进行承保，一旦触及风险条件投保人就可以从保险公司获取相应保险赔款的欺诈行为。该欺诈行为多发生于人寿保险领域。

4) 超额投保

超额投保是指投保人凭借不实的相关单据以高于其保险标的实际价值的金额向保险公司进行投保，以期在风险事故发生后获得额外收益的欺诈行为。

5) 重复投保

重复投保是指投保人就同一保险标的的同一保险利益在 2 家或 2 家以上保险公司进行投保，以期在风险事故发生后获得多份保险赔款的欺诈行为。

6) 出险后投保

出险后投保是指投保人在特定保险事故发生后以不当手段对保险事故进行掩盖，进而向保险公司投保，以期就已发生的保险事故保险合同成立后获取相应保险赔款的欺诈行为。该欺诈行为多发生于人寿保险领域。

7) 主观故意出险

主观故意出险是指投保人在保险合同成立后，带有主观故意性地促成保险事故发生的欺诈行为。

8) 虚假保险事故

虚假保险事故是指投保人的保险标的在保险期内并未发生保险事故，但投保人故意制造保险标的出险的假象，以期获得相应保险赔款的欺诈行为。

9) 夸大损失金额

夸大损失金额是指在保险标的出险后，被保险人不积极对损失进行合理的控制，甚至进一步加大损失，以期获得更多保险赔款的欺诈行为。

2. 保险业反欺诈工作中的问题

由于目前我国保险公司的反欺诈体系较为薄弱，使我国保险欺诈现象非但没有得到遏制，反而有上升的势头。目前，我国保险业反欺诈工作中的问题主要表现为以下 6 个方面。

1) 对反欺诈工作的基础投入不足

国际保险监督官协会(IAIS)的经验数据显示，保险欺诈事件的赔付金额占总赔付金额的 10%～20%。但在大多数保险公司中，专门从事保险反欺诈工作的人员不足全体员工数量的 10%，且在保险公司的基层分支机构中从事反欺诈工作的人员更少。

2) 未形成全国集中的反欺诈处理中心

虽然大多数保险公司都在其内部建立起专门负责反欺诈工作的部门，但不同地区的分支机构之间、不同机构层级之间的反欺诈工作缺乏协调性，相关风险数据也并未在部门之间实现共享。由于诸多保险公司内部尚未形成全国集中的反欺诈处理中心，因而保险公司对于跨区域、跨机构的欺诈风险缺乏识别能力。

3) 大数据分析的思维方式缺失

虽然保险公司内部积累着海量的客户基础数据，但部分保险公司由于过分依赖传统的反欺诈工作方式且缺乏大数据思维，并没有利用大数据技术对价值数据进行有效分析和挖掘，因此隐藏在海量数据中的欺诈线索也难以被发现。

4) 传统风险控制体系维度简单

在保险公司传统的风险控制体系中，对欺诈风险的排查大多是通过固定的程序化风险监测模型实现的。由于传统风险监测模型维度简单且样本数量有限，致使模型与实际风险场景之间的匹配程度较低，监测欺诈风险的能力极为有限。

5) 保险公司的数据共享机制缺失

由于我国保险市场的竞争较为激烈且行业内部尚未建立统一的信息共享平台，因而各保险公司都将其所掌握的客户信息视为自己的核心资产而不愿与其他保险公司共享。这也使同一主体的保险欺诈行为能够在不同的保险公司重复发生。

6) 法律制裁不力，犯罪成本低

我国现行法律对保险诈骗行为的量刑较轻，有关部门对其在具体实践中的惩治职责认识不清，导致我国对保险欺诈行为界定不准、惩治力度有限，有保险欺诈行为的不法分子得不到应有的量罪和制裁。因而较低的犯罪成本和有限的法律制裁是导致保险欺诈事件频发的主要外部原因。

6.4.2 大数据与保险反欺诈

1. 大数据与欺诈识别

由于保险欺诈具有专业性和隐蔽性，因而保险行业内部主张将大数据技术应用于欺诈识别工作中的呼声日渐高涨，且有部分保险公司已开始了大数据反欺诈的实践。

1) 大数据技术的优势

由于保险市场的竞争日趋激烈，许多保险公司都在努力提高运营效率。就理赔运营环节来讲，保险公司需要在有效欺诈识别的基础上实现理赔流程的精减和理赔时效的提高。大数据技术在这一方面有很好的应用前景。

保险公司通过运用大数据技术对所掌握的海量客户数据进行充分分析和挖掘，能够从中找出对保险欺诈发生影响最为显著的因素，以及这些影响因素的取值区间，进而构建大数据保险欺诈识别模型。保险公司的理赔人员能够运用大数据保险欺诈识别模型对每个具体的理赔事件进行有效的欺诈风险评估，进而依据评分对是否立即支付理赔金、是否进行实地勘查等问题做出决策。

随着科学技术的快速发展，保险行业已出现针对理赔事件的智能勘查系统。智能勘查系统可以及时地为保险公司提供与保险标的出险状况相关的各项指标数据，进而帮助理赔人员找出异常状况并及时采取应对措施。

在利用大数据对欺诈风险进行监测的基础上，保险公司的理赔运营效率和客户体验能够得到有效提升。在大数据应用的背景下，保险公司能够对实时获取的保险标的出险信息进行快速分析，进而及时、主动地向其客户提供保险理赔服务。例如，客户在驾驶车辆的过程中发生保险事故，保险公司通过其在投保车辆上安装的车载信息系统能够及时地获取出险报案信息，进而在客户提出理赔申请之前主动向客户提供理赔服务以及更多适宜的增值服务。

2) 大数据反欺诈流程

大数据反欺诈流程如图6.10所示。从图6.10中我们可以看出，反欺诈工作是从索赔人在保险标的出险后提出索赔申请(或由相关具有感知能力的信息系统发出实时警报代替索赔人提出申请)开始的。

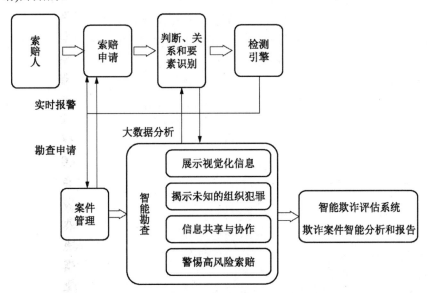

图 6.10　大数据反欺诈流程

保险公司在收到相关申请后将自动进入审核环节，即利用大数据技术对其所掌握的与投保人和保险标的相关的基础数据、由智能勘查系统及时反馈的与出险状况相关的实时数据进行处理和分析，对引起风险事件发生的主要因素进行识别和判断。在这一环节中，智能勘查系统能够向保险公司提供视觉化的信息并为其揭示潜在的犯罪网络，进而帮助保险公司对高风险索赔给予必要的关注。

然后，将上述大数据分析的结果接入智能欺诈评估系统，进而对该项理赔案件的欺诈风险进行评估：若该案件评分较高，则做出直接理赔的决策；若该案件评分较低，则做出进一步审核(如进行人工实地勘查)的决策。

借助大数据技术对海量数据的快速处理和分析能力，基于该反欺诈流程的欺诈识别工作十分高效，不仅使审核时间得到大幅缩短，而且使审核的准确性得到大幅提高。

数据越完整，基于大数据技术的反欺诈工作效率就越高，即数据资源的可靠和完整是大数据反欺诈工作高效进行的基础。因此，保险公司要对理赔历史记录、保单信息、医疗保险数据、事故统计数据、征信记录、犯罪记录、社交网络数据等相关信息进行有效的整合和存储。

【案例 6.4】大数据对保险反欺诈工作效率的提升

南非最大的短期保险产品供应商——Santam 保险公司也曾被保险欺诈困扰。最初 Santam 保险公司为了应对可能存在的保险欺诈，放慢了其理赔处理速度——用至少 3 天的时间对理赔案件进行审核，这无疑使 Santam 保险公司良好的客户服务声誉受到严重影响。之后 Santam 保险公司开始采用基于大数据的欺诈风险分析和解决方案，使其欺诈识别能力得到大幅提高。在该系统中，Santam 保险公司依据其已经确定的风险因素对每个理赔案件进行评估，并根据理赔案件风险程度的不同采取不同的处理方式。Santam 保险公司借助该大数据欺诈识别系统不仅避免了数百万美元的保险欺诈损失，而且还使其低风险理赔案件的处理时效得到有效提升，绝大多数正常的理赔案件能够在不到 1 个小时处理完成。

美国 Allstate 保险公司利用大数据技术分析出保险欺诈的潜在规律，进而使其理赔欺诈的损失得到大幅降低。Allstate 保险公司借助大数据技术对理赔数据、投保人数据、相关网络数据和揭发者数据进行有效的整合和挖掘，建立起大数据欺诈识别系统。进而将所有理赔请求首先接入该大数据欺诈识别系统之中进行自动处理，然后再将可疑的理赔请求交由特别调查部门进行人工审阅。Allstate 保险公司利用大数据技术成功将其保险欺诈发生率降低 30%，将其欺诈识别准确率提高 50%，将其理赔成本节约近 3%。

(资料来源：甘肃信息网)

2. 大数据反欺诈工作的重点

1) 对相关数据进行有效利用

大数据时代背景下，新信息技术的出现和应用为保险公司的反欺诈工作提供了更多可能。保险公司大数据反欺诈工作的核心就是对相关数据进行有效利用。

(1) 建立信息共享机制。

数据是保险公司进行反欺诈审查的基础。因而保险公司为解决信息不对称问题，要利用大数据技术建立信息共享机制，为其进行反欺诈工作奠定良好的基础。

(2) 管理和整合相关数据。

在对内部数据进行整合的基础上，保险公司还要积极与第三方合作以获取更多与投保人和保险标的相关的数据，进而实现对业务风险更准确的判断。保险公司要对其所掌握的相关数据进行有效管理和整合，在保护个人隐私的基础上，实现数据价值的充分利用。

(3) 可视化关联分析技术。

保险公司利用大数据技术对海量信息数据进行专业化处理，以直观的方式将承保、理赔、客户等相关层面的数据中隐含的信息表现出来，进而使保险公司反欺诈工作的脉络更加清晰和明确。

(4) 对信息进行量化分析。

在获取数据并对数据进行整合的基础上，保险公司通过对相关数据进行量化分析，能够借助预测技术建立用于欺诈识别的统计分析模型。在将各理赔案件的相关数据接入该欺诈识别模型后，保险公司就可以根据模型给出的评分来判断各理赔案件中的欺诈风险。数据在反欺诈工作中的应用流程如图 6.11 所示。

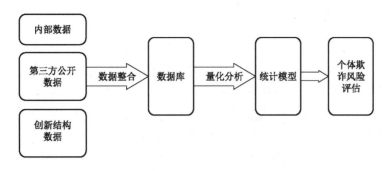

图 6.11　数据在反欺诈工作中的应用流程

2)　建立科学的承保和理赔机制

为有效地控制欺诈风险，保险公司要对其承保和理赔环节的工作机制和流程进行优化，将反欺诈工作的重心从被动的事后控制转移到主动的事前控制。

(1)　承保环节保障质量。

为从源头上遏制保险欺诈行为的发生，保险公司要保障其承保环节工作的高质量。保险公司可以利用大数据技术量化分析投保人的投保动机，进而在订立保险合同前实现对投保人的欺诈风险评估。保险公司还要建立有效的承保审核制度、信息沟通制度和岗位考评制度，为高质量承保的实现提供制度保障。

(2)　建立两级勘查制度。

在对理赔申请进行审核时，对于欺诈风险评估模型给出较低评分的理赔申请要进行实地勘查，并在实地勘查过程中保障查勘质量。对于一些特殊的理赔申请，保险公司还应通过复勘提高其在审查环节中的工作质量。

(3)　建立规范的理赔制度。

保险公司要建立接案人、定损人、理算人、审核人和审批人之间的分离制度以及实地勘查人员之间的制约制度，并对相关风险评估数据和实地勘查报告进行有效存储和备份。此外，保险公司还要建立严格的追责制度，一旦发生人员违规情况，就严肃处理。

3)　强化行业内部协作

(1)　全面推进行业信息共享。

为获取更多的客户信息，保险公司可以在保障客户隐私和相关数据安全的前提下在行业内部建立统一的信息共享平台，以打破各保险公司之间的数据"壁垒"。将分散在各保险机构的相关数据按类型的不同进行分类存储和有限共享，进而使共享数据在保险反欺诈工作中的内在价值被充分挖掘。

(2)　制定行业大数据规划。

有关部门要结合大数据的时代背景对与保险反欺诈工作相关的法律法规进行完善，为保险公司大数据反欺诈提供良好的政策环境。同时保险业协会要对行业数据标准进行完善，以保障行业共享数据的质量。此外，还要建立行业数据的分析模型和研究框架，并建设与行业大数据相配套的数据安全防护体系。

4) 推进保险业信用体系建设

要加快建立保险行业内部的统一信用平台,对投保客户以及从业人员的信用状况进行记录和评价。基于"失信惩戒"原则,有关部门要在行业内部建立行业黑名单制度以及市场退出机制,以对失信主体进行有效约束和惩戒。

6.4.3 大数据与车险反欺诈

1. 我国车险反欺诈工作现状

1) 市场整体环境层面

近年来,我国车险市场频发的保险欺诈行为严重阻碍了车险市场的有序、健康发展。为保护保险消费者合法权益,切实防范和化解保险欺诈风险,中国银保监会在行业内部印发《关于做好 2021 年大数据反保险欺诈工作的通知》及《大数据反保险欺诈手册》,旨在引导行业运用大数据及早发现保险欺诈,帮助保险公司精准定位风险。

随着打击力度的不断加大,车险欺诈行为日益呈现多样且隐蔽的特点,传统的车险欺诈识别方法已难以对相关欺诈风险进行防范。大数据技术的出现为车险反欺诈工作提供了更多的可能,保险公司能借助大数据技术从海量数据中识别出潜在的车险欺诈行为,并有针对性地对其进行防范。

2) 行业内部工作层面

从保险公司具体的经营管理层面来看,目前我国保险公司采用的车险反欺诈工作方法主要有独立调查人、内部调查人、相关费用审核、集中定损、定损复核、理赔审核、数据分析平台等。其中,集中定损是保险公司为防范欺诈风险对其业务流程进行优化的表现,主要包括快速定损和拆检定损两种方式,其具体的业务流程如图 6.12 所示。

虽然目前已有个别保险公司建立了相对完善的车险反欺诈机制,但大多数保险公司的车险反欺诈工作仍未实现专业化的管理和运作。随着大数据时代的到来,许多保险公司都借助大数据技术努力提高车险反欺诈能力,并取得了一定的成效。因此,我们可以预计,保险公司的车险反欺诈工作将会实现质的飞跃。

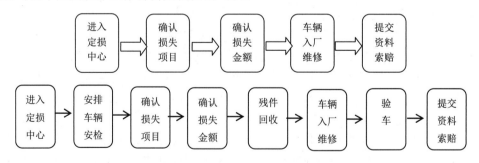

图 6.12　保险公司集中定损的业务流程

2. 车险欺诈的风险识别因子

我国的车险主要有机动车交通事故责任强制保险("交强险")和商业车险两种类型,其中商业车险又分为基本险和附加险两种类型。从车险涉及主体和车险赔付过程两个方面来看，车险欺诈的风险识别因子包括但不限于图 6.13 所示的 30 个识别因子。

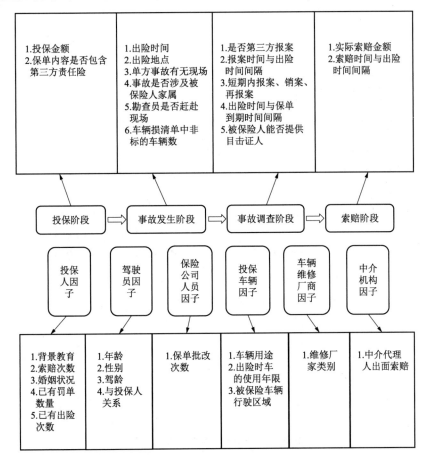

图 6.13　车险欺诈的风险识别因子

在图 6.13 所示的风险识别因子涵盖了与投保人、驾驶员、保险公司从业人员、投保车辆、投保车辆的维修厂商以及保险中介机构相关且包含一定欺诈风险信息的数据指标，以及出现在车险经营过程(包括投保、出险、勘查和理赔环节)中的包含一定欺诈风险信息的数据指标。以这些指标为基础，建立有效的车险欺诈风险识别模型。

3. 车险欺诈识别的理论模型

在大数据的时代背景下，基于海量数据所建立的车险欺诈识别系统能够对车险欺诈风险进行有效识别和防范。因而保险公司为提高车险反欺诈工作中的能力和效率，要在其内部建立起完善的车险欺诈识别系统，以对其所掌握的信息数据充分利用。基于前文所述车险欺诈的风险识别因子，可以建立车险欺诈识别的理论模型，如图 6.14 所示。

4. 车险反欺诈防范对策

1)　构建跨行业的客户信用数据库

保险公司内部都存储着客户信用数据，但各保险公司由于缺乏信息共享机制，导致其对客户信用状况的评估和把握仍不够准确。此外，其他行业也存储着诸多与车险欺诈行为有关的数据，对这些外部数据加以利用能够有效提高保险公司对车险欺诈的识别和防范能力。因此，要在保护客户隐私的基础上，建立涵盖相关内外部数据且能够在行业内部实现共享的客户信用数据库。

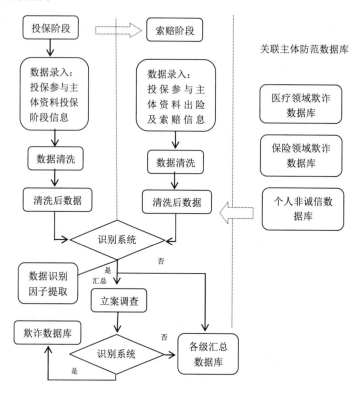

图 6.14 车险欺诈识别的理论模型

2) 推广使用车载信息系统

由于实时数据能够帮助车险欺诈识别工作实现动态调整，保险公司在对车险欺诈风险进行识别时，除了利用内部存量数据和相关外部数据外，还应当借助车载信息系统获取与投保车辆相关的实时数据并加以利用。因而保险公司在进行车险承保时，要以合理的方式和手段鼓励车险客户安装和使用车载信息系统。

3) 建立全国性的车险反欺诈联动机制

为更有效地开展车险反欺诈工作，要在保险业监管部门和自律组织、保险公司、交通管理部门、相关科研机构等相关主体之间建立全国性的车险反欺诈联动机制，从而实现对车险欺诈风险的多角度识别和全方位防范。

6.4.4 大数据与健康险的理赔风险

1. 健康险的理赔风险

1) 健康险的发展困境

近些年来，我国的商业健康险经历了高速发展。根据银保监会的统计数据显示，我国2010—2020 年间商业健康险保费收入年均复合增长率达到 33%，增速为寿险、财险等其他险种的 2～3 倍。2021 年，健康险业务原保费收入达到 8447 亿元。虽然我国商业健康险有着良好的发展态势，但从事商业健康险业务的保险公司大多仍未实现盈利。究其原因，主要有以下两个方面。

(1) 目前保险行业内部对商业健康险的市场定位尚待进一步明确，从事商业健康险业务的保险公司尚未走上专业化的发展道路。

(2) 保险公司与医院等医疗机构之间信息不对称，导致其难以对医疗费用的赔付风险进行控制。而相关赔付成本的居高不下正是阻碍商业健康险良好发展的"瓶颈"。

2) 健康险的理赔风险

商业健康险的理赔风险主要包括客户的欺诈风险和医疗机构的过度医疗风险。其中，医疗机构的过度医疗风险最为突出。

客户的欺诈风险在商业健康险中并不是主要风险，但一旦出现就涉及较大的金额。商业健康险的客户欺诈行为与其他险种的客户欺诈行为在本质上并没有较大的不同。因此，商业健康险的反欺诈工作在内容和流程上也与其他险种类似。在大数据应用的背景下，通过对多类型的海量客户数据进行充分的分析和挖掘，保险公司能够用模型来刻画商业健康险的客户欺诈行为，进而高效地对每一例理赔案件进行审查并快速做出适当的行为决策。

医疗机构的过度医疗风险作为商业健康险的主要风险，是由保险公司与相关医疗机构的信息不对称造成的。过度医疗行为包括但不限于：药品用量超标、用药与患者实际医疗需求不匹配、医疗服务的非合理收费、药品的非合理定价、基于保障方案的非必要医疗行为等(见图 6.15)。相关医疗机构的过度医疗行为导致保险公司对相关医疗费用负担着极高的赔付成本。公开信息显示，仅由药品用量超标和非必要医疗行为两项所导致的保费资源浪费就达 20%～30%，再加上药品非合理定价、医疗服务的非合理收费等其他过度医疗行为的影响，保险资源的浪费比例高达 50% 以上。因此，经营商业健康险业务的保险公司要想在该业务中实现盈利，就必须对过度医疗风险进行合理且有效的控制。而医疗信息数据正是对过度医疗风险进行有效控制的关键。

2. 大数据与健康险的理赔风险控制

大数据时代的到来，为保险公司对其商业健康险业务的相关理赔风险进行有效控制提供了数据支撑和实现途径。

1) 与医疗大数据相结合

商业健康险的核心是医疗服务。随着我国的医疗信息化建设的逐渐深入和医疗数据库体系的不断完善，与具体医疗服务相关的数据资源将被有效地获取和整合，进而使保险公司与客户和医疗机构之间的信息不对称问题得到解决。因此，保险公司要把握时机，积极向有关部门争取接入医疗数据库的机会。此外，鉴于医院是医疗大数据获取的关键卡位，保险公司还应加强与医院的合作，进而对客户健康状况和医疗行为精准把握。总而言之，保险公司应主动顺应大数据时代的潮流，尽可能多地开发数据获取渠道，以提高其风险识别的准确性。

2) 合理评估医疗费用和质量

在获取海量医疗数据的基础上，保险公司可以利用大数据分析技术对相关医疗行为的费用和质量做出科学且合理的评估。

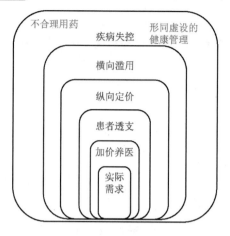

图 6.15　过度医疗行为

由于具体的医疗服务行为难以被标准化,因而保险公司难以对医疗费用的合理性做出准确的评估。例如,在心脏支架手术中,进行哪些方面的化验检查、采用何种麻醉方式、使用哪种心脏支架、支架的放置数量、术后需要多久的康复期、康复期内需要接受哪些化验检查等问题,都会因患者的身体状况和经济能力的不同而存在差异。结合医疗服务行为的这一特点,保险公司可以借助大数据技术找出同一疾病相关诊疗项目与用药情况的相关性,以专业的分组方法对相关诊疗费用标准进行评估。

而对医疗质量的评估,保险公司可以从医疗过程评估和医疗结果评估两个方面进行。保险公司可以通过利用大数据技术对海量的医疗临床数据进行分析和挖掘,进而准确地判断不同疾病的诊疗中哪些医疗行为是必需的,哪些医疗行为是不合理的,所用药物是否合理,用药剂量是否合理等,即实现对医疗过程的评估。保险公司还可以利用大数据技术对海量的康复期数据进行分析和挖掘,进而对术后不良事件的发生率、疾病复发率等相关指标进行判断,即实现对医疗结果的评估。

3)　大数据与健康险风险管理

如图 6.16 所示,利用大数据技术对以病历为中心的相关医疗数据进行挖掘,保险公司能够基于不同患者的具体健康体征和主要症状,对诊疗过程中所发生的相关医疗行为进行有效核查,从而实现对赔付金额的合理控制。

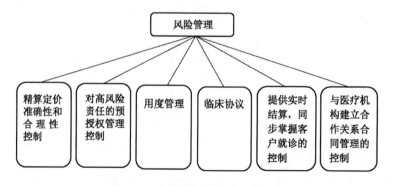

图 6.16　大数据与健康险风险管理

目前，国内已有部分保险公司在健康险中应用大数据技术的实践。例如，太平洋保险集团旗下的太平洋健康保险股份有限公司通过与阿里健康进行合作，将阿里健康所掌握的海量数据、风险控制引擎和人脸识别防伪等技术应用其理赔环节，使其控费能力得到有效提升。

本章总结

- 大数据保险，是指保险公司通过利用大数据技术对风险数据进行分析、处理和挖掘，使风险数据实现有效的价值变现。在此基础上，保险公司通过其治理端和商业端的协同创新，使传统的保险服务方式和资源配置方式得以优化，从而实现保险产品、保险服务和保险业务模式的创新，进而更好地满足其客户需求并为其提供更为优质的保险服务。

- 在金融领域中，保险行业应用大数据相对较晚，应用水平也落后于银行业和证券业。这是因为银行业与证券业的数据服务平台建设较早，为大数据技术的应用奠定了良好的基础，而保险业的数据服务平台建设相对较晚。而就保险业大数据应用阶段而言，目前尚处于大数据应用的初级阶段，即内部循环阶段。因而，接下来的保险业需要合理利用其内部数据并引入更多的外部数据来拓展大数据分析在本行业中的应用领域。

- 保险公司的承保定价能力是其核心竞争力。在大数据技术的应用背景下，保险公司过去的样本精算将升级为全量精算，风险定价模式将发生很大的改变。通过应用大数据技术，传统的保险精算中将引入更多的定价因素，保险公司能够根据客户的特定风险来调整承保定价，不仅能够使客户的不同需求得到满足，还能使保险公司的承保风险降低，从而实现客户和保险公司的共赢。

- 保险公司在大数据背景下对客户保险需求进行分析时，相关的数据来源不再仅限于保险行业内部的保险客户数据，还包括保险体系以外的数据，包括与保险公司进行合作的第三方所积累的客户数据、网络社交平台所积累的客户数据等。在对客户信息和客户行为的相关数据进行深度分析的基础上，保险公司能有效预测客户需求、挖掘潜在客户并向其推荐适当的保险产品，从而实现个性化的精准营销。

- 保险公司通过运用大数据技术对其所掌握的海量客户数据进行充分的分析和挖掘，能够找出对保险欺诈行为的发生影响最为显著的因素，以及这些影响因素的取值区间，进而构建大数据保险欺诈识别模型。保险公司的理赔人员通过运用大数据保险欺诈识别模型对每个具体的理赔事件进行有效欺诈风险评估，进而依据评分对是否立即支付理赔金、是否进行实地勘查等问题做出决策。

本章作业

1. 简述大数据保险的概念、特征应用阶段。

2. 大数据在保险行业有哪些作用?

3. 大数据背景下的数据服务架构与传统数据服务架构有哪些区别?

4. 大数据是如何帮助保险公司实现承保定价能力提升的?

5. 简述基于OBD+UBI的车险费率厘定方式。

6. 大数据时代产生了哪些保险新营销方式? 保险公司又如何提高其精准营销能力?

7. 什么是垂直平台生态圈? 构建的动因有哪些?

8. 大数据是如何帮助车险工作人员和健康险工作人员实现精准营销的?

9. 保险欺诈有哪些形式? 保险公司如何利用大数据开展保险反欺诈工作?

10. 阐述大数据在车险和健康险领域是如何帮助保险公司进行理赔风险控制的?

第7章

大数据征信

本章简介

    数据是征信业务开展的基础。凡是对信用信息进行采集、整理、保存、加工，并向信息使用者提供的活动，都是征信活动。大数据不仅为征信业发展提供了极为丰富的数据信息，也改变了征信产品设计和生产理念，成为未来征信业发展最重要的基石。

    我国征信业发展尚处于起步阶段，在大数据时代存在征信法律制度和业务规则不够完善、征信机构数据处理能力有待提高等问题。未来征信业面临的机遇和挑战并存，研究大数据时代征信业的发展具有重要意义。

    本章首先从传统征信入手，详细阐述了传统征信的含义、原则、分类及特征，大致介绍了传统征信的基本流程，并全面叙述传统征信产品、机构及体系；其次讲述了大数据征信的含义，并与传统征信对比阐述其优势和难题，从各个角度说明大数据出现的必然性；最后以典型大数据征信企业作为突破口，立体叙述了在实践中的大数据征信流程，并对典型大数据征信企业的运作和征信模式做了大致的介绍。

@ 7.1 传统征信

7.1.1 征信概述

19 世纪初，英国常有"绅士不付裁缝账"的情况，伦敦的裁缝为绅士和贵族定做衣服都是做好之后再收钱。然而，总有一些客户不及时付款或故意赖账，给裁缝造成了很大损失。于是，为保护自身利益，裁缝创立了一个交流其客户支付习惯信息的机制，拒绝为那些信用不良的客户服务。从这个征信制度的雏形可以看出，征信活动是在授信人之间形成的一种分享客户信用信息的机制。

随着市场经济的发展，授信活动或信用活动在市场交易中日益频繁。全社会特别是授信人、投资人对征信服务的需求不断增长，征信业在世界各地蓬勃发展。相对于"社会信用体系""诚信体系"，"征信"的概念在国际上是有共识的。"征信"对应英语中最合适的词是 credit reference，这里的"信"即"信用"，credit 是指经济层面上的信用。

1. 征信的含义

征信是指征信机构作为信用交易双方之外的独立第三方，收集、整理、保存、加工个人、法人及其他组织的信用信息，以在一定程度上揭示信息主体的信用风险状况，协助授信人或投资人进行风险管理的一种信息服务活动。简言之，征信的本质就是为授信机构或投资人的决策提供信息参考，是授信人或投资人之间的一种信息分享机制。

这一定义包含了 4 个方面。

(1) 这里的信用交易是广义的，是指任何购买(商品和服务等)支付不是同时进行的交易。

(2) 这里的第三方机构就是征信服务机构。而与征信服务相关的服务产品、价格、市场以及征信服务的主体、法规管理等之和，就是征信体系。换句话说，征信体系是与征信活动有关的法律规章、组织机构、市场管理等共同构成的一个体系。

(3) 征信体系的主要功能是为借贷市场服务，但也服务于商品市场和劳动力市场，只要有信用发生，授信方就有征信需求。

(4) 这是一个特殊的信息服务业。它的特殊性主要表现在两个方面：一是信息的特殊性，即它是反映信息主体(企业或个人)信用状况的信息；二是功能的特殊性，除了直接为授信机构提供的服务功能之外，还具有促进全社会珍惜自己的信用状况、注重诚实守信等延伸的社会功能，有利于构建和谐社会。

2. 征信的原则

征信的原则是征信业在长期发展过程中逐渐形成的科学的指导原则，是征信活动顺利开展的根本。通常，我们将其归纳为真实性原则、全面性原则、及时性原则及隐私和商业秘密保护原则。

1) 真实性原则

真实性原则是指在征信过程中征信机构应采取适当的方法核实原始资料的真实性，以保证所采集的信用信息是真实的，这是征信工作的基础。

只有信息准确无误，才能准确反映被征信人的信用状况，保证对被征信人的公平。真实性原则有效地反映了征信活动的科学性。征信机构应基于第三方立场提供被征信人的历史信用记录，对信用报告的内容，不妄下结论，信用报告要摒弃虚伪偏袒的成分，以保持客观中立的立场。基于此原则，征信机构应给予被征信人一定的知情权和申诉权，以便能够及时纠正错误的信用信息，保障信用信息的准确性。

2)　全面性原则

全面性原则又称完整性原则，是指征信工作要做到资料全面、内容明晰。

被征信人，不论企业还是个人，均处在一个开放性的经济环境。人格、财务、资产、生产、管理、行销、人事和经济环境等要素虽然性质互异，但都具有密切的关联，直接或间接地在不同程度上影响被征信人的信用水平。不过，征信机构往往收集客户历史信用记录等负债信息，通过其在履约中的历史表现，判断该信息主体的信用状况。历史信用记录既包括正面信息，也包括负面信息。正面信息是指客户正常的基础信息、贷款、赊销、支付等信用信息；负面信息是指客户欠款、破产、诉讼等信息。负面信息可以帮助授信人快速甄别客户信用状况，正面信息能够全面反映客户的信用状况。

3)　及时性原则

及时性原则是指征信机构在采集信息时要尽量实现实时跟踪，能够使用被征信人最新的信用记录，反映其最新的信用状况，避免因不能及时掌握被征信人的信用变动而给授信机构带来损失。

信息及时性是关系征信机构的生命力，从征信机构发展历史来看，许多征信机构由于不能及时更新信息，授信机构难以据此及时判断被征信人的信用风险，从而导致征信机构最终难以经营下去。目前，我国许多征信机构也因此处于经营困境。

4)　隐私和商业秘密保护原则

对被征信人隐私或商业秘密进行保护既是征信机构最基本的职业道德，也是征信立法的主要内容之一。

征信机构应建立严格的业务规章和内控制度，谨慎处理信用信息，保障被征信人的信用信息安全。在征信过程中，征信机构应明确征信信息和个人隐私与企业商业秘密之间的界限，严格遵守隐私和商业秘密保护原则，以保障征信活动顺利开展。

3. 征信的分类

征信的分类如图7.1所示。

1)　征信按业务模式可分为企业征信和个人征信两类

企业征信主要是收集企业信用信息、生产企业信用产品的机构；个人征信主要是收集个人信用信息、生产个人信用产品的机构。

有的国家这两种业务类型由一个机构完成，也有的国家是由两个或两个以上机构分别完成，或者在一个国家内既有单独从事个人征信的机构，也有从事个人和企业两种征信业务类型的机构，一般都不加以限制，由征信机构根据实际情况自主决定。美国的征信机构主要有3种业务模式。

(1) 资本市场信用评估机构，其评估对象为股票、债券和大型基建项目。

(2) 商业市场评估机构，也称为企业征信服务公司，其评估对象为各类大中小企业。

(3) 个人消费市场评估机构，其征信对象为消费者个人。

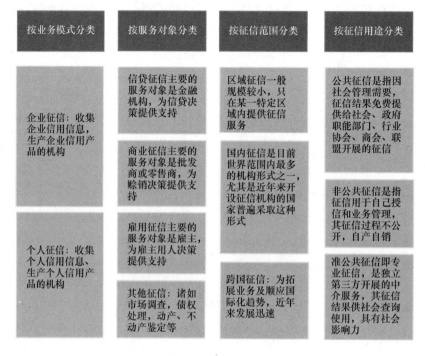

按业务模式分类	按服务对象分类	按征信范围分类	按征信用途分类
企业征信：收集企业信用信息，生产企业信用产品的机构	信贷征信主要的服务对象是金融机构，为信贷决策提供支持	区域征信一般规模较小，只在某一特定区域内提供征信服务	公共征信是指因社会管理需要，征信结果免费提供给社会、政府职能部门、行业协会、商会、联盟开展的征信
	商业征信主要的服务对象是批发商或零售商，为赊销决策提供支持	国内征信是目前世界范围内最多的机构形式之一，尤其是近年来开设征信机构的国家普遍采取这种形式	非公共征信是指征信用于自己授信和业务管理，其征信过程不公开，自产自销
个人征信：收集个人信用信息、生产个人信用产品的机构	雇用征信主要的服务对象是雇主，为雇主用人决策提供支持		
	其他征信：诸如市场调查，债权处理，动产、不动产鉴定等	跨国征信：为拓展业务及顺应国际化趋势，近年来发展迅速	准公共征信即专业征信，是独立第三方开展的中介服务，其征信结果供社会查询使用，具有社会影响力

图 7.1　征信的分类

2)　征信按服务对象可分为信贷征信、商业征信、雇佣征信及其他征信

信贷征信主要的服务对象是金融机构，为信贷决策提供支持；商业征信主要的服务对象是批发商或零售商，为赊销决策提供支持；雇用征信主要的服务对象是雇主，为雇主用人决策提供支持。另外，还有其他一些征信活动，诸如市场调查，债权处理，动产、不动产鉴定等。

各类不同服务对象的征信业务，有的是一个机构来完成，有的是在具有数据库征信机构上下游的独立企业内来完成的。

3)　征信按征信范围可分为区域征信、国内征信和跨国征信

区域征信一般规模较小，只在某一特定区域内提供征信服务，这种模式一般在征信业刚起步的国家存在较多，征信业发展到一定阶段后，大都走向兼并或专业细分，真正意义上的区域征信也随之逐步消失；国内征信是目前世界上最多的机构形式之一，尤其是近年来开设征信机构的国家普遍采取这种形式；跨国征信这几年迅速崛起，此类征信之所以能够快速发展，主要有内在和外在两方面原因：内在原因是西方国家一些老牌征信机构为了拓展自己的业务，采用多种形式(如设立子公司、合作、参股、提供技术支持、设立办事处等)向其他国家渗透；外在原因主要是世界经济一体化进程的加快，各国经济互相渗透，互相融合，跨国经济实体越来越多，跨国征信业务的需求也越来越多，为满足这些发展需求，跨国征信这种机构形式也必然越来越多。由于每个国家的政治体制、法律体系、文化

背景不同，跨国征信的发展也受到一定的制约。

4) 征信按征信用途可分为公共征信、非公共征信、准公共征信

公共征信是指出于社会管理需要，征信结果免费提供给社会、政府职能部门、行业协会、商会、联盟开展的征信。非公共征信是指征信用于自己授信和业务管理，其征信过程不公开，自产自销，其实质是自我信用风险管理和控制，银行信贷授信、企业信用销售中对客户授信都属于这类。准公共征信即专业征信，是独立第三方开展的中介服务，其征信结果供社会查询使用，具有社会影响力。

4. 征信的特征

1) 征信采集的主要是信用信息

信用信息是指能够在一定程度上反映信息主体信用状况的信息。其中，最主要的是与信用交易相关的信息，如贷款、还款信息及合同履约信息等；其次不可少的信息，是识别、定位信息主体身份的信息，如名称、身份证号码、地址、年龄、性别，等等。

世界上大的征信机构所建立的征信系统都会采集三类信息：身份识别信息、信贷交易信息和非银行信用信息。作为信用报告主体的信贷交易信息和非银行信用信息都是与信用交易相关的信息。其他非银行信息，如法院判决信息、欠税信息、行政处罚信息等，只要是有助于反映信息主体信用状况且法律不禁止的，也都是可以采集的。

2) 征信需要建立个人或企业的信息账户

信息账户是征信活动的核心和基础，通俗地说，就是一个企业或个人的信用信息档案，即把一个信息主体在各行各业同其他市场主体的信用交易活动中产生的信用记录整合到一个账户之下。

在我国，最早的企业信用信息档案可追溯到 20 世纪 90 年代，深圳人民银行推出的纸质"贷款证"。人民银行在推广深圳"贷款证"制度并借鉴国外经验的基础上，建立起的全国集中统一的企业和个人征信系统，就是为有信贷交易活动的企业、其他组织和个人建立的信息账户数据库。在信息账户中，信息是需要不断更新的，这是征信系统价值的核心。

3) 征信服务主要是一种微观的信息中介服务

征信具有微观性，在征信活动的两端体现得很清楚。

从数据采集环节来看，征信就是尽可能全面地把信息主体在各行业授信服务、消费和投资活动中留下的信用记录，形成微观经济活动主体——企业和个人的信用报告。从信息使用环节来看，通过接受征信服务，商业银行有效地加强了对信贷业务、信用卡和授信客户的信用风险管理。所以，无论从企业征信还是个人征信的角度来看，征信服务都主要是一种微观的信息中介服务，而不是宏观的信息服务活动。

当然，征信也可以在微观账户数据的基础上进行汇总统计和分析，为宏观经济金融分析服务，但这是征信服务的附加产品或增值服务。征信服务应与行政部门的统计服务职能区分开来，不应发生冲突。

4) 征信是一个行业

由征信的发展史可以看出，征信就是从市场经济这个环境中孕育出来，为解决交易双方信息不对称问题的专业化服务。正因为有市场需求，征信才会发展成一个专门的特殊的

信用信息服务行业。

在我国，征信基本上是从银行"贷款三查"(贷前调查、贷中审查和贷后检查)工作中分离出来的，是银行业分工进化的产物。征信机构每天为世界各地的授信机构提供数百万的各类征信服务，除信用报告外，还提供包括评分模型开发、防欺诈解决方案、策略决策引擎服务、信息技术解决方案、市场营销服务等。

5) 征信活动的主要服务对象是授信机构

征信的实践活动表明，不仅征信的主要服务对象是授信机构，给征信机构提供原始数据的，也主要是授信机构。正因为授信机构有强烈的需求，才会有动力与征信机构建立起长期、稳定的数据报送关系。

市场经济中授信活动普遍存在，不限于一两个行业。授信机构目前在我国主要是指商业银行，但授信并不是银行的特权。除银行以外，还有很多其他的机构，如小额贷款公司、公积金中心、电信公司等授信机构。理论上，只要是属于先消费或先取货，后付款的交易，都是信用交易或授信活动。在一些欧美国家，授信机构的范围还要更加广泛，如有些大的超市也可以发行信用卡。

6) 征信是一种信息分享机制

征信这种信息分享机制，只是一定范围的共享，并不等同于信息无限制的、向社会公众的公开披露。也就是说，征信产品的使用，即便在授信机构之间，也是有限制的使用，通常是依法依规使用。这是由信用信息的性质决定的，因为它是商务信息，是反映信息主体信用状况的敏感信息。

虽然人们对不同敏感程度的信息应该在什么范围分享会有不同的认识，但不能由此把范围较大的分享理解为信息公开。尤其是在目前征信系统建设的初期，因缺少相关法律法规的指引，人们对信息分享的范围和参与分享的主体种类存在不一致认识，所以需要采取谨慎的态度，更好地把好信息使用关。另外，信息的敏感程度不一样，分享的范围也不一样。更好的、更精细的分享机制，应该是分层共享，即向征信系统报送什么数据，方能分享什么信息。

7) 征信服务宜由独立于信用交易当事人的第三方提供

征信业因其独特的行业特点，要求其保持很高的公信力。因此，虽然个别大的商业银行也有能力开展此项工作，但为了避免利益冲突，只能由独立于信贷业务之外的专业征信机构来做这项工作。征信机构本身是不能直接从事授信业务的。

征信机构的独立性，还体现在原始数据的独立性上，即征信系统存储的关于各个信息主体的原始数据，都是数据报送机构报送到系统的，征信机构无权修改，即便信用报告被确认有误，也只能按流程由报送机构自己或由其授权，才能更正原始数据的错误。这种独立性是保证征信机构公信力的必要机制。

8) 征信的功能是在一定程度上揭示信息主体的信用状况

其采集的信息作为参考信息，可协助授信人或投资人更好地做出授信或投资决策。信用报告中的原始信用交易信息及征信增值产品如评分，都是用来帮助授信机构预测授信人未来的违约率，以帮助授信机构改善信用风险管理。

这里所说的"一定程度上"是指不同深度的征信活动，如基础征信或信用报告、信用调查、信用评级等业务活动，揭示信用状况的程度是不同的。

需要特别注意的是，信用报告和信用综合评价产品(如评级、评分等)并不是对评价对象诚信道德的评判，尽管诚信道德自身会对履约、信用状况产生一定影响。如果把征信活动与对信息主体的诚信道德评价等同起来，则有把征信业引向歧途的危险。实际上，世界上还没有哪个国家有自动化的信息系统，试图对信息主体的道德进行评价。对一个人的道德评价是非常综合和复杂的。

9) 发展征信业应更多引入市场机制

征信活动主要是市场经济的产物，其运作也宜更多引入市场机制。

一是征信作为一种微观服务，是为了满足商业活动的需要。尽管征信机构也为政府部门等公共部门提供服务，但我们不能因此就把征信服务归为公共产品，征信主要是为市场化的授信机构服务的。已实现市场化运作的授信机构，对征信服务的需求随市场变化而变化，这就要求征信业有十分灵活的机制来满足。二是征信专业服务的特征决定了由政府主导的公共机构不能充分发挥其功能。尽管世界上仍存在一些由公共机构直接运作的征信系统，但它们的发展是日渐式微的。

目前，国际上处于征信业垄断地位的个人和企业征信局均是市场化的征信机构，都是采取市场化的运作方式。这是保持较高服务效率的需要。

10) 征信行业是依赖于法律法规，并受社会文化环境影响较大的新兴行业

征信数据的采集只要有法律的支持，才能更好地进行。征信产品可以在什么范围使用，同样需要法律明确规定，以避免争论。如何在促进征信体系发展与保护信息主体权益之间取得适当平衡，是征信立法需要解决的主要问题。

目前，我国征信法制框架仍在不断完善。2013 年，国务院颁布《征信业管理条例》，标志着我国征信业管理正式进入有法可依的阶段；同年《征信机构管理办法》颁布，对征信机构的准入门槛、高管资格等进行细致的规定。2021 年 9 月 30 日，中国人民银行发布《征信业务管理办法》，与《征信业管理条例》共同构成征信法制体系，对依法从严加强征信监管，保障信息主体合法权益和信息安全，促进征信业市场化、法治化和科技化发展具有积极意义。因文化环境、道德理念等的不同，征信活动的法规在不同国家呈现出很大的差异性。如美国，有隐私法和公平信用报告法；英国，只有数据保护法；澳大利亚有数据保护法和征信机构行为守则；印度和俄罗斯等新兴市场经济国家，也有专门的规范征信机构的法规。

5. 征信的作用

征信活动服务的范围很广，如金融业、电信业、公共事业、政府部门等，从这些服务对象的不同角度出发，总结出征信具有以下 6 个作用。

1) 防范信用风险，促进信贷市场发展

随机波动理论认为，股价波动遵循随机波动理论，呈现典型的马尔可夫性质，股价过去的历史和从过去到现在的演变方式与股价的未来变动不相关。但是，对于单一个体而言，人类行为在很大程度上具有路径依赖的特点，预测一个人未来行为的最好方法是看其过去的表现，这一点成为社会信用体系建设的理论基础。

银行如果不了解企业和个人的信用状况,为了防范风险,就会采取相对紧缩的信贷政策。通过征信活动,查阅被征信人的历史记录,商业银行能够比较方便地了解企业和个人的信用状况,以采取相对灵活的信贷政策,扩大信贷范围,特别是对缺少抵押品的中小企业、中低收入者等边缘借款人。

2) 服务其他授信市场,提高履约水平

现代经济的核心是信用经济。授信市场包含的范围非常广泛,除银行信贷外,还包括大量的授信活动,如企业和企业(多以应收账款形式存在)、企业和个人(各种购物卡、消费卡等)、个人与个人(借款)之间的授信活动,一些从事授信中介活动的机构,如担保公司、租赁公司、保险公司、电信公司等,在开展业务时均需了解受信方的信用状况。

征信活动通过信息共享、各种风险评估等手段将受信方的信息全面、准确、及时地传递给授信方,有效揭示受信方的信用状况,采用的手段有信用报告、信用评分、资信评级等。

3) 加强金融监管和宏观调控,维护金融稳定

通过征信机构强大的征信数据库,收录工商登记、信贷记录、纳税记录、合同履约、民事司法判决、产品质量、身份证明等多方面的信息,综合反映企业或个人的信用状况。当从更为宏观的角度进行数据分析时,可以整合出一个企业集团、一个行业和国家整体的信用风险状况。因此,可以按照不同的监管和调控需要,对信贷市场、宏观经济的运行状况进行全面、深入的统计和分析,统计出不同地区、不同金融机构、不同行业和各类机构、人群的负债、坏账水平等,从而为加强金融监管和宏观调控创造条件。

征信对监管者的帮助主要有两方面:①监控总体信贷质量、测试银行是否满足监管要求(尤其是满足新巴塞尔资本协议要求)。例如,意大利的监管机构就利用征信数据库来测算商业银行的资本金要求、总体风险构成等,作为对商业银行进行监管依据的外部补充。②征信对宏观调控者的帮助主要体现在通过整体违约率的测算来判断经济目前所处的周期。

4) 服务其他政府部门,提升执法效率

征信机构在信息采集中除了采集银行信贷信息外,还依据各国政府的信息公开的法规采集了大量的非银行信息,用于帮助授信机构进行风险防范。在这种情况下,当政府部门由于执法需要征信机构提供帮助时,可以依法查询征信机构的数据库,或要求征信机构提供相应的数据。

通过征信活动,使政府在依法行政过程中的信息不对称问题得到有效解决,为政府部门决策提供了重要的依据,这些依据主要是通过第三方反映出来的,信息的准确性比较强,有效提高了执法效率。

5) 有效揭示风险,为市场参与各方提供决策依据

征信机构不仅通过信用报告实现信息共享,而且会在这些客观数据的基础上通过加工推出对企业和个人的综合评价,如信用评分等。通过这些评价,有效反映企业和个人的实际风险水平,有效降低授信市场参与各方的信息不对称性,从而得到市场的广泛认可,并帮助各方做出更好的决策。

这些综合评价主要有两个作用:一是信号传递作用。通过这些综合评价,将新信息或

现有的信息加以综合，提供给市场，市场根据这些综合评价所处的信用区间，对受信方的信用状况做出整体的评价。二是证明作用。满足一定门槛的信用评分，往往成为监管者规定取得授信的条件之一。

6) 提高社会信用意识，维护社会稳定

在现代市场经济中，培养企业和个人良好的社会信用意识，有利于提升宏观经济运行效率。但是，良好的社会信用意识并不是仅仅依靠教育和道德的约束就能建立的，必须在制度建设的基础上有完备的约束机制。以美国为例，美国国民的社会信用意识和遵纪守法意识比较强，主要是靠完善的制度约束达至的，当制度约束缺失时，国民的社会信用意识和遵纪守法意识也会面临严峻挑战。

征信在维护社会稳定方面也发挥着重要的作用。实践经验表明，不少企业和个人具有过度负债的冲动，如果不加以约束，可能会造成企业和个人债务负担过重，影响企业和个人的正常经营和活动，甚至引发社会问题。有的国家就曾发生过信用卡过度发展，几乎酿成全民债务危机。一些西方国家建立公共征信机构的目的之一就是防止企业、个人过度负债，以维护社会稳定。在我国，征信活动有助于金融机构全面了解企业和个人的整体负债状况，从制度上防止企业和个人过度负债，有助于政府及时了解社会的信用状况，防范突发事件对国计民生造成重大不利影响，维护社会稳定。

综上所述，正是因为征信能够实现信息共享，提高对交易对手风险的识别，所以，征信在经济和金融活动中具有重要的地位，构成了现代金融体系运行的基石，是金融稳定的基础，对于建设良好的社会信用环境具有非常深远的意义。

7.1.2 征信的基本流程

征信活动可以分为两类：一类是征信机构主动去调查被征信人的信用状况；另一类是依靠授信机构或其他机构批量报送被征信人的信用状况。两者最大的区别在于前者往往是一种个体活动，通过接受客户的委托，到一线去收集调查客户的信用状况，后者往往是商业银行等授信机构组织起来，将信息定期报给征信机构，从而建立信息共享机制。两者还有一个区别，前者评价的范围更广，把被征信人的资质情况、诚信度考察、资产状况等都包括在内，而后者由于是批量采集信息，因此灵活性和主观性不如前者，但规律性和客观性则强于前者。两类方式在征信的基本流程上是相同的，例如，前一类流程要制订计划，决定采集哪些信息，而后一类流程也同样如此，由征信机构事先确定好需要采集的信息后，与信息拥有方协商，达成协议或其他形式的约定，定期向征信机构批量报送数据，因此，在讨论流程时，可以将两者合并在一起，如图7.2所示。

1. 制订数据采集计划

能够反映被征信人信用状况的信息范围广泛，为提高效率、节省成本，征信机构应事先制订数据采集计划，做到有的放矢。这是征信基本流程的一个重要环节，一份好的计划能有效减轻后续环节的工作负担。一般来说，数据采集计划包括以下3方面内容。

1) 采集数据项

客户使用征信产品的目的不尽相同，有的希望了解被征信人短期的信用状况，有的则是作为中长期商业决策的参考。客户的不同需求决定了数据采集重点不同。征信机构要本着重点突出、不重不漏的原则,从客户的实际需求出发,进而确定所需采集数据的种类。例如,当 A 银行决定是否对 B 企业发放一笔短期贷款时,应重点关注该企业的历史信贷记录、资金周转情况,需采集的数据项为企业基本概况、历史信贷记录、财务状况等。

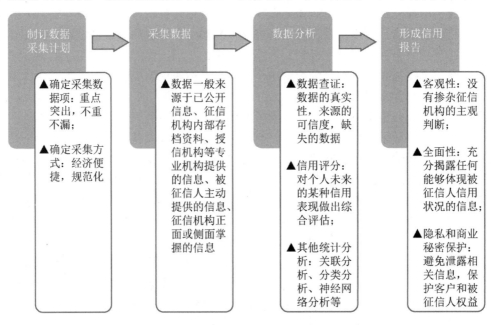

图 7.2　征信数据库形成流程

2)　采集方式

确定科学、合理的采集方式是采集计划的另一主要内容。不论是主动调查,还是授信机构或其他机构批量报送数据,征信机构都应采用最经济便捷的采集方式,做好时间、空间各项准备工作。对于批量报送数据的方式,由于所提供的数据项种类多、信息量大,征信机构应事先制定一个规范的数据报送格式,让授信机构或其他机构按照格式报送数据。

3)　其他事项

在实际征信过程中,如果存在各种特殊情况或发生突发状况,征信机构应在数据采集计划中加以说明,以便顺利开展下面的工作。

2. 采集数据

数据采集计划完成后,征信机构应依照计划开展采集数据工作。数据一般来源于已公开信息、征信机构内部存档资料、授信机构等专业机构提供的信息、被征信人主动提供的信息、征信机构正面或侧面掌握的信息。出于采集数据真实性和全面性的考虑,征信机构可通过多种途径采集信息。但需要注意,这并不意味着数据越多越好,要兼顾数据的可用性和规模,在适度的范围采集合适的数据。

3. 数据分析

征信机构收集到的原始数据,只有经过一系列科学分析之后,才能成为具有参考价值的征信数据。

1) 数据查证

数据查证是保障征信产品真实性的关键步骤。一查数据的真实性。对于存疑的数据，征信机构可以通过比对不同采集渠道的数据，来确认正确的数据。当数据来源唯一时，可通过二次调查或实地调查，进一步确定数据的真实性。二查数据来源的可信度。某些被征信人为达到不正当目的，可能向征信机构提供虚假的信息。如果发现这种情况，征信机构除及时修改数据外，还应记录该被征信人的"不诚信行为"，作为以后业务的参考依据。三查缺失的数据。如果发现采集信息不完整，征信机构可以依据其他信息进行合理推断，从而将缺失数据补充完整。比如，利用某企业连续几年的财务报表推算出某几个数据缺失项。四查被征信人，即异议处理程序。当被征信人发现自己的信用信息有误时，可向征信机构提出申请，修正错误的信息或添加异议声明。特别是批量报送数据时，征信机构无法对数据进行一一查证，一般常用异议处理方式。

2) 信用评分

信用评分是个人征信活动中最核心的数据分析手段，它运用数据挖掘技术和统计分析方法，通过对个人的基本概况、信用历史记录、行为记录、交易记录等大量数据进行系统的分析，挖掘数据中蕴含的行为模式和信用特征，捕捉历史信息和未来信息表现之间的关系，以信用评分的形式对个人未来的某种信用表现做出综合评估。信用评分模型有各种类型，能够预测未来不同的信用表现。常见的有信用局风险评分、信用局破产评分、征信局收益评分、申请风险评分、交易欺诈评分、申请欺诈评分等。

3) 其他数据分析方法

在对征信数据进行分析时，还有许多其他的方法，主要是借助统计分析方法对征信数据进行全方位分析，并将分析获得的综合信息用于不同的目的，如市场营销、决策支持、宏观分析、行业分析等领域。使用的统计方法主要有关联分析、分类分析、预测分析、时间序列分析、神经网络分析等。

4. 形成信用报告

征信机构完成数据采集后，根据收集的数据和分析结果，加以综合整理，最终形成信用报告。信用报告是征信机构前期工作的智慧结晶，体现了征信机构的业务水平，同时也是客户了解被征信人信用状况、制定商业决策的重要参考依据。因此，征信机构在生成信用报告时，务必贯彻客观性、全面性、保护隐私和商业秘密的科学原则。所谓客观性，指的是信用报告的内容完全是真实、客观的，没有掺杂征信机构的任何主观判断。基于全面性原则，征信报告应充分披露任何能够体现被征信人信用状况的信息。但这并不等于长篇大论，一份高质量的信用报告言简意赅、重点突出，使客户能够一目了然。征信机构在撰写信用报告过程中，一定要严格遵守保护隐私和商业秘密原则，避免泄露相关信息，致使客户和被征信人权益受到损害。信用报告是征信机构最基本的终端产品。随着征信技术的不断发展，征信机构在信用报告的基础上衍生出越来越多的征信增值产品，如信用评分等。但不论形式如何变化，这些基本原则始终是不变的。

7.1.3 征信行业产业链

征信行业产业链包括上游的数据生产者、中游的征信机构及下游的征信信息使用者，其中，中游的征信机构运行模式主要有采集数据、加工数据及销售产品。征信行业产业链如图7.3所示。

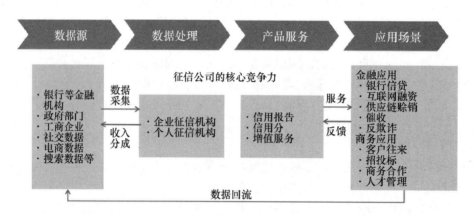

图7.3 征信行业产业链

按照数据生产者划分，征信可以分为个人征信和企业征信。个人征信的数据生产者是个人，征信机构采集个人产生的数据，加工并销售信用产品；而企业征信的数据生产者是企业(工商企业、政府、金融机构或是小微企业等)，征信机构采集企业生产的数据，加工及销售信用产品。

7.1.4 征信产品

1. 企业征信产品

经过多年的探索和发展，企业征信系统的产品和服务体系日益完备，以各种版本信用报告为核心的基础产品体系已相对成熟，以关联查询服务、企业征信汇总数据为代表的增值服务体系初步形成。

1) 基础产品

企业信用报告是企业征信系统提供的基础产品。随着征信系统应用的推广与深入，信用报告成为商业银行信用风险管理的重要工具，服务于银行信贷流程的贷前审查、贷后管理、资产保全等环节。

改进企业信用报告版本。2005年，征信中心首次推出企业信用报告，仅有一个版本。为更好地服务不同类别的用户，征信中心不断优化信用报告内容，丰富信用报告版本。新版企业信用报告于2013年正式推出。

新版企业信用报告针对不同的需求主体分为 4 个版本：一是为以银行为代表的授信机构服务的银行版；二是为政府部门履职使用的政府版；三是为其他机构服务的社会版；四是为满足信息主体查询需求的自主查询版。新版信用报告内容更加丰富、完整；结构层次更分明，信息展示顺序更符合阅读习惯，展示方式更灵活，可读性更强。

企业信用报告的主要内容包括报告头、报告说明、基本信息、有直接关联关系的其他企业、财务报表、信息概要、信贷记录明细、公共记录明细、声明信息明细等。不同版本的企业信用报告，内容各有侧重。新版企业信用报告的基本内容如图7.4所示。

	银行版	政府版	社会版	自主查询版
报告头	√	√	√	√
报告说明	√	√	√	√
基本信息	√	√	√	√
有直接关联关系的其他企业	√	无	无	√
财务报表	√	无	无	无
信息概要	√	无	√	√
信贷记录明细	√	无	无	√
公共记录明细	√	√	√	√
声明信息明细	√	√	√	√

图7.4 新版企业信用报告的基本内容

目前，根据服务对象和使用目的的不同，各类用户可以通过页面方式和接口方式查询企业信用报告。

2) 增值产品

征信中心对采集的各类企业信息进行深加工，针对用户的个性化需求，先后推出了关联企业查询、企业征信汇总数据、对公业务重要信息提示、征信系统信贷资产结构分析、历史违约率等增值产品。

(1) 关联企业查询。

关联企业查询产品是基于企业征信系统借款人基本信息和信贷信息，通过数据挖掘找出借款人与企业、借款人与个人存在的直接、间接或共同控制的经济关系，主要包括以资本为纽带和以经济利益为纽带的33种关系。

目前，征信中心主要提供3类关联企业查询产品：一是关联企业名单及关系表；二是关联企业群信贷业务及被起诉信息汇总表；三是关联企业群的贷款业务集中还款时间统计表。

早在2002年，银行信贷登记咨询系统就提供该项服务。企业征信系统上线以后，经过多轮改造，关联关系达到9大类33种；提供方式由标准化转为个性化；查询方式在单个查询基础上增加了批量查询；服务模式由来函申请查询转为在线查询；产品由标准化转为自定义；服务对象由单一自身使用扩大到10个政府部门、各省人民银行分支行和银监局、21家全国性商业银行和580多家地方性金融机构；应用面由单一集团客户信贷管理，扩大到小微企业信贷管理。

(2) 企业征信汇总数据。

该产品是利用企业征信系统的数据，以金融统计核算原则为基础，通过对数据的加工、整理，建立银行业信贷业务报表体系和指标体系，综合反映银行业信贷业务的运行特征和状况，从而为货币政策制定、金融监管和商业银行经营管理提供全面、及时、准确的信息。其服务对象主要为人民银行各级分支机构。

2007—2011 年，主要以来函申请的方式提供查询。2011 年，征信中心建成征信数据应用分析系统，实现在线查询，服务效率提高。此后，该系统业务处理流程逐渐优化，服务时效性进一步增强。

企业征信汇总数据主要包括信贷结构类汇总数据和信贷特征类汇总数据两类。前者于2007 年 10 月正式使用，目前按月向各征信分中心提供辖内信贷汇总数据，也为人民银行及其分支机构的个性化需求提供服务。后者于 2011 年 12 月正式上线，主要服务于各人民银行分支机构，用于为本辖区的货币政策执行和金融风险监控提供信息参考。

(3) 对公业务重要信息提示。

该产品是利用企业征信系统即时更新的数据，每工作日将各机构用户的本机构"好客户"在其他机构发生"新增逾期 90 天/60 天"、五级分类"新增不良""新增失信被执行人"等提示信息主动推送给相关机构用户总部。

(4) 征信系统信贷资产结构分析。

该产品是运用征信系统的数据，以图形的形式反映单家机构在信贷市场中的相对位置以及市场份额，为商业银行信贷决策提供信息支持。该产品指标设计以行业、地区为主线，以贷款、贸易融资、票据贴现、保理、信用证、银行承兑汇票、保函等 7 项业务为辅线，提供分地区、分行业、分信贷品种的信贷市场运行分析、信贷市场结构分析、信贷资产质量分析。每类指标既提供时点(或时段)值，又提供时间序列值，均以图形的形式展示。

(5) 历史违约率。

该产品利用征信系统覆盖全市场的数据计算出某一时点的正常客户，之后 1 年在全市场上发生违约的比率。该产品包括客户在本银行和其他银行的违约，反映银行业对公业务中借款人平均违约水平，可作为衡量这一群体实际违约水平的标准，直接用于校准商业银行使用本银行数据计算的历史违约比率，提高测算违约概率的精准度，为商业银行配置信贷资产组合和定价、制定信贷方案提供数据支持。

历史违约率产品有两大类：一是银行业所有客户的违约率；二是本机构客户在银行业发生信贷业务的违约率。该产品按月加工，向用户提供分行业、地区(借款人注册地和金融机构所在地)、借款人规模、金融机构(全金融机构和本机构)、信贷业务种类、违约标准 6个查询条件。查询结果包括期初正常客户数、观察期违约客户数、违约率值。

2. 个人征信产品

经过 10 年的积极探索和经验积累，个人征信系统已形成以个人信用报告、个人信用信息提示和个人信用信息概要为核心的基础产品体系；以个人业务重要信息提示和个人信用报告数字解读为代表的增值产品体系。

1) 基础产品

个人征信系统提供的基础产品主要有个人信用报告、个人信用信息提示和个人信用信息概要 3 种。

(1) 个人信用报告。

个人信用报告是个人征信系统提供的核心基础产品。多年来，征信中心通过不断优化个人信用报告内容、丰富信用报告版本、完善信用报告版式设计等方式，促进个人信用报告更好地应用。

目前，个人信用报告根据服务对象及使用目的不同，分为 4 个版本：为以银行为代表的授信机构服务的银行版，含配套的仅包含本行报送信息的银行异议版；满足消费者本人查询需求的个人版(含彩色样式)以及个人明细版(彩色样式)；为其他社会主体服务的社会版；供征信系统管理使用的征信中心版。个人信用报告的基本内容包括报告头、基本信息、信贷交易信息明细、公共信息、声明信息、查询记录和报告说明。不同版本的信用报告对上述内容各有侧重。新版个人信用报告的主要内容如图 7.5 所示。

报告内容	银行版	银行异议处理版	个人版(含彩色样式)	个人版(明细)	征信中心版	社会版
报告头	√	√	√	√	√	√
基本信息	√	√	√	√	√	无
信息概要	√	无	√	√	√	
信贷交易信息明细	√	√	√	√	√	无
公共信息	√	无	√	√	√	
声明信息	√	√	√	√	√	
查询记录	√	√	√	√	√	
报告说明	√	√	√	√	√	
备注	屏蔽他行的机构名称和业务号	仅包含本机构报送的信贷信息	基本信息仅包含婚姻状况			

图 7.5　新版个人信用报告的主要内容

(2) 个人信用信息提示。

个人信用信息提示是用来提示个人信息主体在个人征信系统中是否存在最近五年的逾期记录，通过互联网个人信用信息服务平台和短信方式向个人信息主体提供查询服务。

(3) 个人信用信息概要。

个人信用信息概要主要包括信贷记录、公共记录和最近两年内查询记录的汇总统计信息，便于消费者快速了解自己的信用概况，通过互联网个人信用信息服务平台向信息主体提供查询服务。

2) 增值产品

(1) 个人业务重要信息提示。

个人业务重要信息提示是利用个人征信系统即时更新的数据，按周将各机构用户的本机构"好客户"在其他机构发生"新增逾期 61～90 天/90 天以上"、贷款五级分类"新增不良"、信用卡账户状态"新增呆账"、贷款或信用卡"新增账户"、"新增失信被执行人"等提示信息主动推送给相关机构用户总部。信息提示方式包括页面展示和下载、接口主动推送、邮件主动推送 3 种，用户可自行选择使用。

需要引起注意的是，个人业务重要信息提示不同于个人信用信息提示。两者的主要区别是：个人业务重要信息提示是面向授信机构用户提供的服务；而个人信用信息提示是面向个人信息主体提供的服务。

(2) 个人信用报告数字解读。

个人信用报告数字解读(以下简称"数字解读")是在征信中心与美国费埃哲公司(Fair Isaac Corporation)合作进行个人征信评分研究项目的基础上，利用个人征信系统的信贷数据，使用统计建模技术开发的个人信用风险量化服务工具，用于预测放贷机构的个人客户在未来一段时间发生信贷违约的可能性，并以"数字解读"值的形式展示。

"数字解读"的分数范围为 0～1000 分，每个分数对应一定的违约率。分值越高，表示未来发生信贷违约的可能性越低，其信用风险越小；分值越低，表示未来发生信贷违约的可能性越高，则其信用风险越大。一般情况下，高分人群整体的信用状况优于低分人群，即未来发生信贷违约的可能性较低。"数字解读"旨在帮助放贷机构更便捷地使用信用报告信息，了解客户的信贷风险状况及未来发生信贷违约的可能性。

7.1.5 征信机构

征信机构是负责管理信用信息共享的机构，从事个人和(或)企业信用信息的采集、加工处理，并为用户提供信用报告和其他基于征信系统数据的增值产品。

从全球实践来看，征信机构一般分为 3 类：个人征信机构(credit bureau)、信贷登记系统(credit registry)和企业征信机构(commercial credit reporting company)，3 类机构的经营模式和目标服务市场有所不同。

1. 个人征信机构

个人征信机构(credit bureau)通常是私营的，是按照现代企业制度建立、完全市场化运作的征信机构，主要为商业银行、保险公司、贸易、邮购公司等信息使用者提供服务。美国采用的是私营征信机构模式，商业化征信机构拥有全面的信用信息系统。

个人征信机构主要为信贷机构提供个人借款人以及微型、中小型企业的信用信息。它们从银行、信用卡发行机构和其他非银行金融机构等各类信贷机构采集标准化的信息，同时还采集各类公共信息，如法院判决、破产信息、电话簿信息，或担保物权登记系统等第三方数据库的信息。此外，它们也会采集一些非传统信用数据，如零售商对消费者的赊销信息，以及煤气、水、电等公共事业缴费信息，有线电视、电话、网络等其他先使用后付费服务的缴费数据，以便提供更好、更完善的信用报告。对从未与银行发生过信贷关系的个人以及微型、中小型企业而言，不断拓宽信息来源对已非常有益，可以帮助它们在没有银行信贷记录的情况下建立信用档案，从而有效解决因为没有信用档案而无法获得银行贷款的难题。

一直以来，个人征信机构主要采集个人信息。近年来，随着微型以及中小企业信贷业务的发展、信息技术的进步，越来越多的个人征信机构开始采集微型以及中小企业的信用信息，并提供信用报告。根据世界银行《2012 全球营商环境报告》对全球 100 家个人征信机构的调查，超过 80%的机构或多或少都采集企业信息。这样做的好处是可以将企业与业主的信用评估结合起来，因为微型和中小企业的业主经常把个人财务和企业财务混在一起，所以企业业主的信用记录是评估中小微企业信用风险的重要参考依据。

个人征信机构通常采取数据提供者自愿报数(通过签署数据共享互惠协议)的模式，广泛采集各类信用数据，并提供多样化的征信产品和服务，帮助信贷机构做出信贷决策。在一些国家和地区，通常在征信业的发展初期，法律会强制要求有关各方进行数据共享，并使用征信机构的服务。此外，还会赋予监管机构相应的权力，以督促信贷机构加入征信系统并监控其加入情况。

2. 信贷登记系统

信贷登记系统起源于欧洲。从历史来看，信贷登记系统(credit registry)的建立目的与个人征信机构不同。大多数信贷登记系统最初是作为中央银行的内部数据库而建立的，而且目前仍然有很多信贷登记系统用于中央银行的宏观金融监管。根据世界银行的调查，越来越多的国家政府鼓励成立信贷登记系统来监督商业银行的信贷活动。因此，这些数据库通常采集贷款额度在一定金额以上的大额信贷业务数据。最初，信贷登记系统的信息仅限于央行内部使用。但随着时间的推移，信贷登记系统也开始向受监管的信贷机构提供信用报告。而且，随着消费信贷的发展，信贷登记系统普遍降低或取消了数据采集门槛。在许多国家，如法国、阿根廷、西班牙、秘鲁、意大利、比利时等，信贷登记系统开始提供与个人征信机构类似的产品和服务。通常，法律要求所有受监管的金融机构都要向信贷登记系统报送数据。

信贷登记系统既采集个人信息，也采集企业信息。个人信息通常包括个人的身份验证信息、贷款类型和贷款特征信息、负面信息、担保和保证类信息以及还款记录信息。企业信息通常包括企业的身份标识信息、企业主的信息、贷款类型和贷款特征信息、负面信息和还款记录。

3. 企业征信机构

企业征信机构(commercial credit reporting company)提供关于企业的信息，这些企业包括个人独资企业、合伙企业和公司制企业，并通过公共渠道、直接调查、供货商和贸易债权人提供的付款历史等来获取信息。企业征信机构所覆盖的企业在规模和经营收入上都小于信用评级机构所覆盖的企业，其采集的信息既用于信用风险评估或信用评分，也用于贸易信用展期等其他用途。

企业征信机构与个人征信机构的不同体现在以下几个方面：企业征信机构采集的信息不包括个人敏感信息，所覆盖的交易的规模也比个人征信机构大得多。与个人征信相比，企业征信往往需要采集更多有关企业借款人的支付信息和财务信息。为了保护个人数据主体的权利，个人征信机构会披露数据提供者的身份，但企业征信机构却不会让企业数据主体知道其数据来源或用户的身份。

企业征信机构也会采集小企业的信息，但由于其报告的数据项并不适合小企业，所以采集的信息往往有限。正如前面提到的，由于小企业往往不会公开自身的财务信息，所以其企业主的信用记录对评估小企业的信用情况非常有用。但企业征信机构并不采集个人数据。此外，由于微型或小型企业的信用信息采集成本往往较高。因此，与企业征信机构相比，个人征信机构能更好地满足对微型和中小型企业的征信需求。

除了以上征信机构外，很多发展中国家的征信机构以欧洲模式为基础，在发展过程中也向美国模式倾斜，呈现混合模式的特点。

国际上征信系统的建设和运行越来越呈现多元化，特别是运行市场化的特点，很难说某个征信机构是公共的还是纯商业性的。机构的性质不只是两个极端，即便政府出资举办的事业或投资的机构，很多也是在不同程度上进行市场化运作的。目前，新兴市场经济国家，尤其是亚洲地区的征信机构都是运用市场的力量来建设和运行公共征信系统，针对为金融机构和社会提供的服务收费，以实现征信机构的可持续发展。

7.1.6　征信体系

征信体系是指与征信活动有关的法律规章、组织机构、市场管理、文化建设、宣传教育等共同构成的一个体系。

征信体系的主要功能是为信贷市场服务，但同时具有较强的外延性，还向商品交易市场和劳动力市场提供服务。实践中，征信体系的主要参与主体有征信机构、金融机构、企业、个人及政府。社会信用体系是市场经济发展的必然产物。在信用交易成为市场交易的主要方式、信用工具被大规模使用以及信用风险日益增加的背景下，社会信用体系成为影响一个国家经济发展的重要因素。经过上百年的市场经济发展，发达国家形成了相对比较完善的社会信用体系。但是，由于各国经济、文化、历史的不同，不同国家形成了不同的社会信用体系模式。

1. 国外征信体系模式

图7.6所示为世界征信体系模式的种类。

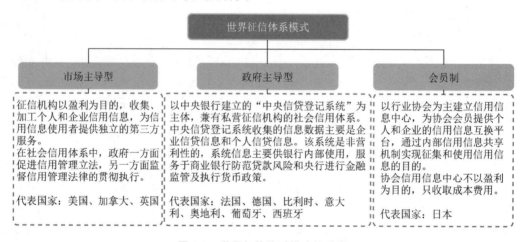

图7.6　世界征信体系模式的种类

从国际发达国家的经验来看，征信体系模式主要有3种。

第一种为市场主导型模式，又称民营模式。这种社会信用体系模式的特征是征信机构以盈利为目的，收集、加工个人和企业的信用信息，为信用信息的使用者提供独立的第三方服务。在社会信用体系中，政府一方面促进信用管理立法，另一方面监督信用管理法律的贯彻执行。美国、加拿大、英国和北欧国家采用这种社会信用体系模式。

第二种为政府主导型模式，又称公共模式或中央信贷登记模式。该模式是以中央银行建立的"中央信贷登记系统"为主体，兼有私营征信机构的社会信用体系。中央信贷登记系统是由政府出资建立的全国数据库网络系统，直接隶属中央银行。中央信贷登记系统收集的信息数据主要是企业信贷信息和个人信贷信息。该系统是非营利性的，系统信息主要供银行内部使用，服务于商业银行防范贷款风险和央行进行金融监管及执行货币政策。据世界银行统计，法国、德国、比利时、意大利、奥地利、葡萄牙和西班牙 7 个国家有公共信用登记机构，即中央信贷登记系统。其中，除法国外，其他 6 国都有市场化运营的私人征信机构。

第三种为会员制模式。它是指以行业协会为主建立信用信息中心，为协会会员提供个人和企业的信用信息互换平台，通过内部信用信息共享机制征集和使用信用信息。在会员制模式下，会员向协会信息中心义务地提供由会员自身掌握的个人或者企业的信用信息，同时协会信用信息中心也仅限于向协会会员提供信用信息查询服务。这种协会信用信息中心不以营利为目的，只收取成本费用。日本采用这种社会信用体系模式。

1) 美国的市场主导型模式

美国的征信业始于 1841 年，第一家征信所是由纽约的一个纺织批发商刘易斯·塔潘建立。1870 年，R. G. 邓恩接管了这家征信所，后来又与布雷兹特里特征信所合并，组成 Dun & Bradstreet。从简单征信服务到比较完善的现代信用体系的建立，美国的征信业经历了 160 多年的时间。

"美国模式"是典型的市场主导型。美国的征信服务机构都是独立于政府之外的民营征信机构(或称私人信用调查机构)，是按照现代企业制度建立，并依据市场化原则运作的征信服务主体。

美国的征信服务机构具有以下明显特征：①在机构组成方面，征信机构主要由私人和法人投资组成。②在信息来源方面，民营征信机构的信息来源广泛。消费者信用调查机构的信用信息除了来自银行和相关的金融机构外，还来自信贷协会和其他各类协会、财务公司或租赁公司、信用卡发行公司和商业零售机构等。③在信用信息内容方面，民营征信机构的信息较为全面，不仅征集负面信用信息，也征集正面信用信息。④在服务范围方面，美国民营信用调查机构是面向全社会提供信用信息服务。服务的对象主要包括私人银行、私人信用机构、其他企业、个人、税收征管机构、法律实施机构和其他联邦机构，以及本地政府机构等，这些机构都是征信报告的需求方。

美国对征信立法是因为 20 世纪 70 年代征信业快速发展导致了一系列问题，走的是一条在发展中规范的立法道路。现在美国不仅具备了较为完善的信用法律体系和政府监管体系，而且与市场经济的发展相伴随，形成了独立、客观、公正的法律环境。政府基本处于社会信用体系之外，主要负责立法、司法和执法，建立了一种协调的市场环境和市场秩序，同时其本身也成为商业性征信公司的评级对象，这就保障了征信公司能确保其独立性、中立性和公正性。

美国的信用管理法律制度可以划分为 3 个层次。第一层次是直接的信用管理法律规定。第二层次是直接保护个人隐私的法律，这些法律都直接规定，在相应的特殊环境中不能公布或者限制公布个人或企业的相关信息。第三层次是指规范政府信息公开的法律，为征信机构收集政府公开信息提供法律依据。

2) 欧洲的政府主导型模式

欧洲的征信业发展主要采用政府主导型模式。欧洲征信的立法最初是源于对数据、个人隐私的保护，因此与美国相比，欧洲具有较严格的个人数据保护法律。

欧洲的政府主导型征信模式与美国的市场化模式的差别体现在 3 个方面：一是信用信

息服务机构是被作为中央银行的一个部门建立的,而不是由私人发起设立;二是银行需要依法向信用信息局提供相关信用信息;三是中央银行承担主要的监管职能。

3) 日本的会员制征信模式

日本的征信体系明显有别于美国和西欧国家,采用的是会员制征信模式,这是由于日本的行业协会在日本经济中具有较大的影响力。对于个人征信而言,在日本没有商业化运作的个人征信企业。

目前,日本的信用信息机构大体上可划分为银行体系、消费信贷体系和销售信用体系3 类。相应的行业协会分别是银行业协会、信贷业协会和信用产业协会。这些协会的会员包括银行、信用卡公司、保证公司、其他金融机构、商业公司、零售店等。三大行业协会的信用信息服务基本能够满足会员对个人信用信息征集考察的需求。例如,日本银行协会建立了非营利的银行会员制机构,即日本个人信用信息中心,地方性的银行作为会员参加信息中心。1988 年,全国银行协会把日本国内的信息中心统一起来,建立了全国银行个人信息中心。信息中心的信息来源于会员银行,会员银行在与个人签订消费贷款的合同时,均要求个人义务提供真实的个人信用信息。这些个人信息中心负责对消费者个人或企业进行征信。该中心在收集与提供信息服务时要收费,以保障中心的运行与发展,但不是以盈利为目的。不过,日本征信业同时也存在一些商业性的征信公司。

日本的消费者信用信息并不完全公开,只在协会成员之间交换使用,以前并无明确的法律规定,但在银行授信前,会要求借款人签订关于允许将其个人信息披露给其他银行的合同。日本也注重完善了有关保护个人隐私的基本法律,重点确定个人金融信用信息、医疗信息、通信信息的搜集、处理及利用行为进行了规范。

2. 我国征信体系模式

1) 我国的"政府+市场"双轮驱动型模式

我国征信行业历经 30 余年的发展,目前已初步形成"政府+市场"双轮驱动型征信模式。"政府驱动"形式以人民银行征信中心的信用信息基础库为核心,目前以多维度数据集成、共享为特征的中小企业信用体系建设取得明显成效。1997 年,人民银行开始筹建银行信贷登记咨询系统。2004 年至 2006 年,人民银行组织金融机构建成全国集中统一的企业和个人征信系统。今天的人民银行征信系统,已成为世界规模最大、收录人数最多、收集信息全面、覆盖范围和使用广泛的信用信息基础数据库,基本上为国内每一个有信用活动的企业和个人建立了信用档案。截至 2019 年年末,全国金融信用信息基础数据库收录的自然人数为 10.2 亿人,同比增长 4.1%;全国金融信用信息基础数据库收录的企业和其他组织数为 2834.1 万户,同比增长 9.7%,其中金融信用信息基础数据库收录的小微企业法人数为 1571.3 万人。通过农户信用信息系统已累计为 1.86 亿农户建立信用档案,2019年建档农户信贷获得率为 51.47%。

此外,为了在数据源、服务以及产品形式上与人民银行征信中心形成互补,我国积极推进市场化个人征信机构准入,推进征信行业供给侧结构性改革,取得了多方面重大进展。其一,首家市场化的个人征信机构百行征信已正常运转。据百行征信披露,其个人征信数据库 2020 年新增个人信息主体数近 1 亿人,新增替代数据源渠道 24 个,包括广州互联网法院、深圳市公共信用中心等。截至 2020 年年末,百行征信累计拓展金融机构 1887

家，替代数据源渠道数 30 个，基本实现基础替代数据源的广泛覆盖，百行个人征信数据库累计收录个人信息主体去重后达 1.63 亿人。其二，市场化企业征信机构已粗具规模。截至 2020 年 12 月末，全国已有 131 家企业征信机构和 59 家的信用评级机构依法备案并运行。应该说，政府加市场双轮驱动的市场化格局已初步形成。

2) 征信体系的框架构成

征信体系是随着信用经济的发展，逐步形成的相互联系的整体结构。它是客观存在的系统性体系结构，包含许多信用经济乃至市场经济发展过程中的子领域，共同构成信用经济发展不可或缺的市场服务和监督系统，保障信用经济健康稳定发展，维护正常的信用经济秩序和环境。社会征信体系如图 7.7 所示。

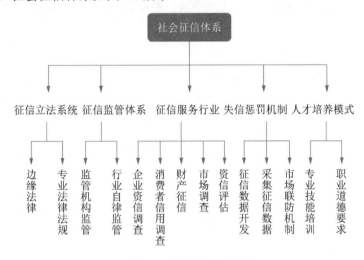

图 7.7 社会征信体系

一般来讲，征信体系包含一些相互联系的子体系。

(1) 征信立法系统。征信立法系统主要负责征信行业法律法规的制定和执行，监管征信行业发展的规范性和维护征信市场的市场准则，同时督促征信行业内部进行行业自律，从外部和内部加强对征信行业发展的指导和监督。其中，不仅有与征信相关的基础法律体系(一般称为"边缘法")，也有征信专业法律系统。

(2) 征信监管体系。征信体系为社会提供征信服务，除了在法律允许范围内开展业务之外，还要有必要的监管体系来发挥约束其行为的职能。征信监管体系主要由政府专设的监管机构和行业自律组织负责整个征信服务行业的管理和指导。

(3) 征信服务行业。在信用管理行业内部，征信服务是一种基础性服务。它受委托人的委托进行调查，以一种或若干种调查和分析报告类的征信产品作为回复，帮助委托人获取信用信息，以便做出合适的决策。

(4) 失信惩罚机制。所谓失信惩罚机制，它是社会征信体系重要的组成之一，主要以经济手段和道德谴责，惩罚市场经济活动中的失信者，将有严重经济失信行为的企业和个人从市场的主流中剔除出去。同时，失信惩罚机制可以使政策向诚实守信的企业和消费者倾斜，间接降低守信用企业获取资本和技术的门槛，消除障碍和壁垒。失信惩罚机制的最大特征就是对失信行为的出击是主动的，而不是像征信服务那样被动，只有在接受委托人的具体委托后才提供征信服务。这样，失信惩罚机制和征信服务可将主动与被动相结合，共同保障征信体系的良好运行，保障健康有序的经济秩序。失信惩罚机制的工作原理如图 7.8 所示。

图 7.8　失信惩罚机制的运作原理

(5)　人才培养模式。征信行业是一个对经验要求比较高、知识面要求比较广的行业。这一领域的从业人员，除了具有专业的财务管理、市场营销、经济法、管理学等基础知识之外，还要有一定的职业道德和素养。为此，在征信人才培训过程中，要注重专业知识和从业道德的双重培养，全面提高从业人员的综合素质。

由此可见，社会征信体系是一个庞大的相互联系的紧密体系，包含众多的子体系相互作用，需要众多的社会力量相互联动，其中既有外界提供的法律、环境等因素作为保障，又有征信体系内部专业理论知识、技能作为支撑。只有在各子体系均发挥作用的情况下，才可能真正体现社会征信体系的服务和保障作用，为信用经济的深入发展提供必要的支持和相关的服务。

3)　征信体系各子系统之间的协调与完善机制

征信体系各子系统之间是一个相互影响、相互作用的有机整体，其中每一个体系都发挥着各自的作用，其中任何一个体系出现运行障碍和错误，势必影响其他体系的运作效率，给征信工作带来不必要的麻烦。图 7.9 所示为征信体系各子系统的协调和完善示意图。

(1)　征信立法系统是整个征信体系建设的基础和依据，只有完善的法律法规体系才能保障征信体系建设有章可循、有法可依。

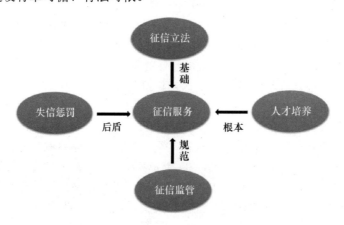

图 7.9　征信体系各子系统的协调和完善

许多国家的征信法律法规都明确规定了征信数据采集的渠道和征信信息使用的方式，为征信体系建设从一开始就沿着良性轨道发展，奠定了必要的法律基础，同时也为征信监管有效发挥作用提供了法律保障。一个国家的信用管理体系建设和征信服务的全面开展，首先必须创造必要的法治环境。要保障征信数据的开放，规范授信和信用管理行为，保护消费者的权益，就必须有一系列相关的法律法规及相应的惩罚机制。建立完善、高效的信用管理法制环境是信用行业健康规范发展的基础和必然要求，也是跨入征信国家的最主要标志。

(2) 征信监管体系对征信机构的征信行为进行必要的监督和管理，规范征信机构的行为，维护征信市场的秩序。

归纳起来，征信监管体系的主要功能有 6 个：第一，对不讲信用的责任人用法律予以惩处；第二，教育民众在对失信责任人的惩罚期内，不要对其进行任何形式的授信；第三，在法定期限内，政府工商注册部门禁止有严重违约记录的企业法人和主要责任人注册新企业；第四，允许信用服务公司在法定的期限内，长期保存并传播失信人的原始不良记录；第五，对有违规行为的信用服务公司进行监督和处罚；第六，制定执行有关法案的具体规定。除此之外，征信行业的行业自律组织在各个机构自愿的前提下，依靠竞争规则和道德准则，使各成员自觉维护其权威性和制约性。与政府专设监管机构相比，虽然监管效能和约束力度相对较差，但是在维护征信行业合理有序竞争和健康持续发展方面，同样具有其特殊的效力和功能，这也是征信监管必不可少的内容。

(3) 征信服务行业是征信体系的主力军，在征信法律和征信监管的框架下发展和壮大。

征信服务有两个特点，也是其两个优点：一是在被调查对象不知情的情况下完成，有助于保障调查结果的公正性和客观性；二是征信结果可以支持失信惩罚机制，对失信者给予必要的惩罚和制裁。其中主要的征信服务有企业资信调查(企业征信)、消费者信用调查(个人征信)、财产征信、市场调查和资信评估。征信体系的主体活动就是征信机构开展的各种征信服务，征信机构也是征信市场上最为活跃的市场主体，正是征信机构之间的自由竞争和优胜劣汰，才使征信体系拥有旺盛的生命力和无尽的活力。

(4) 失信惩罚机制是征信体系的坚强后盾，给失信者严厉的惩戒，给守信者实惠的奖励。

征信立法和征信监管侧重约束和规范征信机构的行为，保护被征信者的合法权益，但是征信的目的在于揭示信用信息，营造良好的信用环境。所以，征信作用的发挥主要还是依靠激励机制和惩罚机制，只有奖惩分明，才能达到保护守信者，惩罚失信者的目的。因此，失信惩罚机制的存在，就像一道天然的防御屏障，对那些妨碍征信体系建设的失信者给予惩戒，同时激励守信者。

(5) 人才培养模式是征信体系建设的根本。

任何工作都需要有专业知识和技术的人才来完成，征信行业也不例外。征信体系建设归根结底要靠人才，离开了征信人才，再先进的法律、再有效的监管、再完善的服务也无法构建适合中国现实国情的征信体系。当然，在注重征信专业技术知识教育的同时，也不能忽视征信人员职业道德修养的培养，必须建设公正、客观的征信人才队伍。

总之，征信体系各个子系统之间是相互作用、协调发展的整体，任何一个分支系统都

对其他系统产生影响，在征信体系建设的过程中，关键不在于各个子系统建设得多么成功和完善，而在于处理好各子系统之间的协调运作、相互配合。

@ 7.2 大数据征信

7.2.1 大数据征信概述

1. 大数据征信的含义

大数据征信是指运用大数据技术重新设计征信评价模型和算法，通过多维度的信用信息考察，对个人、企业、社会团体形成信用评价。

大数据征信数据主要来源于网络上的公开数据、用户授权数据和第三方合作伙伴提供的数据。同时，互联网企业通过电商活动拥有了宝贵的信用资源，从电商、微博等平台获取客户网络痕迹，从中推断借款人的信用等级，形成整体风险导向，完善大数据。

大数据征信从其本质来看是将大数据技术应用到征信活动中，突出强调的是处理数据的数量大、刻画信用的维度广、信用状况的动态呈现、交互性等特点，这些活动并未超出《征信业管理条例》所界定的征信业务范围，本质上仍然是对信息的采集、整理、保存、加工和公布，只不过是以一种全新的方式、全新的视角进行而已。

我国大数据征信的出现，主要有以下两方面的原因。

首先，中国人民银行个人征信报告的低覆盖率和互联网金融的热潮为私营征信机构的发展创造了条件。截至 2019 年 1 月，国内个人征信系统覆盖率(有信贷记录的人占总人口的比例)为 38%，与美国 92%的覆盖率相比仍有较大差距。由于中国人民银行征信系统的数据主要来自其管辖的银行信贷业务，持续升温的互联网金融借贷行为并未被覆盖，在此背景下，部分民营征信服务企业如雨后春笋般涌现，如芝麻信用、前海征信、腾讯征信等，依托自身沉淀的海量用户数据开发征信产品并对外输出。由此，国内形成公共征信与私营征信并存的格局，虽然政府主导的公共征信占主要地位，但私营征信机构的数量呈现爆发式增长。

其次，金融科技的快速发展给征信行业带来了巨大而深远的变革。云计算和大数据等技术的运用扩大了征信的采集维度和用户范围，而区块链技术则可以有效解决当前网络传输中存在的问题，提高了数据的时效性和真实性。通过机器学习和数据挖掘等技术，把不同来源的数据整合，可以识别欺诈风险，提升风险管理能力。在实践中，私营征信机构借助互联网和智能手机设备，通过对海量的、分散的、多样化的数据进行快速搜集、分析与挖掘，运用多种机器学习算法预测信用主体的还款意愿和还款能力，形成多种多样的征信产品。

2. 大数据征信的特征与优势

互联网金融的业务一般都在线上完成，从申请到完成最快只需要几分钟，而传统的征信流程时间长、进展慢、业务覆盖面窄，已无法满足越来越多的业务需求。大数据技术的发展，使信息来源收集的一切可行数据成为信用分析的基础，为互联网金融征信体系的建设指引了新的方向。

大数据征信相对于传统征信有以下 5 点特征与优势，如图 7.10 所示。

图 7.10 传统征信与大数据征信的区别

1) 依托互联网，覆盖范围大

关于收入情况、社保缴纳、信用卡消费等，与银行直接发生过借贷关系的人群，可以通过全国个人征信数据库查询到信用记录，从而进行相应的风险评估。但这一主要数据库覆盖面仍十分有限。在互联网上，只要个体有登记注册，开立银行账户，进行纳税，甚至社交等活动，便能用网络的痕迹，采取数据的深层挖掘与有效分析，同样也可能获得有价值的信用信息，这使征信人群辐射范围扩大，得到延展。

2) 获取广谱数据源，多方渗透

传统征信主要使用传统结构化数据，其主要来源为借贷，而大数据征信除了现金流等财务数据外，根据互联网的活动痕迹，还可获知客户的交易行为、社会关系等半结构化数据。通过对这些半结构化数据甚至非结构化数据，进行不同维度、不同层次的挖掘与分析，可以得到关于客户心理、行为、性格等根本的有价值的数据源，使之成为新数据的来源之一，继而纳入征信体系。由此可见，大数据提供的广泛而复杂的信息源对征信业务的信用评估渗透力与影响力十分大。

3) 横向时间展开，实现数据实时性

离线的事后分析数据，让传统征信评价模式陷入了数据少、时效差的泥潭。在互联网+金融时代，只关注、分析考察对象的历史信息早已满足需求。取代传统征信的精确性，大数据把重点转移至数据相关性方面。依靠大数据所具备的存量和热数据的典型特征，数据成为一种在线实时更新的状态。在大数据征信的分析对象中，不仅包括考察目标的历史记录，还在时间的横向维度上加入当前信息。当数据的纵向挖掘与横向扩宽相结合时，信用评价的处理速度与决策效率将更高效。

4) 多元变量，量化全面而精确

传统征信一般只针对以财务数据为核心的小数据构建单一变量。而科技的持续前进，让使用海量数据有了新的可能。大数据征信中信用评价模型可以容纳更多的变量，这为量化信用评价结果提供了全面而精确的保障，从而适应快速更迭的信息时代。

5) 人性化思路，适用多场景

传统征信体系的征信报告一般只有在信贷业务或其他金融业务中用到，而大数据征信由于数据来源、内容模型思路主要来自借贷场景外的生活，如预订机票、酒店、租车等需要预授权支付或缴纳押金的场合，其得出的信用评价也更接近于人的本性判断，基本人性化思路发展，有着可持续发展前景。

3. 大数据征信的难题

随着消费金融、网络借贷等互联网消费模式的快速增长，以及大数据技术的突飞猛进，大数据征信服务机构大量涌现。但多元化、多层次征信市场体系建设面临一系列挑战，有很多难题尚未破解。

1) 数据的质量、权威性问题

相比于央行征信系统的权威性、数据质量的高可靠性，大数据征信机构虽然数据来源更加广泛、品种更加丰富，但数据质量和权威性受到质疑。美国国家消费者法律中心 2014 年 3 月对主要的大数据征信公司进行调查后发表了题为"大数据，个人信用评分的大失望"的调查报告，报告称，大数据征信公司的信息错误率高于 50%。这些公司的数据模型繁多又复杂，使用不准确的数据，有"垃圾进，垃圾出"之嫌。

2) 同人不同信用问题

决定大数据模型预测准确性的两个关键因素是数据和算法，各家征信机构的基因不同，数据来源不同。目前 8 家机构中，鹏远、中诚信、中智诚是传统型的征信机构，数据来源主要是以金融数据、公共数据为主，而芝麻、腾讯、前海、考拉、华道则除了接入传统数据外，还大量使用自身场景下积累的数据，这导致信用评估结果在不同公司存在差异。

3) 个人隐私保护及信息安全问题

根据《征信业管理条例》的规定，采集和应用个人征信信息必须获得征信主体授权，商业银行在向人民银行征信中心报送和查询使用个人征信信息时，必须严格遵守此规定，对于报送数据范围、查询用途范围、授权形式、异议处理等都有明确的规定。而大数据征信依赖大量个人的互联网交易记录、社交网络数据，在多重交易和多方接入的情况下，隐私保护的权利边界被淡化，隐私泄露风险增大，公民维护自己合法权益面临取证难、诉讼难等问题。

4) 公共信息的可获取、跨机构信息的可交换问题

如前文分析，目前多家个人征信试点机构的信息来源具有鲜明的自身经营特点，申请个人征信试点机构大多拥有自己的具有垄断性的数据资源。而大数据征信要求的是信息共享，而不是局部的垄断和壁垒。跨机构拥有的信息是否可交换，哪些需要获得信息主体的授权，如何保障交换过程和交换后信息不被滥用，在法律、监管、技术等方面都缺乏标准。同时，工商、税务、司法等公共政务信息的可持续获取，尚得不到保障。目前的主要做法是，各家征信机构或信息使用机构分散获取这类信息，获取成本高，数据质量和数据的可持续维护得不到保障。

5) 信息滥用导致的社会安全、公平交易问题

从首批试点的 8 家个人征信机构的运营情况来看，市场开放之后，芝麻信用、腾讯征信、考拉征信等机构开始了一轮激烈的追逐赛，纷纷推出各自的评分产品，争相在金融、购物、招聘、租车、租房、交友、酒店入住等领域应用。但是，这些机构绘制出的人物"肖像"能否真实反映个人信用还令人质疑，获取信息所采用的关键技术的可靠性还有待进一步检验，没有制约的商业化应用很可能导致安全隐忧或消费歧视。

6) 征信机构的独立性问题

从各国征信机构的发展历程来看，狭义的征信主要是为放贷机构的风险管理提供信息支持的活动，遵循"信息采集者与信息产生没有任何关系"的独立第三方原则。而目前试点的几家征信机构大多不是独立的第三方：一方面，它们的数据来源于母公司；另一方面，其兄弟公司又涉足放贷业务。评分结果对于其各自经营领域的客户分析、风险判断具有强相关性，但其他应用场景下评分结果的相关性则有待验证。

7.2.2 大数据征信的理论基础

1. 大数据征信的经济学原理

1) 信息经济学理论

信息经济学是以信息为对象进行分析，优化资源配置，融经济学、管理学、运筹学、系统科学和信息科学于一体的交叉学科。信息经济学也是有关非对称信息下交易关系和契约安排的理论。交易双方是否诚实守信地履行契约约定的责任和义务反映着信息的不对称性，也决定了交易能否顺利进行，以及风险大小。

大数据征信的目的是通过更多维度的信息分析为代理人提供更全面的参考，从而帮助代理人通过的措施，有效减少信息的不对称性，使风险降低。

信息不对称使市场不透明，传统征信收集了银行系统内大量借贷数据，但覆盖人群不够，我国央行征信系统只有 3 亿多人有借贷记录，只占到中国 14 亿多人口的 21%多。美国也是如此，虽然三大征信局覆盖面较广，但还是有一部分人没有被包含到。既然传统征信没有有效数据，就没法给那些不在其体系内的人进行信用评估，那么这些人需要借贷时就会从传统机构那里吃到闭门羹。而大数据征信是从互联网上用户的交易、社交等行为数

据分析其信用资质。互联网时代用户在很多方面的行为动作都自然而然用软件代替操作，势必留下了很多该个体的特征，利用数据模型分析出来以后，便能形成个体信用评价，而在某种程度上并不一定比传统征信的可靠性差多少。因此，大数据征信会使信息对称性提高，信息经济学是大数据征信的核心理论之一。

2) 交易费用理论

交易费用理论核心在于节省交易费用，虽然企业和市场两种资源配置可以互相代替，但因为不确定性、小数目条件、机会主义及其存在有限理性有一定差异，使交易费用节节高涨。交易费用的攀升会使市场资源配置效率下降，所以尽量压缩交易成本对市场化下组织结构和行为起着积极的作用。

大数据征信作为新型而有效的征信系统，从人力成本、高效率等众多方面大大节约了市场的交易成本。

传统征信因某些原因给出较差信用评估时，往往给予较高的借贷费率。这就使借款者的成本上升，不利于经济合理发展。大数据征信有利于个体信息尽量对称，从而使整个市场也趋向这种对称性，进而使整体借贷费率趋于合理，这将促进经济按更真实情况发展。

3) 声誉理论

经济学中的声誉是指在各方信息不对称时，个体间存在一种信誉维持，这种维持会对双方起到一定的正面效用。存在相关合同时，交易行为可以经由法律进行限定，但在非正式合同的交易行为需要声誉来限制。较好信誉机制的形成有助于交易双方降低交易的成本，从长远看可以获得较好的利益。同时，授信方在良好信誉的关系中愿意为受信方提供更多信用服务，社会信用资源也随之增加。

大数据征信的作用在于促使交易双方为了长远利益去维护声誉，从而形成稳定健康的信用大环境。

信用不佳会导致声誉下降，传统征信只在传统借贷范围内建立信用，但其实人们的声誉在其各个行为中都能表现出来。人们使用互联网的频繁度一定程度上已能反映其特征，声誉好坏也可以被分析出来。大数据征信一定程度上也反映了人们在更多方面的声誉度如何，这会督促人们维护好声誉。

4) 长尾理论

长尾市场也称为"利基市场"。"利基"一词是英文 Niche 的音译，意译为"壁龛"，有拾遗补阙或见缝插针的意思。菲利普·科特勒在《营销管理》中给利基下的定义为：利基是更窄地确定某些群体，这是一个小市场并且它的需要没有被服务好，或者说"有获取利益的基础"。

大数据征信市场的出现也是长尾理论创新应用之一，因为没有被服务到的小微群体数量非常庞大，但服务却没有跟上。

传统征信基本上对接大额借贷客户，对小额借贷不屑一顾，除了信息不全面外，也有经济成本问题。而互联网的出现使细分市场被挖掘，而大数据征信又更加针对分析这部分小微群体的行为痕迹特征。这部分群体数量非常大而单笔借款可能比较小，但是乘积总和不可小觑。这就使长尾理论支持的海量不被传统机构重视的需求得以被挖掘和满足，而大数据征信正契合这点。

2. 大数据征信的管理学理论

1) 数据挖掘理论

在海量数据时代，征信系统利用数据挖掘技术对庞大数据进行提取分析，建立信用评分模型，从而运用到经济活动的各个环节。数据挖掘是一个交叉学科，涵盖了数学、统计学、机器学习、数据存储、AI 和高性能计算等多个学科。它需要有专业性人才参与发现大数据中有意义的模式与规律。

所以，建立健康的大数据征信体系的前提之一，是将其核心技术数据挖掘并完善起来。

2) 信息加工理论

信息加工理论是因为问题解决和决策制定阶段时接收、理解、存储、使用信息的机制而形成的理论。当整个社会的企业与个人信息需要录入征信系统时，就需要信息的加工。

整个征信过程是信息从接收到利用的过程，大数据征信对信息加工更加频繁。

传统征信的产生并不在互联网大数据等技术普及的时代。互联网和电子设备似乎已成为人们的日常必备品，从而在这些基础设施上留下了人们的行为痕迹。现代科技的进步使信息计算处理技术进入更高的层次，大数据征信离不开数据挖掘和信息加工。没有这些方面的支持，大数据也出现不了，自然也不会产生"大数据+征信"，所以这两者与经济学理论的信息经济学和交易费用理论一样，是大数据产生的关键原因。

3) 政府管制理论

为了维护和获取特定公共利益，政府可以出面进行管理和制约，这称为政府管制。政府管制的措施主要有审批、发放牌照、对企业限定经营范围等。有政府管制力量的介入可以维持一部分特定市场的行为。

征信机构牵涉众多个人或企业的利益，因此征信系统对政府管制的需求是双向的。一方面，整个征信体系需要政府的监督与管理；另一方面，征信行业也会谨防管制过度而阻碍整体的发展。作为征信系统的一部分，大数据征信对政府管制的应用与实践和传统征信亦相同。

大数据既然能采集挖掘人们各方面的特征，自然这些数据就有价值，价值带来两方面结果，一方面是好，另一方面是坏，好的一方面就是促进经济发展带来普惠，而坏的一方面就是导致数据被滥用，隐私被泄露，使被征信主体可能遭受经济甚至其他损失。这些都与利益有关，那么就要进行法律法规制约，所以政府管制的角色作用就体现了，必须制定公平合理的监管措施。大数据和征信相关的行业法规的出台是必需的。

3. 大数据征信的社会科学理论

大数据征信不仅涉及经济学或信息学的某一学科，还需要结合社会科学原理。心理学认为信用是指信任和安全感，是一种心理现象。而伦理学中的信用是处理人际关系应当遵循的基本道德。

安全感和信任感某种程度上来自一方对另一方的信任，信任是非常重要的，信任也是了解对方特征以后的认可。按照之前所说，大数据征信能够一定程度上刻画出一个主体的特征。例如，在借贷方面，假设分析结论是对方有意愿和能力还款，那么我们就应该予以信任把资金借给他。又例如，在交朋友或婚恋方面，如果知道对方的信用度，产生的信任感会提升,因为认为对方是个靠谱的人,这也将一定程度上改善人际关系,这点也可以反过来说,维护人际关系也需要提升自己的靠谱度。而大数据征信就是被量化的信用,满足社会对信任的需要。

所以总的来看,大数据征信综合了信息经济学、交易费用理论、声誉理论、长尾理论、数据挖掘理论、信息加工理论、政府管制理论以及社会科学理论。

7.2.3 大数据征信流程

征信大数据应用流程如图7.11所示。

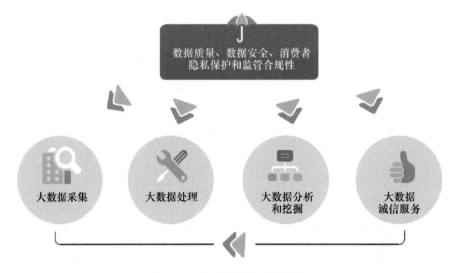

图 7.11 征信大数据应用流程

征信机构最基本的作用就是将分散在不同授信机构的碎片化的局部信息加工整合成为具有完整视图效果的全局信息,从中挖掘风险信息,帮助解决交易过程中的信息不完整的问题,减少风险,降低交易成本,帮助商业机构更加有效地进行决策。大数据技术有助于对更加分散、碎片化、底层的数据加工处理成为更加完整的全局信息,更加有效地减少这种信息不对称。

类比于矿物加工提炼过程,征信机构的业务流程可以理解为将征信数据提炼为信用信息的过程,包括数据采集(数据可以理解为矿石原材料,数据采集可以理解为挖矿,收集矿石原材料)、数据处理(相当于矿石粗加工,去杂,粗加工成基本原材料)、数据分析和挖掘(矿石深加工,按照一定的配方,由不同生产线批量生产不同的生活用品和化工用品)以及数据服务(对产品进行质量检查,进行包装,提供给各种终端用户)。

在大数据时代,大数据技术为征信发展提供了新的机遇。大数据技术可以嵌套在整个征信的业务流程,同时可以根据大数据服务的需求,不断更新和探索新的大数据来源。此外,征信大数据的处理流程中每一个环节都要兼顾数据质量、数据安全、消费者隐私保护和监管合规性的要求。

　大数据征信典型企业

7.3.1　国外大数据征信典型企业

美国征信体系如图 7.12 所示。

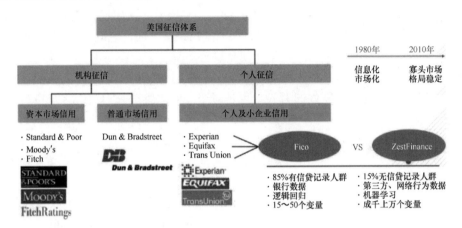

图 7.12　美国征信体系

美国在 1920 年前后基本建立征信体系。目前，美国征信市场专业分工已非常清晰。整个征信体系分为机构征信和个人征信。

其中机构征信又分为资本市场信用和普通企业信用。资本市场信用机构包括 Moody's、Standard & Poor's、Fitch Ratings 等，普通企业信用机构包括 Dun & Bradstreet 等。

个人征信机构包括 Experian、Equifax、Trans Union 等。此外，美国征信体系中还有 400 多家区域性或专业性征信机构。

美国个人征信产业链如图 7.13 所示。

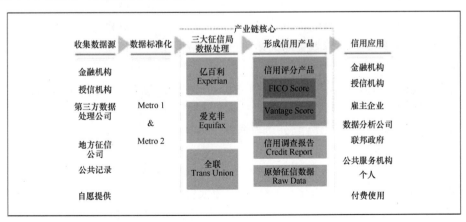

图 7.13　美国个人征信产业链

至今，美国个人征信体系已形成成熟的产业链，其中三大征信局及相关信用产品是体系的核心，从 2000 年至今已形成三大征信局垄断局面。

下面以全联公司为例，阐释大数据技术在征信公司中的作用。

全联公司是美国的三大信用局之一，总部设在芝加哥，自 1988 年开始提供美国全国性消费者信用调查报告。全联公司数据库中的 2.2 亿消费者资料，覆盖美国、加拿大、维尔京群岛和波多黎各。1990 年，全联公司已拥有 45 家地区性信用局和 220 家代办处。

全联公司向全世界 50 多个国家提供 550 种产品和服务，信用报告的网上销售每年已达 4 亿次，其他传统方式查询更达 150 亿次。在数据的采集方面，全联公司拥有 7000 个数据供应机构，不间断地向它提供数据，从而使全联公司有能力、有资源每个月对 2.2 亿的客户资料进行 12 次数据更新，每次更新涉及 20 亿条的数据档案记录。庞大的数据加工系统，不仅是对计算机硬件和软件的考验，也是对个人信用管理公司进行客户资料保密手段的考验。

1) 大数据采集：越来越多分散的、不同领域的数据源

大数据为征信活动提供了一个全新的视角，基于海量的、多样的、交叉互补的数据，征信机构可以获得信用主体及时、全方位的信息。

全联公司运营多年，已建立了包含信息量丰富且独特的数据源。全联公司目前拥有 30PB 数据，包括金融数据、信用数据、可替代数据(包括电信预付费、电商、社交网络、心理数据等)、身份数据、破产数据、抵押物数据、法院判决数据、保单数据、汽车数据以及从近 9000 个数据源抽取的其他数据，有全球超过 10 亿人的消费者客户的信息，从 2010 年开始以超过 25%的速度扩张。

全联公司的大数据资产，主要由以下 4 个方面组成。

(1) 传统的信用数据。

全联公司最基础的数据资产是信用数据库，基本涵盖了所有美国信用活跃(有信用交易)人口的姓名、地址、现有信用关系和支付债务时间表。

该数据库中的信息是由成千上万的信用授予机构和数据提供商自愿提供的，传统的信用数据库支撑全联公司的基础征信业务。

(2) 替代信用数据。

替代信用数据是指除了消费者信贷数据之外的相关信用交易数据，在消费者信贷数据缺失的情况下，代替作为消费者信用描述和信用评估的手段，也可作为一种增强信用评估的方法。

替代信用渠道(如租赁支付和公共设施支付)扩大了传统信用数据库的范围。例如，全联公司拥有巴西最大的替代数据库，包括巴西联邦税务署的税务记录信息等上百个数据库和邮政编码(有 1.9 亿人和 2900 万家公司数据)。

(3) 消费者公共记录。

在国内央行个人征信系统，替代信用数据和消费者的公共记录统称为非银行征信数据。全联公司从法庭、政府机构和其他公共记录(如诉讼、抵押、判决、破产、专业许可、房地产、车辆所有权、其他资产、违规驾驶、犯罪记录和联络信息)中获取数据。

例如，在印度可以获得国家选举登记处(7.5 亿条记录)、国家 ID 数据库(超过 5 亿条记

录)的信息。2013 年 12 月，全联公司收购了 TLO 公司的资产(该公司利用个人鉴定、欺诈保护和债务找回的公共记录数据开发了数据产品)。2014 年 11 月，全联公司收购德国 DHI 公司(交通违纪和犯罪审判的数据提供商)。在南非，全联公司获得交通设备数据库(包括超过 1800 万条车辆记录和特殊车辆识别码，是南非最全面的车辆数据库)。

(4) 专有数据库。

全联公司用复杂的算法生成自己专有的数据库，提炼并对数据进行标准化。这些数据是有别于其他竞争对手的，包括驾驶员违章记录、医疗资格信息、商业数据和房租交付信息等。这些数据库更准确地说并不是全联公司自己生成的，而是和其他机构合作获取的，比如房租交付信息是和美国一家房屋租赁公司合作而取得其数据的。

上述征信数据库受到监控，定期更新、复核。全联公司通过每月近 36 亿条记录的更新量来保持数据的及时性。全联公司在选择这些大数据时，起码要满足以下标准：①合规性，满足征信机构监管要求(包括信息安全和消费者个人隐私方面的规定)；②数据是活数据，可以及时更新；③数据是可以信赖的数据，从可靠的、具有公信力的数据源获得；④数据质量要保证数据能够正常使用。此外，征信机构的数据或信息在被商业机构使用时常常要和本地的大数据做进一步的整合才能更好发挥作用。

2) 大数据处理：强大的匹配连接能力和下一代技术

征信数据规模变大，更新快，类型复杂，需要有别于传统工具的新技术方法来完成数据处理和分析任务。

全联公司有以下大数据处理技术。

(1) 基础大数据技术。

全联公司自主研发了基础征信大数据技术，这为快速执行全联公司的应用和解决方案的更新提供了灵活性。

全联公司目前已利用 Ab Initio(大数据处理软件平台技术)、Hadoop(开源分布系统的基础架构，适合处理超大量的数据)、Netezze(IBM 基于数据仓库的分析技术)和其他一些大数据分析和可视化技术来应对海量的数据(30PB)、分散的数据源(90 000 个数据源)和不同的数据格式(超过 4000 多种数据格式)。

全联公司的大数据技术可以处理、组织和分析跨越多个运行系统、数据库和文件类型的海量数据，同时处理快速变化的结构化和非结构化数据，加上每天数十亿的交易和数以兆计的数据交换。全联公司的大数据技术提供了高度的适应性，高效率和客户定制化，对于全联公司的解决方案，配合一些专业技术(如图形化开发和业务规则环境)，可以方便地和客户的工作流程整合起来。

(2) 增强的数据匹配连接技术。

大数据的商业价值实现关键技术之一就是匹配、连接和整合不同类型、不同来源的数据，其原理如下：首先找到多个数据源中信息对应的消费者，然后匹配消费者具体的信息项，将冗余的信息项进行合并或剪裁，得到消费者的全面、统一的视图。

全联公司的数据匹配技术能够整合多个数据源，连接多种信息，产生新的数据集，更好地评估风险和进行数据挖掘。

例如，全联公司 TLOxp 解决方案利用数据匹配能力(来自不同数据源)来确认和调查不同人之间、资产之间、位置之间和业务之间的关系,提供尽职调查、威胁评估、身份验证、欺诈预防和检测的解决方案。在巴西,全联公司利用数据匹配技术连通巴西联邦税务署(税务记录信息)等上百个公共数据库和邮政编码。在印度,全联公司可以获得征信机构CIBIL[Credit Information Bureau (India) Limited]的消费者风险信息,该信用数据库包括超过2亿的个人消费者和超过1000万家的企业主体的信息。

(3) 新一代技术。

全联公司正在投入研发以大数据为特征的新一代征信技术,希望通过新一代技术的转型继续提供面向企业和消费者的服务,使数据吞吐量增加,数据匹配能力提高,有较高的适应能力和较低的运营成本、更高的效率,保障更快的市场响应,可以实现使数据建档、数据清洗、数据入库的速率提高10倍,并由非IT人员自助完成,大幅度降低新产品的生产周期。

(4) 新技术探索。

近期,全联公司和南非一家高科技公司共同筹建南非国家声纹库,研发声纹识别技术进行消费者身份识别和反欺诈。据称,这种基于声纹技术的身份验证技术比传统基于知识(也称为"钱包外问题")验证消费者身份方法效率高,为80%。全联对生物识别的前沿探索目前还处于早期的研发阶段。

3) 大数据挖掘和分析:挖掘潜在信息和模式,释放大数据价值

征信机构早期的征信数据挖掘外包给费埃哲公司(FICO),最成功的案例是FICO信用评分。随着数据分析技术的提高和普及,全联公司和其他几家征信机构开始建立自己的分析师队伍,开发自己的评分产品。但是由于历史的原因,征信机构还和FICO公司继续合作,向商业机构提供信用评分服务。具体来说,全联公司和FICO的合作只是在某些国家,如美国和加拿大。但在其他国家和地区,如中国香港、南非,全联公司提供的所有包括信用风险分数在内的产品都是由全联公司自主开发的。

从理论上讲,信息更多可以提供更好的风险评估。但在实际操作中,随着平台的多样化、商业模式多元化的不断深入,商业实体之间关联性的加强,风险和商业机会的复杂性也在不断增强。大数据技术可以在消费者或信贷产品(组合)水平上进行风险测量和管理,使信用审批和定价更加精确。《经济学人》曾对大数据在金融风险方面的应用做过调查,其中大数据在防范信用卡欺诈和减小违约率方面效果最好。全联公司利用大数据分析技术解决多个信息渠道、复杂海量的信息处理问题,提高风险模型的预测能力和稳定性,以及实时响应速度,帮助它的顾客在信用和风险管理中做出及时的决策。

为了充分发挥征信大数据的价值,全联公司已通过在技术、工具和人力资源方面的投入来研发复杂和灵活的分析和决策能力。

(1) 开发新的分析技术。

全联公司的分析师利用新一代技术和数据匹配能力实时读取来自不同数据源的数据并分析这些数据。一般来说,分析师配备不同的建模和分析工具箱(如可视化和机器学习),目标能够在一天之内利用自服务的数据接口产生模型开发、模型验证和用于客户分析的数据样本。例如,利用大数据分析工具,全联公司Credit-Vision解决方案中对一个新的贷款组合建模,只需要不到1天的时间,而传统工具和技术则需要开发4~5周。

(2) 分析团队。

在大数据时代，征信业发展涉及海量数据的存储、加工、处理、分析，需要大量的经济学、数学、计算机等各类高级综合型专业人才。全联公司拥有经验丰富的分析团队(一般都是高级专业人士或者是博士学位获得者)，拥有大量的行业经验并且对消费者信用数据有深厚的知识储备。

(3) 研发分析工具。

数据分析工具是挖掘和分析征信数据的通用基础软件组件。全联公司开发的分析工具包括基本预测模型和评分、消费者细分、业务标杆比较、欺诈建模、运营最优化等，能够满足特定的客户需求。

4) 大数据服务：丰富多元化的数据产品、个性化的服务

征信大数据使提供更多的信息服务、面向更多领域成为可能，大数据的交叉融合拓宽了征信产品和服务的广度和深度。全联公司通过提供综合的数据、先进的分析技术和决策能力的服务，帮助客户提高效率、管理风险、降低成本和增加收入。大数据使全联公司征信产品更加丰富、多元、及时和动态，考虑不同客户群体的细分需求，提供更加个性化、客户体验更好的征信信息服务。大数据使全联公司的服务范围更广泛，从面向金融服务业转向在保险、汽车、医疗护理、电信、零售、出租审查、消费和法律执行等经济和社会领域帮助顾客做出关于信用和风险管理的及时决策。

基于特别的数据资源、分析和决策服务，全联近期研发的征信大数据产品和服务示例如下。

(1) 面向金融机构的征信产品 Credit-Vision。

不同于传统的个人信用报告只提供当月时点数据的服务，该产品基于 30 个月的序列数据，向金融机构客户提供个人消费者风险随时间变化的速度和严重程度，更精确地划分了风险。其和传统的信用分析产品最重要的区别在于它利用的不仅是当月的数据，还有过去 30 个月的数据，因此，对顾客信用各个方面的预测性更为准确。

(2) 面向保险公司的征信产品 Driver-Risk。

整合至少 3 年的司机驾驶的违规记录和其他大数据，高效地识别司机违规的可能性，从独特的视角来考察司机风险，降低保险公司的成本。

(3) 面向商业机构的市场营销产品 Ad-Surety。

基于全联公司自身的大数据，利用 O2O(互联网数据和数据库数据)匹配技术，帮助机构从 1 亿 3500 万美国消费者网络中识别潜在顾客，显示其个人信息并且测算效果，增加找到目标顾客的可能性。

(4) 面向商业机构用户的决策分析产品 Decision-Edge。

Decision-Edge 是一款软件即服务的产品，允许商业机构客户在和消费者交互情况下识别并验证消费者用户，对数据和预测模型的结果进行解释，根据机构客户定义的消费者标准帮助实现实时和自动化的决策。

全联公司大数据技术的应用是一个综合性过程，是从数据采集、数据处理、数据分析与挖掘到服务的一体化过程。随着业务的发展，今后全联公司的征信大数据增长主要从两个维度延伸：海外征信业务的发展增加消费者的数量；数据源的不断扩充并快速增加消费

者的信用描述。

目前全联公司的大数据是以结构化数据为主，基本不涉及社交网络、微博、论坛、互联网行为数据等非结构化数据，当然这一方面与美国的数据专业化运营和数据开放的大环境有关，另一方面在于，世界本质上是结构化的，风险和商业信息首先主要隐含在结构化的数据。因此，征信大数据的研发应首先解决好结构化大数据的处理和分析问题，挖出主要的风险和商业信息。虽然和国内流行大数据征信相比略显保守，但是由于其深厚的数据资产和征信技术的积累，全联公司对大数据技术的应用整体来看是一个自然的过程，数据信用相关性逐步扩张，目前已开始研发以声纹为代表的生物识别等这些未来和征信相关的大数据。

虽然大数据技术给全球个人征信机构(如全联公司)带来了很多变化，如数据量的增大、数据类型的增多、处理技术的提升、分析能力的增强、服务范围扩大和征信产品的丰富，但是并没有给这些征信机构带来业务颠覆性的改变，商业模式并没有发生变化，主要商业内容还是从基础信用信息服务、市场营销、决策分析到消费者的信用管理与反欺诈服务等。不过，正如每一次数据技术的突破都会给征信机构带来更多的创新和颠覆，如数据库技术和数据挖掘技术，未来的大数据技术不仅会延伸以全联公司为代表的全球个人征信机构的信用信息服务的广度和深度，而且未来会带来一些商业模式的变革。

7.3.2 国内大数据征信典型企业

2018 年 3 月 19 日，由中国互联网金融协会牵头，与 8 家征信机构联合设立的百行征信有限公司在深圳成立。百行征信是中国人民银行批准的唯一一家有个人征信业务牌照的市场化个人征信机构，专业从事个人信用信息采集、整理、保存和对外提供信用报告、信用评分、反欺诈等各类征信服务。它体现了"政府+市场"双轮驱动的新型征信模式，是中国人民银行征信的有力补充，对我国普惠金融的实施和社会信用体系的建设影响深远。

由表 7.1 可见，我国央行个人信用信息基础数据库和百行征信的数据源存在少量交集，但绝大部分并不重合，未来两者存在数据互通的可能性。百行征信的数据源以互联网数据为主，数据采集范围更加广泛，征信产品更加丰富，服务对象更加多元。其应用场景除传统的信贷领域，也在向生活服务领域延伸。新的应用场景有助于拓展百行征信的市场空间，提升用户的体验度和忠诚度。

1) 个人征信市场的产业链结构

百行征信在业务开展中主要采用互联网征信模式，其产业链结构如图 7.14 所示。征信产业链上游是互联网数据提供商，包括各类网贷平台、电商平台、支付平台和社交平台等，它们在各自的业务领域收集并存储了大量用户数据，并对这些数据进行初步的清洗和标准化处理。位于中游的百行征信是整个征信产业链的核心，它负责对分散在多家数据提供商的信用数据进行采集、汇总、加工、分析和挖掘，继而开发出信用报告、信用评分等多层次的征信产品和服务供下游机构使用。产业链下游是网络信贷、消费金融、共享经济、生活服务等多元化的应用场景，相对于传统征信，更倾向于"小""轻""快"的信贷业务。

表 7.1　央行征信与百行征信的比较

征信机构	产品	核心数据来源	数据采集范围	服务对象
央行征信中心	个人信用信息提示、个人信用信息概要、个人信用报告三种信用信息产品	商业银行、农村信用社等传统金融机构，相关国家机关和公用事业单位	①公安部身份信息 ②个人基础信息(婚姻、居住、职业等信息) ③银行信贷记录(贷款记录、信用卡记录、资产处置信息、保证人代偿信息，担保信息等) ④公共事业记录(欠税记录、民事判决记录、强制执行记录、行政处罚记录、电信欠费信息等)	商业银行、农村信用社等传统金融机构
百行征信有限公司	已推出个人信用报告、信息核实核验、特别关注名单三款个人征信产品，近期计划推出反欺诈报告、反欺诈评分、欺诈关系图谱等产品	互联网搜索平台、社交网络平台、电商平台、互联网金融从业机构、第三方数据服务机构	①互联网金融数据(网贷平台负债和还款数据、互联网消费金融公司信贷数据、第三方支付数据等) ②互联网深度行为数据(电子商务交易数据、社交网络数据、航空旅行数据、游戏数据等) ③已实现互联网化的公共数据(学历证书数据、社保数据、公积金数据、失信名单等) ④电信运营商数据 ⑤互联网公开数据	互联网金融从业机构(互联网消费金融、网络小贷、P2P借贷、互联网银行、网络分期等)、共享经济平台企业(金融共享、出行共享、空间共享、充电宝共享、闲置交易等)

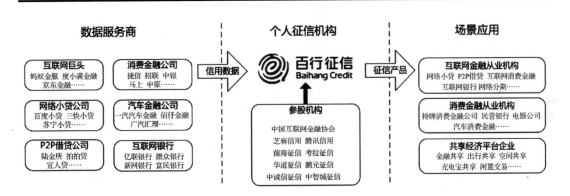

图 7.14　个人征信市场的产业链结构

2)　百行征信的数据服务商

根据互联网公开信息的不完全统计，百行征信的部分数据接入机构如表 7.2 所示。百行征信和其数据服务商之间呈现双向促进、协同发展的态势。一方面，根据合作协议，接入机构作为百行征信的数据提供者，有义务全面、准确、及时地报送与个人信用相关的业务数据和历史数据，如个人基本信息、借贷信息、失信记录等，极大地丰富征信数据体系，打破征信市场的"数据孤岛"。另一方面，接入机构作为百行征信的服务对象，从中获取信用信息查询等征信产品和服务，可有效应对多头借贷、中介欺诈、团伙欺诈等风险，全方位提升自己在贷前审查、贷中管理、贷后预警等各环节的风控能力。

3) 百行征信的参股机构

作为百行征信的发起人和控股股东，中国互联网金融协会具有强大的社会公信力和丰富的行业资源，可为百行征信的数据体系建设提供坚实的支撑。其机构会员的数量超过500 家。此外，在其开发的互联网金融统计系统中，截至 2019 年 7 月，共有 300 余家互联网金融从业机构报送数据，涵盖网络借贷信息中介、网络小贷、消费金融等多种个人信贷从业机构。

表 7.2　百行征信的部分数据接入机构

机构分类	接入机构名称
综合互联网巨头	蚂蚁金服、度小满金融、京东金融
网络小贷公司	重庆百度小贷、重庆三快小贷、重庆苏宁小贷、深圳中安信业小贷、吉安分期乐小贷、重庆西安小贷、买单侠、蝶金小贷、好易借、微粒贷、随行付、正合普惠、成都 40 多家小贷公司集体接入
P2P 借贷平台	陆金所、拍拍贷、宜人贷、人人贷、玖富、微贷网、乐信、狐狸金服、网信普惠、信而富、合众 e 贷、桔子理财、你我贷、51 人品、和信贷、积木盒子、小赢网金、PPmoney、向上金服、广信贷、轻易贷、麦子金服、达人贷、爱投金融、钱牛牛、洋钱罐、铜板街、汇中网、黄金钱包、铜掌柜、恒信易贷、极品金融、叮咚钱包、邦帮堂、挖财财米、嘉石榴、百善金饭碗、小花钱包、中业兴融、乾贷网、博金贷、果儿金融、点融、融资易、麻袋财富
消费金融公司	捷信消费金融、招联消费金融、中银消费金融、马上消费金融、中原消费金融、苏宁消费金融、唯品金融、国美金融、美家时贷
汽车金融公司	一汽汽车金融、东风标致雪铁龙汽车金融、佰仟金融、广汽汇理、易鑫、美利金融、元宝 365
互联网银行	亿联银行、微众银行、新网银行、富民银行
金融科技公司	微神马、众联商务

先前开展个人征信业务准备的 8 家参股机构不再单独从事个人征信业务，其原有个人征信业务将剥离，并入百行征信，其他业务存续为数据或风控服务。这 8 家参股机构可以说是个人征信业的领头人，在数据资源、技术能力、征信产品等方面各具特色，如表 7.3所示。

这 8 家机构可分为三类：

(1) 以互联网企业为背景的信用服务机构，包括芝麻信用和腾讯信用，其优势在于通过互联网平台积累了电商交易数据、社交网络数据、互联网行为数据等海量大数据资源。

(2) 以金融机构为背景的信用服务机构，包括前海征信、考拉征信和华道征信，其优势在于拥有较全面的金融综合牌照和较成熟的全局风控经验，并积累了强相关度的金融属性数据。

(3) 老牌信用服务机构，包括鹏元征信、中诚信征信和中智诚征信，这三家机构具有资深的信用服务经验、丰富的征信模型技术、良好的行业口碑，然而缺乏直接、广泛的数据源，存在一定的发展约束。

从所使用的技术来看，8 家机构都不同程度地运用先进的大数据技术和机器学习算法等对信用评分模型进行创新和探索。其信用产品各具特色，且大都涵盖身份认证、信用评分、风险监控、用户画像、反欺诈服务等。鉴于百行征信定位为"市场化征信机构"，意味着 8 家参股机构按照市场化原则自愿上报数据，不存在强制性。不过，百行征信由中国互联网金融协会牵头和控股，有望通过行政手段让其他民营机构参与信息共享。

表 7.3　百行征信的参股机构及其征信产品

参股机构	数据资源优势	核心产品与服务
芝麻信用	支付宝用户的身份信息和支付数据；淘宝和天猫的电商交易数据和用户行为数据；蚂蚁金服的互联网金融数据；包含身份证、手机号、银行卡、环境与设备的海量欺诈名单库	芝麻认证：通过姓名、身份证号码、人脸识别、眼纹识别、生物特征等多种手段有效地核实用户身份 芝麻分：按用户信用历史、行为偏好、履约能力、身份特质、人脉关系五个维度量化用户的信用情况 行业关注名单：收录客户在借贷逾期、套现、失信被执行、虚假交易、逾期未还车、逾期未支付等各类场景内下的违法行为 申请欺诈评分：对用户申请信息的欺诈风险进行量化评分 欺诈信息验证：手机号、地址、银行卡、E-mail 和环境设备验证
腾讯信用	QQ 和微信用户的社交数据；财付通用户的支付数据；其他多种服务上聚集的庞大用户	实名认证：核查用户姓名、身份证号码、手机号、证券账户的一致性 人脸识别：利用 OCR、人脸识别、活体检测技术进行比对 信用评分：按履约、安全、财富、消费、社交五个指数量化用户的信用情况 反欺诈产品：利用互联网数据鉴别欺诈用户
前海征信	平安集团海量线下和线上用户的金融数据，涵盖保险、银行、信托、证券、基金、金融科技等多个金融领域	好信度：按身份特征、履约能力、失信风险、消费偏好、行为特征、社交信用、成长潜力七个维度量化用户的信用情况 好信盔甲：利用前端侦测技术和后端规则引擎为机构用户提供整套反欺诈解决方案 身份验证服务：利用人脸识别等生物识别技术，结合 OCR 技术，为客户提供端到端的身份验证服务
考拉征信	拉卡拉用户的便民、电商、金融数据；线下商户的日常经营数据	考拉信用分：按用户信用记录、履约能力、身份属性、社交关系、交易行为五个维度量化用户的信用情况 考拉云智风控引擎系统：风险控制和反欺诈全周期信贷风控"一站式"服务平台
华道征信	银之杰在金融相关领域积累的业务数据；亿美软通在电信业务领域积累的三大运营商电信数据、移动商务数据；新奥资本在能源领域积累的居民燃气数据	个人征信评估：基于不同应用场景的个人信用评分服务，如房屋租赁的"猪猪分"、汽车租赁的"车车分"、求职的"伯乐分"等 CISP 消费信贷信息共享平台：消费信贷领域的会员制同业征信服务平台，以"信息报送与查询同步并行"的方式实现个人信贷交易信息共享 征信服务云平台：应用于贷前审查、贷中审核、贷后预警等环节的综合性征信服务平台，提供个人征信报告、个人评分报告、职业背景调查、贷后预警、征信产品策略、企业对接管理等应用服务

参股机构	数据资源优势	核心产品与服务
鹏元征信	广泛接入了全国性和深圳的各类公共政务数据；已接入超过1000家小贷和P2P机构	身份认证：基于公安部公民身份信息、生物识别技术、银行身份信息的多维度身份认证 个人反欺诈分析：依托个人反欺诈决策引擎，对用户身份信息、黑名单信息、风险信息、多头借贷等行为进行甄别 贷中风险监控：依托贷中风险监控引擎，对用户进行关键风险维度的实时监控 用户画像：构建信息主体的多维度画像、为信贷、租赁、求职、婚恋等多个应用场景提供评估参考
中诚信征信	第三方互联网大数据，包括身份、工商、司法、通信、消费、设备等多维数据	信用评分：将传统评分卡技术与机器学习建模技术有机融合，使用 XGBoost、GBDT、LR、PULearning等算法，建立申请评分模型、行为评分模型及催收评分模型 风险监控：利用大数据搜索与关联挖掘技术，对目标主体的信用变化和风险行为进行动态监控 反欺诈服务：针对具体的应用场景提供解决方案，包括设备反欺诈、资料反欺诈、交易反欺诈、团伙反欺诈等 用户画像：通过关联图谱技术等挖掘潜在客户，构建用户画像，可广泛应用于用户分群、精准营销等业务场景 万象智慧(ASmart)智能风控平台：强化了知识图谱、机器学习、人工智能、区块链等技术在信用风险管理中的应用
中智诚征信	近80家 P2P机构和消费金融机构动态实时上传的欺诈黑名单；欺诈规则集达 100 余条，涵盖了黑名单比对、历史比对、逻辑校验、团伙校验、外部数据校验等类型	个人征信评分服务：利用个人信用活跃度、履约能力、信用历史、身体特质、信用消费能力等信息建立信用评分模型 申请反欺诈服务：拥有海量的行业内黑名单匹配、实时更新的反欺诈规则流、中文模糊匹配和分团规则算法等核心技术，帮助客户全面提升反欺诈能力 全国公民身份信息认证服务：被认证人的身份证号码、姓名和照片进行比对认证 征信监控服务：对贷款申请人进行持续跟踪和监控，定期报送信贷账户的还款状态和更新的信用评分

4) 百行征信的技术优势

以大数据、云计算、区块链和人工智能为代表的金融科技为百行征信的发展注入了新的活力，目前，百行征信正致力于数据中台的搭建，将其作为征信数据的集成平台和共享中心，为上层业务和应用提供数据和计算支撑。数据中台的概念最早由阿里巴巴提出，它是指利用大数据技术按照统一的标准和口径对海量数据进行采集、存储、加工和计算。利用数据中台可以对分散的征信数据源进行汇聚、治理和统一，形成标准化的数据资产，以匹配多元化的业务需求和应用场景，与更多合作机构建立信用产业生态链。

数据中台的基本结构如图7.15所示，它能提供的主要功能如下所示。

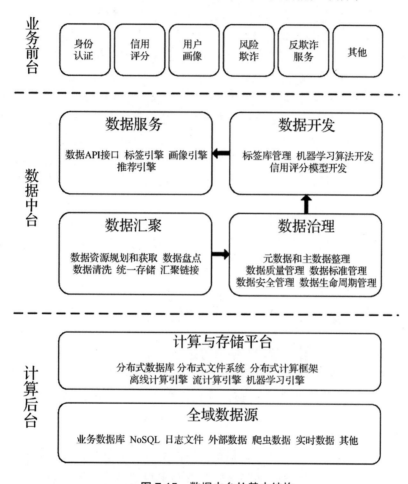

图7.15　数据中台的基本结构

(1) **数据汇聚**：征信数据源具有多源、多样、多域的特点，涵盖结构化数据、非结构化数据、离线数据、实时数据、日志文件等。通过数据资源的规划、获取、盘点、清洗、统一存储、汇聚链接等技术手段，对征信数据进行融合打通和关联建模，形成清晰的数据资产，提升数据资源的利用率。

(2) **数据治理**：包括元数据和主数据整理、数据质量管理、数据标准管理、数据安全管理、数据生命周期管理等内容。利用元数据进行数据地图和数据血缘分析，利用主数据提高征信大数据的质量，对数据质量进行实时校验并报送数据污染，使用脱敏技术对敏感信息进行授权访问以保障数据的安全性，制定数据生命周期规则来处理过期数据等。

(3) **数据开发**：主要包括标签管理、算法开发、模型开发等内容。开发出标签库对用户、产品、机构、信贷、营销等多个主题域进行标签提取，将其特征数字化，为后续进行用户画像和精准营销提供必要条件；提供大数据征信中常用的机器学习算法，如 Logistic 回归、决策树分类算法、人工神经网络、深度学习、支持向量机、随机森林、GBDT、集成学习等；基于机器学习算法开发出申请评分、行为评分、催收评分等多维度信用评分模型库。

(4) 数据服务：将数据开发的成果(标签、算法、模型等)封装成数据服务，构建数据 API 接口，以 API 等方式向业务层提供通用的数据服务接口，业务层在此基础上实现数据服务的个性化应用，开发出多元化的征信产品和服务。这种方式可以实现数据服务的复用，提升对征信业务需求的响应效率。

百行征信致力于与广大互联网金融从业机构之间建立信用信息共享机制，打破"数据孤岛"，从而降低信贷业务的交易成本，提升个人征信市场的效率。鼓励数据服务商积极共享和更新信用数据，除运用行政力量之外，充分利用市场化激励机制。征信数据是一种有价值的无形资产，但如何衡量其市场价值目前仍没有定论。可考虑从征信数据的使用频率、稀缺性等角度对其进行定价，也可采用当下热门的区块链技术，利用智能合约对信息所有者实现自动化、公平化的激励。

百行征信已从传统信贷领域拓展到网购、教育、医疗、购车、租房、出行等消费生活的许多方面，但目前其征信产品仍十分有限。为了满足征信市场上多元化的需求，应开发更丰富的征信产品和服务，全面提升征信产品的市场竞争力。

本章总结

- 征信是指征信机构作为信用交易双方之外的独立第三方，收集、整理、保存、加工个人、法人及其他组织的信用信息，以在一定程度上揭示信息主体的信用风险状况，协助授信人或投资人进行风险管理的一种信息服务活动。简言之，征信的本质就是为授信机构或投资人的决策提供信息参考，是授信人或投资人之间的一种信息分享机制。

- 征信有六个方面的作用，分别是防范信用风险，促进信贷市场发展、服务其他授信市场，提高履约水平、加强金融监管和宏观调控，维护金融稳定、服务其他政府部门，提升执法效率、有效揭示风险，为市场参与各方提供决策依据、提高社会信用意识、维护社会稳定。

- 征信机构是负责管理信用信息共享的机构，从事个人和(或)企业信用信息的采集、加工处理，并为用户提供信用报告和其他基于征信系统数据的增值产品。从全球实践来看，征信机构一般分为三类：个人征信机构、信贷登记系统和企业征信机构。

- 征信体系是指与征信活动有关的法律规章、组织机构、市场管理、文化建设、宣传教育等共同构成的体系。征信体系的主要功能是为信贷市场服务，但同时具有较强的外延性，同时还向商品交易市场和劳动力市场提供服务。实践中，征信体系的主要参与主体有征信机构、金融机构、企业、个人以及政府。征信体系模式主要有三种：市场主导型模式、政府主导型模式和会员制模式。我国征信体系采用"政府+市场"双轮驱动型模式。

● 大数据征信是指运用大数据技术重新设计征信评价模型和算法，通过多维度的信用信息考察，对个人、企业、社会团体形成信用评价。大数据征信从其本质上看是将大数据技术应用到征信活动中，突出强调的是处理数据的数量大、刻画信用的维度广、信用状况的动态呈现、交互性等特点，其本质仍然是对信息的采集、整理、保存、加工和公布。

本章作业

1. 简述传统征信的四大原则。

2. 传统征信是如何进行分类的？

3. 请从理论角度阐述传统征信的作用。

4. 请简要绘出传统征信流程图。

5. 简述目前世界上存在的三种征信体系模式。

6. 我国目前的征信体系采用哪种模式？并阐述从何处做此判断。

7. 简述我国征信体系的各个子系统之间是如何协调的。

8. 大数据征信相比于传统征信有哪些优势？

9. 简述大数据征信大致流程。

10. 你认为在本章典型案例中的这几家企业的核心竞争力分别是什么？如果现在你要创建一个大数据征信企业，你有哪些想法？

第8章

大数据信用评分方法

本章目标

- 掌握信用评分与信用评级之间的区别与联系
- 理解大数据信用评分与传统信用评分方法之间的区别与联系
- 掌握利用大数据工具进行信用评分的流程
- 掌握主要的大数据信用评分方法与应用场景

本章简介

　　大数据应用的核心是预测，现代金融发展离不开大数据征信的支撑，在大数据理念基础上建立及优化个人信用评分模型，有利于信用风险的预警及把握。

　　本章从传统信用评分入手，详细阐述传统信用评分方法的基本实施流程；介绍了大数据信用评分方法，并与传统信用评分方法对比阐述其优势、难题和发展趋势；最后以典型大数据征信企业为突破口，立体叙述了在实践中的大数据征信流程，并对典型大数据征信企业的运作和信用评分模型做了详细的介绍。

@ 8.1 信用评分概述

8.1.1 信用与信用评分的内涵

1. 信用的内涵

信用是社会经济发展的必然产物,是现代经济社会运行必不可少的。维持和发展信用关系是保护社会经济秩序的重要前提。

信用的含义有广义和狭义之分。广义的信用,是一个伦理学范畴,主要是指参与社会和经济活动的当事人之间建立起来的以诚实守信为道德基础的践约行为,即通常所说的"讲信用""守信誉""一诺千金",它是一种普遍的处理人际关系的道德准则。狭义的信用,则是一个经济学、法律学的范畴。现代市场经济条件下所指的信用,更多是狭义的信用,它表现的是在商品交换或其他经济活动中,交易双方所实行的以契约(合同)为基础的资金借贷、承诺、履约的行为。这里的信用关系双方即借贷关系双方——授信人(借出方)和受信人(贷入方)。

2. 信用评分的内涵

信用评分是一个舶来品。美国《公平信用报告法》(*Fair Credit Reporting Act*),将信用评分(Credit Score)定义为"一组数值或者分类方法,源于为放贷人员设计的用来预测信贷行为未来违约可能性的统计工具或者模型体系,也可称为风险预测或是风险评分"。通俗来说,信用评分是信息所有者根据掌握的大量关于信息主体的信用信息,运用统计和其他方法,建立信用评分模型,对信息主体的未来表现进行预测,并用分数形式表现出来的活动。

按照评分使用所针对的目标群体,即信息主体,信用评分可分为个人信用评分和中小企业信用评分。而我们通常所说的信用评分主要是指个人信用评分。

信用评分主要用于授信额度较小、调查成本较高的领域,如信用卡领域,在自动、批量发放信贷时,信用评分的作用非常重要。对于金融机构来说,可以根据这个分数决定授信与否、授信额度、利率等。而对于客户来说,通过了解自己的信用分数,可以更好地做出决策。

3. 信用评分的特点

1) 动态性与客观性

当制作信用调查报告的数据项改变时,信用评分值也会随之改变。例如,付款状况的改变或者新开设账户,都会使消费者的信用评分值发生改变。在金融服务领域,不同的贷款申请人,其信用评分是不同的,这是使用的信用评分的类型和相应的特征变量取向不同导致的。

信用评分是基于大量数据制定的,反映了消费者信用行为的普遍性规律,个人征信机构可将各家授信机构的数据综合起来进行信用评分,不偏向任何一家授信机构的特定消费或特定信贷产品。

2) 一致性与准确性

信用评分在实施过程中前后一致，不管哪家机构、哪位工作人员在哪个时间与地点做出的决策，只要用的是同一个模型，其评估和决策的标准就是一样的。特别是个人征信机构的信用评分，不因时间的不同而不同，不因特殊阶段的信贷行为和特殊的信用风险政策而发生大的变化。

信用评分是依据大数据原理、运用统计技术等科学手段得出的，能够比较准确地预测消费者某一方面信用表现的概率。其准确性与数据的质量、模型技术水平等因素有关。

3) 综合性与效率性

信用评分是基于多个信息维度的多个预测变量得出的，比较全面地评估了消费者的未来信用表现。基于模型的信用评分可以在计算机系统内自动化实施，只要输入相关信息，就可在几秒钟内做出决策。

4. 信用评分的产生背景

虽然信用的历史可以追溯到 5000 年前，但信用评分的历史比较短。信用评分最早始于 20 世纪 40 年代末至 20 世纪 50 年代初的美国。当时，美国有些银行开始进行一些有关信用评分方法的试验，目的是提供一种可以处理大量信贷申请的工具。1956 年，工程师 Bill Fair 和数学家 Earl Isaac 共同发明了著名的 FICO 评分方法，并在美国旧金山成立了第一个咨询公司——费埃哲公司(Fair Isaac Corporation，FICO)，成为当时信用风险领军企业。1958 年，费埃哲公司发布了第一套信用评分系统。20 世纪 60 年代，美国相继出现了许多专门提供客户信用报告和信用分数的信用管理局，如美国著名的三大信用管理局 (Experian、Equifax 和 TransUnion)。

20 世纪 60 年代末，信用卡的诞生使银行和其他信用卡的发卡机构认识到了信用评分的实用性。每天申请信用卡的人很多，使得无论从经济上还是人力上都不得不对发卡决策实行自动化，计算机技术的发展提供了技术的可能性。这些机构发现，信用评分比任何主观判断都更具预测性，不良贷款率也下降了 50 个百分点以上。直到 1975 年美国颁布《公平信贷机会法》并于 1976 年对其进行修订后，社会才完全接受了信用评分，应用也越来越多，并且从美国扩展到其他地区，从此信用分析师成了全球范围内比较紧俏的职位。

20 世纪 80 年代，信用评分在信用卡中的成功应用使银行将评分用于其他产品，例如，个人贷款，信用评分也开始在住房抵押贷款和小企业贷款中运用(信用评分的发展是从财务、直邮、零售到信用卡，然后个人贷款、房贷、小企业贷款中)。90 年代，信用评分开始用于市场营销，直销的发展使企业开始利用信用评分以提高广告战中的响应率。事实上，信用评分在直销中的应用最早始于 20 世纪 50 年代，Sears 公司利用评分确定向哪些客户邮寄产品目录。八十年代，计算机技术的进步使数据挖掘技术也得以应用于评分，除了传统的信用评分技术的两大支柱——逻辑回归和线性规划，一些数据挖掘技术如神经网络、支持向量机、随机森林开始使用。

1981 年，费埃哲首次研发了 FICO 征信局风险评分，并在住房抵押贷款和小微企业贷款等先前信用评分技术表现平平的领域取得了意想不到的良好表现。1987 年美国环联公司率先在联机、实时提供的信用报告中嵌入信用历史评分产品。1991 年 FICO 评分在三大征信机构得到普遍应用(从开发出信用局评分到三大征信机构应用花了 9 年的时间)。

从信用评分的诞生到大规模应用，美国用了将近 30 年的时间，和经济与金融的发展互为促进；促使信用评分成功的一个重要原因是利用全局数据的征信局信用评分的效果远比金融机构内部利用局部数据的信用评分好得多；费埃哲公司在信用评分的发展过程中功不可没；信用评分也在不断发展，费埃哲公司面临着三大个人征信机构和其他数据挖掘公司的挑战。

在过去十多年中，全球信用评分市场领域更加蓬勃地发展，出现了许多信用评分公司和信用管理局，极大地提高了银行对用户进行信用评估的准确性、有效性和一致性。信用评分的目的已从最初的评估违约风险，逐步扩大到评估响应(某客户对直接邮寄的新产品做出反应的可能性有多大)、使用(某客户使用新产品的可能性有多大)、保持(某客户在产品推广期结束后继续使用该产品的可能性有多大)、流失(该客户转向其他放贷机构)、负债管理(如果该客户出现逾期还款，各种措施在多大程度上可以防止违约)以及欺诈评分(某借款申请在多大程度上是欺诈)。

8.1.2 信用评分与信用评级的比较

1. 信用评级定义

信用评级，是指信用评级机构对影响经济主体或者债务融资工具的信用风险因素进行分析，就其偿债能力和偿债意愿做出综合评价，并通过预先定义的信用等级符号表示。

信用评级对象是指受评经济主体或者受评债务融资工具。包括贷款，地方政府债券、金融债券、非金融企业债务融资工具、企业债券、公司债券等债券，资产支持证券等结构化融资产品，其他债务类融资产品。信用评级产品的应用具有较强的针对性，最主要的应用领域便是资本市场，此外，在银行信贷、政府监管、企业经营合作领域也有较为广泛的应用。

2. 信用评分与信用评级的共同之处

信用评级与信用评分在业务开展的目的或产品的性质上更相似，都采用一定的符号或者分数来对信息主体未来的违约风险或信用表现进行预测。两者均采用一定的技术手段。

同时，从事企业信用评分的企业征信机构和信用评级在监管方面均采用备案制。而从事个人信用评分的个人征信机构以许可审批为监管方式。

3. 信用评分与信用评级的区别

1) 经营主体的区别

信用评级业务由信用评级机构经营。信用评级机构是指依法设立，主要从事信用评级业务的社会中介机构。信用评分业务由征信机构经营。征信机构是指依法设立，主要经营征信业务的机构，分为个人征信机构和企业征信机构。

2) 数据来源区别

信用评分的数据主要源于征信机构已积累数据及采集公开渠道信息等。信用评级的数据主要由信息主体提供，即通过公开渠道进行收集或实地调研。

3）数据处理的区别

信用评分是运用模型进行自动化处理和计算，而信用评级则综合运用定性、定量、静态、动态多种方法进行分析和评价。

4）提供产品或服务区别

信用评分是提供评分分数，或把分数嵌入征信报告。而信用评级则是提供信用评级等级和评级报告，含评级展望。评级展望是评级机构对评级对象未来信用状况走向的预判，一般可分为正面、负面、稳定、待定。

5）主要作用区别

信用评分主要用于信贷市场，用于衡量借款人的偿债能力，降低信贷风险。

首先，信用评级主要应用于资本市场，用于衡量发债主体和债项的违约风险；其次，在信贷市场上，能帮助商业银行预测客户风险，应用风险控制，降低商业信贷风险；最后，可以用于政府监管，通过信用评级报告有助于监管者较全面地了解监管对象，助其加强分类管理和指导，如对小贷公司、融资性担保公司等实施信用评级等工作。

6）服务对象区别

信用评分主要针对中小企业和个人。主要供市场主体及第三方使用，如商业银行、监管部门等，且主要用于信贷市场。

信用评级的对象更为广泛，除一般借款企业外，还包括金融机构、主权国家等。主要供投资者使用，既应用于资本市场；也用于信贷市场或供监管部门，但不包括个人。

8.1.3 信用评分的应用领域

信用评分应用比较广泛，其中，在信贷领域主要是对贷款申请人进行资格评估，从而辅助授信机构做出授信决策，或对已有客户的信用状况和预期利润进行预测，以便做好风险防范和客户管理。除此之外，信用评分还可以应用到其他相关风险领域如保险领域，甚至是宏观经济领域以及商业消费场景。

1. 传统信贷领域的应用

信用评分在传统信贷领域应用的基本功能是信贷审批和信贷风险定价，涵盖了信用卡生命周期管理、住房抵押贷款、汽车贷款和消费信贷。放贷者利用信用评分来决定是否授信，决定提供多少信用额度，用什么条款。例如，美国的房利美和房地美利用信用评分启动了自动化的信贷审批系统，使信贷管理人员将房地产抵押贷款审批流程化。信用评分还可以帮助放贷者实现风险定价。当放贷者利用风险定价进行决策时，他们提供给信用历史记录差的消费者的信贷条款就会比较苛刻。这种风险定价机制让一些信用记录比较差的消费者获得贷款的成本比信用记录好的消费者的要高。

我们通常所接触到的评分大都用于信贷审批，即申请评分卡(A 卡，Application scorecard)。同时，业内还常用的有 B 卡(Behavior scorecard)和 C 卡(Collection scorecard)，分别用于贷后管理及催收管理。A 卡是使用最广泛的，用于贷前审批阶段对借款申请人的量化评估；B 卡主要是通过借款人的还款及交易行为，结合其他维度的数据预测借款人未来的还款能力和意愿；C 卡则是在借款人当前还款状态为逾期的情况下，预测未来该笔贷款变为坏账的概率，由此衍生出滚动率、还款率、失联率等细分模型。不同的评分卡，对数据的要求和所应用的建模方法也不一样。A 卡、B 卡、C 卡的区别总结如下：

(1) 使用的时间不同。它们分别侧重贷前、贷中、贷后。

(2) 数据要求不同。A 卡一般可做贷款 0～1 年的信用分析，B 卡则是在申请人有了一定行为后，有了较大数据的分析，一般为 3～5 年，C 卡则对数据要求更大，需加入催收后客户反应等属性数据。

(3) 每种评分卡的模型不一样。在 A 卡中常用的有逻辑回归、AHP 等，而在后两种卡，常使用多因素逻辑回归、精度等方面更好。

2. 传统信贷领域的延伸应用

信用评分的目的也从最初的评估违约风险，逐步扩大到评估响应(某客户对直接邮寄的新产品做出反应的可能性有多大)、使用(某客户使用新产品的可能性有多大)、保持(某客户在产品推广期结束后继续使用该产品的可能性有多大)、流失(该客户转向其他放贷机构)、负债管理(如果该客户出现逾期还款，各种措施在多大程度上可以防止违约)以及欺诈评分(某借款申请在多大程度上是欺诈)。

3. 保险领域的应用

信用评分也常常用于汽车保险和居民保险的定价。从 1990 年开始，个人征信机构开始开发特定的保险评分，帮助保险公司来评价潜在顾客的保险风险。研究表明，通过使用这种保险评分，大部分消费者可以降低保费，信用评分高的消费者索赔的次数往往比较少。

8.1.4　我国个人信用评分发展现状

目前，我国负责个人信用评分的主体主要涉及政府、金融机构和信用服务机构，并借助"信用中国"互联网平台，对公民个人的信用关联信息提供了以下 4 种类型的查询途径。

1. 中国人民银行个人征信信息

中国人民银行征信中心是目前国内能够提供个人信用报告查询服务的专用平台，也是唯一具有全国性、专业性、信息准确度高的个人信用信息系统。其"互联网个人信用信息服务平台"主要提供个人信用信息提要、个人信用信息概要、个人信用报告三个方面的信用信息。其中，个人信用报告主要包括公安部对个人身份信息的核查结果，个人身份、婚姻、居住、职业等基本信息，个人在银行的信贷交易信息，以及个人征信系统从其他部门采集的体现个人收入、缴欠费、资产状况的非银行信用信息等内容。个人信用报告的不良记录将直接影响公民的贷款通过率和在金融机构的贷款利率。好的信用评分系统可以在一定程度上替代信用报告，成为金融机构审核贷款的风险评估依据。借助信用分数直观反映个人的信用度，同时避免个人信用报告被过度查询，降低泄露个人隐私信息的可能性。中国人民银行在已掌握个人信用数据的基础上，进一步整合其他渠道的信用信息对公民进行信用评分，这也是我国信用体系建设的发展趋势。

2. 信用服务机构的个人信用评分

目前，国内主要有百度、鹏元征信、芝麻信用、腾讯征信、前海征信、中诚信征信、考拉征信、京东征信、万达征信、华道征信、中青征信等 11 家主流信用服务机构，对个人提供信用评分和信用查询服务。各信用服务机构依托所在领域和经济类型收集的个人信用数据，作为其信用信息平台的资源。但目前信用服务机构所掌握的个人信用信息受行业、平台使用率限制，受众有限。

以芝麻信用为例，拥有针对个人较为系统的评分体系，其评分因子主要由个人信息、信用记录、信用消费等内容构成。其中个人信息无疑是评估个人信用分数最贴切的指标，主要包括三个方面：一是公民的身份证、学历学籍、职业等基本信息；二是房产、车辆、公积金等资产情况；三是信用卡账单等信用消费情况。

3. 地方的个人信用分

在"信用中国"互联网平台上，目前仅有江苏省苏州市和宿迁市两地提供信用分查询，其主要评分对象为本地市民。其中苏州市的"桂花分"主要包括资产状况、表彰荣誉、献血记录、志愿服务四项计分指标。满分为 200 分，其中基础分 100 分，附加分 100 分。通常给每个市民预存 100 基础分，系市民诚实守法所得分数，若市民有不诚信行为被纳入失信人"黑名单"，将被扣除基本分值。附加分则需要市民通过个人良好行为积累以获取奖励分值，主要由品德指标构成，目的在于鼓励市民参与公益活动。宿迁市的"西楚分"依据宿迁市公共信用信息平台中的个人信用信息数据，分为 69 个评分指标，通过特定的计分规则形成个人信用分数，基础分数为 1000 分。宿迁市市民的信用积分体系，是在自然人积分基础上确定 A、B、C、D 四个级别和 AAA、AA、A+、A、A-、B、C、D 八个等次。在此基础上，采用指标加减法和直接降级法两种模式计算得出个人信用等级及相应分数。加分指标项包括市民的见义勇为、公益、无偿献血等行为；减分指标则涉及市民的经营活动违约失信、不良贷款等二十多类。其中，个人若被纳入失信被执行人或受到刑事判决，"西楚分"级别将直接降为 D 级。"西楚分"提供养老服务和充值城市公交卡等 6 个应用场景六折价格优惠，另提供包括住院押金在内两个场景的免减优惠。

苏州市、宿迁市的信用评分机制，对本地市民的信用状况进行多维度评价，同时通过信用积分鼓励市民遵守公共秩序、积极参加公益活动，有利于在本地区内形成良好的公共秩序和诚信的人文氛围。但该种以市区为主体的信用评分机制存在一定的局限性。第一，两个地区的信用基础分数各不相同，评价体系、评分标准和加减记分值都存在差异，都是以本地区的经济发展实际情形为基础而制定的，主要适用于本地区内的经济活动。两地的信用评分机制都有较强的地方特色，受到地域的客观限制，难以实现跨地区的信用评分机制互联互通，其评估的市民信用分数也难以在国内其他城市得到认可和应用。

第二，两个地区的市民信用评分标准都掺杂了对个人声誉评价的相关内容(如将市民参加公益活动、献血等设计为加分项，市民受到刑事判决、影响公共秩序等设计为减分项)。将个人的守信、失信行为与个人维护、损害其声誉的行为进行综合评分，将降低个人信用分数的商业属性，进而影响信用分数对个人履约能力、违约风险的预估能力，还可能模糊失信惩罚的适用领域，以及失信惩罚与个人声誉惩罚的界限。

4. 电信运营商提供的个人信用评分

随着手机、网络在国内的普及，中国联通和中国移动作为国内两大主流电信运营商，能够基于通信行业的特殊性获取部分与个人通信相关的信息，并借助大数据分析评估个人信用。联通征信的"沃信用分"是招联金融与中国联通合作构建的评分体系，也是国内电信运营商将通信大数据应用于消费金融业务的首个案例。目前"沃信用分"主要系联通用户用于享受其在联通手机营业厅的通信、消费、金融方面的特权。中国移动推出的"试金石信用分"，依托中国移动的通信数据，结合金融借贷信息，运用云计算、机器学习等技术，通过逻辑回归、决策树等模型算法，结合中国移动掌握的个人身份信息、通信信息、社交信息、信用信息等全网数据，对个人的信用状况进行综合评估。虽然两大电信运营商的个人信用评分设立的初衷是为金融业务，但目前在实际应用时仍侧重其所覆盖的电信产品，用于评价个人信用的评分信息也主要来自电信行业和电信运营商掌握的个人通信相关数据信息，对个人信用进行评分的参考因素并不全面。

正如 Nelson 所言，信用评分对住房购买力和抵押贷款定价有深远的影响。规范个人信用评分机制，在各国的经济发展中都有一定的积极作用。国内的金融机构、信用服务机构、地方政府、电信运营商等个人信用评分都处于探索阶段，其个人信用信息的来源均受到行业、服务领域的限制。

中国人民银行征信中心是目前国内唯一能够建立全国性的公共信用信息系统，并对个人信用分数可适用领域进行清晰界定的单位。

8.1.5　大数据信用评分与传统信用评分的比较

大数据信用风险评分和传统信用风险评分在数据来源、变量生成、模型方法、应用方式等均存在一定差异，如表 8.1 所示。

表 8.1　大数据信用评估与传统信用评估比较

	传统信用评估模型	大数据信用评估模型
数据格式	结构化数据	结构化+大量非结构化数据
数据类型	信贷金融属性关联数据	信贷数据、网络数据、社交数据
理论基础	逻辑回归	机器学习
变量特征	贷款类型、还款记录、卡余额	IP 地址、关联网络、社交能力
数据来源	银行系统内数据及银行提交给第三方的数据	第三方数据(如电话费账单、租赁历史等)
变量个数	不到 50 个(变量库 500~2000)	多达几千到几万个

1. 数据来源及数据特征的差异

传统信用风险评分模型的数据来源维度主要包括以下方面。

(1) 个人基本数据，如年龄、性别、职业、收入、婚姻状况、工作年限、工作状况等。这是客户向金融机构提交的个人申请信息。

(2) 信贷情况，主要是信贷和信用卡相关数据。这是金融机构内部积累的客户历史数据。银行通过开展信贷业务获得了大量个人数据、资讯数据、交易数据、信用表现数据等，每一种信贷业务都产生丰富的数据，许多银行往往同时从事若干信贷业务，从而积累了极为庞大的数据库。

(3) 个人信用报告查询记录。这是人民银行征信中心提供的数据。

(4) 公共数据，包括税务、工商、法院、电信、水电煤气等部门的数据。这是外部机构提供的数据。数据的主要特点是数据质量和信息价值密度高、维度相对单一、可验证性较差、数据采集渠道规范性较好。传统金融机构基于传统的高价值密度的数据，研发出各类信用风险评分模型，实现对客户信用风险的评价，成为成熟的、规范化的运行方式。

大数据时代，用于评估客户的数据越来越丰富。如图 8.1 所示，大数据信用评估模型使用的数据来自第三方金融数据、用户提交数据以及互联网数据等多种渠道。通过多源化的信息采集，一方面传承了传统征信体系的金融决策变量，重视深度挖掘授信对象的信贷历史；另一方面将影响用户信贷水平的其他因素也考虑进去，如电商的交易数据、社交类数据(强社交关系如何转化为信用资产)、网络行为数据等，从而实现深度和广度的高度融合。以网络数据为例，如 IP 地址、浏览器版本甚至是电脑屏幕分辨率，从这些数据可以挖掘用户的位置信息、性格、行为习惯以及消费能力，有利于评估用户当下信贷风险。

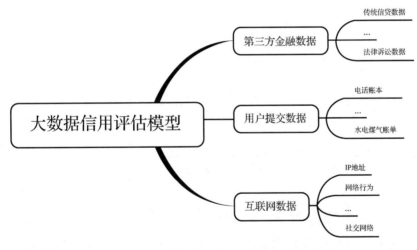

图 8.1　大数据信用评估模型的数据来源

2. 模型变量生成和挑选方式的差异

不同的数据特征直接影响模型变量的生成、挑选方式。传统信用风险评分模型候选变量数量较少，单一模型候选变量常在数百至数千个数量级。进入模型的变量往往在数十个数量级。模型变量数量较少，客观上使数据可以经过多番清洗，清洗后的数据质量相对较好；同样由于变量较少，传统信用评分往往在变量挑选过程中开展多轮定量和定性分析。在筛选模型变量的过程中，除了参考变量的区分能力等定量维度，还要参考机构内部业务专家的意见。

大数据时代，由于原始数据体量较大，通过变量本身衍生、变量之间衍生后产生更多候选变量。在单个模型内，相近的候选变量可多达数百个乃至上万个。由于缺乏专家团队支持，通常采用挑选规则等方式自动化挑选候选变量，人工干预和专家审核较少。同时，由于模型变量数量庞大且数据质量较差，容易出现模型变量未经严格数据清洗程序就进入模型的情况，对模型表现造成影响。

3. 建模的理论基础的差异

传统的信用风险评分模型以统计学的 Logistic 回归方法为核心。Logistic 方法是信用评价模型中的经典，具有准确性高、假设条件少、结果稳定、可解释性强等特点。因此，该方法是当前国内外金融机构、征信机构最广泛采用的方法。

大数据信用风险评分模型更多采用了神经网络(Neural Network)、梯度提升决策树、支持向量机(Support Vector Machine)、随机森林(Random Forest)等算法。这些机器学习方法在解决特定问题时具有优势，如有些方法适用于处理稀疏的数据；有些能更好地解决模型过度拟合问题；有些能处理大量的输入变量，预测准确度较高，能有效优化模型表现。和传统的 Logistic 方法相比，每类机器学习方法都有自己的特色，但并未完全超越传统方法。

4. 模型上线运行方式的差异

模型技术架构的差异直接导致模型上线运行方式的差异。传统的信用风险评分模型通常将单一模型嵌入业务流程系统，直接用于信贷决策。部分成熟的欧美银行可以同步运行2~3个挑战者模型，当单一模型表现下降的时候，实现及时切换。

在大数据信用风险评分模型中，数百个模型同步上线并行计算成为可能。这对部署在信贷业务流程系统的决策引擎和数据环境提出了更高的要求。如决策引擎需要采用分布式架构，以实现海量变量的同步计算，要求提前在数据环境中部署海量的原始变量和建模变量，以保障模型在切换时随时有新变量可供替换。

@ 8.2 数据挖掘与大数据信用评分

8.2.1 数据挖掘在大数据信用评分中的重要性

数据挖掘(Data mining)，又译为资料探勘、数据采矿。它是数据库知识发现(Knowledge-Discoveryin Databases，KDD)中的一个步骤。数据挖掘一般是指从大量的数据中通过算法搜索隐藏其中信息的过程。数据挖掘通常与计算机科学有关，并通过统计、在线分析处理、情报检索、机器学习、专家系统(依靠过去的经验法则)和模式识别等诸多方法来实现上述目标。

数据挖掘的关键可以分成三个部分：数据、信息和商业决策。数据挖掘是对数据进行探索和分析，以找出数据之间有意义的结构和关系。大数据挖掘就是从海量、不完全的、有噪声的、模糊的、随机的大型数据库中发现有价值的、潜在有用的信息和知识的过程，也是一种决策支持过程。其主要依赖人工智能、机器学习、模式学习、统计学等。通过对大数据高度自动化地分析，做出总结性的推理，从中挖掘潜在模式，可以帮助企业、商家、用户调整市场政策、减少风险、理性面对市场，并做出正确的决策。目前，在很多领域尤其是在商业领域如银行、电信、电商等，数据挖掘可以解决很多问题，包括市场营销策略制定、背景分析、企业管理危机等。大数据的挖掘常用分类、回归分析、聚类、关联规则、神经网络方法、Web 数据挖掘等方法。这些方法从不同的角度对数据进行挖掘。

不难发现，数据挖掘使用的都是成功应用于信用评分的技术。数据挖掘的基础技术是数据汇总、冗余变量剔除、分类观察，以及预测和解释，在数据汇总时，使用了标准的描述性统计概念，例如频率、平均值、方差、交叉表格等。信用评分中使用的方法也成功应用于其他数据挖掘的应用领域。将客户分成可以用不同方式观察的小组，或购买不同产品的小组，是数据挖掘的另一个方法。信用评分也根据客户不同的行为将客户分成不同的小组，并为每个小组制作不同的评分卡。

数据挖掘实际上使用的是信用评分的技术和方法，且这些技术和方法的应用领域要广泛得多。

8.2.2　基于数据挖掘的信用评分模型构建步骤

利用数据挖掘技术构建信用评分模型有 10 个步骤，如图 8.2 所示，它们分别是：商业目标确定、确认数据源识别、数据收集、数据筛选、数据质量检测、数据转换、数据挖掘、结果解释、应用建议和结果应用。

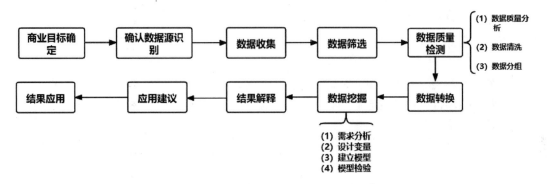

图 8.2　信用评分模型构建步骤

1)　商业目标确定

明确数据挖掘的目的或目标是成功完成任何数据挖掘项目的前提。例如，确定项目的目的是构建个人住房贷款的信用评分模型。

2)　确认数据源识别

在给定数据挖掘商业目标的情况下，下一步是寻找可以解决和回答商业问题的数据。构建信用评分模型所需要的是关于客户的大量信息，应该尽量收集全面的信息。所需要的数据可能是业务数据，可能是数据库/数据仓库中存储的数据，也可能是外部数据。如果没有所需的数据，那么，数据收集就是下一个必需的步骤。

3)　数据收集

如果银行内部不能满足构建模型所需的数据，就需要从外部收集，主要是从专门收集人口统计数据、消费者信用历史数据、地理变量、商业特征和人口普查数据的企业购买得到。

4) 数据筛选

对收集的数据进行筛选，为挖掘准备数据。在实际项目中，由于受到计算处理能力和项目期限的限制，在挖掘项目中用到所有数据是不可能的。因此，数据筛选是必不可少的。数据筛选需要考虑数据样本的大小和质量。

5) 数据质量检测

一旦数据被筛选出来，下一步就是数据质量检测和数据整合。目的是提高筛选出来数据的质量。如果质量太低，就需要重新进行数据筛选。主要可以分为以下3个阶段：

(1) 数据质量分析。

为了使数据的质量能够满足数据挖掘的需要，要对数据的质量进行分析，得出各种统计值，包括不同指标的最大值、最小值、均值、中值、方差、缺失值、异常值、分位数等，通过对每个指标统计值进行观察，判断该指标是否可以在数据挖掘中使用。

(2) 数据清洗。

由于实际数据中存在许多噪声、异常值、缺失值，需要对数据进行清洗。清洗的原则是删除一些在实际意义上异常、相互矛盾、有缺失值的数据。

(3) 数据分组。

数据的分组，主要涉及两个问题。一个是用于建立模型的数据量要依据具体问题、选用方法、目标变量的不同而不同，要满足最基本的数量要求，并且检验模型的数据也应达到一定数量。另一个是目标变量各类别样本的比例应比较平衡，通常来说，各类别的数据量应一致，在特殊情况下，可以根据实际情况进行调整。

6) 数据转换

在选择并检测了挖掘需要的数据、格式或变量后，在许多情况下的数据转换非常必要。数据挖掘项目中的特殊转换方法取决于数据挖掘类型和数据挖掘工具。一旦数据转换完成，即可开始挖掘工作。

7) 数据挖掘

(1) 需求分析。

需求分析就是对数据挖掘的目标进行清晰的界定，明确问题是什么，解决的答案是什么形式，对应数据挖掘的分类、预测、聚类等具体问题，以进行下一步的操作。值得注意的是，这一步非常关键，是整个数据挖掘的核心步骤。数据挖掘最常犯的错误就是没有界定清楚问题就挖掘，导致挖掘的结果不能满足需求。需求分析一定要由应用部门与技术人员进行充分的沟通，使技术人员明白应用部门的需求到底是什么，技术人员也要就数据挖掘的局限、不足、能达到的效果进行说明，应用部门要避免使用模糊的、不确定的评价词语来描述需求，以便技术人员采用合适的方法来实现应用部门的需求。

(2) 设计变量。

在明确需求并确定问题性质的基础上，就要基于这一问题设计相应的变量，在设计变量的过程中，要结合数据的情况，以全面、准确地反映问题的实质，并可操作，如分类问题是多分类还是二元分类，是通过连续值分类还是直接分类。不同的变量设计对问题的解决有着非常重要的影响，直接导致结果的显著性和可操作性。除了描述问题的变量，还需要考虑属性变量，由于原始变量相互之间通常存在一定的相互关系，甚至不同的变量在实质上是对同一个信息产生的不同角度的数据。直接利用其构建模型，结果可能会不显著，效果可能会不稳定。所以通常会对原始变量进行一定的处理，得到新的衍生变量，衍生变量的预测力通常比原始变量更强。另外，选择合适的属性变量也要结合具体问题的性质和拟选用的方法来进行考虑。比如同样的分类问题，决策树模型采用离散变量更合适，而回归模型采用连续变量更合适。

(3) 建立模型。

选定变量之后就是建立模型。数据挖掘中建立模型的方法有很多，不同的方法都有其优势和不足，在建立模型的过程中需要技术人员对这些方法的优势和不足有清醒的认识，结合具体的问题选择合适的方法。建立模型是一个复杂的过程，是数据挖掘的核心。整个过程只有需要多次尝试才能建立合适、有效的模型，在这一过程中变量的选择、模型的调整、精确性和可靠性的取舍，在很大程度上依靠技术人员的经验。

(4) 模型检验。

建立模型之后就要对模型进行检验，以验证模型的准确性和可靠性。检验的数据通常是未参加建模的数据，以更好考察模型的效果。考察模型的效果有很多指标，不同的指标考察模型的不同方面，这时就需要结合具体问题选择更侧重哪些指标。

建立好逻辑回归模型之后，就要用评分卡模型将逻辑回归模型得出的信用主体违约概率转换为分值，有助于金融机构更好地量化和管理信用风险，以便更为客观地做出信贷决策。

8) 结果解释

数据挖掘模型构建完成之后，就要对模型的合理性进行分析，争取在理论上和逻辑上能够对模型结果进行解释，尤其是要与具体业务部门进行沟通，分析模型是否符合实际，能否进行操作。

9) 应用建议

在应用中要注意现实的发展变化，保持对模型合理的修正频率，遇到突发情况，要对模型进行压力测试，或使用极端数据进行检测，保障模型的可靠性。数据挖掘的关键是如何把分析结果即信用评分模型转化为商业利润。

10) 结果应用

通过数据挖掘技术构建的信用评分模型，有助于银行决策层了解整体风险分布情况，为风险管理提供基础。当然，其最直接的应用就是将信用评分模型反馈到银行的业务操作系统，指导零售信贷业务操作。

@ 8.3 大数据信用评分方法

8.3.1 传统信用评分的方法

信用评分本质上是模式识别的一类分类问题——将企业或个体消费者划分为能够按期还本付息("好"客户)和违约("坏"客户)两类。具体做法是根据历史上每个类别(如期还本付息、违约)的若干样本，从已知的数据中找出违约及不违约者的特征，从而总结出分类的规则，建立数学模型，用于测量借款人的违约风险(或违约概率)，为消费信贷决策提供依据。

随着市场竞争的加剧以及计算机技术的发展，越来越多的计量方法(如统计学及运筹学等定量分析工具)被运用到信用评分领域。统计学方法主要包括 Logistic 回归方法，运筹学方法则主要是一些线性规划方法。大部分的信用评分模型都使用其中的一种方法，也有将几种方法结合起来使用的。

1. Logistic 回归

假设用 y 表示发放一笔贷款这一事件，用 $y=1$ 表示到期后借款人违约(通常称为一个"坏"的贷款)，$y=0$ 表示借款人不违约(通常称为一个"好"的贷款)。我们的目的是利用已有的样本资料建立模型，对借款人违约($y=1$)的概率 p 进行预测。Logistic 回归是处理这一类问题的较好方法。

在 Logistic 回归模型中，假设：

$$\log\left(\frac{p}{1-p}\right) = \beta_0 + \beta_1 x_1 + ... + \beta_k x_k + \varepsilon$$

其中 p 表示 $y=1$("坏"的贷款)的概率，x_i 是描述借款人特征的一些指标(这些指标被认为与违约的概率有关，又称为解释变量)，$\frac{p}{1-p}$ 称为发生比。

我们可以利用已有的样本指标采用最大似然法对模型中的参数 β_i 进行估计，并对模型进行相关的统计检验及计量经济检验。详细的估计方法参见 3.3.1 中关于 Logistic 回归的介绍。

待得到一个较为稳定的、预测准确性较高的模型后，模型即可投入使用，即一个新的借款人的相关指标数据输入模型，对其违约发生比(或违约概率)进行预测。Logistic 回归已经应用到个人贷款、商业贷款、信用卡等业务进行信用评分，帮助银行筛选优质客户，降低不良贷款率。在实际使用时，通常将违约发生比或违约概率通过某种线性变换转换成分数，银行可以根据申请人的信用得分情况决定是否发放贷款及发放的额度。Logistic 回归模型克服了线性回归模型的缺点，其等式两边的值均可取任意值。

2. 数学规划(Mathematical Programming)方法

将线性规划方法应用在信用评分时，其结果依然是产生一个线性评分卡。其基本思路可以描述如下。

假设：我们有一个样本，其中有 n_G 个好客户(将其标记为 $i=1,2,\cdots,n_G$)、n_B 个坏客户(将其标记为 $i=n_G+1,n_G+2,\cdots,n_G+n_B$)；我们可以从客户的申请表中得到 m 个预测变量，因此客户 i 的特征项向量为 $(x_{i1}, x_{i2}, \cdots, x_{im})$。

在一个最理想的信用评分中，我们的目的是找到一组权重 w_j，其中 $j=1,2,\cdots,m$，以及一个临界值 c，使得：

对一个好的客户，满足：$w_1 x_{i1} + w_2 x_{i2} + \cdots + w_i x_{im} > c$

对一个坏的客户，满足：$w_1 x_{i1} + w_2 x_{i2} + \cdots + w_i x_{im} < c$

当然，这一点并不是总能够做到。因此，我们引入一个非负的变量 a_i 转而解这样一个线性规划问题：

$$\min a_1 + a_2 + \cdots + a_{n_G + n_B}$$

$$s.t. \quad w_1 x_{i1} + w_2 x_{i2} + \cdots + w_i x_{im} \geqslant c - a_i, 1 \leqslant i \leqslant n_G$$

$$w_1 x_{i1} + w_2 x_{i2} + \cdots + w_i x_{im} \leqslant c + a_i, n_G + 1 \leqslant i \leqslant n_G + n_B$$

$$a_i \geqslant 0, i = 1, 2, \cdots, n_G, n_G + 1, \cdots, n_G + n_B$$

很明显，这一线性规划实际上是将所有可能的错误分类的总和最小化。绝大部分文献都认为线性规划方法与统计学方法的效果相当。

8.3.2 大数据信用评分方法

大数据信用风险评分模型更多采用了神经网络、梯度提升决策树、支持向量机、随机森林等算法。这些机器学习方法在解决特定问题时具有优势，如有些方法适用于处理稀疏的数据；有些能更好地解决模型过度拟合问题；有些能处理大量的输入变量，预测准确度较高，能有效提升模型表现。和传统的 Logistic 方法相比，每类机器学习方法各有特色，但并未完全超越传统方法。

1. 运用随机森林模型补充数据缺失值

随机森林模型可用来分类、预测、补充缺失值等，是一种用途广泛的机器学习方法。如图 8.3 所示，其主要思想为在大样本数据集 x 中有放回地随机选择 k 个样本数据作为训练样本，并从各数据集中随机挑选出 d 个指标作为分裂特征，从而训练出 k 个基学习器，将 k 个基学习器结合起来以实现分类或回归，最终输出结果 y。

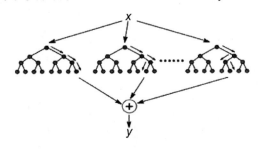

图 8.3　随机森林模型

随机森林模型能够处理高维度的数据，适用于处理大量信用主体样本数据，补充信用主体样本数据的缺失值。

对删除异常值之后的样本数据，可用随机森林方法补充缺失值。先有放回地随机挑选 k 个样本数据集，并随机挑选 d 个指标，构建随机森林模型的训练集。

第一，对训练集中同一类别的数据，如果是数值型的缺失值，如收入水平、信用卡张数等数据缺失，可根据该指标的其他样本数据的平均值来补充该缺失值；如果是非数值型的缺失值，如银行卡类型、租车租房信息等数值缺失，可根据该指标其他样本数据的众数来补充该缺失值。第二，用填补后的训练集来训练随机森林模型，并统计相似度矩阵，通过分析两个矩阵所有元素的相似度来确定缺失值的填补结果。第三，迭代进行 4~6 次，输出最终缺失值处理结果。如果是分类变量,如性别、婚姻状况等,可用没有缺失的观测实例的相似度中的权重进行投票;如果是连续性变量,例如年龄、收入水平等,则用相似度矩阵进行加权求均值。

2. 运用梯度提升决策树模型筛选重要性变量

梯度提升决策树(GBDT)模型是一种在误差基础上建立起来的累加评测分析模型。将样本数据集输入梯度提升决策树模型,通过算法选择基尼指数最小的指标作为分裂指标,根节点分裂之后,子节点重复同样的分裂方式,直到最底层子节点符合预先设定的条件后停止分裂,最终输出一棵二叉树。

梯度提升决策树模型能有效避免样本变化和不同属性数据对模型稳定性及预测准确性的影响,预测准确性较高,同时,模型可灵活处理线性及非线性样本数据。因此,它适用于互联网背景下对大样本和高维度的信用主体样本数据进行重要性变量筛选。

随机森林方法补充数据缺失值后,为增强个人信用评价的准确性,需要对个人信用评价结果有重要影响的指标进行筛选,将筛选后的指标作为个人信用评价底层模型的输入变量。

用梯度提升决策树模型进行个人信用评价重要性指标筛选的主要步骤,如图 8.4 所示。第一,将信用主体各指标样本数据集输入模型,根节点选择分裂前后基尼指数最小的特征(假设为信用卡按时还款)作为特征变量,子节点重复相同的分裂方式,依次选择次相对重要特征变量(假设依次为淘系借贷按时还款、借款金额、在淘系网站购买高品质商品等),建立弱学习器。第二,通过损失函数评价模型的效果,当函数值未达到设定结果时,以残差为基础,误差反向传播建立新的模型,通过反复迭代建立最终的强学习器,使模型误差最小。第三,依照建立的强学习器,以特征变量在所有弱学习器中的重要度的平均值作为模型特征变量的重要度。

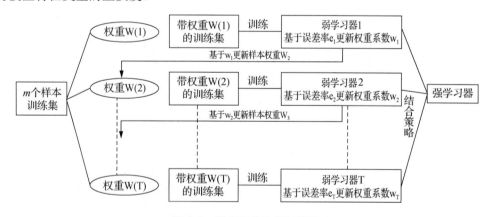

图 8.4　梯度提升决策树模型

3. 运用反向传播神经网络模型准确预测信用主体信用状况

反向传播神经网络,即 BP 神经网络(Back Propagation Neural Network)是一种信息正向传播、误差反向传播,应用最广泛的前馈式神经网络。正向传播中,信息由输入层到隐藏层逐层处理,最终传入输出层,若在输出层得不到期望的输出,则误差按原通道反向传播,调整神经网络的权值,使损失函数达到最小,从而使神经网络误差最小。

BP 神经网络模型的结构如图 8.5 所示，左侧一层是输入层，中间是隐藏层，右侧是输出层。相对于逻辑回归模型，BP 神经网络模型更善于拟合非线性的复杂分类问题。其中，BP 神经网络的输入层和隐藏层是一种特征提取的过程，适用于将高维度的样本数据进行特征提取，以达到降维的目的，从而有利于输出层神经网络输出较为准确的个人信用评价。

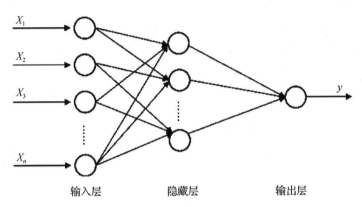

图 8.5　BP 神经网络模型结构

BP 神经网络更善于处理非线性的复杂分类问题，其输入层和隐藏层是一种特征提取的过程，输出层则对进行特征提取后的变量进行处理后输出最终结果。将个人信用评价指标经过输入层和隐藏层进行特征提取、降维之后，进入输出层，最终输出个人信用分。

个人信用评价的 BP 神经网络模型有三层结构，包含输入层、隐藏层和输出层，不同层节点数的确定对个人信用分的输出结果产生极大影响。

(1) 输入层神经网络节点确定。

BP 神经网络具有超强的非线性处理能力，对更多的个人信用评价指标进行处理，更能全面体现个人信用评价指标对信用评分的影响，使个人信用分输出结果更精确。因此，个人信用评价的 BP 神经网络模型输入层节点数 μ 由梯度提升决策树所筛选出来前 $\mu(\lambda<\mu<n)$ 个重要指标数确定，即输入层有 μ 个神经元，意味着 BP 神经网络模型比基于逻辑回归的评分卡模型在预测个人信用分方面有更高的准确性。

(2) 隐藏层神经网络节点确定。

在个人信用分输出过程中，评价指标过多、数据繁杂，个人信用评价属于线性不可分问题，隐藏层主要解决线性不可分问题。而不同隐藏层神经网络节点对最终评分输出的准确性也有较大影响，因此，输出更加准确的个人信用分，须确定最佳的隐藏层神经网络节点数。

个人信用评价的 BP 神经网络中隐藏层节点数 φ 先通过输入层节点数 μ 和输出层节点数 η 确定其范围，再从 M 个信用主体样本数据中随机挑选出 m 个样本数据作为训练样本 ($m>M/2$) 对模型进行训练，得到确定的隐藏层节点数。

8.3.3　信用评分模型准确度的效果评估指标

一般来说，信用评分模型的评估指标可分为以下两类。

预测能力指标:用于评估模型对违约事件的预测能力,如 WOE/IV、ROC/AUC、K-S 指标、GINI 系数等。

稳定性指标:用于评估模型在训练样本和测试样本中预测能力的一致性,如 PSI 指标等。

1. 证据权重和信息价值

证据权重(Weight of Evidence,WOE)和信息价值(Information Value,IV)是一组评估变量的预测能力的指标。也就是说,当我们想要拿出证据证明"年龄"这个变量对违约概率是否有影响的时候,可以使用这个指标评估年龄到底对违约概率的影响有多大。

2. ROC/AUC

接受者操作特性曲线(Receiver Operating Characteristic Curve,ROC)。

这里需要补充的是关于经典的混淆矩阵(Confusion Matrix)的内容。这个分析的经典之处在于,它超出了我们理解"正确率"的限制,使我们有更多的维度评价一个模型的预测能力。

在用一个模型去判断一个样本是"正样本"还是"负样本"的时候,模型会输出"正"或者"负"两种预测,叫作预测值;而实际上这个样本会有正样本或者负样本两种情况,称为实际值(类似我们利用模型预测"好人"及"坏人")。预测值和实际值各有两种情况,这两种情况的交叉组合形成了图 8.6 的混淆矩阵。

全体样本N		实际值		
		Positive	Negative	
预测值	Positive	TP(True Positive)实际是Positive,预测成Positive的样本数	FP(False Positive)实际是Negative,预测成Positive的样本数	Predicted Positive=TP+FP
	Negative	FN(False Negative)实际是Positive,预测成Negative的样本数	TN(True Negative)实际是Negative,预测成Negative的样本数	Predicted Negative=FN+TN
		Actual Positive=TP+FN	Actual Negative=FP+TN	

图 8.6　混淆矩阵的内容

通过图 8.6 的矩阵,可以衍生出几个重要的评价指标。

准确率(Accuracy Rate):(TP+TN)/N。

召回率(True Positive Rate,TPR):TP/(TP+FN)。在所有实际是正样本的样本中有多少被正确识别为正样本。

误报率(False Positive Rate,FPR):FP/(FP+TN)。在所有实际为负样本的样本中有多少被错误识别为正样本。

查准率(Precision Rate):TP/(TP+FP)。被识别成正样本的样本中有多少是真的正样本。

回到 ROC 的话题上来。以混淆矩阵的 FPR 为横坐标,以 TPR 为纵坐标,就可以画出风控界知名的 ROC 曲线,如图 8.7 所示。ROC 曲线下方的面积就是 AUC(Area Under Curve)。

ROC 和 AUC 介绍以及如何计算 AUC,简单一点来理

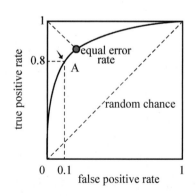

图 8.7　ROC 曲线

解，可以先尝试理解图像上的一点，比如图中的 A 点。A 点对应的是，给定一个划分好人、坏人的分数线(比如 600 分以上是好人)，然后使用这个模型进行预测。预测的结果是，实际上为坏人且预测结果是坏人的概率是 0.8，而实际上坏人被预测为好人的概率是 0.1。由于我们可以设定不同的分数线，因此通过这种方式可以产生不同的点，这些点也就连成了 ROC 曲线。

按照上面的理解，那我们肯定希望被准确预测为坏人的概率越高越好，而被误判为好人的概率越低越好，所以一个越好的分类模型，ROC 曲线越接近左上方，AUC 也越来越接近 1；反之，如果这个分类模型得出的结果基本上是随机猜测，那么画出的图像就很接近于左下角和右上角的对角线(图中标注的 "random chance")，那么这个模型也就没什么意义了。

3. K-S 指标

作为一个模型，我们当然希望这个模型能够帮我们挑选到最多的好客户，同时不要放进来那么多坏客户。K-S 值就是一个这样思路的指标，如图 8.8 所示。比如，在完成一个模型后，将测试模型的样本平均分成 10 组，以好样本占比降序从左到右排列，其中第一组的好样本占比最大，坏样本占比最小。这些组别的好坏样本占比累加后得到每一组对应的累计占比。好、坏样本的累计占比随着样本的累计而变化(图 8.8 中 Good、Bad 两条曲线)，而两者差异最大时就是我们要求的 K-S 值(图 8.8 中较长直线的箭头位置)。

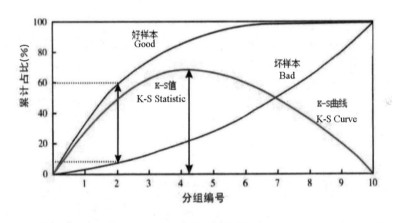

图 8.8 K-S 曲线

K-S 值的取值范围是[0，1]。通常来说，值越大，表明正、负样本区分的程度越好。一般，K-S 值>0.2 就可认为模型有比较好的预测准确性。

4. GINI 系数

将一个国家所有的人口按最贫穷到最富有排列，随着人数的累计，这些人口所拥有财富的比例也逐渐增加到 100%，按这个方法得到图 8.9 的曲线，称为洛伦兹曲线。基尼系数就是图中 A、B 的比例。可以看到，假如这个国家最富有的那部分人拥有越多的财富，贫富差距就越大，洛伦茨曲线就会越弯曲，基尼系数就越大。

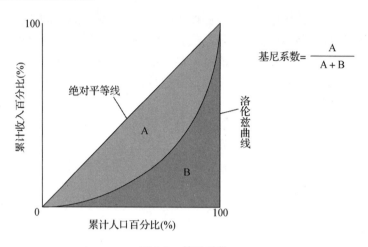

基尼系数 = $\dfrac{A}{A+B}$

图 8.9 基尼系数

同样地，假设我们把 100 个人的信用评分从高到低排序，以横轴为累计人数比例，纵轴为累计坏样本比例，随着累计人数比例的上升，累计坏样本的比例也在上升。如果这个评分的区分能力比较好，那么越大比例的坏样本就会集中在越低的分数区间，整个图像形成一个凹下去的形状。所以洛伦兹曲线的弧度越大，基尼系数越大，这个模型区分好坏样本的能力就越强。

5. PSI 指标

群体稳定性指标(Population Stability Index，PSI)用于衡量两组样本的评分是否有显著差异。PSI = sum[(实际占比-预期占比)×ln(实际占比/预期占比)]。

例如，训练一个评分模型时，我们将样本评分从小到大分成 10 组，那么每组会有不同的样本数量占比 P1；评分模型制作出来之后，我们试用这个模型去预测新的一组数据样本，按上面的方法同样按评分分成 10 组，每组也会有一定的样本数量占比 P2。PSI 可以帮助我们量化 P1 和 P2，即预期占比与实际占比的差距。

@ 8.4 大数据信用评分典型案例

8.4.1 国外大数据信用评分案例

1. ZestFinance

ZestFinance，原名 ZestCash，是美国一家新兴的互联网金融公司，2009 年 9 月成立于洛杉矶。ZestFinance 的研发团队主要由数学家和计算机科学家组成，前期的业务主要通过 ZestCash 平台提供放贷服务，后来专注于提供信用评估服务，旨在利用大数据技术重塑审贷过程，为难以获得传统金融服务的个人创造可用的信用，降低他们的借贷成本。

ZestFinance 起初是为传统的发薪日贷款(Payday Loans)提供在线替代的产品。发薪日贷款因借款人承诺在发薪日还款而得名。由于美国传统的信用风险评估体系无法覆盖全部的人群，大约 15%的人因没有信用评分而被银行排斥在外，无法获得满足基本的信贷需求。

除了解决传统信用评估体系无法解决的无信用评分借贷问题。ZestFinance 还主要面向传统信用评估解决不好的领域，将信用分数低而借贷成本高的人群视为服务对象，利用大数据技术降低他们的信贷成本。ZestFinance 目前也正在向信用风险管理的其他领域扩展，2014年，ZestFinance 宣布推出基于大数据分析的贷后催收评分，旨在为汽车金融、学生贷款、医疗贷款提供一种新的评分系统。

ZestFinance 的基本理念是认为一切数据都是和信用有关，在能够获取的数据中尽可能地挖掘信用信息。ZestFinance 对大数据技术的应用主要从大数据采集和大数据分析两个层面为缺乏信用记录的人挖掘信用。

1) 大数据采集技术

ZestFinance 以大数据技术为基础采集多源数据，一方面，继承了传统征信体系的决策变量，重视深度挖掘授信对象的信贷历史。另一方面，将能够影响用户信贷水平的其他因素也考虑在内，如社交网络信息、用户申请信息等，从而实现深度和广度的高度融合。

ZestFinance 的数据来源十分丰富，依赖于结构化数据的同时也导入了大量的非结构化数据。另外，它还包括大量的非传统数据，如借款人的房租缴纳记录、典当行记录、网络数据信息等，甚至将借款人填写表格时使用大小写的习惯、在线提交申请之前是否阅读文字说明等极边缘的信息都作为信用评价的考量因素。类似地，非常规数据是客观世界的传感器，反映了借款人的真实状态，是客户真实的社会网络的映射。只有充分考察借款人借款行为背后的线索及线索之间的关联性，才能提供深度、有效的数据分析服务，降低贷款违约率。如图 8.10 所示，ZestFinance 的数据来源的多元化体现在：

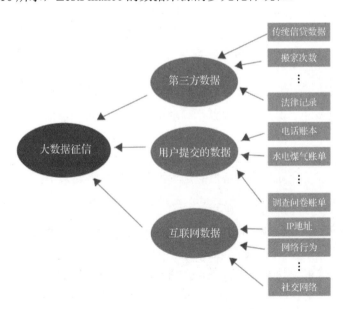

图 8.10　ZestFinance 的大数据源

(1) 对于 ZestFinance 进行信用评估最重要的数据还是通过购买或者交换来自第三方的数据，既包括银行和信用卡数据，也包括法律记录、搬家次数等非传统数据。

(2) 网络数据，如 IP 地址、浏览器版本甚至电脑的屏幕分辨率，这些数据可以挖掘用户的位置信息、性格和行为特征,有利于评估信贷风险。此外,社交网络数据也是大数据征信的重要数据源。

(3) 直接询问用户。为了证明自己的还款能力,用户会有详细、准确回答的激励,另外,用户还会提交相关的公共记录的凭证,如水电气账单、手机账单等。

多维度的征信大数据可以使 ZestFinance 不完全依赖于传统的征信体系,对个人消费者从不同的角度进行描述和深入地量化信用评估。

2) 大数据分析模型

图 8.11 展示了 ZestFinance 的信用评估分析原理,融合多源信息,采用了先进机器学习的预测模型和集成学习的策略,进行大数据挖掘。

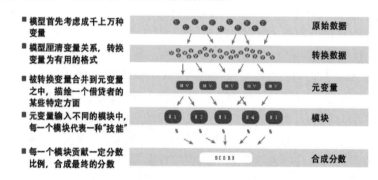

图 8.11 ZestFinance 的信用评估分析原理

首先,数千种来源于第三方(如电话账单和租赁历史等)和借贷者的原始数据被输入系统。其次,寻找数据的关联性并对数据进行转换。再次,在关联性的基础上将变量重新整合成较大的测量指标,每一种变量反映借款人的某一方面特点,如诈骗概率、长期和短期内的信用风险和偿还能力等。然后将这些较大的变量输入不同的数据分析模型。最后,将每一个模型输出的结论按照模型投票的原则,形成最终的信用分数。

ZestFinance 开发了 10 个基于机器学习的分析模型,对每位信贷申请人超过 1 万条的数据信息进行分析,并得出超过 7 万个可对其行为做出测量的指标,在 5 秒内就能全部完成。这 10 个模型以如下方式进行投票:让你 10 个朋友坐在一张桌子旁,然后询问他们对某一件事情的意见。这种机制的决策性能远远好于业界的平均水平。

2. FICO 评分系统

美国既是信用卡的发源地,也是个人信用评估体系最发达的国家之一。美国的个人信用评分系统,主要是 Fair Isaac Company 推出的,FICO 评分系统也由此得名。FICO 评分系统是美国使用量最多、认知度最高的一类评分产品。一般来讲,美国人经常谈到的"你的得分",通常指的是你目前的 FICO 分数。而实际上,Fair Isaac 公司开发了三种不同的FICO 评分系统,三种评分系统分别由美国的三大信用管理局使用,评分系统的名称也不同。

FICO 评分并不是指一个评分,而是上百种评分的统称,各个 FICO 评分的模型、使用数据、应用领域有所不同。FICO 评分的模型都由费埃哲公司(Fair Isaac)提供,使用的数据则主要是 Equifax(艾克飞)、Experian(益博睿)、Trans Union(环联)所采集的个人信息。费埃哲公司是一家信息服务公司，是商业化信用评分的发明者，艾克飞、益博睿、环联是美国的 3 家综合性消费者报告机构，3 家机构都使用费埃哲公司的评分模型(支付评分模型使用费)，利用自身数据形成个人信用评分，并将分数嵌入本机构提供的个人信用报告，用于消费者申请贷款、信用卡、保险、租赁、求职等。

FICO 信用分计算方法是把借款人过去的信用历史资料与数据库的全体借款人的信用习惯相比较，检验借款人跟经常违约、随意透支，甚至申请破产等各种陷入财务困境的借款人的发展趋势是否相似。表 8.2 为 FICO 个人信用评分表。

表 8.2　FICO 个人信用评分表

住房	自有	租赁	其他	无信息			
	25	15	10	17			
现地址居住时(年)	<0.5	0.5～2.49	2.5～6.49	6.5～10.49	>10.49		
	12	10	15	19	23		
职务	专业人员	半专业	管理人员	办公室	蓝领	退休	其他
	50	40	31	28	25	31	22
工龄	<0.5	0.5～1.49	1.5～2.49	2.5～5.49	5.5～12.49	>12.5	退休
	2	8	19	25	30	39	43
信用卡	无	非银行信用卡	主要贷记卡	两者都有	无回答		
	0	11	16	27	10		
银行开户情况	个人支票	储蓄账户	两者都有	其他	无信息		
	5	10	20	11	9		
债务收入比例	<15%	15%～20%	26%～35%	36%～49%	>50%	无信息	
	22	15	12	5	0	13	
1 年以内查询次数	0	1	2	3	4	5～9	无记录
	3	11	3	−7	−7	−20	13
信用档案年限	<0.5	1～2	3～4	5～7	>7		
	0	5	15	30	40		
循环信用透支账户个数	0	1～2	3～5	>5			
	5	12	8	−4			
信用额度利用率	0～15%	16%～30%	31%～40%	41%～50%	>50%		
	15	5	−3	−10	−18		
毁誉记录	无记录	有记录	轻微毁誉	第一满意线	第二满意线	第三满意线	
	0	−29	−14	17	24	29	

FICO 评分方法的实质，是应用数学模型对个人信用报告包含的信息进行量化分析。该模型主要的评估内容是客户以往发生的信用行为，其对近期行为的衡量权重要高于远期行为。FICO 评分模型中所关注的主要因素有五类，分别是客户的信用偿还历史、信用账

户数、使用信用的年限、正在使用的信用类型、新开立的信用账户。评分权重占比如表8.3所示。

表8.3　FICO评分规则

评分项	占比/%	评分规则
信用偿还历史	35	主要包括：各种信用账户的还款记录(信用卡、零售商账户、分期付款、财务公司账户及抵押贷款)，负面公共记录以及诸如破产、抵押、诉讼、留置等报告事项，账户及应付款的违约情况以及公共记录的细节，支付账户未出现延期的天数
信用账户数	30	包括：各种不同类型账户的欠款数额，特定类型账户的信贷余额、有信贷余额的账户的数目，信用额度使用比例、分期付款余额与原始贷款数额比例
使用信用的年限	15	包括：信用账户开立的最早时间、平均时间，特定信用账户开立的时间，该客户使用某个账户的时间
正在使用的信用类型	10	包括：该客户拥有的新开立账户的数目、开立时间，最近贷款人向信用报告机构查询该客户信用状况的次数、间隔时间，该客户以往出现支付问题后的情况，最近的信用记录是否良好
新开立的信用账户	10	包括：该客户拥有的信用账户类型、数目，各种类型账户新开立账户的数量及比例，不同信用机构的信用查询次数、间隔时间，各种类型账户开立的时间，以往出现支付问题的信用重建状况

　　此外，美国的《公平信用机会法》和《客户信用保护法》还规定民族、肤色、宗教、性别、婚姻状况等信息不能作为评分的依据，以保护客户的隐私不受侵犯或防止客户遭受歧视。被禁止使用的信息是FICO评分中不考虑的因素。

　　FICO评分系统得出的信用分数范围在300～850分。分数越高，说明客户的信用风险越小。但是分数本身并不能说明一个客户是"好"还是"坏"，贷款方通常会将分数作为参考，来做出贷款决策。

　　FICO评分主要用于贷款方快速、客观的度量客户的信用风险，缩短授信时间。FICO评分在美国应用得十分广泛，人们能够根据得分，更快地获得信用贷款，甚至有些贷款，可以直接通过网络申请，几秒钟就可以获得批准，缩短了交易时间，提高了交易效率，降低了交易成本。信用评分系统的使用，能够帮助信贷方做出更公正的决策，而不是把个人偏见带进去，同时，客户的性别、种族、宗教、国籍和婚姻状况等因素，都对信用评分没有任何影响，保障了评分的客观公正性。

　　FICO评分系统经过多年的实践和深入的理论与实证研究，已成为美国个人信用评分事实上的标准，加之美国完善的个人信用法律环境和反馈及时的文化环境，使美国建立了相对完善的个人信用制度。FICO评分可以帮助商业银行快速、客观地度量客户的信用风险，缩短授信时间。借款人也能够凭自己的得分更快地获得银行贷款，信用良好的借款人凭借较高的信用评分还能够获得更加优惠的贷款利率。

美国三大信用管理局 Equifax、Experian 和 Trans Union 都使用 FICO 评分方法，每一份评估报告都附有 FICO 信用评分，美国商务部要求在半官方的抵押住房业务审查中使用 FICO 信用分数。美国金融机构获得这些数据之后，主要通过信用评分将客户的这些信息形成量化的指标以指导信贷决策。据估计，美国金融机构有 90%的消费者信用决策会将信用评分作为决定性的影响因素，有 75%的房地产抵押贷款决策会将信用评分视为重要因素。

8.4.2   国内大数据信用评分案例

1. 芝麻信用：侧重电商

蚂蚁金服征信模式的运行机制是一个循环过程，自成体系。其运行过程如图 8.12 所示。

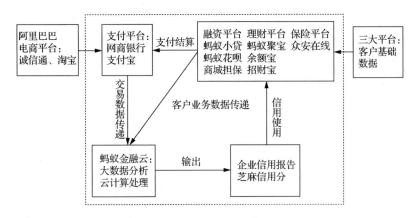

图 8.12   蚂蚁金服征信模式的运行机制

蚂蚁金服旗下拥有四大平台，即支付平台、融资平台、理财平台和保险平台。以阿里巴巴为依托，其诚信通和淘宝个人和企业的交易数据会通过支付宝收录到支付平台，再将支付数据传递给蚂蚁金融云大数据库。融资、理财、保险三大平台以自身的客户数据为基础，一方面，将操作过程中的客户业务数据传递到蚂蚁金融云大数据库；另一方面，也会通过支付平台来进行支付结算，而这部分交易数据也会随同支付平台输出到大数据库。蚂蚁金融云专注于云计算领域大数据的研究和研发，可以把各行为主体纷繁复杂的信息数据映射为其自身详细的信用评价，形成芝麻信用分和企业信用报告。

芝麻信用作为蚂蚁金服旗下独立的第三方征信机构，通过云计算、机器学习等技术客观呈现个人的信用状况，已在信用卡、消费金融、融资租赁、酒店、租房、出行、婚恋、分类信息、学生服务、公共事业服务等上百个场景为用户和商户提供信用服务。

(1) 大数据来源。其数据主要来源于以下三个方面：一是阿里体系内的数据。包括阿里巴巴体系(淘宝、天猫)的电商交易数据和蚂蚁金服的金融数据。二是外部公共机构提供的数据。主要有两种方式，政府方面的数据以购买方式获取为主，包括工商、学历学籍部门、法院、公安、电力、煤气公司等公共事业机构。另外，芝麻信用还和各类平台建立合作关系，可以交换分享相关数据，为芝麻信用提供用户网贷信息，拓展芝麻信用信息广度。三是用户自主上传的信用数据。芝麻信用在 2015 年 7 月上线了上传功能,用户可以主动上传个人信息,包括学历学籍、单位邮箱、职业信息、车辆信息和公积金五个方面。目前,芝麻信用带有购物、金融和社交三种不同维度的数据,其接入的外部数据源在八成以上,而阿里的数据源已减至不足两成。

(2) 大数据处理技术。芝麻信用在构建信用评分模型体系时,利用云计算、机器学习等技术,能以较低的成本对海量数据的关联性进行分析,还在充分研究和吸收传统征信评分模型算法优势的基础上,积极尝试前沿的随机森林、决策树、神经网络等模型算法,挖掘和信用表现有稳定关联的特征,从而更加高效和科学地发现大数据蕴含的信用评估价值。

目前,芝麻信用应用了一种改进的树模型 GBDT,深入挖掘特征的关联性,衍生出具有较强信用预测能力的组合特征,并将该组合特征与原始特征一起使用逻辑回归线性算法进行训练,从而获得一个具有可解释性的准确线性预测模型。

(3) 大数据产品与服务。芝麻信用体系包括芝麻信用评分、信用报告、反欺诈、行业关注名单等一系列信用产品,提供反欺诈 IVS 信息验证服务(基于实名用户的欺诈风险识别,帮助提升合作伙伴反欺诈识别能力)、芝麻数据变量服务 DAS(还原用户画像,个性化的策略模型)、负面信息披露、还款提醒等服务。

芝麻信用评分即芝麻分是芝麻信用产品的核心产品,为用户提供信用评分服务。芝麻分一个看似简单的分数,背后是芝麻信用对海量信息数据的综合处理和评估。

2015 年 1 月,芝麻信用开始在部分用户中进行公测,并推出芝麻信用分,这是我国首个个人信用评分。

芝麻信用分与国际通行的信用评分类似,分区间设定为 350 分至 950 分,分数越高代表信用程度越好,违约可能性越低。芝麻信用分与 FICO 评分的比较如表 8.4 所示。

表 8.4 芝麻信用分与 FICO 评分的比较

	芝麻信用分	FICO 评分
评分区间	350～950 分	300～850 分
评分维度	5 个,包括信用历史、行为偏好、履约能力、身份特质、人脉关系	5 个,包括信用偿还历史、信用账户数、信用使用年限、正在使用的信用类型、新开立的信用账户
评分等级	由低到高划分为 5 级:极差(350～550)、中等(550～600)、良好(600～650)、优秀(650～700)、极好(700～950)	不具体划分等级,一般而言,680 分以上代表信用状况卓著,620 分以下代表信用状况极差,620～680 分,信用状况还需做进一步核查
应用领域	目前,在与芝麻信用开展合作的商户以及部分个人消费金融领域中应用	评分结果被美国三大个人征信机构采用,广泛应用于金融、通信、公共服务、日常生活等领域

芝麻分综合考虑了个人用户的信用历史、行为偏好、履约能力、身份特质、人脉关系

五个维度的信息。

(1) 信用历史：过往信用账户还款记录及信用账户历史。目前这部分内容大多来自支付宝，特别是支付宝转账和支付宝信用卡还款的历史。

(2) 行为偏好：在购物、缴费、转账、理财等活动中的偏好及稳定性。比如，一个人每天打游戏 10 小时，那么就会被认为是无所事事；如果一个人经常买纸尿裤，那这个人便被认为已为人父母，相对更有责任心。

(3) 履约能力：包括享用各类信用服务并确保及时履约，例如，租车是否按时归还，水电煤气是否按时交费等。

(4) 身份特质：在使用相关服务过程中留下的足够丰富和可靠的个人基本信息。包括从公安、学历学籍、工商、法院等公共部门获得的个人资料，未来甚至可能包括根据开车习惯、敲击键盘速度等推测出的个人性格。

(5) 人脉关系：好友的身份特征以及跟好友互动的程度。根据"物以类聚，人以群分"的理论，通过转账关系、校友关系等作为评判个人信用的依据之一。其采用的人脉关系、性格特征等新型变量能否客观反映个人信用，但目前还没有将社交聊天内容、点赞等纳入参考。

2. 腾讯征信：侧重电商

腾讯征信是首批经中国人民银行批准开展征信业务的机构，专注于身份识别、反欺诈、信用评估服务，帮助企业控制风险、远离欺诈、挖掘客户，切实推动普惠金融。

1) 大数据来源

腾讯征信依托于腾讯集团，信用信息主要来自社交、游戏、电商及第三方支付平台和合作平台。其中主要运用社交网络上的海量信息，比如在线、财产、消费、社交等情况，为用户建立基于互联网信息的征信报告。腾讯庞大的客户群体为腾讯征信提供了海量信息。

2) 大数据处理与分析

腾讯征信由腾讯旗下财付通团队负责，通过大数据平台——TDBANK，在不同数据源中，采集并处理包括即时通信、SNS、电商交易、虚拟消费、关系链、游戏行为、媒体行为和基础画像等数据，运用统计学、传统机器学习等方法综合考察用户的消费偏好、资产构成、身份属性和信用历史四个维度，得出用户信用得分，为用户建立基于互联网信息的个人征信报告。

3) 大数据服务

腾讯征信业务服务的对象主要包括两部分，一是金融机构，通过提供互联网征信服务来帮助他们降低风险，为更多用户提供金融服务；二是服务普通用户，用很便捷的方式帮忙他们建立信用记录，这些信用记录能反过来帮助他们获得更多的金融服务。

4) 大数据产品

腾讯征信的征信产品主要有两大类别：一类是反欺诈产品，另一类是信用评级产品。其中，反欺诈产品包括人脸识别和欺诈评测两个主要的应用场景。

(1) 人脸识别产品。腾讯财付通与中国公安部所属的全国公民身份证号码查询服务中心，达成人像比对服务的战略合作。公民身份证查询中心，拥有全国所有公民的户籍信息，拥有国内最权威的身份信息数据库。双方通过深度合作，结合腾讯独创的技术算法，大力提升人脸识别的准确率及商业应用可用性，联手帮助传统金融行业解决用户身份核实、反欺诈、远程开户等难题。

人脸识别系统主要包括以下几个部分：人脸图像采集及人脸检测、人脸特征提取，以及特征相似度匹配与识别。

人脸识别技术能够应用的关键核心有以下三点。

第一，图像识别核心技术。2015年1月，腾讯的人脸识别技术正式登场亮相。腾讯对人脸识别研究由来已久，其旗下承担人脸识别技术研发的优图团队，2014年就已在世界权威人脸检测评测集 FDDB 上达到世界第一水平，人脸识别 LFW 数据集准确率超过了99.5%。在实际业务产品社交网络图像上的准确率高达 99%，身份证照片准确率甚至超过了99.9%。在应用方面，腾讯的图像识别核心技术能力已积累了独有的优势。

第二，丰富权威的样本数据库。有效的图像样本库包括各类生活照和证件照，这是提升人脸识别技术的基础。经过数年准备，腾讯采集标注了海量生活照训练样本数据。目前，拥有世界上最大的黄种人人脸模型训练样本库，非常适用于国内环境。与此对应的用户人脸识别技术已有非常深厚的储备：在人脸检测、五官定位、特征提取和特征对比等关键步骤上，都已积累了世界顶尖的数据模型和算法。最重要的证件照是身份证照片。腾讯财付通与公民身份证查询中心深度合作，大力提升了人脸识别的准确率及商业应用可用性。与其他几家公司的人脸识别技术不同的是，腾讯推出的人脸识别技术产品最重要的环节之一就是系统将用户的视频照、身份证照片跟公民身份证查询中心的权威数据三者做交叉验证，通过先进的算法和技术进行匹配，杜绝假冒身份的情况出现。

第三，广泛灵活便捷的应用场景。在传统金融中，用户在申请银行贷款或证券开户时，均须到实体门店上做身份信息核实，完成面签。如今，通过人脸识别技术，用户只需要打开手机摄像头，自拍一张照片，系统将做一个活体检测，并进行一系列的验证、匹配和判定，最终判断这个照片是否为用户本人操作，完成身份核实。

腾讯与微众银行正在对金融、证券等业务进行人脸识别的应用尝试，相信不久之后，人脸识别将会出现在更多的应用场景。

(2) 反欺诈核查产品。腾讯征信旗下对公业务产品——账户级反欺诈产品已经开始接入合作机构，此款产品是国内首个利用互联网数据鉴别欺诈客户的产品，主要服务对象是银行、小贷公司、保险等机构。能帮助企业识别用户身份，发现恶意或者疑似欺诈客户，避免资金损失，支持政府的普惠金融政策。

(3) 信用评分及信用报告产品。腾讯信用评分及报告来自腾讯社交大数据优势，全面覆盖腾讯生态圈 8 亿活跃用户，通过先进大数据分析技术，准确量化信用风险，有效提供预测准确、性能稳定的信用评分体系及评估报告。

个人用户不但可以查询个人信用报告，还可以提高和完善自身信用情况，形成良性循环；银行等商业机构，该信用评分体系可以与自有体系形成交叉比对，帮助机构更准确地对用户个人信用做出判别，挖掘更多价值用户。通过多家金融机构实用验证表明，腾讯信用评分体系预测效果适用于银行，且评分性能稳定。腾讯信用评分主要以星级的方式展现，共 7 颗星，亮星颗数越多表明信用评级越高。星级主要由以下四个维度构成：①消费，用户在微信、手机 QQ 支付以及消费偏好。②财富，在腾讯产品内各资产的构成、理财记录。③安全，财付通账户是否实名认证和数字认证。④守约，消费贷款、信用卡、房贷等是否按时还款。

3. 考拉征信：针对小微

考拉征信是由拉卡拉联合多家知名机构共同打造，作为独立的第三方信用评估及信用管理机构，考拉征信已同时获得了央行颁发的企业征信牌照和开展个人征信业务资质。而拉卡拉在征信方面的"抢跑"远不限于牌照，考拉征信不仅拥有国内首个专注于大数据征信模型研究的专业实验室，还是国内首家征信产品被银行接入的征信机构。

1) 大数据来源

考拉征信有着独特的 DNA，拥有多维的数据来源。借助大数据技术和互联网平台，考拉征信汇集拉卡拉十年积累的便民、电商和金融数据，以及亿级个人用户和数百万线下商户的日常经营数据。此外，蓝色光标、拓尔思、梅泰诺、旋极、51job 等股东提供的相关数据、政府对外公开发布的公共机构数据以及合作伙伴提供的个人及商户交易数据也同样能够为考拉征信提供有力的支持。

2) 大数据产品与服务

考拉征信现已成功推出个人征信、职业征信、商户征信等征信平台，为用户提供考拉个人信用分、商户信用分等系列产品，并为互联网金融行业提供了一整套信用评估体系及信用服务。目前，考拉征信业务已涵盖金融、民生、购物、租车、租房、交友等领域，与近 200 家机构开展了合作。

其中，考拉商户信用分是国内首款针对小微金融信贷及小微商户领域推出的征信产品，有针对性地解决小微商户贷款难题，反映真实、整合和实时的商户运营情况。依托详尽的市场调研和信用数据验证的"商户信用分"，考拉征信已联合光大银行推出了"信盈卡"，创新性地推出了以"考拉商户分"换取"信用额度"的金融模式。基于"商户信用分"，小微商户通过考拉征信 App 一键申请即可快速获得信用额度，这一创新产品为急需资金的小微商户带来了便利，特别是对民生领域的小超市、小百货、零售领域的商户提供了实实在在的融资支持。

而考拉个人信用分则是对个人用户信息进行加工、整理和计算后得出的信用评分，采用国际通行的信用分直观表现信用水平高低。分数的范围在 300 分到 850 分，分数越高代表信用程度越好。此外，作为国内首个开创职业征信平台的征信机构，考拉征信深刻理解"职场雾霾"现状和人才管理"痛点"，运用大数据征信技术发掘分析，为企业提供即时、客观、全面的职业征信服务，帮助企业全面规避人才管理风险，提高人力资源效率。

不管是机构还是他人，要查看考拉分，都必须获得用户本人的授权。信用评估是直接以分值的形式呈现，以保护个人的具体信用信息和隐私。

4. 闪银：基于微信

北京闪银奇异科技有限公司，成立于 2014 年 4 月，是中国第一家互联网信用评估公司。其开发的"Wecash 闪银"(产品于 2013 年年底上线)是国内最先进的大数据信用评估系统。

闪银是一款基于微信，用大数据方式进行信用征集，利用数据分析技术和机器学习算法，进行快速授信、快速完成个人小额贷款的产品。

1) 大数据来源

主要根据用户在社交媒体、SNS 社区(如微信、微博、人人网等)发布的信息，分析用户在互联网上的行为轨迹及历史信息，并结合用户自主提交的身份信息、资产信息、网银流水等资料，对没有资信数据和借贷记录的用户人群进行信用风险评估。

2) 大数据分析

社交分析的具体过程是：首先分析微博、人人、微信朋友圈的社交数据聚合，形成对个人背景信息、社交活跃度、社交密度、社会影响力的评判。通过分析诸如"关注的人""粉丝""发布内容常用词"等信息，Wecash 能大体判断出一个用户的职业范围以及社会影响力等因素；再结合用户上传的资产信息和银行流水等交叉验证。用户添加其微信公众号(bank_9f)后，可直接在微信提交社交网络地址、拍照上传必要的身份信息、资产信息、网银流水等资料，Wecash 随后通过其评估模型对个人完成信用评级，从而对个人完成最快15 分钟的快速授信过程。授信后，提款、还款的功能均可通过微信完成。这一过程通常仅需 20 分钟。

5. 51 信用卡：侧重信用卡

51 信用卡主要基于用户信用卡电子账单历史分析、电商及社交关系强交叉验证。根据用户的信用卡数据、开放给平台的电商数据所对应的购买行为、手机运营商的通话情况、登记信息等取得多维信息的交叉验证，确定用户的风险等级以及是否贷款给该用户。

如表 8.5 所示，51 信用卡风险等级由五个维度构成。①账单管理时间，信用卡有效存续时间越长，用户风险越低。②账单表现，根据用户的授信卡数、授信额度，以及还款比和账单完整度判断用户的还款能力和诚信程度。③手机入网期限，手机入网期限越长，用户风险越低。④运营商，通过近 4 个月有效通话记录以及通讯录是否存在负面联系人判断用户自身的可靠程度。⑤淘宝，主要看常用收货姓名及电话号码是否与申请人预留号码一致。

表 8.5 51 信用卡客户风险等级模型

风险等级	账单管理时间	账单表现	手机入网期限	运营商	淘宝	最高额度
1	>18个月	银行授信卡数大于 3 张，单卡最高授信额度大于 3 万元，额度使用率小于 50%，还款比100%，账单完整度100%，近 6 个月内极少延滞，近 3 个月内利息极少	>5 年	近 4 个月有效通话记录大于 500 次，通讯录无负面联系人，与运营商匹配度高，关键联系人齐全	常用收货姓名及电话号码与申请人预留号码一致	5万元

续表

风险等级	账单管理时间	账单表现	手机入网期限	运营商	淘宝	最高额度
2	>12个月	银行授信卡数大于2张，单卡最高授信额度(国有大于1万元或商业大于3万元)，额度使用率少于70%，还款比大于70%，账单完整度大于75%，近6个月内较少延滞，近3个月内利息较少	>3年	近4个月有效通话记录大于500次，通讯录无负面联系人，与运营商匹配度高，关键联系人齐全	使用收货姓名及电话号码与申请人预留号码一致	2.5万元
3	>6个月	银行授信卡数大于2张，单卡最高授信额度(国有大于1万元或商业大于3万元)，额度使用率少于70%，还款比大于70%，账单完整度大于75%，近6个月内极少延滞，近3个月内利息极少	>2年	近4个月有效通话记录大于300次，通讯录负面联系人很少，与运营商匹配度较高，有关键联系人	非常用收货姓名及电话号码与申请人预留号码一致，姓名对应手机号码大于1个	2万元
4	>3个月	银行授信卡数大于1张，单卡最高授信额度(国有大于0.5万元或商业大于1万元)，额度使用率高，还款比大于10%，账单完整度大于50%，近6个月内中等延滞，近3个月内利息中等	>1年	近4个月有效通话记录大于50次，通讯录负面联系人较少，与运营商匹配部分匿名，无关键联系人	非常用收货姓名及电话号码与申请人预留一致，姓名对应手机号码大于1个，多个收货地址	1.6万元
5	<1周	银行授信卡数大于1张，单卡最高授信额度(国有大于0.5万元或商业大于0.5万元)，额度使用率高或超额使用，账单完整度大于50%，近6个月内较多延滞，近3个月内利息较高	>3个月	近4个月有效通话记录大于10次，通讯录负面联系人较多，与运营商匹配较多匿名，无关键联系人	非常用收货姓名及电话号码与申请人预留一致，姓名对应手机号码大于1个，多个收货地址	0.8万元

本章总结

- 大数据信用评分与传统信用评分相比,大数据信用风险评分方法和传统信用风险评分方法在数据来源、变量生成、模型方法、应用方式等方面均存在一定差异。
- 利用数据挖掘技术构建信用评分模型一般可有 10 个步骤,它们分别是商业目标确定、确认数据源识别、数据收集、数据筛选、数据质量检测、数据转换、数据挖掘、结果解释、应用建议和结果应用。
- 传统信用评分的方法有 Logistic 回归和数学规划方法;大数据信用风险评分模型更多采用了神经网络、梯度提升决策树、支持向量机、随机森林等算法。
- 信用评分模型准确度的评估指标可以分为预测能力指标和稳定性指标两类。常见的评估指标有 WOE&IV、ROC/AUC、K-S、基尼系数、PSI 等。

本章作业

1. 简述大数据信用评分方法与传统信用评分方法之间的差异。
2. 简述利用数据挖掘技术构建信用评分模型的流程。
3. 列举传统信用评分的方法。
4. 列举大数据信用评分的方法。

第9章

大数据与中国金融信息安全

本章目标

- 理解掌握金融信息安全的内涵、特征及重要性
- 掌握大数据对金融信息安全带来的机遇与挑战
- 了解我国金融信息安全的现状及制约因素
- 熟悉美国金融信息安全保障机制
- 掌握我国金融信息安全体系的构建策略

本章简介

继云计算、物联网被发明和应用之后，大数据成为当前信息产业的又一大技术创新。金融行业的大数据技术创新给人们带来机会和挑战的同时，也对现有的金融信息安全保护手段提出了更高的要求。

首先，本章从金融信息安全的含义及特征、属性入手，阐述了金融信息安全的重要性。其次，引入金融大数据，简要描述了大数据给金融信息安全带来的机遇及挑战。再次，从宏观角度讲述了我国金融信息安全的现状及制约因素。最后，通过对美国金融信息安全保障机制的阐述，明确了我国金融信息安全体系构建的策略。

@ 9.1 金融信息安全的重要性

9.1.1 金融信息安全的含义

1. 信息安全

信息安全的范围非常广泛,从国家层面来讲,信息安全关系到国家利益和安全;从组织机构层面来看,信息安全关系到组织的信息资产和商业机密,关系到机构的正常运作和持续发展;就个人而言,信息安全是个人隐私保护和个人财产安全的客观要求。

表 9.1 列举了信息安全的定义。国际标准化组织对信息安全的定义更具通用性。

表 9.1 信息安全的定义

来 源		定义内容
国际标准化组织(ISO)		为数据处理系统建立而采取的技术和管理的安全保护。保护计算机硬件、软件、数据不因偶然或恶意的原因而受到破坏、更改、泄露
美国国家安全电信和信息系统安全委员会(NSTISSC)		对信息系统以及使用、存储和传输信息硬件的保护,是所采取的相关政策、认识、培训和教育以及技术等必要手段。确保存储或传送中的数据不被他人有意或无意地窃取与破坏,包括:信息设施及环境安全,如建筑物与周遭环境的安全;数据安全,确保数据不会被非法入侵者读取或破坏;程序安全,重视软件开发过程的品质及维护;系统安全,维护计算机系统正常动作
欧盟信息安全评价标准组织(ITSEC)		在既定的密级条件下,网络与信息系统抵御意外事件或恶意行为的能力。这些事件和行为将威胁所存储或传输的数据以及经由这些网络和系统所提供服务的可用性、真实性、完整性和机密性
信息安全资深专家	戴宗坤院士	确保以电磁信号为主要形式,在计算机网络系统中进行获取、处理、存储、传输和利用的信息内容,在各个物理位置、逻辑区域、存储和传输介质中,处于动态和静态中的机密性、完整性、可用性、可审查性和不可抵赖性,与人、网络、环境有关的技术和管理规程的有机集合
	沈昌祥院士	保护信息和信息系统不被未经授权的访问、使用、泄露、修改和破坏,为信息和信息系统提供保密性、完整性、可用性、可控制性和不可否认性

从微观角度来看,信息安全主要是指信息生产、加工、传播、采集、处理直至提取利用等信息传输与使用全过程中的信息资源安全。信息安全的核心是信息处理过程的安全、信息存储环境的安全以及信息传输和数据交换过程的安全 3 个方面。

从宏观角度来看,信息安全是国家的信息化产业能力,以及信息技术体系能够抵御外来威胁与侵害,强调的是全面信息化产生的信息安全问题:一方面,泛指信息技术和信息系统发展的安全;另一方面,特指国家重要信息化体系(如国家金融信息系统、国家通信信息系统、国防信息系统等)的安全。

随着网络技术的发展,信息安全的内涵已发展为信息系统运行安全、数据信息安全和通信网络安全，包括物理环境安全，软件、硬件和网络系统安全，信息保密安全，组织和个人隐私安全，信息系统基础设施与国家信息安全。

2. 金融信息安全

金融信息安全，是指利用信息通信技术或者金融数据信息，对金融领域实施的各类安全威胁和应对手段。金融信息安全可能成为国家间网络安全对抗的战场。金融信息安全的主要内容包括数据安全、运行安全、软件安全和物理安全。

1) 数据安全

没有数据安全就没有信息安全，数据安全管理必须贯穿数据生命周期的全过程。数据安全有相互对立的两方面含义：一是数据本身的安全，主要指采用现代密码算法对数据进行主动保护，如数据保密、数据完整性、双向强身份认证等；二是数据防护的安全，主要是采用现代信息存储手段对数据进行主动防护，如通过磁盘阵列、数据备份、异地容灾等手段保障数据的安全，数据安全是一种主动的包含措施，数据本身的安全必须基于可靠的加密算法与安全体系，主要是有对称算法与公开密钥密码体系两种。

金融业务的数据要求绝对安全和保密。用户基本信息、用户支付信息、资金信息、业务处理信息、数据交换信息等的丢失、泄露和篡改都会使金融业遭受不可估量的损失。在互联网这个开放式的环境中，如何确保数据输入和传输的完整性、安全性和可靠性，如何防止对数据的非法篡改，如何实现对数据非法操作的监控与制止是互联网金融业务系统需要重点解决的问题。

2014年，全国知名票务服务公司携程旅行网被曝其支付日志存在漏洞，用户银行卡信息可被黑客任意读取。这一事件引发大量用户更换信用卡，给社会公众造成巨大恐慌，也对相关机构的信誉和作为互联网金融主力军之一的互联网支付蒙上了阴影。目前，很多互联网金融平台整体安全技术水平与其业务的风险不匹配，加密系统和传输系统安全性并不完善，缺乏专业、核心的黑客攻击防范及网络安全技术，一旦网络传输系统和环境被攻破，或者加密算法被黑客破解，黑客就会乘虚而入，会导致用户信息泄露、恶意冒充投资人进行恶意提现、大型 DDoS 攻击和 CC 攻击，以及来自黑客的恶意勒索。

2) 运行安全

运行安全，主要是指金融各个信息系统能够正常工作，用户能够正常访问，系统之间的数据交换、调用等能够正常运行，避免出现运行不稳定、系统被攻击等现象。

3) 软件安全

软件安全，主要是指互联网金融系统软件以及各个主机、服务器、工作站等设备中运行的软件的安全，避免软件的一些意外崩溃等。

4) 物理安全

物理安全，是指各种硬件的安全，尽可能地减少不可抗力因素的影响。

9.1.2 金融信息安全的属性特征

金融信息安全除了具有广义信息安全的通用定义和特性外，还具有一些关键属性。根据 ISO/IEC 27001：2013 信息安全管理体系，结合金融业对信息安全的主要需求，金融信息安全具有 9 个关键属性(见表 9.2)。

表 9.2 金融信息安全的属性特征

金融信息安全 关键属性	属性描述
保密性	保障信息仅为那些被授权使用的人获取。保证信息不被非授权访问,即使非授权用户得到信息也无法知晓信息内容或无法利用信息资源
完整性	保障数据从产生、传输到接收全过程的一致性,防止数据被非法篡改。涉及信息使用、传输、存储物过程中不发生篡改、丢失和错误;信息处理方法正确,不会对原始信息造成破坏
可用性	保障授权使用人在需要时可以获取和使用信息。保证合法用户对信息和资源的使用,而不会被不正当地拒绝
真实性	对信息的来源进行判断,能对伪造来源的信息予以鉴别
不可抵赖性	也称作不可否认性,通过建立有效的控制机制,防止相关方否认其行为,这一属性在金融信息安全中极其重要
可控制性	对信息的传播及内容具有控制能力。授权机构对信息的内容及传播具有控制能力,可以控制授权范围内的信息流向及其方法
可追溯性	对出现的安全问题提供调查的依据和手段。在信息交换过程结束后,相关方不能抵赖曾经做出的行为,也不能否认曾经发送、接收的信息
可靠性	信息系统在限定条件和限定时间内完成规定动作,可靠性是信息系统建设和运行的基本要求,也是金融信息安全的重要目标
连续性	具备应对风险进行自动调整和快速反应的能力,以保障关键业务的连续运转。金融业信息安全的连续性主要包括高可用性(high availability)、连续性(continuous operation)和灾难恢复(disaster recovery)

总的来说,金融信息安全研究的领域和范畴与一般信息安全有较多相似性,但从行业应用来看,更加注重保密性、完整性、可用性、真实性、可追溯性、可靠性保护和连续性等方面的技术和理论。

9.1.3 金融信息安全的重要性

1. 金融安全是国家安全重要且根本的内容之一

从某种意义上来说,国家间的竞争和博弈,本质上是经济实力的竞争。其中,没有金融安全的保障,就没有国家发展的基础,甚至危及国家最基本的稳定。我国的金融系统信息化建设起步较晚,借鉴了大量国外的金融信息化发展模式,部署了大量国外提供的网络设备和主机设备、操作系统、中间件系统以及金融核心业务系统,同时,也大量采购了各种保障金融业务的咨询、方案、运维等服务内容。金融行业掌握着国家的命脉,金融安全关系国家安全。

然而,随着经济相互依赖性增强、信息通信技术快速发展、金融领域的逐步开放以及新型金融业务的推广等，国家金融安全面临着与以往不同的风险，需要高度重视。

网络空间安全与金融安全密切相关，新一代信息技术所具有的融合、智能、宽带、移动、泛在等基本特点，以及"智慧城市"的推进和发展，使网络空间和所有的传统空间领域越来越深入地融合，网络空间安全直接关系到所有传统领域的安全。从国家发展来说，政务、金融、国防、科技、社会稳定等各个方面，都离不开网络空间安全保障。因此，网络空间安全目前成为最受各国重视的热门话题。

在这种环境下，金融安全的保障，离不开对网络空间安全保障的深入理解。从微观来看，电子商务、网上支付、网上银行甚至传统的信用卡等业务，受到交易过程安全的影响，也受到"网络钓鱼"等在线身份窃取类攻击的威胁，已有大量案例。从宏观来看，传统的金融风险管理手段，不能完全涵盖恶意利用各类自动交易机制与系统(如证券市场的量化投资)存在的缺陷，短时间内给国家造成巨大的金融损失，或者引起民众恐慌，进而引发社会动荡的风险。

近年来，网络空间安全形势十分严峻。我国每年都发现千万级左右的 IP 地址被境外攻击者秘密控制，大量重要网站的数据被大规模窃取。随着银联等金融业务走向国际，"网络钓鱼"攻击等身份窃取攻击转向我国银行等网站，移动互联网的快速发展和深入应用，使智能终端成为重点攻击目标，恶意应用增长迅猛，直接威胁用户经济利益及金融新业务推广。此外，网络拒绝服务攻击十分活跃，针对我国信息基础设施的严重攻击事件时有发生，新型攻击手段不断出现，而重要用户部门却对其了解不多。

目前，网络空间中的威胁因素高度复杂。网络空间安全大致经历了 4 个阶段。第一阶段是"白开心"，攻击者主要是"脚本小子"(SCRIPT KIDS)或纯粹的技术黑客，行为"损人不利己"，形式主要是计算机病毒、蠕虫和拒绝服务攻击等；第二阶段是"淘黑金"，标志是"趋利"，攻击者为各类计算机犯罪分子，攻击目标主要是商业性网站和用户，攻击形式是木马、"网络钓鱼"、拒绝服务攻击等；第三阶段是"窃密者"，攻击者不仅窃取商业秘密，还攻击有军事秘密、经济情报、科技情报的网站等，攻击形式是通过木马、"僵尸"网络等，还可以结合社会工程学手段在线下针对人性的弱点进行相应攻击；2010 年始进入第四阶段，即"大玩家"阶段，具有政治动机并具备资源和能力优势的攻击者出现，国家势力成为攻击发起方之一，网络中混杂不同攻击者带来的安全威胁。相较而言，趋利性攻击在数量上占主流，但国家势力发起的攻击，隐蔽性和破坏性十分突出。不同的攻击者和动机会导致攻击目标、方法、拥有的资源、破坏能力等有很大差异。因此，安全保障能力及思想要做大调整。

网络空间安全目前进入国家的对抗阶段。除技术层面出现只有国家力量才可能完成的高度复杂的攻击事件外，在战略、外交、产业等层面明显表现出"冷战"时期的特点。国际层面对抗抬头，信任降低，合作受影响。近年来，国家行为体实施的大规模网络监控和网络攻击对国际局势的稳定带来不良影响。比如，俄罗斯卡巴斯基公司指责美国"方程式小组"通过植入间谍软件，感染伊朗、俄罗斯、中国等 30 多个国家的军事、金融、能源等关键部门的上万台电脑。意大利"Hacking Team"公司逾 400G 的数据被公开后，表明美国、摩洛哥、埃塞俄比亚、阿塞拜疆、乌兹别克斯坦、科威特、巴林、印度、以色列和格鲁吉亚等20多个国家的机构向其购买了网络间谍和漏洞工具。

金融领域亦是如此。针对金融领域的攻击,除"网络钓鱼"、金融诈骗、非法转账及其他以获利为目的的漏洞利用行为之外,国家势力或恐怖分子还可能发起其他类型、充分利用其特殊资源,以破坏金融体系或造成重大损失为最终目的的攻击。

2. 金融信息安全是国家发展战略的重要基石

金融是现代经济的核心,金融信息系统是国家重要的关键信息基础设施。金融信息安全不仅关系国家经济社会的安全,也关系着金融企业的持续发展。金融信息安全无疑是国家发展战略的重要基石。

人类进入 21 世纪,信息安全问题日渐重要,目前上升到国家发展战略层面,很多发达国家视其为仅次于恐怖袭击的重大安全领域。

互联网的普及和信息技术的发展给金融行业带来了前所未有的机遇,金融系统得到了蓬勃发展。计算机正越来越多地参与金融系统活动,成为不可或缺的一部分。而电子信息化也成为现代金融发展的必然趋势。但与此同时,信息技术的参与也在一定程度上削弱了交易的可控性,使交易风险大大增加。任何一个精通计算机或网络的人都有机会对金融系统进行蓄意破坏,人为的干预和破坏都会对金融系统带来重大的影响。在金融系统中,运行的数据基本上都以资金信息为主,由于其庞大的用户基数随着时间的积累逐渐形成了海量的数据,这些数据的存储和保护给人们带来了巨大的挑战。金融信息往往涉及国家、集体或个人的利益,一旦有数据损坏或者非法数据访问,就会造成不可弥补的经济损失。因此,金融信息安全成为一个具有挑战性的命题。

随着我国信息化的不断推进,国家对信息安全工作的重视程度日益增加。2012 年 7月,国务院发布了《关于大力推进信息化发展和切实保障信息安全的若干意见》,这是国家信息化建设和信息安全工作的纲领性文件,对于今后我国信息化建设和信息安全工作具有重大的指导意义。

@ 9.2 大数据给我国金融信息安全带来的机遇和挑战

任何事物的发展都具有两面性。大数据的快速发展在为金融信息安全带来发展机遇的同时,也带来了一些挑战。

9.2.1 大数据给金融信息安全带来的机遇

大数据实现了对传统数据信息结构的解构,成为一个具有流动性、信息共享与连接的数据池。

通过这种灵活的大数据技术,人们可以在最大限度上利用数据信息形式来实现对金融企业的高效运营,为金融业的发展带来更大的机遇。大数据信息技术的提高也使数据信息安全工具和技术有所发展,让金融信息安全的监督更加精细、高效与及时。

1. 对大数据的挖掘和应用将创造更多的价值

在大数据时代,大数据的发展重点已从数据的存储与传输发展到了数据的挖掘和应用，这将引起金融企业发展商业模式的变化，并能为金融企业带来直接的利润，也可以通过积极的反馈来增强金融企业的竞争力。

2. 大数据的安全越发重要，为金融信息安全带来了发展机遇

在大数据时代下，金融信息安全事件发生的次数逐年增多，金融信息安全事件所引发的数据泄露并由此带来的经济损失也越来越大。

随着科学技术网络的不断进步，大数据安全不仅是金融企业需要面临和维护的对象，也是个人消费者需要面对的对象。大数据已然渗透到我们生活的方方面面，这一切使金融信息安全越来越重要。

大数据提高了金融数据信息的价值，但是数据信息安全意识薄弱以及频发的金融信息安全事件，对信息安全技术和工具均提出了更高的要求。目前，所使用的信息安全技术、工具、管理手段以及相关的不能解决这个问题的方法、方式都应该得到改进，而大数据的发展为这一发展提供了巨大的可能性。所有这些，都为金融信息安全的发展提供了新的机遇。

3. 在大数据时代下，加快了信息安全的发展速度，云技术拥有巨大潜力

在大数据巨大的产业链中，参与者众多，覆盖面也十分广泛。按照产品的基本形态来进行划分，可分为硬件、应用软件和基础软件三大类。云技术和金融信息安全纵贯这三大领域。综观各个领域的国内外的发展情况，信息安全和商业智能的发展速度最快，尤其是云技术，它将有更大的发展潜能。这三者将成为大数据产业链的三大主要推动力。

9.2.2 大数据给我国金融信息安全带来的挑战

由于大数据参与金融业发展起步较晚，目前还不成熟。大数据金融并不都意味着机遇或者商业的无限潜力，在我们能够很好地了解大数据、管理大数据之前，实际上还同时意味着巨大的风险。

1. 数据应用侵犯客户个人隐私

大数据技术的应用和隐私保护价值的争议由来已久。目前，随着技术的高速发展，信息传递技术与超强的计算机系统使数据高速分析成为可能。交叉检验技术和"块数据"技术的广泛应用，使基于大数据的身份识别日益简单且难以察觉。近年来，大数据金融需要对客户信息进行全方位的分析与应用。但是，这些应用也容易跨越雷池，挖掘过多的私人信息，对客户隐私造成侵犯。

2. 数据监听威胁国家金融安全

2013 年"棱镜门"事件表明，"海量数据+数据挖掘"的大数据监听模式对他国重要机构可以精确监听。无论是软硬件设施还是数据服务，我国金融企业都过度依赖国外厂商。在信息传输的各个环节，中国金融企业和金融机构的内部信息可能通过国外厂商预留的"后门"泄露给国外机构，从而成为大数据监听的受害者。

3. 虚假数据导致金融市场异常敏感

由于信用信息是互联网金融的纽带，是驱动业务的核心因素，因此，基于信用信息数据的金融决策对信息非常敏感，从而导致金融市场敏感。数据不准确，就可能导致错误的交易行为，并进一步引发金融市场风险。2013 年 4 月 23 日，美联社 Twitter 账号出现"白宫遭袭"的假新闻。受此影响，众多基金公司的交易程序自动抛售股票，美国股市随即暴跌。

4. 法律监管缺失存在风险

由于中国大数据金融发展时间较短，金融市场现有的证券法、银行法、保险法等都是在传统金融模式的运营下制定的，对大数据金融相关的金融创新产品约束力不强，不能有效地适用于这一新生事物的需要，对大数据征信数据处理的各环节及个人隐私等问题也未定义明确界限。

目前，我国金融信息安全的法律风险主要有两个方面：一是金融信息安全法律法规不够健全；二是金融信息安全立法相对滞后和模糊。近年来，我国相继出台了《电子签名法》《网上银行业务管理暂行办法》《网上证券委托管理暂行办法》《证券账户非现场开户实施暂行办法》等法律法规，但这些法律法规只是基于传统金融业务的网上服务制定的，并不能满足大数据金融发展的需求。因此，在利用互联网技术和大数据技术提供或接受金融服务时，配套法规的缺乏容易导致交易主体的权利、义务不明确，增加相关交易行为及其结果的不确定性，导致交易风险增加，不利于大数据金融的健康发展。

5. 层出不穷的互联网技术应用是当前金融信息安全面临的最大挑战

移动互联、云计算、下一代互联网、大数据等新兴技术的蓬勃发展，是催生互联网金融时代快速到来的主要推手。一方面，这些基于开放性网络的互联网金融服务，使以往金融信息安全技术防范已不能全部适应新互联网技术的进步速度；另一方面，这些新兴互联网技术还在不断发展，其技术成熟度还不稳定，从互联网金融的粗放式成长，再到 P2P 行业的相继暴雷，不断暴露的风险不仅危害金融数据和隐私安全，也影响着整个金融行业乃至整个社会的稳定。如何尽快建立一套既符合金融行业特点，又能快速跟进互联网新技术发展需要的金融信息安全技术规范迫在眉睫。

6. 网络安全防控是互联网金融信息安全防范的难点

《2013 年中国互联网发展报告》指出 2013 年互联网遭到的网络攻击同比增长 14%，已连续多年呈上升趋势，其中客户信用卡信息、各种资金账户信息的非法网络攻击行为增速位居前列。曾有专家说，"互联网金融第一要素就是互联网，安全就是生命线"。由于互联网模糊了传统金融领域的界限，使金融行为范畴借助互联网技术衍生到前所未有的新领域。一方面，无论是传统金融机构还是新生的互联网金融公司，来自互联网的各种入侵破坏行为已成为日常信息安全防范的重点；另一方面，在互联网开放性的影响下，各类基于互联网平台的金融创新业务也带来一些类似网络洗钱和网上支付诈骗的社会安全问题，这类网络安全防控不断突破传统金融安全的范畴，让金融信息安全防范工作更加复杂。

9.2.3 案例：美国"棱镜门"事件

1. "棱镜门"事件回顾

2013 年 6 月，美国原中情局职员爱德华·斯诺顿将两份绝密资料交给英国《卫报》和美国《华盛顿邮报》发表，美国国家安全局有一项代号为"棱镜"的秘密项目要求电信巨头威瑞森公司必须每天上交数百万用户的通话记录，通过进入谷歌、雅虎、微软、苹果、Facebook、美国在线、PalTalk、Skype、YouTube 等九大网络巨头的服务器，监控美国公民的电子邮件、聊天记录、视频、照片等秘密资料，同时，斯诺登称美情报部门于 2009 年起开始监控中国内地和香港电脑系统，全世界舆论哗然，中国网络安全堪忧。

棱镜计划(PRISM)是一项由美国国家安全局(NSA)自 2007 年实施的绝密电子监听计划。该计划的正式代号为"US-984XN"。PRISM 计划能够对即时通信和既存资料进行深度的监听。许可的监听对象包括任何在美国以外地区使用参与计划公司服务的客户，或是任何与国外人士通信的美国公民。

受到美国国安局信息监视项目——"棱镜"监控的主要有 10 类信息：电子邮件、即时消息、视频、照片、存储数据、语音聊天、文件传输、视频会议、登录时间和社交网络资料，具体细节都被美国政府监控。

通过棱镜项目，美国国家国安局甚至可以实时监控一个人正在进行的网络搜索内容。"棱镜计划"项目监视范围很广，主要从美国的网络服务商直接获取相关数据，这些服务商涵盖了互联网行业的多家巨头，包括微软、雅虎、谷歌、Facebook、Pal Talk、YouTube、Skype、AOL 和 Apple(见图 9.1)。

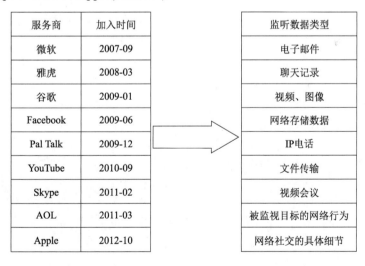

服务商	加入时间		监听数据类型
微软	2007-09		电子邮件
雅虎	2008-03		聊天记录
谷歌	2009-01		视频、图像
Facebook	2009-06		网络存储数据
Pal Talk	2009-12		IP电话
YouTube	2010-09		文件传输
Skype	2011-02		视频会议
AOL	2011-03		被监视目标的网络行为
Apple	2012-10		网络社交的具体细节

图 9.1 《华盛顿邮报》披露的"棱镜计划"涉及企业

2. "棱镜门"事件所折射出的美国的全球网络空间霸权战略

当今世界，美国作为互联网的发源地和管理大本营，时时刻刻都监视着世界各国的一举一动，信息安全就是国家安全。美国严密控制全球互联网，以支撑其超级大国的网络空间霸权。自互联网在美国军方的诞生到成熟再到全球互联网,美国商务部领导的多个非营利性机构行使全球互联网管理职责,对互联网的技术标准、管理规范、域名系统、网络地址等进行管理。

2012 年 12 月,在国际电联 178 个国家参与的关于修改《国际电信条约》会议上,由中国、俄罗斯、印度等要求由联合国下属的国际电信联盟来共同管理全球互联网络,被美国断然拒绝,超级大国的网络空间霸权难以撼动。

1) 美国以占据市场主流地位的高技术公司为先锋,立法贯彻网络空间国家战略

2001 年 10 月 26 日,美国颁布了《美国爱国者法案》。根据法案要求,警察机关有权搜索电话、电子邮件通信、医疗、财务和其他种类的记录,去掉了对美国本土情报单位的法律约束限制。

按照法案要求,美国"八大金刚"(思科、IBM、Google、高通、英特尔、苹果、Oracle、微软)都或主动或被动地向美当局交付信息。谷歌公开承认已根据《美国爱国者法案》规定,把欧洲资料中心的信息交给了美国情报机构。微软也公开承认美国依法获取欧盟云端资料,毫无悬念,任何一家美国公司,不论是谷歌、微软还是思科,都作为美国的急先锋,在市场经济披着合法外衣,忠实执行着美国网络空间霸权的国家战略。

2) 美国实施全面持续的网络监控计划

"棱镜"(PRISM)项目只是美国政府秘密监控系统的冰山一角,仅美国国家安全局(NSA)就实施了 4 项监控项目,并专设了一个 1000 人的情报收集部门"定制入口行动办公室"(TAO)。

4 项监控项目分别为"主干道"(MAINWAY)、"码头"(MARINA)、"核子"(NUCLEON)和"棱镜"(PRISM)项目。"主干道"和"核子"项目负责电信网的基础数据和通话内容的监控,"码头"和"棱镜"项目负责互联网基础数据和通信内容的监控,四大秘密监视项目帮助美国政府对全球通信进行了有效监控。

(1) "主干道"项目。为美国国家安全局监视电信网上数以亿兆计的"元数据",即通话的时间、地点、设备、参与者等,进行存储和分析。美国国安局 2009 年花费 1.46 亿美元购买硬盘等设备,用来存储"主干道"监视项目的元数据。

(2) "码头"项目。为美国国家安全局监视互联网上数以亿兆计的"元数据",即通信的时间、地点、设备、参与者等,进行存储和分析。

(3) "核子"项目。为美国国家安全局截获电信网上的电话通话内容。从 2002 年开始,美国四大电信运营商 Verizon、AT&T、T-Mobile 和 Sprint 就开始"自愿"与美国国家安全局合作。

(4) "棱镜"项目。为美国国家安全局和联邦调查局截取互联网通信内容。"棱镜"接入谷歌、雅虎、微软等 9 家大型跨国 IT 企业的服务器,截取互联网内容,"定制入口行动办公室"(TAO),是美国国家安全局下设部门,一直从事侵入中国境内电脑和通信系统的网络攻击,借此获取有关中国的有价值情报。"定制入口行动办公室"1997 年成立,专门从事秘密侵入外国目标电脑和通信系统,破解密码和安全防火墙,获取和复制目标信息。"定制入口行动办公室"旗下的军事和民间"黑客"、情报分析师、目标定位专家、计算机硬件和软件设计师以及电子工程师总数超过 1000 名,是美国国家安全局最大,也

是最重要的部门。

3) 美国 IT 企业在监控计划中的关键作用

美国 IT 企业在针对网络的监控计划中起到关键作用。微软、雅虎、谷歌、Facebook、PalTalk、美国在线、Skype、YouTube、苹果 9 家大型跨国 IT 企业在 PRISM 计划中占有至关重要的地位。9 家 IT 企业积极主动配合，使美国国家安全局可以接触到大量个人聊天日志、存储的数据、语音通信、文件传输、个人社交网络数据。同时，思科等基础设施厂商也参与棱镜计划，美国国家安全局通过思科路由器监控世界各国网络和电脑，思科的通信设备已分布在全球各大洲各个角落。

美国 9 家 IT 企业先后加入"棱镜"计划，2007 年 9 月微软公司率先加入"棱镜"计划，2008 年 3 月雅虎加入，2009 年 1 月谷歌加入，同年 6 月雅虎加入，同年 12 月 PalTalk加入，2010 年 9 月 YouTube 加入，2011 年 2 月 Skype 加入，同年 3 月 AOL 加入，苹果公司于 2012 年 10 月加入"棱镜"计划。

英特尔旗下信息安全公司 McAfee 就常与 NSA、FBI 和 CIA 合作。McAfee 被视为有价值的合作伙伴，因为该公司能通观恶意互联网流量的情况，包括外国势力的间谍活动。一些黑客利用合法服务器从事黑客活动，而 McAfee 防火墙能收集到这些黑客的信息。此外，McAfee 的数据还能表明一些网络攻击源自哪里。McAfee 同时也了解全球的信息网络架构，这对情报部门来说很有意义。

美国电信运营商在针对电信网的监控计划中起到关键作用。Verizon、AT&T、T-Mobile 和 Sprint 4 家大型运营商为美国国家安全局提供了接入国内和国际通信网的"后门"通道，方便 NSA 通过对电信网络进行监听的方式，收集大量电信数据和很多的交谈信息，在美国监控计划中扮演了重要角色。美国国内最大的电信运营商 Verizon 公司就是"主干道"监控项目的一个原始情报信息提供者，NSA 通过 Verizon 收集数百万美国客户的电话记录，包括美国国内的电话和由国内打往国外的电话。

3. "棱镜门"事件折射出的美国信息战略

1) 美国信息监控计划是一个包含政府、企业和舆论的"三位一体"长期战略

在美国信息监控计划中，政府、IT 企业和社会团体分别扮演了不同角色，相互配合，默契互动，共同推动网络监控计划实施，保障美国国家安全。一是美国政府部门，如美国国家安全局、国防部和联邦调查局等积极开展监控计划的组织、计划和评估工作；二是美国 IT 企业是美国监控计划的具体实施机构和重要支撑部门，是海量信息和数据的来源，是监控计划的实施主体；三是政府官员、议员、权威专家和非营利组织以保护国家安全为由，对美国监控计划进行声援、游说和宣传。

2) 美国 IT 企业已经成为美国网络战的主力军

网络战呈现出军民融合的趋势，看似平静的和平时代，美国已经通过实施各种计划，发动了网络战争，IT 企业已成为网络战主力军。美国通信巨头思科参与了中国几乎所有大型网络项目的建设，涉及政府、海关、邮政、金融、铁路、民航、医疗、军警等要害部门的网络建设，以及中国电信、中国联通等电信运营商的网络基础建设，然而思科却是美国政府和军方的通信设备和网络技术设备主力供应商。微软在中国乃至全球都是占有绝对垄

断地位的厂商，其 Windows 系列操作系统在我国市场占有率超过九成，其 Windows Phone 手机的操作系统也在我国呈现快速发展趋势。微软在公开发布补丁修复漏洞之前，就会向情报部门提供这些漏洞信息，这些信息可用于保护政府计算机，或入侵恐怖分子或敌对方的计算机。

3) 美国 IT 企业通过深度参与我国信息化建设全面威胁我国网络空间安全

我国的网络空间安全在以思科为代表的美国大型 IT 企业面前形同虚设，我国绝大多数核心领域，美国大型 IT 企业都占了庞大的市场份额。思科的业务已渗透到国内几大领域的核心企业。中国骨干网络几乎被思科产品全面占据，中国电信 163 和中国联通 169 承担了中国互联网 80%以上的流量，思科占据了中国电信 163 骨干网络约 73%的份额，把持了 163 骨干网所有的超级核心节点和绝大部分普通核心节点，思科占据了中国联通 169 骨干网约 81%的份额。

4. 美国 IT 公司对我国各行业的垄断控制

美国 IT 企业已在我国骨干网络的基础设备、服务器、个人电脑、手机终端、个人软件系统等行业领域占据绝大多数的市场份额，其中大多数处于垄断地位，控制着我国大部分网络和信息系统。

1) 思科在我国市场份额巨大

思科不仅在中国的市场占有率奇高，而且几乎涵盖了我国大部分重要的领域。在中国经过 19 年的发展，思科的客户已遍布国内几大领域的核心企业，其中包括中国国家金融数据通信骨干网、中国电信、中国联通、中石化、中国人民银行、北京市政府等众多央企及政府部门。

Internet 骨干网络是公众因特网的核心，所有的数据都要经过骨干网进行转发，骨干网络的安全性是电信行业的重中之重。而思科产品占据了中国电信 163 和中国联通 169 超过 70%的份额，把持了几乎所有的超级核心节点和绝大部分普通核心节点。除电信行业外，思科在金融行业、政府机构、铁路系统、民航的空中管制骨干网络、电视台及传媒行业都占据了足以形成垄断的份额。

目前，思科在中国拥有员工超过 4000 人，分别从事销售、客户支持和服务、研发、业务流程运营和 IT 服务外包、思科融资及制造等工作。思科在中国设立了 12 个业务分支机构，并在上海建立了一个大型研发中心。思科的扩张仍在继续，专家指出："思科把持着中国经济的神经中枢。有冲突出现时，中国没有丝毫的抵抗能力。"

2) IBM 为我国服务器市场龙头

IBM 在中国服务器市场的占有率为 19.3%，处于第一的位置，其次为戴尔、惠普，几家联合起来占有八成以上的市场占有率。而联想等仅有不到 10%的市场占有率。IBM 在中国地区的业务目前已深入服务器、PC、软件、笔记本等多个 IT 领域，并具有相当的影响和规模。

国家工商总局公平交易局调查资料显示，在采用英特尔处理器的服务器领域，IBM 市场占有率为 19.3%。

3) 英特尔 PC 微处理器市场占有率高

英特尔从来没有公布过在中国的确切销售数字。2012 年的统计数据显示，高居 IT 产业链最上游的英特尔在全球 PC 微处理器市场上的占有率已扩大到接近 80%。而占总数近 1/3 的最终产品输出到中国。尽管在移动时代英特尔在全球芯片出货量比例有所萎缩，但是在中国 PC 市场，英特尔依旧占有绝对的地位。

4）　谷歌安卓系统在我国市场占有率超过八成

在中国市场的智能手机领域，安卓远远地甩开了苹果 iOS 操作系统、微软 Windows Phone 以及 Blackberry 10 等，目前在中国的市场占有率超过了八成。而对于目前的智能手机来说，其安全性以及隐私性的高要求甚至超过了传统的 PC。

5）　微软垄断我国操作系统市场

微软在中国乃至全球都是占有绝对垄断地位的厂商，其 Windows 视窗操作系统，自 Windows 95 以来，几乎垄断了所有的 PC 操作系统。据不完全统计，目前 Windows 7 以及 Windows XP 等市场占有率超过九成。尽管 Windows Phone 手机的操作系统在中国市场占有率不高，但是诺基亚也在中国市场主推其装载了 Windows Phone 操作系统的智能手机。

6）　苹果逐步扩大影响

苹果 2012 年财报显示，亚太地区收入的 2/3 来自中国，上一财季销售总额为 57 亿美元，相比去年同期增长了 48%。苹果 CEO Tim Cook 指出，到上一财季结束，苹果在中国的总收入为 124 亿美元，而 2011 年一年的收入只有 133 亿美元，且这些数字仍然在以难以置信的速度增长。目前，iPad 在中国的市场中占有绝对的领先地位，而苹果的 iPhone 手机也在中国市场有着很高的占有率，而苹果的笔记本电脑等在中国市场的销售额也在不断增加。

7）　甲骨文垄断我国重要行业数据库市场

甲骨文 1989 年正式进入中国，在北京建立首家办事处。目前，甲骨文中国已拥有 2.5 万个客户，4500 名员工，以及 4 个研发中心。经过 20 余年的发展，目前，在中国市场上的甲骨文已控制了 90% 的数据库市场。

8）　高通引领移动互联网时代

移动互联网时代的发展造就了高通。高通目前在手机平板等移动设备中占有了相当大的优势地位。根据 iSuppli 调查，高通 2007 年登上全球手机芯片龙头地位后，2012 年市场占有率进一步攀高至 31%，连续 5 年蝉联全球手机芯片龙头。目前在国内的知名厂商中，小米、联想、酷派等大多采用了高通的 CPU。

@ 9.3　大数据金融信息安全风险

9.3.1　大数据金融信息安全风险的类型

在大数据时代，企业金融信息安全面临的风险主要有法律风险、市场风险、技术风险、操作风险、道德风险等方面。这些风险与大数据技术的发展相辅相成，有些风险是大数据与生俱来的固有风险，如物理环境风险和技术风险等；有些风险受大数据技术的外部环境影响，如法律风险等，有些风险伴随着社会进步将会得到有效控制，如信息泄密风险等。

1. 法律风险

法律风险是企业在经营过程中由于故意或过失违反法律义务或约定义务可能承担的责任和损失。

法律风险的表现形式如下。

(1) 金融合约不能受到法律的保护而无法履行或金融合约条款不周密。

(2) 法律法规跟不上金融创新的步伐,使创新金融交易的合法性难以得到保障,交易一方或双方可能因找不到相应的法律保护而遭受损失。

(3) 形形色色的各种犯罪及不道德行为对金融资产安全构成威胁。

(4) 经济主体在金融活动中如果违反法律法规,将会受到法律的制裁。

在大数据时代,由于相关法律法规建设尚不健全,存在很多监管漏洞,企业在金融信息安全方面面临着来自法律方面的风险,简单而言,主要有以下两个方面。

(1) 大数据产业文化背景带来法律风险。

国内的大数据产业与欧美完全不同,国外讲究个人隐私,有严格的反隐私法的规定。而东亚文化圈对上网"隐私"容忍度很高,相关法律机制不健全,也给了一些大数据公司和互联网用数据牟利带来了"空间"。这跟互联网行业早期发展与国内知识产权相对宽松氛围相关,整个行业法律意识相对淡薄,民众版权意识薄弱,知识产权付费使用的意识不强。但是在互联网行业已相当成熟的今天,法律不健全给企业带来的大数据金融信息安全风险显然已不容小觑。

(2) 大数据产业的监管漏洞带来法律风险。

大数据是把双刃剑,公民的数据信息必须得到依法监管,一旦出现行业性数据安全泄密事件,就会使相关新行业陷入危机。例如,智能家居数据泄密将会造成人身财产安全隐患。比如,3月10日曝出一起某互联网公司员工盗取50亿条公民数据的信息。这是大数据崛起前最大的绊脚石,也从侧面证明了大数据产业所处的原始混乱状态。在这种混乱状态下,如果行业监管不能得到及时有效的跟进,将会给大数据产业的发展带来极大的阻碍,给金融系统带来法律风险和极大的安全隐患。

2. 物理环境风险

物理环境风险,是指企业利用大数据技术进行分析所依托的信息系统设施面临的物理环境遭到外部因素影响而给金融信息安全带来的风险。

这些外部因素包括基础设备故障、信息系统故障等。

(1) 基础设备故障给金融信息安全带来风险。

大数据分析依托的信息系统基础设施包括支撑业务应用系统的网络(局域网、广域网、互联网、专线网、无线网)、硬件(服务器、主机、应用终端、共享设备)和物理环境,它们是组织业务赖以生存的基础(如电力、Web服务器、数据库服务器等),一旦出现故障或中断,它所承载的应用也会出现问题或停顿。基础设备风险要求组织在应用层、网络层、链路层和物理层面进行综合防御。

(2) 信息系统故障给金融信息安全带来风险。

企业的计算机操作系统和应用软件在组织业务交流的运行中,需要一个十分安全、稳定的内部环境。否则来自这些系统和应用软件的问题和缺陷会对系统造成影响，特别是在多个应用系统互联时，影响整个组织的多个系统，甚至会导致整个公司或网站瘫痪。信息系统风险要求机构对系统应用在协同、系统维护、版本测试、版本管理、配件管理、系统管理、系统监控等方面具备管理能力。

3. 技术风险

大数据时代金融信息安全面临的技术风险是指数据在获取、挖掘、处理等基本环节因技术处理不当或技术设计不到位而引致的风险。

对数据进行收集、存储、处理、挖掘分析是搜索技术的基本工作。与金融信息企业主要相关的大数据技术有数据采集、数据存储、数据处理、数据挖掘与分析技术等。

金融信息安全所面临的技术风险主要有以下 5 个方面。

(1) 完整性风险。即数据未经授权使用或不完整或不准确而造成的风险。这种风险通常与用户界面的设计、数据处理程序、灾害恢复程序、数据控制机制及信息安全机制等有关。

(2) 存取风险。即系统、数据或信息存取不当而导致的风险。在互联网和大数据日益普及的今天，存取风险是企业面临的主要威胁之一。存取风险主要与业务程序的确立、应用系统的安全、数据管理控制、数据处理环境、网络安全、计算机和通信设备状况等有关。

(3) 获得性风险。即影响数据或信息的可获得性的风险。主要与数据处理过程的动态监控、数据恢复技术、备份和应急计划等有关。

(4) 体系结构风险。即信息技术体系结构规划不合理或未能与业务结构实现调配所带来的风险。主要与信息技术组织的健全、信息安全文化的培育、信息技术资源配置、信息安全系统的设计和运行、计算机和网络操作环境、数据管理的内在统一性等有关。

(5) 其他相关风险。即其他影响企业业务活动的技术性风险。主要与信息技术对业务目标的支持、业务流程周期、存货预警系统、业务中断、产品信息反馈系统、业务的流动性管理等有关。

4. 信息泄露风险

大数据时代金融信息安全面临的泄密风险是指数据在获取、存储、传输、分析和使用等过程中发生信息泄露从而给信息相关者带来安全隐患的风险。

信息泄密方式主要有 3 种情况：黑客入侵，用户信息未加密；企业内部员工窃密；服务外包人员窃密。其中，企业员工内部泄密对企业的损害程度和其发生的频度远远高于其他外部攻击窃密，是防范的重点。信息作为组织信息技术系统装载的业务数据，是一种具有非常重要价值的资产。与实物资产相比，信息非常分散，并且容易被复制，信息是组织业务流程最重要的数据，如客户资料、产品设计等，如果不能得到正确的识别、评估、保存和管理，就可能面临被窃取、损毁和丢失的风险，这不仅会对依托于这些关键信息的核心业务造成严重破坏，还会对组织的信誉和声望造成巨大的损害，甚至会摧毁整个组织。

近年来，国内网络犯罪案件呈现逐年上升的态势，其中涉及金融业特别是银行信息安全的犯罪也不在少数。例如，2014 年 2 月支付宝员工在信息系统的后台下载了大量客户信息有偿出售给其他电商公司；2016年相继发生的携程信用卡信息泄露、小米社区用户信息泄露等事件，出现了大量用户信息数据被盗，导致用户网络银行账户被入侵事件等。上述事件严重侵害了金融消费者的合法权益，也充分暴露出网络信息安全有较大隐患，不容小觑。

9.3.2 大数据金融信息安全风险的特征

大数据技术的不断发展为金融市场风险监控提供了有效的技术支撑，因而在大数据时代，金融信息安全的风险有着比传统金融信息安全风险更为鲜明的特征。在大数据时代，金融信息安全风险具有扩散性强、影响面广和风险评估难的特点。

1. 扩散性强

由于大数据具有 Velocity(获取及处理速度极快)的特点，在大数据时代，数据的获取是随时随地进行的，与此同时，数据的处理也是飞速的。在大数据的处理过程中，如果某个细微的环节出现错误，这种错误就会以极快的速度蔓延开来，扩散能力极强。这是大数据技术与传统海量数据处理的重要区别之一。

大数据时代下金融信息安全风险扩散性强主要体现在以下3个方面。

(1) 大数据技术使金融机构获取海量数据的过程变得简单和便捷，数据的获取随时随地都在进行。我们在浏览网页时的任何停留都能够迅速被大数据技术捕捉并记录在数据库。如果有黑客等恶意制造大量虚假数据，这些制造的数据将会迅速传播到各数据分析中心，这种虚假数据的传播将会带来极大的金融信息风险，而且这种风险将会以极快的速度扩散。

(2) 在大数据技术的应用下，金融机构处理交易数据和客户数据等的速度和数量有了质的提升，机构运行效率提升。如果前面获取的数据存在问题，数据处理时将会得出大量错误的结论。由于大数据处理关注相关关系而不是因果关系，在处理数据时将很难发现有意而为之的数据错误，这种问题带来的风险将会以极快的速度传播到整个数据传输通道。

(3) 随着互联网的普及和大数据的发展，人们获取信息更加容易，沟通方式更加便捷，消费与购物方式也摆脱了物理形态，通过线上支付，几秒钟就能实现商品交易。若消费者信息被黑客恶意盗用，这种大体量的数据风险将会随着便捷的交易媒介迅速扩散，严重危害金融信息安全。

2. 影响面广

金融领域对信息变化的反应极为敏感。由于大数据具有体量大、传播速度快等特征，金融市场上一些很细微的操作能被迅速放大并广泛传播，产生"蝴蝶效应"，可能会对资本市场产生很大的冲击，影响面极为广泛。大数据时代下金融信息安全风险影响面广主要体现在以下两个方面。

(1) 在金融领域，数据与信息的传递速度特别快，金融市场对外界信息的反应程度极大。由于金融全球化，一国金融市场上极小的变动都可能对全球金融市场产生重大影响。在大数据时代，这样的影响尤其显著。金融市场具有极强的外部性，容易受外界信息的干扰。

(2) 大数据技术给金融机构带来技术革命，目前许多机构分析数据都依赖于大数据技术。依靠大数据技术，金融机构能在极短时间对金融市场的信号做出反应。大数据技术处理数据体量大，速度快，从发现错误到形成实质性损失的时间极短，加上金融市场本身固有的脆弱性，使金融信息安全风险影响力被快速放大。

3. 风险评估难

从金融信息安全的角度来讲，风险评估是对金融信息资产面临的威胁、存在的弱点、造成的影响，以及三者综合作用所带来风险的可能性的评估。风险评估的主要任务包括：识别评估对象面临的各种风险；评估风险概率和可能带来的负面影响；确定组织承受风险的能力；确定风险消减和控制的优先等级；推荐风险消减对策。信息技术软/硬件漏洞是全球各类信息安全问题的主要源头之一，对大数据技术带来的金融信息安全风险评估在技术上具有很大难度。另外，目前而言，并没有一套完善的基于大数据技术带来的金融信息安全风险评估模型。

大数据时代下金融信息安全风险评估难主要体现在以下 3 个方面。

(1) 从风险揭示层面出发，关于大数据与金融信息安全的相关法律尚不明确，存在很多监管漏洞。就目前而言，大数据技术是一项前沿技术，大数据金融与其他领域的概念可能会发生重叠，导致风险揭示不清晰，风险披露不明朗。依托互联网，大数据的监管更加困难，各国目前也积极出台关于大数据金融的监管条例。

(2) 从风险评估步骤层面出发，风险评估包括风险辨识、风险分析、风险评价 3 个步骤。风险辨识是指查找企业各业务单元、各项重要经营活动及其重要业务流程中有无风险，有哪些风险。风险分析是对辨识出的风险及其特征进行明确的定义描述，分析和描述风险发生可能性的高低、风险发生的条件。风险评价是评估风险对企业实现目标的影响程度、风险的价值等。在大数据技术广泛运用的金融机构，从信息采集到数据分析再到生成分析结果，大数据技术的应用贯穿风险评估的每个步骤。

(3) 从风险评估过程层面出发，在风险评估过程中，有几个关键的问题需要考虑。①要保护的对象(或者资产)是什么？它的直接和间接价值是什么？②资产面临哪些潜在威胁？导致威胁的问题何在？威胁发生的可能性有多大？③资产中存在哪些弱点可能会被威胁所利用？利用的难易程度又如何？④一旦威胁事件发生，组织会遭受怎样的损失或者面临怎样的负面影响？⑤组织应该采取怎样的安全措施才能将风险带来的损失降到最低限度？解决以上问题的过程，就是风险评估的过程。在大数据时代，这种金融信息安全风险往往十分隐蔽，上述在风险评估过程中的问题很难得到完全解决。

在大数据时代，金融市场自动化交易发展迅速，利用强大的计算机处理能力，根据交易模型发出算法指令，具有单笔报单小、报单总笔数高、时间间隔短、报单撤单比高等特点。自动化交易提高了市场流动性和价值发现效率，但也带来一系列风险，且由于交易量庞大，交易时间迅速，交易范围广，所带来的金融信息安全风险影响迅速扩大。在美国期货交易所中，自动化交易成交量占总交易量的一半以上。由于自动化交易普遍采用止损策略,当市场出现大幅波动时,会自动触发一系列相关金融产品的连锁交易,从而引发市场"多米诺骨牌"效应。在大数据时代,由于金融信息安全风险的扩散性强、影响面广、风险评估难的特点,这种高频交易很有可能迅速导致金融市场全线崩盘,引发资本市场剧烈波动。

在美国,大数据与自动化交易最著名的案例就是 2010 年 5 月 6 日发生的"闪电崩盘"事件。由于一家交易公司电脑发出错误指令,导致大量自动化交易自动止损,道琼斯工业指数在 30 分钟内狂挫千点,市值损失上万亿美元。2013 年 4 月 3 日,黑客劫持美联社的推特账号,发布了美国白宫发生爆炸、总统奥巴马受伤的假消息,金融市场瞬间出现恐慌性抛售,道琼斯工业指数 3 分钟内下跌超过 140 点,市值损失近 1400 亿美元。2013 年 8 月 6 日,光大证券由于自动化交易平台缺陷,发送错误指令导致上证指数 26 秒内狂涨 100 点,造成国内资本市场剧烈波动。

上述案例均表明,大数据在给金融市场带来前所未有的巨大发展的同时,也会带来金融信息安全风险,在大数据时代,这种风险由于具有扩散性强、影响面广而且风险评估难,给金融市场带来很大的挑战。

9.3.3 国内外金融信息安全事件及事故

1. 信息安全事件

信息安全事件,是指识别出发生的系统、服务或网络事件,这表明可能违反信息安全策略或防护措施失效,或以前未知的与安全相关的情况。

对于金融信息安全事件,由于金融业多金的本质,长期以来,全球各类非法组织、不法分子不断研究和尝试运用各种先进技术手段,利用金融企业管理和金融信息系统的信息安全缺陷和脆弱性,策划和组织金融犯罪活动,资金损失、信息泄密事件层出不穷。此外,金融业一些内部从业人员,受利益的驱使,突破道德底线,从内部窃取数据或越权操纵,导致安全堡垒从内部被攻破,内外安全问题夹击,使金融业信息安全更加危机四伏。

2. 信息安全事故

信息安全事故,是指一个或一系列非期望的或非预期的信息安全事件,这些信息安全事件可能对业务运营造成严重影响或威胁信息安全。

对于金融信息安全事故,金融信息化建设促进金融业信息化程度高度发达,但由于核心业务和核心数据高度依赖信息系统,系统任一环节的运行故障或操作失误都可能造成严重事故,关键数据的损失可能会对金融企业和金融行业造成致命打击。而信息系统运维失误、外部因素导致的系统运行连续性事故往往是产生金融信息安全事故的主要原因。

3. 国内外金融信息安全案例

表 9.3 收集了互联网公布的近 4 年来全球发生的金融信息安全事件和事故。

表9.3　近4年来全球金融信息安全事件和事故

年份	信息安全事件
2020	新西兰证券交易所网站在周一的市场交易开盘不久再次崩溃。这已是自8月25日以来，新西兰证券交易所连续第5天"宕机"。8月25日，新西兰证券交易所受到分布式拒绝服务(DDoS)攻击，袭击迫使交易所暂停现金市场交易1小时，扰乱了债务市场。8月26日证券交易所再次受到攻击，暂停交易3小时。8月27日，由于无法发布公司公告，新西兰证券交易所暂停交易长达6小时，仅进行了1小时的交易。8月28日，新西兰证券交易所再度崩溃
2019	世界最大加密货币交易所币安(Binance)发生数据泄露事件，已有数百名用户的身份证明图像(Know Your Customer，KYC)发布在互联网上，且未来可能影响上万用户。据称，黑客窃取信息后，曾威胁该交易所支付300比特币，否则将公开其窃取的所有KYC图像。有迹象表明，被泄露的图像可能已被用于更改账户信息以及设置诈骗账户。Binance表示，它将为所有受到影响的用户提供终生VIP会员资格。此外，Binance还将悬赏25比特币，以奖励给向其提供攻击者身份的举报者
2019	美国第一资本(Capital One)银行遭黑客攻击，逾1亿名美国和加拿大的客户和潜在客户的个人信息遭到泄露，包括姓名、地址、电话号码和生日。据银行披露，黑客窃取的信息包括2005年至2019年年初的信用卡申请者基本个人信息，包含信用评分、支付历史以及部分交易数据。据外媒报道，黑客可能是利用了Capital One防火墙的错误配置，入侵到其托管在亚马逊(Amazon)的AWS云端数据库，进而实施了数据窃取。事件一经披露，导致Capital One股价大跌，并面临法律赔偿
2018	2018年12月，一个利用网上银行App漏洞非法获利的犯罪团伙被上海警方抓获。该团伙利用银行App安全漏洞，使用技术软件成倍放大定期存单金额，从中非法获利2800余万元。11月，松江区某银行工作人员向警方报案称该行所属的一个账户发生多笔异常交易，造成银行巨额经济损失。随后警方成功抓获6名犯罪嫌疑人，并当场查获了5套作案工具、现金200余万元，以及大量豪车、名表、奢侈品，此外，警方还敦促涉案银行完成了安全漏洞的修复

【案例】数据泄露

2020年是数据安全事故频发年，也是数据安全防护技术高速发展的一年。回顾整个2020年，产业信息化、数字化、网络化进程加速，"互联网+"已然成为一种不可逆的趋势，互联网、云计算、大数据带来更新式革命，然而新趋势下的数据安全状况越发严峻。Verizon新发布的《2020数据泄露调查报告》显示，医疗保健、能源、金融服务和制药行业发生的数据泄露平均总成本明显高于监管力度较小的行业。表9.4汇总了2015年国内外十大最具影响力的数据泄密事件。

表9.4　2015年国内外十大最具影响力的数据泄露时间汇总

序号	企　业	曝光时间	泄露原因	泄露结果
1	雅诗兰黛	2020年1月30日	网站存在漏洞，遭受黑客攻击	440 336 852条以纯文本格式存储的用户电子邮件被曝光

序号	企 业	曝光时间	泄露原因	泄露结果
2	利库德集团	2020年2月11日	配置错误	640万选民数据被泄露
3	迪卡侬	2020年2月24日	存在高危漏洞	1.23亿条人信息泄露，涉及员工系统用户名、未加密的密码、API日志、API用户名、个人身份信息等，以及客户未加密的电子邮件、登录信息和IP地址
4	国泰航空	2020年3月	缺乏安全措施	940万乘客资料泄露
5	英国安全公司	2020年3月	存在漏洞	2012年到2019年和安全事件有关的50亿条记录
6	SOS	2020年4月	存在漏洞	暴露了超过1.35亿在线客户的个人记录
7	推特	2020年7月15日	遭受黑客攻击	攻击者通过近300笔交易骗取了12.1万美元的比特币
8	微软Bing	2020年9月	存在安全漏洞	多达1亿条搜索结果被截获
9	美国选民信息	2020年10月	存在漏洞	美国1.86亿选民数据在暗网被黑客出售
10	巴西卫生部官网	2020年12月	存在严重漏洞	2.43亿巴西人个人信息被泄露

1. 雅诗兰黛泄露4.4亿条数据记录

2020年1月，化妆品"巨头"雅诗兰黛的数据库被曝光，其中包含440 336 852条记录。公开的数据库记录不包含付款数据或敏感的员工信息，数据库泄露的其他数据则包括以纯文本格式存储的用户电子邮件，包括来自estee.com域的内部电子邮件地址；内部大量IT日志，包括生产、审核、错误、内容管理系统和中间件报告；参考报告和其他内部文件；对公司内部使用的IP地址，端口、路径和存储的引用等。

2. 以色列640万条选民数据遭泄露

2020年2月11日，据外媒报道，近日由以色列总理内塔尼亚胡领导的利库德集团(Likud)开发的选举应用程序配置中的错误可能潜在地暴露并损害了近640万以色列公民的个人资料。

3. 迪卡侬1.23亿条个人信息泄露

2020年2月24日，体育连锁"巨头"迪卡侬(Decathlon)被发现有大范围数据泄露，起因是1.23亿条记录被保存在一个并不安全的数据库。该数据库属于迪卡侬西班牙和迪卡侬英国公司。泄露的数据涉及员工系统用户名、未加密的密码、API日志、API用户名、个人身份信息等。对于迪卡侬员工来说，涉及的信息包括姓名、地址、电话号码、生日、学历和合同明细，而对于客户来说，涉及的信息包括未加密的电子邮件、登录信息和IP地址。

4. 国泰航空泄露940万名乘客资料，被罚款500万港币

英国资讯委员会办公室(ICO)当地时间3月4日公布消息，对国泰航空有限公司(Cathay Pacific Airways Limited)罚款50万英镑(约450万元人民币或500万元港币)，原因

是该公司未能保障客户个人数据的安全。ICO 称，2014 年 10 月至 2018 年 5 月，国泰航空的计算机系统缺乏适当的安全措施，导致客户的个人信息被泄露，其中 111578 人来自英国，而全球约 940 万人。

5. 英国安全公司云泄露 50 亿条安全记录

2020 年 3 月，安全专家 Bob Diachenko 发现了一个疑似属于英国安全公司的一个不安全的 Elasticsearch 实例，其中包括在 2012 年到 2019 年和安全事件有关的 50 亿条记录。

6. 号称"世界上最安全的在线备份"云备份，暴露了超过 1.35 亿条在线客户的个人记录

2020 年 4 月有媒体报道，号称"世界上最安全的在线备份"云备份提供商 SOS，发生了超大规模数据泄露。SOS 在线备份已暴露了超过 1.35 亿在线客户的个人记录。研究人员总共确定了大约 70GB 的数据属于公司的用户账户。这包括全名、用户名、电话号码、电子邮件地址、公司内部详细信息(公司客户)。

7. 推特遭大规模黑客入侵

2020 年 7 月 15 日，推特遭大规模黑客入侵，多位名人政要和官方账号受影响。其中包括奥巴马、拜登、布隆伯格、马斯克、贝佐斯、巴菲特、侃爷、苹果官方账号等。在 130 个目标账户中，黑客能够重置 45 个用户账号的密码。黑客利用这些账号发布了虚假的推文，提出以 1000 美元的价格向一个未知的比特币地址支付 2000 美元。据报道，经过精心策划的"推特"事件使攻击者通过近 300 笔交易骗取了 12.1 万美元的比特币。

8. 微软 Bing 应用数据库或遭泄露，多达 1 亿条搜索记录被截取

2020 年 9 月，据网络安全网站 Wizcase 报道，一个不受保护的 Elastic 服务器可能已将微软旗下的 Bing 移动版应用的数据库泄露。这次的安全事故是由 Wizcase 的网络安全团队在白帽黑客的带领下发现的，并且最终追踪至 Bing 的移动版应用。这个不安全的服务器暴露的数据还包括明文搜索词、执行搜索的确切时间、位置坐标、用户从搜索结果中访问过的 URL 地址、设备型号、操作系统以及分配给每个用户的 3 个独立 ID。这些用户搜索记录来自 70 多个国家及地区，多达 1 亿条搜索结果被人截获。

9. 美国 1.86 亿选民数据在暗网被黑客出售

据 NBC 新闻网 2020 年 10 月 22 日报道，美国一家网络安全公司 Trustwave 表示，他们发现一名黑客正在出售超过 2 亿美国人的个人识别信息，其中包括 1.86 亿选民的注册数据。网络安全公司 Trustwave 表示，他们识别出的大部分数据都是公开可用的，并且几乎所有数据都是可供合法企业定期买卖的。但事实上，他们发现大量有关姓名、电子邮件地址、电话号码和选民登记记录的信息数据在暗网成批出售。

10. 巴西卫生部官网存严重漏洞，2.43 亿巴西人个人信息被泄露

2020 年 12 月，包括在世和已故的，有超过 2.43 亿巴西人的个人信息已在网络上曝光。

@ 9.4　我国金融信息安全现状及制约因素

9.4.1　我国金融信息安全现状

1. 国家对金融行业信息安全的重视程度不断提高

从政策方面来看，党和国家领导人多次就金融行业信息安全做出重要指示，要求金融业研究把握又好又快的发展规律，努力提高信息安全保障水平，坚决打击危害金融信息安全的犯罪活动。

从资金支持方面来看，多年来，国家发展改革委等部门针对金融行业信息安全的实际需要，重点支持金融信息安全产品研发和应用等。专项资金的支持在一定程度上有助于提升金融领域信息安全专业化服务水平。

例如，2013 年 8 月国家发展改革委发布《国家发展改革委办公厅关于组织实施 2013 年国家信息安全专项有关事项的通知》，对金融信息安全领域的金融领域智能入侵检测产品、面向电子银行的 Web 漏洞扫描产品等予以重点支持。2012 年，国家发展改革委发布《国家发展改革委办公厅关于组织实施 2012 年金融领域安全 IC 卡和密码应用专项有关事项的通知》，对金融领域安全 IC 卡和密码相关关键产品的产业化予以重点支持。2016 年 11 月 7 日，全国人大常委会表决通过《中华人民共和国网络安全法》，该法将于 2017 年 6 月 1 日起施行。《网络安全法》也必将对金融业的发展产生深远的影响。

2. 初步建立以"一行两会"为主的信息安全组织保障机制

中国人民银行着重健全金融信息安全保障体系，联合公安部、安全部、工业和信息化部、电监会四部委共同制定《金融业信息安全协调工作预案》，发布《网络和信息系统应急预案编制指引》，针对区域性电力和通信中断建立联合预警、快速处置流程，并指导省级建立信息安全应急协调机制。

银保监会将金融业信息技术风险纳入审慎监管整体框架，并在落实国家信息安全等级保护的基础上从多方面加强信息安全监管体系建设。一是以《商业银行信息科技风险管理指引》为核心，建立了针对突发事件、业务连续性、科技外包等的监管制度；实施信息科技现场检查和非现场监管，推荐监管评级；同时建立与公安机关、中国银联、电力、电信、证券等部门以及重要信息系统服务商的安全突发事件应急协调机制，加强情报交流与技术协作，提高信息安全协同保障能力。二是通过《保险业信息系统灾难恢复管理指引》(2008 年)、《保险公司信息系统安全管理指引(试行)》(2011 年)，加强对客户信息安全的管理，同时建立了保险信息安全风险评估指标体系。三是建立跨部委合作机制，制定应急协调预案，加强安全协调与通报工作。四是开展银行业、保险业信息系统安全大检查，查补漏洞，提高应急处置能力。

证监会制定并采取了"纵深防御，平战结合"的防护策略，在建立健全信息安全监管制度的同时，加强行业技术基础设施建设，实现了全行业数据集中备份，在应急响应方面开展信息安全应急演练，不断提高应急处置能力。

3. 以密码技术和身份认证为主的安全技术保障能力不断加强

当前，基于 PKI 的信息安全产品成为保障我国金融行业信息安全的有力武器。

(1) 金融机构利用 PKI 机制可以实现用户身份的鉴别，基于 PKI 技术的数字证书已成为保障网络金融交易的主要工具。通过 PKI 技术加强身份认证、严格控制登录者的操作权限，实现对操作系统和应用系统严格的授权管理和访问控制机制。

(2) 通过采用服务器证书实现对网站的可信性认证，有效防范"网站钓鱼"等金融诈骗。

(3) 手机短信、动态令牌等安全产品也一定程度上保障了金融交易的安全，并得到广泛应用。

(4) 中国人民银行还针对 RSA1024 算法破解、数据同步机制促发系统停机，云灾备安全风险、支付空间的漏洞、银行卡交易信息截取等方面的问题开展了研究。

4. 已形成移动支付、信息安全等级保护等方面的系列标准

自 2011 年以来，中国人民银行积极研究规划移动支付标准体系，目前已形成涵盖应用基础、安全保障、设备、支付应用、联网通用 5 大类 35 项标准的中国金融移动支付标准规范体系。

信息安全等级保护等方面的系列标准也逐步完善。依据《信息安全等级保护管理办法》，中国人民银行出台了《中国人民银行关于银行业金融机构信息系统安全等级保护等级的指导意见》，并于 2012 年发布了《金融行业信息系统信息安全等级保护实施指引》《金融行业信息安全等级保护测评服务安全指引》《金融行业信息系统信息安全等级保护测评指南》3 项行业标准，在采用《信息系统信息安全等级保护基本要求》的 590 项基本要求的基础上，补充细化基本要求 193 项，新增行业特色要求 269 项，为金融行业开展关键信息系统信息安全等级保护实施工作奠定了坚实基础。

5. 信息安全等级保护工作稳步推进

截至 2012 年年底，全国性银行业金融机构完成了 880 个二级以上信息系统的定级评审。2013 年，中国人民银行发布了《中国人民银行办公厅关于开展重要信息系统信息安全等级保护测评整改工作的通知》，启动了全行范围的重要信息系统等级保护测评整改工作。测评范围为反洗钱中心、征信中心、清算总中心和金融信息中心的 48 个重要信息系统。

据测评机构统计，通过测评，各单位共发现了 4284 项安全问题，整改完成了 3451 项。通过测评整改，各单位普遍增强了信息安全意识和工作技能，信息系统安全管理水平、安全防护能力得到显著提高，中国人民银行重要信息系统的测评符合率平均值达到 90%以上。

9.4.2 我国金融信息安全的制约因素

1. 金融信息技术对外依赖程度较高

目前，国内金融业使用的信息系统和网络设备，大部分来自国外，包括数据存储器、

操作系统、数据库、芯片等。由于没有掌握核心技术，很难判断设备是否存在开发中有意预留或无意疏忽造成软件"陷阱"等安全漏洞。另外，新技术在带来金融业务增长的同时本身也会带来风险。在特殊情况下，安全漏洞可能被利用实施入侵，修改或破坏设备程序，或从设备中窃取机密数据和信息。

2. 金融信息安全保护的法律环境缺失

我国现代征信体系建设起步较晚，而征信管理立法更加滞后。征信是一项法律性很强的工作，由于对企业和个人信息主体征信涉及公民隐私和企业商业秘密等问题，而我国现有的法律体系尚无一项法律和法规为征信活动提供直接依据，导致征信机构在信息采集、信息披露等关键环节无法可依，征信主体权益难以保障，严重影响了我国征信体系的健康发展。

近年来，黑客把攻击银行、证券等金融机构信息作为网络违法犯罪活动的重要目标。基于开放性网络的金融服务一旦发生风险，可能造成客户重要数据丢失，使客户资金处于危险状态。而我国在金融信息安全保护立法方面的缺陷，导致监管手段和措施乏力，金融信息的安全与保护面临巨大的风险和挑战。

3. 金融业信息安全联动机制有待加强

金融信息的安全与保护是一个具有综合性和复杂性的社会工程，需要多个职能部门加强分工协作，密切沟通配合。而我国在金融信息保护工作中，多方联动、上下齐抓的工作机制还没有形成，应急管理体系和职能划分制度尚不完善，也未能建立有效的评估和审议工作制度，金融信息安全防护工作处于金融机构独立管理和维护状态，势单力薄，一旦发生重大应急的信息安全事件，将对我国金融业整体稳健运行造成很大的冲击和影响。

4. 来自外部的风险威胁增多

除开放式网络可操作性风险外，外部金融力量入境也给我国金融信息安全造成了潜在隐患，如世界四大会计师事务所已控制并试图垄断中国的会计审计业；三大评级机构在中国积极拓展业务；国际投行对中资企业境外上市的咨询承销已形成垄断；国际战略投资者的引进使中资金融机构的投资经营活动等信息呈现"客观外泄"。因此，金融企业加强自身信息安全保障工作，建立完善的安全机制来抵御外来和内在的信息安全威胁就显得尤为必要和紧迫。

@ 9.5 美国金融信息安全保障机制

现代金融业作为知识密集型产业，在目标规划、研发建设、运行维护、监控或退出与信息技术相关的产品、服务传递渠道等方面日益体现出以知识和信息技术为基础的特征。金融作为现代经济的核心，关系着国家安全、经济命脉和社会稳定，而金融信息安全则成为影响政治、经济等国家战略安全的重要因素。

自 20 世纪中期以来，美国在注重信息优势发展经济的同时，将信息安全纳入国家安全战略范畴，建立了一整套较为完善的信息安全保护和防范机制，美国在金融信息安全保障机制方面的成功做法值得我国学习借鉴。

9.5.1　美国金融信息安全保障机制的特点

一直以来，美国把信息安全问题列为国家安全战略的最重要组成部分，在推进信息技术与金融业务融合发展的同时，对关系金融业命脉的数据信息在经济金融全球化趋势下提出更高的风险管理要求，建立的信息保障机制从技术基础、信息运营系统、管理模式等方面都体现出先进的理念和特点。

1．顶级的信息安全技术基础

美国拥有世界顶级的 IT 企业和人才，IBM、EMC、ORACLE 等公司作为全球数据存储系统的垄断"寡头"，其高端的数据存储技术为金融业的信息安全奠定了坚实基础，为以金融行业为首的众多行业提供优秀的数据存储服务和 IT 解决方案，客户群遍及全球。

美国 IT 软、硬件公司与科技专家高度重视技术革新对金融信息安全的保障作用，不懈追求新技术，目前已拥有 3EB 容量的磁存储技术、存储速度更快的热储技术等高端技术。

美国银行更是不惜花费资金更新系统的硬件和软件，为金融数据信息打造了一个安全的"避风港"。

2．完善的金融信息系统

美国金融业在利用信息技术推动管理和业务创新的同时，注重加强信息系统安全防护，构筑能适应庞大、集中的金融数据处理与传输要求的安全屏障。

美国的金融业内部、金融业之间、金融业与客户三层信息系统已相当完善，数据备份、加密技术、访问控制、入侵检测、漏洞扫描、防病毒等安全保障措施到位。每个信息系统都建立了标准化的操作规则，既提高了金融机构的管理效率和服务质量，也最大限度地消除了联网带来的病毒感染、黑客攻击、身份假冒等安全威胁。

3．实现了动态和持续化管理

信息技术的持续更新决定了对风险的识别、管理和控制需要动态及时跟进，这也是实现信息完整性、保密性及可用性的必然要求。

美国的金融信息安全保障体制已形成动态管理模式，如著名的美国 RSA 信息安全公司就提供专门的外部安全服务，帮助金融机构应对各种安全威胁，既包括日常安全监测维护，也包括在发生欺诈、"钓鱼"攻击、"僵尸"网络等突发安全事故时提供实时应急保护，将威胁快速阻止并将危害降到最低，并配合相关部门开展对入侵者的事后追踪。

9.5.2　美国金融信息安全保障机制的主要做法

1．完善金融信息安全政策立法

美国政府采取多角度形式构筑金融信息安全的政策立法。

1966 年《信息自由法》将金融信息列为需要保护的信息之一。1996 年《经济间谍法案》《国家信息基础设施保护法案》等规定未经授权，基于商业目的进入在线的计算机窃取金融信息可判监禁最高为 20 年的重罪。1997 年颁布的《关于信息安全技术及产品对外国政府开放的管理规定》在出口产品方面对加密软件产品、高端技术产品严加管制。美国还运用行政权力保障金融信息安全，如《克林顿政府对关键基础设施保护的政策》，布什在任期内签署《信息时代的关键基础设施保护》，并督促国会通过《联邦信息安全管理法案》等，这些都是为了保障通信、金融、能源等基础设施信息的安全。

2. 推行信息安全产品评估策略

美国政府将信息产品的安全性和可信度作为信息基础建设的重要工作，早在 20 世纪 70 年代就开展了信息产品安全性评估的研究，20 世纪 90 年代末设立了专门从事信息产品安全评估的机构——国家信息保障同盟(NIAP)。

NIAP 由国家信息与技术研究所以及国家安全局的专业技术和管理人员组成，代表国家指导和监督信息产品的安全评估工作。其下设的计算机安全事业部负责信息产品脆弱性研究与信息安全技术开发，制定有关信息技术标准、制定测试与评估方法及实施方案。美国对信息安全产品的评估策略实际上是将信息安全技术和产品的发展置于政府的完全监督和控制之下。

3. 立体和层次化的金融信息安全管理体系

在国家层面，美国设立了行政实体"总统关键基础设施保护办公室"作为联邦基础设施安全(包括金融信息安全)保护的最高管理协调机构，通过定期集会，加强关键基础设施安全保护中公共和私营部门间的合作，并在必要的时候向总统提交报告。

在部委层面，除涉及国防、外事、情报、执法等保护职能必须主要由联邦政府执行外，针对其余每一个信息基础设施部门，指定一个唯一的联邦部局作为领导机构负责协调美国政府在该领域的活动。

在机构层面，各联邦机构负责各机构内的信息安全保障工作，将信息安全管理纳入机构战略和运营规划，并定期向机构主管，众议院、参议院、国会授权的对口委员会以及审计总署提交报告，汇报机构信息安全策略实施情况。

4. 统筹相关职能部门并明确职责

金融信息安全工作牵涉部门多，美国统筹规划并明确职能部门对信息安全工作的职责，确保金融信息安全管理高效、统一。

财政部负责银行与金融信息安全的统筹协调；科技政策办公室负责协调安全方面的科研工作；管理和预算办公室负责监督联邦政府的计算机安全制度在整个政府部门的实施，并每年对信息安全程序和实践进行有效性测试及评估；中央情报局负责评估其他国家对美国网络和信息系统的威胁；司法部和联邦调查局负责对网络和信息犯罪的调查和起诉工作。

@ 9.6 我国金融信息安全建设

9.6.1 完善顶层设计，尽快构建适应我国金融发展需要的金融信息安全保障体系

我国金融行业被美国高技术公司全面渗透，部分产品或服务呈现垄断态势。思科公司自 1997 年进入中国就全面参与金融核心骨干网建设工作，其网络设备在金融行业广泛使用。思科在华金融业务广泛，客户包括工商银行、农业银行、中国银行、地方银行等，占据主流服务提供商位置。IBM 面向工商银行、建设银行、农业银行以及一些地方银行等提供全面的金融业务系统的建设、规划、咨询、方案、产品、运维等，占据市场核心位置。微软的服务器和终端操作系统垄断市场。在当前的网络安全环境下，国家金融在网络空间的安全风险不可忽视，应尽快研究并制定国家金融行业信息安全的防护体系。

《2006—2020 年国家信息化发展战略》明确提出，"要把信息化作为覆盖现代化建设全局的战略举措"。"十二五"时期，我国的金融业将进一步强化"科技保障业务、科技引领业务"的能力，努力赶超发达国家金融信息安全体系水平，达到 "使用面广，设备先进；功能齐全，服务完善；自动化程度高，安全保密性强"。

构建金融信息安全体系的总体目标是物理安全、网络安全、数据安全、信息内容安全、信息基础设备安全与公共信息安全的总和，最终目标是保障业务持续，促进业务发展，保障信息的机密性、完整性和可用性，以及信息系统主体对信息资源的控制。金融信息安全体系的构建必须符合国家和金融管理部门有关信息安全的政策、标准、规范、指南和细则。金融信息安全体系主要包括以下 4 个领域：信息安全策略、信息安全管理、信息安全运作和信息安全技术。

9.6.2 尽快制定我国金融行业国产信息技术产品和服务替代战略

我国金融行业信息化建设对国外厂商依赖进一步加深。鉴于业务连续性和高可靠性等要求，我国金融业信息系统和业务系统大量采用了国外厂商生产的设备和系统，如服务器、小型机、大型机、存储设备、网络设备、芯片以及操作系统、数据库、密码算法、安全通信协议等，覆盖了金融核心业务系统运行和服务的各个环节，成为不可替代的系统，而且随着信息系统不断升级，也越来越依赖于国外厂商，这种趋势正在逐步加深。因此，十分迫切需要金融行业信息技术产品和服务的国产化，以便为我国金融信息安全体系建设提供可靠的技术保障。

9.6.3 尽快制定金融行业自主可控战略实施步骤，推进自主可控国家战略

我国金融行业信息安全战略难以在根本上保障，亟须完善自主可控的国家信息安全体系建设。我国网络系统大多依托美国公司的技术、装备和服务，它们对监控者来说，几乎

是透明的，更不用说其自身具有的"后门"。目前，常规安全防护措施已无济于事，必须从根本上改变这种局面，调整国家战略进行信息安全保障。"棱镜门"事件折射出，我国亟须完善自主可控的国家信息安全体系建设，紧跟国家信息安全等级保护制度，强化基础网络和重要信息系统的等级化保护和监督管理，落实等级保护相关措施。同时，鼓励和扶持民族核心技术及产品创新，运用具有自主知识产权的产品和技术，保障国家基础网络和重要信息系统安全，实现真正的自主可控。

9.6.4 应用大数据进行信息安全分析

应用大数据平台进行信息安全分析，通过对安全日志、应用日志、业务数据、外部数据进行风险关联分析，及时发现外部的攻击行为、内部违规行为；通过，对外部泄露数据与银行客户、交易数据进行分析，主动发现针对客户的攻击行为、识别客户的潜在风险，对高危风险进行预警；通过对海量历史数据挖掘分析及智能学习，还原客户、用户历史操作行为，获取风险模型的新型特征，使大数据助力信息安全。

首先，可建设案件分析实验室，通过对已发生案件数据收集，在大数据平台的实验数据环境下进行模型验证与训练，寻找案件的典型行为特征。系统通过一段时间在客户登录、操作、交易过程中对该特征行为规则的分析跟踪优化，将成熟的风险模型运用在监控系统中。

其次，可建设基于大数据的安全威胁情报监控系统，实现对安全事件的有效预测和自动化实时控制，及时发现安全威胁、识别潜在安全隐患，把握安全风险态势，由被动的安全防御向主动的事前安全防御转变。

在新形势下，搭建自身的安全防护体系、设计安全规划，需要将终端、云端、网端"三位一体"的综合协同联防的安全防御思路融入其中，充分利用大数据进行威胁情报的数据集中与深度挖掘，才能有效应对大数据时代的各种新型威胁，保护金融业的重要信息资产。

本章总结

- 金融信息安全是指利用信息或者金融数据信息，对金融领域实施的各类安全措施和应对手段。金融信息安全包括数据安全、运行安全、软件安全和物理安全。
- 金融信息安全与一般的信息安全相似，具有保密性、完整性、可用性、真实性、可追溯性、可靠性保护以及连续性等。
- 金融信息安全是国家安全重要的内容，金融掌握着国家的经济命脉，没有良好的金融安全保障，就会危及国家的安全稳定。另外，金融信息安全更是国家发展战略的重要基石，金融数据信息的破坏和窃取往往会对国家、社会、个人产生巨大的损失。
- 大数据的应用给我国金融信息安全带来一定的隐患。①大数据的应用会侵犯客户的个人隐私。②数据监听会威胁国家金融安全。③虚假数据会导致金融市场异常敏感。④国内相关法律的缺失存在风险。⑤金融信息安全技术的发展跟不上层出不穷的互联网应用发展速度。⑥网络安全防控是互联网金融信息安全防范的难点。

● 大数据金融信息安全风险主要包括法律风险、物理环境风险、技术风险、信息泄露风险等，具有扩散性强、影响面广以及风险评估难等特点。

● 我国逐渐加大了对金融信息安全的重视程度，已形成以"一行两会"为基础的安全保障机制，相关的信息技术也不断地进步。但我国金融信息技术的对外依赖程度依旧较高、缺乏良好的法律环境、金融业信息安全联动机制不完善以及外部风险威胁增大，因此，金融信息安全依旧任重而道远。

本章作业

1. 国际上没有对信息安全的一致定义，请问你是如何理解信息安全的？

2. 简述金融信息安全的定义及属性特征。

3. 你觉得金融信息安全重要吗？为什么？

4. 众所周知，大数据给金融信息安全带来机遇的同时，也带来了巨大风险，谈谈你认为如何才能高效率使用大数据。

5. 你认为我国金融信息安全保护在现阶段有哪些制约因素？如何打破这些制约因素？

6. 谈谈如何学习美国的金融信息安全保障机制来构建中国特色的金融信息安全体系？

7. 叙述你感兴趣的一个金融信息安全事件或事故，并说说你从中得到了什么启示。

参 考 文 献

[1] 佚名. 金融大数据[M]. 上海：上海科学技术出版社，2014.

[2] 王和. 大数据时代保险变革研究[M]. 北京：中国金融出版社，2014.

[3] 李勇，许荣. 大数据金融[M]. 北京：电子工业出版社，2016.

[4] 陈云. 金融大数据[M]. 上海：上海科学技术出版社，2015.

[5] 陈红梅. 互联网信贷风险和大数据[M]. 北京：清华大学出版社，2015.

[6] 许伟，梁循，杨小平. 金融数据挖掘：基于大数据视角的展望[M]. 北京：知识产权出版社，2013.

[7] 陈利强，梁如见，张新宇. 金融大数据：战略规划与实践指南[M]. 北京：电子工业出版社，2015.

[8] 刘军，阎芳，杨玺. 物联网技术[M]. 北京：机械工业出版社，2017.

[9] 何裕. 基于数据挖掘组合模型的股价预测研究[D]. 成都：西南财经大学，2014.

[10] 赵顺乾. 证券客户关系管理系统应用研究[D]. 上海：上海复旦大学，2013.

[11] 董焕彬. 基于多智能体强化学习模型在 A 股择时和选股应用研究[D]. 杭州：浙江大学，2020.

[12] 胡林林. 基于数据挖掘技术的股价指数分析与预测研究[D]. 成都：西南财经大学，2013.

[13] 朱博雅. 一种基于数据挖掘的量化投资系统的设计与实现[D]. 上海：上海复旦大学，2012.

[14] 张静. 智能选股及股价预测系统研究与开发[D]. 长沙：中南大学，2010.

[15] 唐文慧. 基于数据挖掘技术的股价预测实证分析[D]. 成都：西南财经大学，2009.

[16] 李鑫. 基于度量学习的最近邻信用评分模型研究[D]. 上海：上海大学，2017.

[17] 王峰. 数据挖掘在证券公司客户关系管理中的应用[D]. 哈尔滨：哈尔滨工程大学，2008.

[18] 马杰. 大数据征信应用于互联网金融风控研究[D]. 北京：对外经济贸易大学，2015.

[19] 孟欣. 大数据时代互联网金融现状及影响分析[D]. 天津：天津财经大学，2014.

[20] 李兴有. 基于人工智能的量化多因子模型的拓展及在中国股票市场上的应用[D]. 中国社会科学院研究生院，2020.

[21] 王磊，范超，解明明. 数据挖掘模型在小企业主信用评分领域的应用[J]. 统计研究，2014，31(10)：89～98.

[22] 周延礼，魏晨阳，杨修武. 对保险业数字化转型现状的观察与分析[J]. 清华金融评论，2021(06)：85～88.

[23] 周延礼. 保险定价与大数据管理[J]. 清华金融评论，2019(10)：95～98.

[24] 姜俊琳. 大数据时代的征信创新与发展研究[D]. 杭州：浙江大学，2016.

[25] 于欣言. 大数据在互联网金融征信中的应用研究[D]. 北京：首都经济贸易大学，2016.

[26] 胡增圣. 数据挖掘方法与股价预测[D]. 北京：中国科学技术大学，2015.

[27] 刘定平. 突发事件环境下投资者情绪对股票价格波动影响的实证研究[D]. 成都：西南财经大学，2014.

[28] 王永红. 切实加强金融信息安全管理提升金融信息安全保障水平[J]. 中国信息安全，2013(4).

[29] 王裕. 基于云平台的大数据处理流程的关键技术研究[J]. 信息技术，2014(9).

[30] 徐计，王国胤，于洪. 基于粒计算的大数据处理[J]. 计算机学报，2015(8).

[31] 唐文方. 大数据和小数据[J]. 金融博览，2015(10).

[32] 梁威. 大数据在零售业的应用[J]. 信息与电脑，2014(8).

[33] 孙慧. 大数据在医疗行业中的应用与挑战[J]. 解放军医院管理杂志，2015(11).

[34] 程立国，陈健恒，徐永红. 大数据在金融业的应用初探[J]. 中国金融电脑，2013(10).

[35] 陈静，孙中东，林磊明等. 大数据驱动金融业变革[J]. 金融电子化，2013(12).

[36] 李庆莉. 大数据驱动银行业智慧化变革[J]. 中国金融电脑，2015(10).

[37] 王和，鞠松霖. 基于大数据的保险商业模式[J]. 中国金融，2014(15).

[38] 梁立. 大数据时代保险业的发展[J]. 时代金融，2014(7).

[39] 刘新海，丁伟. 大数据征信应用与启示——以美国互联网金融公司 ZestFinance 为例[J]. 清华金融评论，2014(10).

[40] 沙莎. 大数据在金融行业的应用[J]. 中国金融电脑，2014(6).

[41] 白运会. 大数据时代的金融信息安全[J]. 网络安全技术与应用，2014(11).

[42] 孔德超. 大数据征信初探——基于个人征信视角[J]. 现代管理科学，2016(4).

[43] 于晓阳. 互联网+大数据模式下的征信 ——以芝麻信用为例[J]. 北方金融，2016(11).

[44] 刘新海. 传统个人征信机构的大数据征信——以环联为例[J]. 清华金融评论，2015(9).

[45] 刘颖，李强强. 从蚂蚁金服看大数据背景下互联网金融征信的兴起[J]. 河北金融，2016(2).

[46] 陆岷峰，虞鹏飞. 互联网金融背景下商业银行"大数据"战略研究——基于互联网金融在商业银行转型升级中的运用[J]. 经济与管理，2015(3).

[47] 黄昶君，王林. 大数据助推银行零售业务量化经营——大数据时代的零售数据挖掘和利用探索[J]. 海南金融，2014(1).

[48] 雷晨光，陈运娟. 大数据时代下商业银行客户关系管理思维变革[J]. 金融与经济，2015(4).

[49] 张宁. 大数据背景下寿险产品定价与创新[J]. 金融经济，2014(2).

[50] 张宁. 云计算在保险公司信息化中的应用[J]. 数学的实践与认识，2012(27).

[51] 朱星婢，何径沙. 大数据安全现状及其保护对策[J]. 信息安全与通信保密，2014(11).

[52] 尹会岩. 保险行业应用大数据的路径分析[J]. 上海保险，2014(12).

[53] 何建雄. 建立金融安全预警系统——指标框架与运作机制[J]. 金融研究，2001(1).

[54] 陈希，李迪安，高星等. 数据挖掘技术在保险客户理赔分析中的应用[J]. 统计与决策，2010(4).

[55] 宋华，陈思洁. 供应链金融的演进与互联网供应链金融：一个理论框架[J]. 中国人民大学学报，2016(5).

[56] 何飞，张兵. 互联网金融的发展：大数据驱动与模式衍变[J]. 财经科学，2016(6).

[57] 侯富强. 大数据时代个人信息保护问题与法律对策[J]. 西南民族大学学报(人文社科版)，2015(6).

[58] 史金召，郭菊娥. 互联网视角下的供应链金融模式发展与国内实践研究[J]. 西安交通大学学报(社会科学版)，2015(4).

[59] 辜明安，王彦. 大数据时代金融机构的安全保障义务与金融数据的资源配置[J]. 社会科学研究，2016(3).

[60] 邵建利，宋宁，张滟. 电子商务中第三方支付平台欺诈风险识别研究[J]. 商业研究，2014(11).

[61] 魏强. 大数据征信在互联网金融中的应用分析[J]. 金融经济，2015(8).

[62] 董小君. 美国金融预警制度及启示[J]. 国际金融研究，2004(4).

[63] 周路菡. 棱镜下的大数据恐慌[J]. 新经济导刊，2013(9).

[64] 陈明奇，姜禾，张娟等. 大数据时代的美国信息网络安全新战略分析[J]. 信息网络安全，2012(8).

[65] 彭宇，庞景月，刘大同等. 大数据：内涵、技术体系与展望[J]. 电子测量与仪器学报，2015(4).

[66] 赵森林. 大数据的内涵及价值分析[J]. 中共马鞍山市委党校学报，2015(3).

[67] 李芬，朱志祥，刘盛辉. 大数据发展现状及面临的问题[J]. 西安邮电大学学报，2013(5).

[68] 陈静，孙中东，林磊明等. 大数据驱动金融业变革[J]. 金融电子化，2013(12).

[69] 郑宁，杨曦，吴双力.低功耗广域网络技术综述[J].信息通信技术，2017(11).

[70] 罗琦，游学敏，吕纤.基于网络数据挖掘的资产定价研究述评[J]. 管理学报，2020，17(01)：148-158.

[71] 周丽峰.基于随机生存森林的信用评分大数据研究[J].统计与管理，2021，36(10)：11-18.

[72] 张虎，沈寒蕾，刘晔诚.基于自注意力神经网络的多因子量化选股问题研究[J].数理统计与管理，2020，39(03)：556-570.

[73] 罗琦，游学敏，吕纤.基于网络数据挖掘的资产定价研究述评[J].管理学报，2020，17(01)：148-158.

[74] 沈艳，陈赟，黄卓.文本大数据分析在经济学和金融学中的应用：一个文献综述[J].经济学(季刊)，2019，18(04)：1153-1186.

[75] 何珊，刘振东，马小林.信用评分模型比较综述——基于传统方法与数据挖掘的对比[J].征信，2019，37(02)：57-61.

[76] 张学勇，吴雨玲. 基于网络大数据挖掘的实证资产定价研究进展[J].经济学动态，2018(06)：129-140.